PLAN GENERAL DE CONTABILIDAD

PLAN GENERAL DE CONTABILIDAD

Revisión técnica
ANTONIO SIMÓN SAIZ

McGraw Hill

MADRID • BUENOS AIRES • CARACAS • GUATEMALA • LISBOA • MÉXICO
NUEVA YORK • PANAMÁ • SAN JUAN • SANTAFÉ DE BOGOTÁ • SANTIAGO • SÃO PAULO
AUCKLAND • HAMBURGO • LONDRES • MILÁN • MONTREAL • NUEVA DELHI • PARÍS
SAN FRANCISCO • SIDNEY • SINGAPUR • ST. LOUIS • TOKIO • TORONTO

PLAN GENERAL DE CONTABILIDAD

McGRAW-HILL/INTERAMERICANA DE ESPAÑA, S. A. U.
Edificio Valrealty, 1.ª planta
Basauri, 17
28023 Aravaca (Madrid)

ISBN: 978-84-481-5686-2

Depósito legal: NA-3.607-2007
Editor: José Luis Ibáñez Salas
Cubierta: www.dfrente.es
Composición: www.dfrente.es
Impreso y encuadernado en: Rodesa (Navarra)

IMPRESO EN ESPAÑA - PRINTED IN SPAIN

CONTENIDO

PRÓLOGO

El proceso de reforma contable en España fue abordado inicialmente por el *Informe sobre la situación actual de la contabilidad en España en líneas básicas para abordar su reforma* (Libro Blanco) y posteriormente por los grupos de trabajo creados en 2005 por el ICAC para la elaboración del nuevo plan general. Sus resultados han sido la *Ley 16/2007, de 4 de julio, de reforma y adaptación de la legislación mercantil en materia contable para su armonización internacional con base en la normativa de la Unión Europea* y el texto que el lector tiene en sus manos. El mismo supone una serie de modificaciones destacables con respecto a la legislación a la que viene a sustituir.

El nuevo Plan General de Contabilidad mantiene la estructura del anterior y el carácter obligatorio o facultativo de la aplicación de sus diferentes partes. Los documentos que integran las cuentas anuales y los requisitos y criterios que rigen la contabilidad aparecen sistematizados en el llamado *Marco Conceptual*. Bajo un mismo principio rector que el del Plan de 1990 —el de la imagen fiel—, el nuevo texto matiza que ésta debe lograrse sin dar prioridad al principio de prudencia y haciendo prevalecer el fondo de las operaciones económicas a la forma jurídica de las mismas. Se pretende que la información financiera resulte útil para la toma de decisiones económicas por parte de una pluralidad de usuarios que la abordan desde distintos puntos de vista.

Los criterios de valoración tradicionales abren paso al valor razonable, definido como aquel por el que puede ser adquirido un activo o cancelado un pasivo entre partes interesadas y debidamente informadas que realicen una transacción en condiciones de independencia mutua.

Esta nueva filosofía contable conlleva importantes alteraciones en las *Normas de Registro y Valoración* de los distintos elementos patrimoniales. Todas las masas patrimoniales se verán en alguna medida afectadas por las mismas.

Los cambios en la contabilización de los hasta ahora registrados como activos ficticios —que pasan a tener que computarse en pérdidas y ganancias por no satisfacer la definición de activo que establece el marco conceptual— y en la forma de registrar los inmovilizados, sus amortizaciones y deterioros son algunos de los más relevantes. Las existencias dejan de poder ser valoradas siguiendo el método LIFO, y cabe la contabilización de su coste en las empresas de servicios. Se regulan por primera vez con carácter sistemático las combinaciones de negocios y las retribuciones al personal en forma de instrumentos de capital, y el impuesto sobre beneficios pasará a basar su cálculo en las diferencias temporarias.

Los mayores efectos se derivan, sin embargo, de la catalogación de los instrumentos financieros. Los activos financieros son inicialmente reconocidos a valor razonable, pero su valoración posterior es función de la forma en que la empresa espere recuperar la inversión en los mismos. En este sentido, los préstamos y cuentas a cobrar se computan por su valor nominal, los activos financieros mantenidos hasta su vencimiento se valoran por su coste amortizado y el resto de los activos por su valor razonable. A su vez, las variaciones en este último se llevan a la cuenta de pérdidas y ganancias si el instrumento se dedica a la negociación y, en caso contrario, al patrimonio neto. Los pasivos financieros pueden computarse por su valor razonable con cambio en resultados —caso de los pasivos de negociación y derivados—, por su valor razonable con cambios en el patrimonio neto o, en su gran mayoría, por el coste amortizado.

La existencia de cambios en el valor razonable que se registran alterando el patrimonio justifica la elaboración del nuevo Estado de Cambios en el Patrimonio Neto y el propósito de utilidad para la toma de decisiones financieras motiva la confección del Estado de Flujos de Efectivo, que cataloga los flujos como relacionados con actividades de inversión, financiación o explotación. Ambos estados son las principales novedades de las *Cuentas Anuales*. Adicionalmente, se alteran las estructuras del balance y de la cuenta de pérdidas y ganancias en función de los criterios de catalogación de activos, pasivos y elementos de patrimonio que las normas de valoración implican.

Finalmente, la principal novedad en el *Cuadro de Cuentas* es la aparición de los grupos ocho y nueve, derivada de las normas de valoración y de la presencia de gastos e ingresos que se imputan a patrimonio neto y no a la cuenta de pérdidas y ganancias.

El nuevo plan introduce, por tanto, alteraciones sustanciales en casi todos los aspectos del modelo hasta ahora vigente. Ello hace que la consulta de la obra que aquí se presenta resulte imprescindible en un momento en el que la elaboración de la información financiera, necesaria para una pluralidad de usuarios, pasa a ser una de las principales tareas de la dirección de la empresa y del estudio de la contabilidad a todos los niveles.

Antonio Simón Saiz

Profesor de Economía y Organización de Empresas
Junta de Comunidades de Castilla-La Mancha
Profesor asociado de Contabilidad
Universidad de Castilla-La Mancha

REAL DECRETO 1514/2007, DE 16 DE NOVIEMBRE, POR EL QUE SE APRUEBA EL PLAN GENERAL DE CONTABILIDAD

La disposición final primera de la Ley 16/2007, de 4 de julio, de reforma y adaptación de la legislación mercantil en materia contable para su armonización internacional con base en la normativa de la Unión Europea, autoriza al Gobierno para que, mediante real decreto, apruebe el Plan General de Contabilidad, así como sus modificaciones y normas complementarias, al objeto de desarrollar los aspectos contenidos en la propia Ley.

El Plan General de Contabilidad constituye el desarrollo reglamentario en materia de cuentas anuales individuales de la legislación mercantil, que ha sido objeto de una profunda modificación, fruto de la estrategia diseñada por la Unión Europea en materia de información financiera, de las recomendaciones que, a la vista de la citada estrategia, formuló la Comisión de expertos que elaboró el Informe sobre la situación actual de la contabilidad en España y líneas básicas para abordar su reforma, y de la decisión en el marco antes descrito de armonizar nuestra legislación mercantil contable a los nuevos planteamientos europeos.

Adicionalmente, de acuerdo con la disposición final primera de la Ley 16/2007, el Gobierno debe aprobar un Plan General de Contabilidad de Pequeñas y Medianas Empresas (en adelante, también Plan General de Contabilidad de PYMES) que tenga en consideración las especiales características de estas empresas. Con el objetivo de conseguir una mejor sistemática normativa, se ha considerado conveniente que sea otro real decreto el que apruebe el citado texto, que tienen la posibilidad de aplicar todas aquellas empresas que, no quedando excluidas de su ámbito subjetivo, puedan formular sus cuentas anuales empleando los modelos abreviados de balance, estado de cambios en el patrimonio neto y memoria.

La disposición final primera de la Ley 16/2007 prevé asimismo la aprobación de las normas complementarias del Plan General de Contabilidad. En particular, esta habilitación motivará en el corto plazo una revisión de las Normas para la Formulación de las Cuentas Anuales Consolidadas aprobadas por el Real Decreto 1815/1991, de 20 de diciembre.

En relación con el proceso seguido en la elaboración del Plan General de Contabilidad, cabe resaltar la creación de un grupo y de varios subgrupos de trabajo a través de las Resoluciones de 12 de julio de 2005 y de 22 de septiembre de 2005, del Instituto de Contabilidad y Auditoría de Cuentas, que tuvieron el encargo de elaborar un documento que sirviera de base para la reforma del Plan General de Contabilidad. El objetivo fundamental perseguido en la composición de este grupo y subgrupos de trabajo fue lograr la adecuada representación de los diferentes colectivos relacionados con la información económico-financiera. Adicionalmente, ha de destacarse que, a efectos de valorar su idoneidad y adecuación con el Marco

Conceptual de la Contabilidad contenido en el Código de Comercio, el proyecto normativo fue sometido al Consejo de Contabilidad en su reunión celebrada el día 10 de julio de 2007, una vez oído el Comité Consultivo de Contabilidad reunido el día 28 junio de 2007.

El Plan General de Contabilidad se estructura en cinco partes, que van precedidas de una Introducción en la que se explican las características fundamentales del Plan General y sus principales diferencias con el Plan de 1990.

Desde un punto de vista formal el nuevo Plan General de Contabilidad mantiene, por tanto, la estructura de su antecesor. La amplia aceptación del Plan General de Contabilidad de 1990 ha sido la causa que justifica esta decisión, bajo la consideración de que con ello se facilitará el aprendizaje y uso de los nuevos criterios.

Entrando en el contenido de la norma cabe señalar que, la primera parte, Marco Conceptual de la Contabilidad, recoge los documentos que integran las cuentas anuales así como los requisitos, principios y criterios contables de reconocimiento y valoración, que deben conducir a que las cuentas anuales muestren la imagen fiel del patrimonio, de la situación financiera y de los resultados de la empresa. Asimismo, se definen los elementos de las cuentas anuales. En definitiva, esta primera parte constituye la base que debe soportar y dar cobertura a las interpretaciones de nuestro Derecho mercantil contable, otorgando el necesario amparo y seguridad jurídica a dicha tarea en desarrollo de lo previsto en los artículos 34 y siguientes del Código de Comercio.

La segunda parte, normas de registro y valoración, desarrolla los principios contables y otras disposiciones contenidas en la primera parte. En ella se recogen los criterios de registro y valoración de las distintas transacciones y elementos patrimoniales de la empresa desde una perspectiva general. Esto es, considerando las transacciones que usualmente realizan las empresas sin descender a los casos particulares, cuyo adecuado tratamiento contable parece más lógico que se resuelva, como hasta la fecha, mediante las resoluciones que vaya aprobando el Instituto de Contabilidad y Auditoría de Cuentas, en ejecución de la competencia atribuida por la disposición final primera de la Ley 16/2007.

La tercera parte, cuentas anuales, incluye en primer lugar las normas de elaboración de las cuentas anuales en las que se recogen las reglas relativas a su formulación, así como las definiciones y explicaciones aclaratorias del contenido de los documentos que las integran. A continuación de estas normas de elaboración, se recogen los modelos, normales y abreviados, de los documentos que integran las cuentas anuales. La inclusión en el Plan General de Contabilidad de estos modelos abreviados, tiene su razón de ser para aquellos sujetos contables excluidos del ámbito de aplicación del Plan General de Contabilidad de PYMES y para aquellos otros que voluntariamente prefieran aplicar directamente el Plan General de Contabilidad.

La cuarta parte, cuadro de cuentas, contiene los grupos, subgrupos y cuentas necesarios, debidamente codificados en forma decimal y con un título expresivo de su contenido, sin perjuicio, evidentemente de que con este cuadro de cuentas no se intentan agotar todas las situaciones que ciertamente se producirán en el mundo empresarial. El cuadro de cuentas, en aras de que la normalización contable española alcance el necesario grado de flexibilidad, seguirá sin ser obligatorio en cuanto a la numeración de las cuentas y denominación de las mismas, si bien constituye una guía o referente obligado en relación con las partidas de las cuentas anuales.

La quinta parte, definiciones y relaciones contables, incluye las definiciones de distintas partidas que se incorporarán en el balance, en la cuenta de pérdidas y ganancias y en el estado de cambios en el patrimonio neto, así como las de cada una de las cuentas que se recogen en dichas partidas, incluyendo los principales motivos de cargo y abono de las cuentas.

En su redacción se ha seguido la técnica empleada en el Plan General Contable de 1990, incidiendo en su componente explicativo, con la finalidad de facilitar la aplicación del Plan General de Contabilidad, dada la incorporación al mismo de transacciones, elementos patrimoniales y criterios contables nuevos.

La parte de definiciones y relaciones contables no será de aplicación obligatoria, excepto en aquello que aluda o contenga criterios de registro o valoración, que desarrollen lo previsto en la segunda parte relativa a normas de registro y valoración, o sirva para su interpretación y sin perjuicio, como se indicaba anteriormente, del carácter explicativo de las diferentes partidas de las cuentas anuales.

El Plan que ahora se aprueba, sustituye al aprobado por Real Decreto 1643/1990, de 20 de diciembre, y de acuerdo con lo previsto en el artículo dos de este real decreto, es de aplicación obligatoria para todas las empresas cualquiera que sea su forma jurídica, individual o societaria, sin perjuicio de las especialidades que para las entidades financieras se establecen en su normativa contable específica, manteniéndose intactas en el nuevo marco las competencias de regulación que en materia contable tienen atribuidas los centros, organismos o instituciones supervisores del sistema financiero.

Tal y como se ha indicado anteriormente, el Gobierno ha aprobado simultáneamente a este Plan General de Contabilidad un Plan General de Contabilidad de PYMES que podrán aplicar aquellas empresas que puedan formular balance, estado de cambios en el patrimonio neto y memoria en modelos abreviados y no se encuentren excluidas de su ámbito de aplicación. Esta regulación exige contemplar los criterios a seguir en el supuesto de que el crecimiento de la empresa le lleve en un momento posterior a superar los límites fijados en nuestra legislación mercantil para elaborar dichos documentos. La disposición adicional única de este real decreto contiene la regulación aplicable para cubrir estas situaciones así como aquellas que se originen por el paso de los criterios específicos aplicables por las empresas de menor dimensión relativos al gasto por impuesto sobre sociedades y operaciones de arrendamiento financiero, a los criterios normales incluidos en el Plan General de Contabilidad. En ambos casos, el ajuste en el balance originado por el registro y valoración de los elementos patrimoniales conforme a lo dispuesto en la segunda parte del Plan General de Contabilidad, deberá contabilizarse, con carácter general, en una partida de reservas voluntarias.

El presente real decreto contiene también el régimen transitorio para la aplicación por primera vez del Plan General de Contabilidad, que contempla la aplicación retroactiva de los criterios contenidos en el Plan General de Contabilidad, con determinadas excepciones, y una serie de particularidades relativas a las combinaciones de negocios. Asimismo se prevén ciertos casos en los que se prohíbe la aplicación retroactiva del Plan. En definitiva, se trata de una regulación similar a la recogida en la Norma Internacional de Información Financiera número 1 adoptada en Europa, pero incidiendo en una mayor simplicidad de los tratamientos contables previstos en la norma internacional. En este sentido merecen destacarse dos cuestiones. En primer lugar, el alto grado de convergencia con el que nuestro país afronta la armonización con las normas internacionales de contabilidad, ha llevado a otorgar a los sujetos contables la opción de mantener las valoraciones que resultaban de los criterios aplicados hasta la fecha, lo cual implicará que en muchos casos, sólo sean necesarios pequeños ajustes para afrontar la adaptación. En segundo lugar, y en esta línea de simplificación, la disposición transitoria cuarta prevé que en las primeras cuentas anuales que se formulen aplicando el nuevo Plan, sea voluntaria la presentación de cifras comparativas del ejercicio anterior con los nuevos criterios.

La disposición transitoria quinta mantiene, con carácter general, la vigencia de las adaptaciones sectoriales en vigor a la fecha de publicación del presente real decreto, en todo lo que no se opongan a la legislación contable vigente, haciendo una especial referencia a las adaptaciones a entidades no mercantiles. Asimismo, se establece una especialidad para las empresas que elaboren las cuentas anuales de acuerdo con lo previsto en las normas de adaptación del Plan a las sociedades concesionarias de autopistas, túneles, puentes y otras vías de peaje y para las empresas del sector de abastecimiento y saneamiento de aguas. Esta disposición mantiene en vigor también el régimen transitorio aplicable contablemente a la exteriorización de los compromisos por pensiones, así como las normas sobre aspectos contables de las sociedades cooperativas en lo que se refiere a la delimitación entre fondos propios y fondos ajenos, las cuales podrán seguir aplicándose hasta el 31 de diciembre de 2009.

Adicionalmente y siempre y cuando no se opongan a lo dispuesto en la segunda parte de este Plan General de Contabilidad, se mantienen en vigor las resoluciones aprobadas por el Instituto de Contabilidad y Auditoría de Cuentas, sin perjuicio de la necesidad de proceder a su revisión en un breve espacio de tiempo.

Por otra parte, para las empresas que con anterioridad a la primera aplicación del Plan hayan elaborado cuentas anuales consolidadas de acuerdo con los Reglamentos comunitarios que adoptan las normas internacionales de información financiera, se admitirán con carácter general las valoraciones incluidas en dichas cuentas, siempre que los criterios que han llevado a las mismas sean equivalentes a los del Plan General de Contabilidad.

También se ha considerado adecuado perfilar en la disposición transitoria séptima los criterios aplicables en relación con las referencias realizadas a las Normas para la Formulación de Cuentas Anuales Consolidadas, recogidas en las normas de registro y valoración, hasta en tanto éstas sean objeto de modificación en el proceso de reforma contable.

Por último, en las disposiciones finales, se recogen las competencias establecidas en la legislación vigente, sobre adaptación y desarrollo del Plan General de Contabilidad.

En su virtud, a propuesta del Ministro de Economía y Hacienda, de acuerdo con el Consejo de Estado, y previa deliberación del Consejo de Ministros en su reunión del día 16 de noviembre de 2007,

DISPONGO:

Artículo 1. **Aprobación del Plan.** Se aprueba el Plan General de Contabilidad, cuyo texto se inserta a continuación.

Artículo 2. **Obligatoriedad del Plan.** El Plan General de Contabilidad será de aplicación obligatoria para todas las empresas, cualquiera que sea su forma jurídica, individual o societaria, sin perjuicio de aquellas empresas que puedan aplicar el Plan General de Contabilidad de Pequeñas y Medianas Empresas (en adelante, también Plan General de Contabilidad de PYMES).

No obstante lo dispuesto en el párrafo anterior, no tendrán carácter vinculante los movimientos contables incluidos en la quinta parte del Plan General de Contabilidad y los aspectos relativos a numeración y denominación de cuentas incluidos en la cuarta parte, excepto en aquellos aspectos que contengan criterios de registro o valoración.

Disposición adicional única. **Ajustes derivados de la aplicación del Plan General de Contabilidad.**

Al inicio del primer ejercicio en el que la empresa deje de aplicar el Plan General de Contabilidad de PYMES, incluidos, en su caso, los criterios de registro y valoración específicos para microempresas, el Plan General de Contabilidad se aplicará de forma retroactiva, debiendo registrarse todos los activos y pasivos cuyo reconocimiento exige el Plan General de Contabilidad. La contrapartida de los ajustes que deban realizarse será una partida de reservas salvo que, de acuerdo con los criterios incluidos en la segunda parte del Plan General de Contabilidad, deban utilizarse otras partidas del patrimonio neto.

En las primeras cuentas anuales que se formulen aplicando el Plan General de Contabilidad se creará en la memoria un apartado específico con la denominación «Aspectos derivados de la transición al Plan General de Contabilidad», en el que se incluirá una explicación de las principales diferencias entre los criterios contables aplicados en el ejercicio anterior y los actuales, así como la cuantificación del impacto que produce esta variación de criterios contables en el patrimonio neto de la empresa.

Disposición transitoria primera. **Reglas generales para la aplicación del Plan General de Contabilidad en el primer ejercicio que se inicie a partir de 1 de enero de 2008.**

1. Los criterios contenidos en el Plan General de Contabilidad deberán aplicarse de forma retroactiva con las excepciones que se indican en las disposiciones transitorias segunda y tercera de este real decreto.

   A tal efecto, el balance de apertura del ejercicio en que se aplique por primera vez el Plan General de Contabilidad (en adelante, el balance de apertura), se elaborará de acuerdo con las siguientes reglas:

   a) Deberán registrarse todos los activos y pasivos cuyo reconocimiento exige el Plan General de Contabilidad.

b) Deberán darse de baja todos los activos y pasivos cuyo reconocimiento no está permitido por el Plan General de Contabilidad.

c) Deberán reclasificarse los elementos patrimoniales en sintonía con las definiciones y los criterios incluidos en el Plan General de Contabilidad.

d) La empresa podrá optar por valorar todos los elementos patrimoniales que deban incluirse en el balance de apertura conforme a los principios y normas vigentes con anterioridad a la entrada en vigor de la Ley 16/2007, de 4 de julio, de reforma y adaptación de la legislación mercantil en materia contable para su armonización internacional con base en la normativa de la Unión Europea, salvo los instrumentos financieros que se valoren por su valor razonable.

Si la empresa decide no hacer uso de la opción anterior, valorará todos sus elementos patrimoniales de conformidad con las nuevas normas.

2. La contrapartida de los ajustes que deban realizarse para dar cumplimiento a la primera aplicación será una partida de reservas, con las excepciones previstas en las disposiciones transitorias de este real decreto y salvo que, de acuerdo con los criterios incluidos en la segunda parte del Plan General de Contabilidad, deban utilizarse otras partidas.

Disposición transitoria segunda. **Excepciones a la regla general de primera aplicación.**

1. La empresa podrá aplicar las siguientes excepciones a la regla general incluida en la disposición transitoria primera de este real decreto:

a) Las diferencias de conversión acumuladas que surjan en la primera aplicación de la norma de registro y valoración 11.ª2 «Conversión de las cuentas anuales a la moneda de presentación», podrán contabilizarse directa y definitivamente en las reservas voluntarias.

b) Tampoco será obligatoria la aplicación retroactiva de la norma de registro y valoración 17.ª «Transacciones con pagos basados en instrumentos de patrimonio».

c) La empresa podrá designar en la fecha a que corresponda el balance de apertura un instrumento financiero en la categoría de «Valor razonable con cambios en la cuenta de pérdidas y ganancias» siempre y cuando en dicha fecha cumpla los requisitos exigidos en los apartados 2.4 ó 3.3 de la norma de registro y valoración 9.ª «Instrumentos financieros». También podrán incluirse en la categoría de «Inversiones mantenidas hasta el vencimiento» los activos financieros que en la fecha del balance de apertura cumplan los requisitos establecidos en el apartado 2.2 de la citada norma.

d) Las provisiones correspondientes a obligaciones asumidas derivadas del desmantelamiento o retiro y otras asociadas al inmovilizado material, tales como los costes de rehabilitación del lugar sobre el que se asienta, podrán calcularse y contabilizarse por el valor actual que tengan en la fecha del balance de apertura.

Adicionalmente deberá estimarse el importe que habría sido incluido en el coste del activo cuando el pasivo surgió por primera vez, calculando la amortización acumulada sobre ese importe.

e) La empresa podrá optar por no aplicar con efectos retroactivos el criterio de capitalización de gastos financieros incluido en las normas de registro y valoración 2.ª1 y 10.ª1.

2. La aplicación retroactiva de los nuevos criterios está prohibida en los siguientes casos:

a) Si una empresa dio de baja activos o pasivos financieros no derivados, conforme a las normas contables anteriores, no se reconocerán aunque lo exija la norma de registro y valoración 9.ª «Instrumentos financieros», a menos que deban recogerse como resultado de una transacción o acontecimiento posterior.

b) Las coberturas que no cumplan las condiciones para serlo no podrán contabilizarse como tales, excepto si la empresa señaló una posición neta como partida cubierta y, antes de la fecha del balance de apertura, ha designado como partida cubierta una partida individual de tal posición neta. Si con anterioridad a dicha fecha, la empresa hubiese designado una operación como de cobertura, pero ésta no satisficiera las condiciones establecidas en la norma de registro y valoración 9.ª6 para ser considerada altamente eficaz, aplicará lo dispuesto en esta norma para las coberturas que dejen de ser eficaces.

c) Estimaciones. En el balance de apertura, salvo evidencia objetiva de que se produjo un error, las estimaciones deberán ser coherentes con las que se realizaron en su día.

d) Activos no corrientes y grupos enajenables de elementos, mantenidos para la venta y operaciones interrumpidas. La empresa aplicará los nuevos criterios de forma prospectiva y a partir de la información disponible en la fecha del balance de apertura.

Disposición transitoria tercera. **Reglas específicas en relación con las combinaciones de negocios.**

En la elaboración del balance de apertura, se tomarán en consideración las siguientes reglas en relación con las combinaciones de negocios realizadas con anterioridad a la fecha de su elaboración:

1. Se reconocerán todos los activos adquiridos y pasivos asumidos en esas combinaciones, con las siguientes salvedades:

a) Los activos, incluyendo el fondo de comercio, y los pasivos, no reconocidos en el balance de la empresa adquirente de acuerdo con las normas contables anteriores, y que tampoco cumplen todas las condiciones para ello en las cuentas individuales de la empresa adquirida según las normas del Plan General de Contabilidad.

En caso de que procediera el reconocimiento, los activos (diferentes del fondo de comercio) y los pasivos, previamente no reconocidos, se valorarán según los criterios del presente Plan General de Contabilidad que hubieran resultado de aplicación en dicho momento en el balance individual de la empresa adquirida.

b) No obstante, no se reconocerán los activos financieros y pasivos financieros que se dieron de baja conforme a las normas anteriores, según se señala en el apartado 2.*a)* de la disposición transitoria segunda.

c) Como consecuencia de lo anterior cualquier cambio resultante se cargará o abonará contra reservas, a menos que proceda del reconocimiento de un inmovilizado intangible previamente incluido en el fondo de comercio, en cuyo caso el ajuste que proceda, neto del efecto impositivo, se hará reduciendo éste.

2. No se incluirán los elementos que no cumplan las condiciones para su reconocimiento como activo o pasivo según las normas del Plan General de Contabilidad, realizando los ajustes de la siguiente forma:

a) Los inmovilizados intangibles reconocidos anteriormente que no cumplan las condiciones de reconocimiento de la norma de registro y valoración 5.ª «Inmovilizado intangible» se ajustarán en el balance de apertura contra el fondo de comercio.

b) El resto de los ajustes se realizará contra reservas.

3. No se modificarán las valoraciones realizadas en los activos y pasivos de las empresas participantes en la combinación de negocios, salvo que en aplicación de las normas incluidas en este apartado procediese el reconocimiento o baja de algún elemento patrimonial.

En particular, el valor contable de los inmovilizados intangibles que de acuerdo con los nuevos criterios tengan una vida útil indefinida, será su valor en libros en la fecha de cierre del último balance en que se aplique el Plan General de Contabilidad de 1990, siendo igualmente obligatorio lo dispuesto en la letra *f)*, del apartado 4, de esta disposición.

4. El importe del fondo de comercio será su importe en libros en la fecha del balance de apertura, según las normas anteriores, tras realizar los ajustes siguientes:

a) Se reducirá o eliminará su valor en libros, si lo exige el anterior apartado 1.

b) Se incrementará su valor en libros cuando sea exigido por el anterior apartado 2.

c) Cuando el evento o las condiciones de que dependiera cualquier contraprestación adicional en una combinación de negocios haya quedado resuelta antes de la fecha del balance de apertura, se ajustará el fondo de comercio por ese importe.

d) Cuando una contraprestación adicional previamente reconocida como pasivo no pueda ser valorada de forma fiable en la fecha del balance de apertura, o si su pago no resulta ya probable, se ajustará el valor en libros del fondo de comercio.

e) La empresa aplicará la norma de registro y valoración 6.ª a partir de la fecha del balance de apertura, con independencia de reconocer en dicha fecha, si procede, la pérdida por deterioro resultante, mediante un ajuste a las reservas y sin ajustar la amortización del fondo de comercio realizada con anterioridad.

f) La amortización acumulada del fondo de comercio se dará de baja contra el propio fondo de comercio. No obstante, en la memoria de las cuentas anuales deberá indicarse el importe contabilizado por la empresa en el momento en que se registró la combinación de negocios.

5. Los ajustes anteriores realizados en los activos y pasivos reconocidos afectarán a los impuestos diferidos.

***Disposición transitoria cuarta.* Información a incluir en las cuentas anuales del primer ejercicio que se inicie a partir de 1 de enero de 2008.**

En las primeras cuentas anuales que se formulen aplicando el Plan General de Contabilidad, se deberá incorporar la siguiente información:

1. A los efectos de la obligación establecida en el artículo 35.6 del Código de Comercio, y a los efectos derivados de la aplicación del principio de uniformidad y del requisito de comparabilidad, las cuentas anuales correspondientes al ejercicio que se inicie a partir de la entrada en vigor del Plan General de Contabilidad, se considerarán cuentas anuales iniciales, por lo que no se reflejarán cifras comparativas en las referidas cuentas.

   Sin perjuicio de lo anterior, en la memoria de dichas cuentas anuales iniciales se reflejarán el balance y la cuenta de pérdidas y ganancias incluidos en las cuentas anuales del ejercicio anterior.

   Asimismo, en la memoria de estas primeras cuentas anuales, se creará un apartado con la denominación de «Aspectos derivados de la transición a las nuevas normas contables», en el que se incluirá una explicación de las principales diferencias entre los criterios contables aplicados en el ejercicio anterior y los actuales, así como la cuantificación del impacto que produce esta variación de criterios contables en el patrimonio neto de la empresa. En particular, se incluirá una conciliación referida a la fecha del balance de apertura.

   No obstante, la empresa podrá presentar información comparativa del ejercicio anterior adaptada al presente Plan General de Contabilidad, para lo cual preparará un balance de apertura de dicho ejercicio precedente con arreglo a los nuevos criterios y de acuerdo con lo establecido en las disposiciones transitorias de este real decreto. En este caso, además de incluir en memoria una explicación de las principales diferencias entre los criterios contables aplicados en el ejercicio anterior y los actuales, se cuantificará el impacto que produce esta variación de criterios contables en el patrimonio neto y en los resultados de la empresa. En particular, se incluirá:

   a) Una conciliación del patrimonio neto en la fecha del balance de apertura del ejercicio precedente.

b) Una conciliación del patrimonio neto y de los resultados referida a la fecha de cierre del último ejercicio en que resultaron de aplicación los criterios anteriores.

Las conciliaciones referidas en el presente apartado se realizarán con el suficiente detalle como para permitir a los usuarios la comprensión de los ajustes significativos como consecuencia de la transición.

2. En cualquier caso, deberá suministrarse adicionalmente la siguiente información:

a) El valor razonable de los activos financieros o pasivos financieros designados en la categoría de «Valor razonable con cambios en la cuenta de pérdidas y ganancias» a que hace referencia el apartado 1.*c)* de la disposición transitoria segunda, así como su clasificación y valor contable en las cuentas anuales cerradas en la fecha de transición.

b) Si como consecuencia de los ajustes a realizar en la fecha de transición se reconoce o revierte una pérdida por deterioro del valor de los activos, la empresa deberá suministrar en la memoria la información requerida sobre este aspecto en el Plan General de Contabilidad.

3. Fecha de transición es la fecha del balance de apertura del ejercicio en que se aplique por primera vez el presente Plan General de Contabilidad, salvo que la empresa incluya información comparativa del ejercicio anterior adaptada, en cuyo caso, será la fecha del balance de apertura de dicho ejercicio anterior.

Disposición transitoria quinta. Desarrollos normativos en materia contable.

1. Con carácter general, las adaptaciones sectoriales y otras disposiciones de desarrollo en materia contable en vigor a la fecha de publicación de este real decreto seguirán aplicándose en todo aquello que no se oponga a lo dispuesto en el Código de Comercio, Texto Refundido de la Ley de Sociedades Anónimas, aprobado por Real Decreto Legislativo 1564/1989, de 22 de diciembre, Ley 2/1995, de 23 de marzo, de Sociedades de Responsabilidad Limitada, disposiciones específicas y en el presente Plan General de Contabilidad.

En particular, las entidades que realicen actividades no mercantiles que vengan obligadas por sus disposiciones específicas, a aplicar alguna adaptación del Plan General de Contabilidad, seguirán aplicando sus respectivas normas de adaptación en los términos dispuestos en el párrafo anterior, debiendo aplicar los contenidos del Plan General de Contabilidad o, en su caso, del Plan General de Contabilidad de PYMES en todos aquellos aspectos que han sido modificados. Se deberán respetar en todo caso las particularidades que en relación con la contabilidad de dichas entidades establezcan, en su caso, sus disposiciones específicas.

2. Hasta que se aprueben las nuevas adaptaciones del Plan General de Contabilidad a las sociedades concesionarias de autopistas, túneles, puentes y otras vías de peaje y a las empresas del sector de abastecimiento y saneamiento de aguas, se mantienen en vigor los criterios relativos a los gastos financieros diferidos de financiación de autopistas,

túneles, puentes y otras vías de peaje y los gastos financieros diferidos de financiación de activos del inmovilizado necesarios para llevar a cabo la actividad de abastecimiento y saneamiento de aguas, establecidos en la norma 7.3 de valoración contenida en la quinta parte de las normas de adaptación del Plan General de Contabilidad a estas empresas, aprobadas ambas por Órdenes del Ministerio de Economía y Hacienda de 10 de diciembre de 1998.

3. Se mantiene expresamente en vigor el régimen transitorio, aprobado por Orden del Ministerio de Economía y Hacienda de 29 de diciembre de 1999, a aplicar contablemente en la exteriorización de los compromisos por pensiones regulada en el Reglamento sobre la Instrumentación de los Compromisos por Pensiones de las Empresas con los Trabajadores y Beneficiarios, aprobado por Real Decreto 1588/1999, de 15 de octubre.
4. Los criterios por los que se establece la delimitación entre fondos propios y fondos ajenos en las normas sobre los aspectos contables de las sociedades cooperativas, aprobadas por Orden del Ministerio de Economía 3614/2003, de 16 de diciembre, podrán seguir aplicándose hasta 31 de diciembre de 2009.

***Disposición transitoria sexta.* Empresas que se hayan incluido en cuentas anuales consolidadas de acuerdo con las normas internacionales de información financiera adoptadas en la Unión Europea.**

Las empresas cuyos elementos patrimoniales se hayan integrado, previamente a la primera aplicación del presente Plan General de Contabilidad, en unas cuentas anuales consolidadas en las que se hayan aplicado las normas internacionales de información financiera adoptadas por los Reglamentos de la Comisión Europea, podrán valorar los elementos patrimoniales de sus cuentas anuales individuales en el primer ejercicio en que resulte de aplicación el Plan General de Contabilidad, de acuerdo con los importes por los que se incluyan en las cuentas anuales consolidadas, excluidos los ajustes y eliminaciones inherentes a la consolidación y los efectos de la combinación de negocios derivados de la adquisición, siempre y cuando:

1. Los criterios valorativos aplicados sean equivalentes a los establecidos en el presente Plan General de Contabilidad y en las disposiciones de este real decreto.
2. La fecha de transición sea la fecha de balance de apertura del ejercicio anterior al primero en que resulte de aplicación el presente real decreto.
3. Esta opción se aplique de forma uniforme para todos los elementos patrimoniales de la empresa.

***Disposición transitoria séptima.* Referencias a las Normas para la Formulación de Cuentas Anuales Consolidadas en el Plan General de Contabilidad.**

Las remisiones contenidas en el Plan General de Contabilidad a las Normas para la Formulación de Cuentas Anuales Consolidadas, supondrán la aplicación de los criterios contenidos en el Real Decreto 1815/1991, de 20 de diciembre, por el que se aprueban las Normas para la Formulación de Cuentas Anuales Consolidadas, hasta el momento en que éste se modifique.

Disposición derogatoria única. **Derogación normativa.**

Se deroga el Real Decreto 1643/1990, de 20 de diciembre, por el que se aprueba el Plan General de Contabilidad y las demás normas de igual o inferior rango que se opongan a lo establecido en el presente real decreto.

Disposición final primera. **Habilitación para la aprobación de adaptaciones sectoriales.**

El Ministro de Economía y Hacienda, a propuesta del Instituto de Contabilidad y Auditoría de Cuentas, aprobará mediante orden ministerial las adaptaciones sectoriales del Plan General de Contabilidad. Estas adaptaciones sectoriales se elaborarán tomando en consideración las características y naturaleza de las actividades del sector concreto de que se trate, adecuándose al mismo tanto las normas de registro y valoración, como la estructura, nomenclatura y terminología de las cuentas anuales.

Disposición final segunda. **Habilitación para la aprobación de adaptaciones por razón de sujeto.**

El Ministro de Economía y Hacienda, a propuesta del Instituto de Contabilidad y Auditoría de Cuentas y mediante orden ministerial, podrá adaptar las normas de registro y valoración, las normas de elaboración y la estructura, nomenclatura y terminología de las cuentas anuales a las condiciones concretas del sujeto contable.

Disposición final tercera. **Habilitación para la aprobación de normas de desarrollo del Plan General de Contabilidad.**

El Instituto de Contabilidad y Auditoría de Cuentas podrá aprobar, mediante resolución, normas de obligado cumplimiento que desarrollen el Plan General de Contabilidad y sus normas complementarias, en particular, en relación con las normas de registro y valoración y las normas de elaboración de las cuentas anuales. Estas normas deberán ajustarse al procedimiento de elaboración regulado en el artículo 24.1 de la Ley 50/1997, de 27 de noviembre, del Gobierno.

Disposición final cuarta. **Plazo de aprobación de determinadas adaptaciones del Plan General de Contabilidad.**

En el plazo de un año a contar desde la entrada en vigor del Plan General de Contabilidad, el Ministro de Economía y Hacienda aprobará las adaptaciones sectoriales del Plan General de Contabilidad a las sociedades concesionarias de autopistas, túneles, puentes y otras vías de peaje y a las empresas del sector de abastecimiento y saneamiento de aguas.

Disposición final quinta. **Título competencial.**

El presente real decreto tiene el carácter de desarrollo de la legislación mercantil, de acuerdo con lo dispuesto en el artículo 149.1.6.ª de la Constitución.

Disposición final sexta. **Entrada en vigor.**

La presente norma entrará en vigor el día 1 de enero de 2008 y será de aplicación en los términos previstos en el presente real decreto, para los ejercicios que se inicien a partir de dicha fecha.

Dado en Madrid, el 16 de noviembre de 2007.

JUAN CARLOS R.

El Vicepresidente Segundo del Gobierno
y Ministro de Economía y Hacienda
PEDRO SOLVES MIRA

INTRODUCCIÓN

I

1. Con la aprobación del Plan General de Contabilidad por el Decreto 530/1973, de 22 de febrero, España se incorporó a las tendencias modernas sobre normalización contable.

Posteriormente, la incorporación de España a la hoy Unión Europea trajo consigo la armonización de las normas contables vigentes en aquel momento con el Derecho comunitario derivado en materia contable, en adelante Directivas contables (la Cuarta Directiva 78/660/CEE del Consejo, de 25 de julio de 1978, relativa a las cuentas anuales de determinadas formas de sociedad y la Séptima Directiva 83/349/CEE del Consejo, de 13 de junio de 1983, relativa a las cuentas consolidadas). El cauce legal y reglamentario empleados para alcanzar dicha convergencia fueron, respectivamente, la Ley 19/1989, de 25 de julio, y el Real Decreto 1643/1990, de 20 de diciembre, por el que se aprueba el Plan General de Contabilidad de 1990.

A partir de ese momento se incardina en el seno del Derecho Mercantil español un auténtico Derecho Contable que ha dotado a la información económico-financiera de un marcado carácter internacional, para lo cual, el Plan General de Contabilidad, de modo similar a lo sucedido en otros países, ha sido un instrumento básico de normalización.

La actividad normalizadora realizada en España hubiera quedado incompleta sin los desarrollos normativos que han sido impulsados por el Instituto de Contabilidad y Auditoría de Cuentas en los que han colaborado la Universidad, los profesionales y otros expertos relacionados con la materia contable. Estos desarrollos normativos han venido tomando como referente los pronunciamientos de las organizaciones emisoras de criterios contables a nivel nacional e internacional. De igual modo, no cabe duda de que el empresariado español ha contribuido a cimentar la aceptación de la normalización contable mediante su aplicación.

2. En el año 2000, guiada por el objetivo de hacer más comparable y homogénea la información económico-financiera de las empresas europeas, con independencia de su lugar de residencia y del mercado de capitales en el cual coticen, la Comisión Europea recomendó a las restantes instituciones comunitarias la conveniencia de exigir que las cuentas anuales consolidadas que elaboran las compañías cotizadas se formulasen aplicando el cuerpo normativo contable constituido por las normas e interpretaciones emitidas por el Comité de Normas Internacionales de Contabilidad (CNIC) —International Accounting Standards Board (IASB)—.

El proceso de exigencia legal para aplicar en Europa normas contables elaboradas por un organismo privado requirió de un instrumento jurídico, el Reglamento 1606/2002 del Parlamento Europeo y del Consejo, de 19 de julio de 2002, que definió el proceso de adopción por la Unión Europea de las Normas Internacionales de Contabilidad (en adelante, NIC//NIIF adoptadas), disponiendo la obligatoriedad de aplicar estas normas en las cuentas anuales consolidadas que elaboren las empresas con valores admitidos a cotización y que otorgó a los Estados miembros la competencia para tomar la decisión de permitir o requerir la aplicación directa de las NIC//NIIF adoptadas a las cuentas individuales de todas las sociedades, incluidas las cotizadas, y/o a las cuentas anuales consolidadas de los restantes grupos.

3. En nuestro país, el alcance de la decisión europea, fue analizado por la Comisión de Expertos creada por Orden Comunicada del Ministro de Economía de 16 de marzo de 2001, que elaboró un informe sobre la situación de la contabilidad en España y líneas básicas para abordar su reforma, publicado en el año 2002 y cuya principal recomendación fue que en las cuentas anuales individuales se siguiera aplicando la normativa contable española, convenientemente reformada para lograr la adecuada homogeneidad y comparabilidad de la información contable, en el marco de las nuevas exigencias contables europeas, considerándose que en el ámbito de las cuentas anuales consolidadas debía dejarse a opción del sujeto contable la aplicación de las normas españolas o de los Reglamentos comunitarios.

En sintonía con esta reflexión, el legislador español mediante la disposición final undécima de la Ley 62/2003, de 30 de diciembre, de medidas fiscales, administrativas y del orden social, mantuvo la elaboración de la información contable individual de las empresas españolas, incluidas las sociedades cotizadas, en el marco de los principios contables del Derecho Mercantil Contable español.

4. Los cambios recomendados por la Comisión de Expertos se han materializado en la Ley 16/2007, de 4 de julio, de reforma y adaptación de la legislación mercantil en materia contable para su armonización internacional con base en la normativa de la Unión Europea (en adelante, Ley 16/2007), que ha introducido en el Código de Comercio, y en la Ley de Sociedades Anónimas las modificaciones imprescindibles para avanzar en este proceso de convergencia internacional, garantizando al mismo tiempo que la modernización de la contabilidad española no interfiera en el régimen jurídico de aspectos neurálgicos de la vida de toda sociedad mercantil, como la distribución de beneficios, la reducción obligatoria del capital social y la disolución obligatoria por pérdidas.

La disposición final primera de la Ley confiere al Gobierno la competencia para aprobar mediante Real Decreto el Plan General de Contabilidad con el objetivo de configurar un marco reglamentario acorde con los nuevos pilares ubicados a nivel legal, de conformidad con lo dispuesto en las Directivas Comunitarias y teniendo en consideración las NIC//NIIF adoptadas por los Reglamentos de la Unión Europea. Asimismo, sobre la base de la importancia de las pequeñas y medianas empresas en el tejido empresarial español, la Ley habilita al Gobierno para aprobar como norma complementaria del Plan General de Contabilidad, otro texto ajustado a las necesidades informativas de las pequeñas y medianas empresas. Las habilitaciones reglamentarias de carácter general se completan con la otorgada al Ministro de Economía y Hacienda para aprobar, a propuesta del Instituto de Contabilidad y Auditoría de Cuentas, las adaptaciones sectoriales, y al propio Instituto para aprobar normas en desarrollo del Plan General de Contabilidad y de sus normas complementarias.

5. Iniciado el trámite de aprobación por las Cortes Generales de la Ley 16/2007, de 4 de julio, el Instituto de Contabilidad y Auditoría de Cuentas procedió a trabajar en el borrador del nuevo Plan para que estuviese elaborado en el plazo más breve posible.

Para el desarrollo de esta tarea se constituyó una comisión de expertos y diversos grupos de trabajo específicos distribuidos por materias concretas, integrados por técnicos del propio Instituto, por profesionales y académicos que aportaron sus conocimientos y experiencia de gran utilidad, tanto desde una consideración global como referidas a operaciones particulares, aunando así la doble perspectiva teórica y pragmática plasmada en la dinámica evolutiva del mundo de los negocios.

De lo expuesto se deduce que el Plan General de Contabilidad, ajustado a las correspondientes disposiciones de la Ley 16/2007, de 4 de julio, es la obra de un conjunto muy amplio de expertos contables en cuya configuración se ha buscado conseguir un adecuado equilibrio en la participación de empresas en cuanto elaboradores de información, de usuarios de la misma, de profesionales expertos en contabilidad, así como de profesores universitarios de la materia y de representantes de la Administración Pública.

El nuevo texto debe valorarse tomando en consideración los siguientes aspectos. En primer lugar, su vocación de convergencia con los Reglamentos comunitarios que contienen las NIC//NIIF adoptadas, en todos aquellos aspectos que resultan necesarios para hacer compatibles ambos cuerpos normativos contables, sin perjuicio de la restricción de opciones que contempla el nuevo Plan frente a los Reglamentos Comunitarios, o de la aplicación de criterios propios contenidos en las Directivas europeas como el de la activación de los gastos de investigación, lo que por otra parte, constituye una excepción y en ningún caso la regla general.

En segundo lugar, el carácter autónomo del Plan en tanto norma jurídica aprobada en España con un ámbito de aplicación claramente delimitado, a saber, la formulación de las cuentas individuales de todas las empresas españolas, al margen de las reglas especiales inherentes al sector financiero que a su vez traen causa de la propia conformación del Derecho comunitario en esta materia.

Por último, la lógica consecuencia de que la correcta interpretación del contenido del nuevo Plan General de Contabilidad, en ningún caso puede derivar en una aplicación directa de las NIC//NIIF incorporadas en los Reglamentos europeos, dado que esta alternativa que de conformidad con el Reglamento 1606/2002 también podría haber sido tomada por el legislador español, no ha sido la que finalmente ha prosperado en el proceso de debate interno que motivó la estrategia europea en materia contable. Y ello, sin perjuicio de que las NIC//NIIF adoptadas deban configurarse como el referente obligado de toda futura disposición que se incorpore al Derecho Contable español.

II

6. El Plan General de Contabilidad tiene una estructura muy similar a la de sus antecesores con la finalidad de mantener nuestra tradición contable en todos aquellos aspectos que no han de verse alterados por la introducción de los nuevos criterios. El cambio en el orden de sus contenidos simplemente responde a la conveniencia de ubicar la materia de mayor contenido sustantivo en las tres primeras partes, que son de aplicación obligatoria, reservando las dos últimas para las propuestas con un contenido amplio de aplicación voluntaria. En concreto, se divide en las siguientes partes:

— Marco Conceptual de la Contabilidad

— Normas de registro y valoración

— Cuentas anuales

— Cuadro de cuentas

— Definiciones y relaciones contables

El Marco Conceptual de la Contabilidad es el conjunto de fundamentos, principios y conceptos básicos cuyo cumplimiento conduce en un proceso lógico deductivo al reconocimiento y valoración de los elementos de las cuentas anuales. Su incorporación al Plan General de Contabilidad y, en consecuencia, la atribución al mismo de la categoría de norma jurídica, tiene como objetivo garantizar el rigor y coherencia del posterior proceso de elaboración de las normas de registro y valoración, así como de la posterior interpretación e integración del Derecho Contable.

De la lectura de la primera parte del nuevo Plan se desprende que la imagen fiel del patrimonio, de la situación financiera y de los resultados de la empresa continúa siendo el corolario de la aplicación sistemática y regular de las normas contables. Para reforzar esta exigencia, en el pórtico del Derecho Mercantil Contable se alzan los principios que deben guiar al Gobierno en su desarrollo reglamentario y a los sujetos contables en la aplicación que han de hacer de las normas. El fondo, económico y jurídico de las operaciones, constituye la piedra angular que sustenta el tratamiento contable de todas las transacciones, de tal suerte que su contabilización responda y muestre la sustancia económica y no sólo la forma jurídica utilizada para instrumentarlas.

El Marco Conceptual sigue reservando un lugar relevante a los principios incluidos en la primera parte del Plan de 1990, que no pierden su condición de columna vertebral del cuerpo normativo contable. Las dos novedades que se incorporan en este punto buscan por el contrario, profundizar en la consistencia teórica del modelo en su conjunto.

A tal efecto, el principio de registro y el de correlación de ingresos y gastos, siguiendo ese camino lógico deductivo que constituye el Marco Conceptual, se ubican como criterios de reconocimiento de los elementos en las cuentas anuales, y el principio del precio de adquisición se ha incluido en el apartado del Marco Conceptual relativo a los criterios valorativos, al considerar que precisamente la asignación de un valor es el último paso necesario antes de contabilizar toda transacción o hecho económico.

La segunda novedad es la ubicación del principio de prudencia en pie de igualdad con los restantes principios, lo que en ningún caso debe llevar a pensar que el modelo abandona la tutela de la solvencia patrimonial de la empresa frente a sus acreedores. Por el contrario, el registro de los riesgos deberá seguir realizándose desde la imparcialidad y objetividad exigida por el Plan de 1990 para el análisis de las obligaciones, de tal suerte que, con carácter general, no se han debido registrar en el pasado provisiones que no respondían a verdaderos riesgos de la empresa.

La Ley 16/2007, de 4 de julio, de reforma y adaptación de la legislación mercantil en materia contable para su armonización internacional con base en la normativa de la Unión Europea, ha dado nueva redacción al artículo 38 del Código de Comercio. La letra *c)* dispone que, excepcionalmente, cuando los riesgos que afecten a la empresa se conocieran entre la formulación y antes de la aprobación de las cuentas anuales y afectaran de forma muy significativa a la imagen fiel, las cuentas anuales deberán ser reformuladas.

Esta regla legal relativa a hechos posteriores al cierre del ejercicio, no tiene como objetivo imponer a los administradores una exigencia de reformulación de las cuentas anuales ante cualquier circunstancia significativa que se produzca antes de la aprobación por el órgano competente. Por el contrario, sólo situaciones de carácter excepcional y máxima relevancia en relación con la situación patrimonial de la empresa, de riesgos que aunque conocidos con posterioridad existieran en la fecha de cierre de las cuentas anuales, deberían llevar a una reformulación de éstas. Dicha reformulación debería producirse con carácter general hasta el momento en que se ponga en marcha el proceso que lleva a la aprobación de las mismas.

En el nuevo modelo, las definiciones de los elementos de las cuentas anuales incluidas en el Marco Conceptual: activos, pasivos, patrimonio neto, ingresos y gastos, constituyen una importante novedad. En particular, los pasivos se definen como obligaciones actuales surgidas como consecuencia de sucesos pasados, para cuya extinción la empresa espera desprenderse de recursos que puedan producir beneficios o rendimientos económicos en el futuro. Esta definición unida a la prevalencia del fondo sobre la forma condicionará el registro de algunos instrumentos financieros, que deberán contabilizarse como pasivos cuando *a priori*, desde un punto de vista estrictamente jurídico, pudieran tener la apariencia de instrumentos de patrimonio.

Otra novedad importante incluida en este apartado es la previsión de que determinados ingresos y gastos se contabilicen directamente en el patrimonio neto (mostrándose esta información en el estado de ingresos y gastos reconocidos) hasta que se produzca el reconocimiento, baja o deterioro del elemento con el que estén relacionados, momento en el que, con carácter general, se contabilizarán en la cuenta de pérdidas y ganancias.

Siguiendo el camino marcado por el Marco Conceptual, los elementos deben contabilizarse en el balance, la cuenta de pérdidas y ganancias o el estado de cambios en el patrimonio neto de la empresa cuando sea probable la obtención o cesión de recursos que incorporen beneficios o rendimientos económicos y siempre que su valor pueda determinarse con fiabilidad. Todo ello, sin perjuicio de que en algunos casos, como determinadas provisiones, para obtener la mejor estimación de su importe, dicho análisis deba realizarse a partir de las probabilidades asignadas a los posibles escenarios o desenlaces del correspondiente riesgo.

El apartado 6 del Marco Conceptual recoge los criterios de valoración y algunas definiciones relacionadas que posteriormente son utilizados en las normas incluidas en la segunda parte, para atribuir el adecuado tratamiento contable a cada hecho económico o transacción: coste histórico o coste, valor razonable, valor neto realizable, valor actual, valor en uso, costes de venta, coste amortizado, costes de transacción atribuibles a un activo o pasivo financiero, valor contable o en libros y valor residual.

De todos ellos, sin duda, la principal novedad es el valor razonable, que ahora se utiliza no sólo para contabilizar determinadas correcciones valorativas sino también para registrar los ajustes de valor por encima del precio de adquisición en algunos elementos patrimoniales, tales como ciertos instrumentos financieros y otros elementos a los que se apliquen las reglas de la contabilidad de coberturas.

Por lo que se refiere a la valoración inicial, tanto en el nuevo modelo contable, como en el anterior, con carácter general, todos los elementos patrimoniales deben valorarse en el momento inicial por su precio de adquisición, que en ocasiones se materializa expresamente en la norma como el valor razonable del elemento patrimonial adquirido y, en su caso, de la contrapartida entregada a cambio. Lógica consecuencia del principio de equivalencia económica que debe regir en todo intercambio comercial, en cuya virtud, el valor de los bienes o servicios entregados y el de los pasivos asumidos debe ser coincidente con el importe de la contraprestación recibida.

El Marco Conceptual concluye con la referencia a los principios y normas de contabilidad generalmente aceptados. El nuevo marco normativo de la información financiera mantiene la estructura de fuentes de Derecho interno que incluía el Plan de 1990. No obstante, ante la coexistencia de dos bloques normativos en España, por una parte, un amplio Derecho comunitario derivado de directa aplicación (NIC//NIIF adoptadas por Europa) en las cuentas anuales consolidadas de los grupos con alguna sociedad con valores admitidos a cotización, y por otra parte el Código de Comercio, la Ley de Sociedades Anónimas y el propio Plan General de Contabilidad aplicable en las cuentas individuales de las empresas españolas, es necesario reflexionar sobre cuál es el papel que juega el marco comunitario.

En este escenario de razonamiento, a la entrada en vigor del nuevo Plan, este texto y sus disposiciones de desarrollo siguen constituyendo un cuerpo normativo obligatorio para las empresas incluidas en su ámbito de aplicación, si bien los criterios incluidos en las adaptaciones sectoriales, Resoluciones del ICAC y demás normas de desarrollo mantienen su vigencia exclusivamente en la medida en que no se opongan a la nueva regulación contable de rango superior. Cualquier aspecto que no pueda ser interpretado a la vista de los contenidos normativos de la Ley y del Reglamento, incluidas las adaptaciones sectoriales y las Resoluciones del ICAC, deberá ser tratado en las cuentas anuales individuales de las empresas aplicando criterios coherentes con el nuevo contexto normativo en materia contable, pero sin que ello suponga en ningún caso una aplicación directa de las normas internacionales adoptadas por la Unión Europea, dado que su extensión a las cuentas anuales individuales no parece haber sido el objetivo del Legislador.

Y ello, sin perjuicio obviamente de que en sintonía con la filosofía que preside la reforma, el elenco normativo que desarrolló el Plan de 1990, adaptaciones sectoriales y Resoluciones del ICAC, será modificado y ampliado tomando como marco normativo de referencia el acervo comunitario integrado por los Reglamentos adoptados por la Comisión Europea.

7. La segunda parte del Plan General de Contabilidad comprende las normas de registro y valoración. Los cambios introducidos responden a una doble motivación: en primer lugar, armonizar la norma española en gran medida con los criterios contenidos en las NIC//NIIF adoptadas mediante Reglamentos de la Unión Europea y en segundo lugar, agrupar en el Plan General de Contabilidad los criterios que desde 1990 se han introducido en las sucesivas adaptaciones sectoriales con la finalidad de mejorar la sistemática de la norma. A continuación se detallan las principales novedades.

En el inmovilizado material se incorpora, formando parte del precio de adquisición, el valor actual de las obligaciones derivadas del desmantelamiento, retiro o rehabilitación del lugar en el que se asienten los activos, que en el Plan de 1990 originaban el registro sistemático de una provisión para riesgos y gastos. La provisión que debe contabilizarse como contrapartida del inmovilizado se actualizará cada año por el efecto financiero ocasionado por el descuento, sin perjuicio de la revisión del importe inicial que pueda traer causa de una nueva estimación del coste de dichos trabajos, o del tipo de descuento aplicado. En ambos casos, el ajuste motivará al inicio del ejercicio en que se produzca, tanto la revisión del valor del activo como de la provisión.

El tratamiento de las provisiones para grandes reparaciones también experimenta un cambio en el nuevo marco contable. En la fecha de adquisición, la empresa deberá estimar e identificar el importe de los costes necesarios para realizar la revisión del activo. Estos costes se amortizarán como un componente diferenciado del coste del activo hasta la fecha en que se realice la revisión, momento en que se tratará contablemente como una sustitución, dándose de baja cualquier importe pendiente de amortizar y se reconocerá el importe satisfecho por la reparación, que a su vez deberá amortizarse de forma sistemática hasta la siguiente revisión.

Siguiendo con el análisis de los cambios, merece destacarse que el nuevo Plan General de Contabilidad, a diferencia del Plan de 1990 (que, con carácter general, otorgaba la opción), obliga a capitalizar los gastos financieros incurridos por la adquisición o construcción de activos hasta la fecha en que estén en condiciones de entrar en funcionamiento, siempre y cuando los activos necesiten un periodo de tiempo superior a un año para estar en condiciones de uso.

La última modificación relevante en esta norma se produce en el criterio para contabilizar las permutas de inmovilizado material. Se diferencian las permutas de carácter comercial de las que no lo son, identificando las primeras por el indicio de que los flujos de caja esperados del activo recibido difieren significativamente de los del entregado, bien porque la configuración de los citados flujos difiere o bien porque el valor subjetivo para la empresa del bien recibido es mayor que el del entregado, convirtiéndose por tanto este último desde un punto de vista económico en un medio de pago. A partir de este razonamiento, cuando la permuta tiene naturaleza comercial, la norma dispone que deberá contabilizarse el correspondiente resultado siempre y cuando pueda obtenerse un valor fiable del valor razonable del elemento entregado o, en su caso, del recibido.

Por lo que se refiere a la valoración posterior, la reforma no introduce grandes cambios, ni en el criterio de valoración del inmovilizado material, ni en el criterio para registrar la amortización de los bienes, ni en la contabilización de los deterioros del valor (provisiones por depreciación en el Plan de 1990). No obstante, se produce un desarrollo pormenorizado de las técnicas adecuadas para calcular las pérdidas de valor asistemáticas del activo. En particular, se introduce el concepto de unidad generadora de efectivo, definida como el grupo identificable más pequeño de activos que genera entradas de efectivo, sirviendo dicho concepto de base para calcular el deterioro del valor de ese grupo de activos, siempre y cuando no pueda calcularse el deterioro elemento a elemento.

Respecto al registro de los inmovilizados intangibles en el balance, se exige adicionalmente a los criterios de reconocimiento de todo activo (estar controlado por la empresa, cumplir los requisitos de probabilidad y gozar de una valoración fiable), que el activo sea identificable, por ser separable o por haber surgido de derechos legales o contractuales.

En esta materia, un importante cambio del nuevo Plan es la previsión de que puedan existir inmovilizados intangibles con vida útil indefinida, los cuales no se amortizarán, sin perjuicio de que si se comprueba que su valor se ha deteriorado, se registrará la correspondiente pérdida. Mención particular merece el fondo de comercio, que no será objeto de amortización, debiendo someterse, al menos anualmente, a un test de deterioro. En caso de que de esta comprobación se derive una corrección valorativa, ésta tendrá carácter irreversible, debiendo incluirse en la memoria determinada información del proceso de cálculo, en el que se deberá prestar especial cautela a que los fondos de comercio generados internamente por la empresa con posterioridad a la fecha de adquisición, no se activen de forma indirecta.

Cabe también mencionar el nuevo tratamiento de los gastos de primer establecimiento, que deberán contabilizarse en la cuenta de pérdidas y ganancias como gastos del ejercicio en el que se incurran. Por el contrario, los gastos de constitución y ampliación de capital se imputarán directamente al patrimonio neto de la empresa sin pasar por la citada cuenta de pérdidas y ganancias. Estos gastos lucirán en el estado de cambios en el patrimonio neto total, formando parte del conjunto de variaciones del patrimonio neto del ejercicio.

Otra novedad relevante que se ha incorporado en esta norma es la previsión de que los gastos de desarrollo puedan amortizarse en un plazo superior a cinco años siempre que esta mayor vida útil quede debidamente acreditada por la empresa. Por su parte, los gastos de investigación mantienen el mismo tratamiento que les otorgaba el Plan de 1990, aunque las normas internacionales adoptadas en Europa exigen con carácter general su imputación a la cuenta de pérdidas y ganancias del ejercicio en que se devengan, permitiendo no obstante el registro de los gastos de investigación cuando son identificados como un activo de la empresa adquirida en una combinación de negocios. El Plan General de Contabilidad, en sintonía con la Cuarta Directiva, asume este tratamiento incluso cuando su origen no trae causa de la citada combinación, siempre y cuando gocen de proyección económica futura.

Determinados contratos de arrendamiento u otras operaciones de naturaleza similar, se han convertido en los últimos años en fórmulas de financiación habituales de las empresas españolas. Así, junto a los contratos de arrendamiento financiero en sentido estricto, regulados en el apartado 1 de la disposición adicional séptima de la Ley 26/1988, de 29 de julio, sobre disciplina e intervención de las entidades de crédito, han proliferado otra serie de contratos que bajo la forma de arrendamientos operativos, en sustancia, son asimilables desde un punto de vista económico a los primeros.

Por ello, la norma de arrendamientos tiene como objetivo precisar el tratamiento contable de estas operaciones que, salvo en lo que respecta a la naturaleza del activo, con carácter general, no debería constituir novedad alguna, dado que la doctrina administrativa ha venido integrando en las letras *f)* y *g)* de la norma de valoración 5.ª del Plan de 1990, aquellos contratos en los que se produce una transferencia de riesgos y beneficios inherentes a la propiedad de los bienes o derechos subyacentes.

La calificación de activos no corrientes y grupos enajenables de elementos mantenidos para la venta, sí que constituye una novedad en el nuevo Plan. Para incluir un elemento del activo no corriente o un grupo enajenable de elementos patrimoniales en esta categoría, deberán cumplirse una serie requisitos enfocados a su disponibilidad inmediata y alta probabilidad de venta.

La principal consecuencia de esta nueva clasificación es que dichos activos no se amortizan. En cuanto a su presentación, deberán mostrarse en el balance dentro del activo corriente dado que su valor en libros se prevé recuperar a través de su enajenación y no mediante su uso en la actividad ordinaria de la empresa. Adicionalmente, en el modelo normal de la cuenta de pérdidas y ganancias, se deberá incorporar determinada información dentro del margen de las operaciones discontinuadas, en relación con los grupos clasificados como mantenidos para la venta que constituyan una actividad interrumpida (en particular, grupos enajenables que constituyan una línea de negocio o un área geográfica significativa o empresas dependientes adquiridas con la finalidad de venderlas).

8. La norma 9.ª de instrumentos financieros junto a la norma que regula las denominadas «Combinaciones de negocios» constituye sin lugar a dudas la novedad más relevante del nuevo Plan General de Contabilidad.

El principal cambio estriba en que el nuevo texto no afronta la valoración de los activos y pasivos financieros desde la perspectiva de su naturaleza, rendimiento fijo o variable, sino teniendo en cuenta la gestión desplegada por la empresa sobre estos elementos patrimoniales.

A tal efecto, el conjunto de activos financieros se clasifica en aras de su valoración en las carteras de: préstamos y partidas a cobrar (en la que se incluyen los clientes), inversiones mantenidas hasta el vencimiento, activos financieros mantenidos para negociar, otros activos financieros a valor razonable con cambios en la cuenta de pérdidas y ganancias, inversiones en el patrimonio de empresas del grupo, multigrupo y asociadas y activos financieros disponibles para la venta.

Por su parte, los pasivos financieros se clasificarán en alguna de las siguientes categorías: débitos y partidas a pagar (fundamentalmente, proveedores), pasivos financieros mantenidos para negociar y otros pasivos financieros a valor razonable con cambios en la cuenta de pérdidas y ganancias.

Asimismo, dejando al margen las inversiones en empresas del grupo, multigrupo y asociadas, los préstamos y partidas a cobrar y las inversiones en títulos representativos de deuda que la empresa decida mantener hasta el vencimiento, otro aspecto que debe resaltarse es la extensión del valor razonable a todos aquellos activos financieros cuyo valor razonable puede determinarse con fiabilidad.

Este cambio de contenidos y enfoque contable tiene su reflejo en la propia estructura de la norma, que viene a agrupar las normas de valoración 8.ª a 12.ª del Plan de 1990. A pesar del cambio realizado, las operaciones que ordinariamente realizan la generalidad de las empresas, créditos y débitos que surgen de las operaciones de tráfico, apenas experimentan variación, siendo destacables como principales modificaciones la obligatoriedad de valorar a valor razonable los activos clasificados en la cartera de negociación (aquellas inversiones que mantengan las empresas con una clara voluntad de proceder a su venta en el corto plazo) así como los activos disponibles para la venta, cuyas variaciones de valor deberán registrarse, respectivamente, en la cuenta de pérdidas y ganancias y directamente en el patrimonio neto, imputándose en este último caso a resultados cuando se produzca la baja o deterioro de la inversión.

Un tercer cambio relevante en este ámbito es el reconocimiento, valoración y presentación como pasivos, con carácter general, de todos aquellos instrumentos financieros con apariencia de instrumentos de patrimonio que a la luz del fondo de los acuerdos entre emisor y tenedor representen una obligación para la empresa; en particular de determinadas acciones rescatables y acciones sin voto. Asimismo y en la medida en que el tratamiento de estas operaciones debe ser coherente, cuando dichos instrumentos se califiquen como pasivos, lógicamente su remuneración no podrá tener la calificación contable de dividendo sino de gasto financiero.

Por último, cabe señalar que en el nuevo Plan también se modifica el tratamiento contable de las operaciones con acciones o participaciones propias. La variación que se pueda producir entre su precio de adquisición y el importe recibido como contraprestación en el momento de la venta, se registrará directamente en los fondos propios de la empresa, con la finalidad de mostrar el fondo económico de estas operaciones, que constituyen devoluciones o aportaciones al patrimonio neto de los socios o propietarios de la empresa.

La norma de instrumentos financieros recoge en sus dos últimos apartados una serie de casos particulares y el tratamiento de las coberturas contables. Estos apartados han incorporado el contenido mínimo que se ha valorado como necesario para dotar de seguridad jurídica a los posteriores desarrollos normativos que hayan de realizarse de estas materias. En concreto, las coberturas contables habrán de ser objeto de un desarrollo más pormenorizado a través de la correspondiente Resolución del ICAC.

9. Otra norma de valoración y registro que ha experimentado modificaciones importantes es la que regula la moneda extranjera.

Cuando una empresa se implanta en el extranjero a través de una sucursal, o bien cuando radicada en España, de modo excepcional, opera mayoritariamente en una moneda distinta del euro, desde una perspectiva estrictamente económica, las diferencias de cambio de sus partidas en moneda extranjera no se originan frente al euro sino frente a la moneda de su entorno económico, que con frecuencia será la moneda en la cual se denominen y liquiden los precios de venta de sus productos y se satisfagan los gastos en los que incurra.

No obstante, la obligatoriedad de presentar las cuentas anuales en euros, exige que una vez reconocido el efecto derivado del tipo de cambio en moneda extranjera, la empresa deba reconocer el efecto de conversión de su moneda funcional al euro. Para ello, la norma dispone que las diferencias de conversión se contabilicen directamente en el patrimonio neto dado que las partidas denominadas en moneda funcional no se convertirán en euros en el corto plazo y, en consecuencia, no afectarán a los flujos de efectivo de la empresa. Los criterios para determinar la moneda funcional y, en su caso, para realizar la conversión al euro serán detallados en las normas de formulación de las cuentas anuales consolidadas que se aprueben en desarrollo del Código de Comercio.

La norma de moneda extranjera también incorpora al Plan General de Contabilidad los términos de partida monetaria y no monetaria, utilizados en la norma internacional de referencia, NIC n.º 21 adoptada en la Unión Europea y en nuestro país en el Real Decreto 1815/1991, de 20 de diciembre. En cualquier caso, la principal novedad en esta materia, es el cambio de criterio en el tratamiento de las diferencias de cambio positivas en partidas monetarias (tesorería, préstamos y partidas a cobrar, débitos y partidas a pagar e inversiones en valores representativos de deuda), que en el nuevo Plan se contabilizarán directamente en la cuenta de pérdidas y ganancias, como consecuencia de la puesta en pie de igualdad del principio de prudencia respecto a los otros principios, y del consecuente tránsito a un tratamiento simétrico de todas las diferencias de cambio: positivas y negativas.

La contabilización del Impuesto sobre Beneficios en el Plan de 1990 seguía el sistema basado en las diferencias, temporales/permanentes, entre el resultado contable y la base imponible, a partir de la cuenta de pérdidas y ganancias. Adicionalmente, la doctrina contable administrativa, extendió el tratamiento del efecto impositivo a otras operaciones (algunas de las que se agrupan en el nuevo Plan bajo la denominación de «Combinaciones de negocios»: operaciones de fusión y aportación no dineraria de las acciones de una sociedad representativas de la mayoría de los derechos de voto).

A partir de esta evolución de la doctrina, puede afirmarse que en el momento de abordar la reforma del efecto impositivo en el actual Plan, partiendo de un enfoque distinto (en el cálculo de las diferencias que darán lugar a activos y pasivos por impuestos diferidos se toma como referente el balance de la empresa), las cuentas anuales mostrarán una imagen similar a la que deberían mostrar como resultado de una correcta aplicación de los criterios anteriores. El cambio se justifica en la búsqueda de coherencia con un Marco Conceptual cuyo camino lógico deductivo conduce a unas normas de registro y valoración que otorgan preferencia al enfoque de activos y pasivos frente al de ingresos y gastos, debiendo resaltarse que este enfoque es el aceptado internacionalmente con carácter general.

También destaca como novedad respecto al Plan de 1990 la diferenciación que se hace entre gasto/ingreso por impuesto corriente (del que formarán parte las diferencias permanentes del Plan de 1990) y gasto/ingreso por impuesto diferido. El gasto o ingreso total será la suma algebraica de ambos conceptos, que sin embargo deben cuantificarse de forma separada. En este contexto, los impuestos diferidos e impuestos anticipados pasan a denominarse, respectivamente, pasivos y activos por impuesto diferido, con la finalidad de adecuar la norma española a la terminología empleada por las normas internacionales adoptadas en Europa.

Respecto a su presentación en las cuentas anuales, hay que señalar que, con carácter general, el gasto/ingreso por impuesto sobre sociedades se contabilizará en la cuenta de pérdidas y ganancias salvo que esté asociado con un ingreso/gasto registrado directamente en el patrimonio neto, en cuyo caso, con la finalidad de que la correspondiente partida del patrimonio neto luzca neta del efecto impositivo, lógicamente el gasto/ingreso por impuesto debe reconocerse directamente en el estado de ingresos y gastos reconocidos. Por su parte, el efecto impositivo que surja en el reconocimiento inicial de las denominadas «Combinaciones de negocios», aumentará el valor del fondo de comercio. La variación posterior de los activos y pasivos por impuesto diferido asociados a los elementos patrimoniales contabilizados en la «Combinación» lucirá, con carácter general, en la cuenta de pérdidas y ganancias o en el estado de ingresos y gastos reconocidos de conformidad con las reglas generales.

La norma que regula el tratamiento contable de los ingresos por ventas y prestaciones de servicios incluye un nuevo criterio para contabilizar las permutas de bienes o servicios por operaciones de tráfico, de tal suerte que el precio de adquisición, interpretado sobre la base de los nuevos postulados recogidos en el Marco Conceptual, llevará al reconocimiento de resultados positivos en estas operaciones, siempre y cuando los bienes o servicios permutados no sean de similar naturaleza y valor.

Otra novedad importante del Plan General de Contabilidad en las operaciones comerciales es la incorporación de los descuentos por pronto pago concedidos a clientes, estén o no incluidos en factura, como un componente más (con signo negativo) del importe neto de la cifra de negocios quedando, en consecuencia, excluidos del margen financiero de la empresa. En coherencia con este nuevo criterio, los descuentos por pronto pago concedidos por los proveedores, estén o no incluidos en factura, se contabilizan minorando la partida de aprovisionamientos.

Desde los primeros años de aplicación del anterior Plan, se han suscitado dudas acerca de cuándo debía entenderse que se produce el devengo de los ingresos originados en determinadas operaciones de venta. Las numerosas cláusulas que hoy en día se incorporan a los contratos que instrumentan estas operaciones, hacen difícil identificar en algunas ocasiones el momento en que se produce la corriente real de los bienes y servicios. Con la finalidad de resolver estas dudas, el nuevo Plan General de Contabilidad hace explícitos los requisitos que deberá cumplir toda transacción para que haya de contabilizarse el correspondiente ingreso, quedando concretados los criterios que se desprendían del Plan de 1990 en aras de dotar al modelo de mayor seguridad jurídica. Por ejemplo, se explicita el requisito referente a la transferencia que ha de producirse de los riesgos y beneficios significativos inherentes a la propiedad de los bienes, con independencia de la transmisión jurídica, el cual ya se había venido configurando desde la doctrina administrativa como una condición indispensable para proceder a registrar el resultado en el transmitente y el activo en el adquirente. Adicionalmente, el análisis que a estos efectos exige la norma internacional adoptada en la Unión Europea requiere el cumplimiento de otras circunstancias que se recogen en el nuevo Plan General de Contabilidad.

También en esta línea didáctica o explicativa de la norma, se incorpora al nuevo Plan una precisión que desarrolla el principio de fondo sobre forma por la que se exige individualizar las transacciones englobadas en una sola operación o considerar varias transacciones individuales en su conjunto, cuando tras un previo análisis del fondo económico y jurídico de las mismas prevalezca su entidad individual o conjunta, respectivamente.

10. La norma 15.ª Provisiones y contingencias, aunque inspirada en la pérdida de prevalencia del principio de prudencia, no debe asociarse con la desaparición de provisiones de los balances de las entidades españolas. En concreto, la Resolución del ICAC del año 2002 sobre aspectos medioambientales ya incorporó al conjunto de nuestro modelo contable las principales cuestiones tratadas en la norma internacional de referencia en esta materia (NIC n.º 37 Provisiones y contingencias). En particular, la precisión de que toda provisión debe responder a una obligación actual derivada de un suceso pasado, cuya cancelación sea probable que origine una salida de recursos y su importe pueda medirse con fiabilidad; la distinción entre obligación legal, contractual, e implícita o tácita; el requisito del descuento financiero de su importe cuando el pago deba realizarse en el largo plazo; y el tratamiento contable de las compensaciones a recibir por un tercero en el momento de liquidar la obligación.

A tal efecto, cuando el importe del pasivo no pueda calcularse de forma fiable, ni siquiera por un importe mínimo, deberá informarse en la memoria en los términos descritos en la tercera parte del Plan General de Contabilidad. Y ello, como ya se ha indicado, sin perjuicio del grado de indeterminación inherente al cálculo de toda provisión, en el que en numerosas ocasiones el requisito de que la salida de recursos sea probable, necesariamente deberá reconducirse a un cálculo del importe probable de la obligación.

Esta reflexión debe extenderse al tratamiento contable de las retribuciones a largo plazo al personal que comprenden las retribuciones post-empleo (pensiones, asistencia sanitaria una vez concluida la relación laboral y otras prestaciones por jubilación o retiro) así como cualquier otra retribución que suponga un pago diferido al trabajador por un plazo superior a 12 meses desde el momento en el que se presta el servicio, sin perjuicio de que las contribuciones que se realicen a entidades separadas tengan con carácter general periodos inferiores de pago.

En este sentido, la norma distingue entre retribuciones a largo plazo de aportación definida, en las que la empresa no retiene riesgos y el pasivo que pudiera figurar en el balance responderá exclusivamente a la cuota pendiente de aportar a la correspondiente entidad aseguradora o plan de pensiones. Y las restantes retribuciones que no cumplan estos requisitos, que son las denominadas de prestación definida.

En las retribuciones de prestación definida, la empresa deberá registrar el correspondiente pasivo porque retiene un riesgo al margen de que el compromiso con los trabajadores se haya instrumentado a través de un seguro colectivo o un plan de pensiones. Si la empresa ha exteriorizado el riesgo, el pasivo lucirá en el balance por el importe neto resultante de aplicar los criterios de cuantificación descritos en la norma. Por el contrario, cuando la empresa no haya exteriorizado el compromiso, el pasivo figurará en su balance por el valor actual actuarial de dichos compromisos, minorado por el coste de los servicios pasados no reconocidos.

Adicionalmente, se dispone que las diferencias originadas en el cálculo del pasivo o activo por la variación de las hipótesis actuariales en las retribuciones post-empleo de prestación definida, se reconozcan en las reservas voluntarias a través del estado de cambios en el patrimonio neto, de forma que se consigue aunar el objetivo de que los pasivos o activos queden perfectamente cuantificados en todo momento de acuerdo con la mejor información disponible, neutralizando al mismo tiempo el impacto en el resultado periódico de la empresa que originarían las inevitables fluctuaciones de las variables actuariales, en caso de imputarse a la cuenta de pérdidas y ganancias las ganancias o pérdidas actuariales.

El Plan agrupa en la norma de transacciones con pagos basados en instrumentos de patrimonio, el conjunto de operaciones en las que la empresa bien entrega como contraprestación sus propios instrumentos de patrimonio, bien una contraprestación en efectivo basada en el valor de los mismos. En particular, con este criterio se resuelve a nivel reglamentario el tratamiento contable de las operaciones de retribución al personal con instrumentos de patrimonio que tanto han proliferado en los últimos años, al amparo de la regulación incluida en el artículo 159 del Texto Refundido de la Ley de Sociedades Anónimas. Adicionalmente, por motivos de claridad y continuando con la tradición del Plan de 1990, se ha optado por reproducir también en el apartado 1.4 de la norma 2.ª Inmovilizado material, el criterio fijado para los bienes recibidos en concepto de aportación no dineraria de capital, que han de valorarse por su valor razonable en el momento de la aportación.

Respecto a los cambios incorporados en la norma 18.ª Subvenciones, donaciones y legados recibidos, cabe diferenciar el tratamiento contable de los otorgados por los socios o propietarios de aquellos recibidos de terceros. Las subvenciones otorgadas por terceros, siempre que de acuerdo con los nuevos criterios sean no reintegrables, se califican como ingresos contabilizados, con carácter general, directamente en el estado de ingresos y gastos reconocidos, para posteriormente proceder a su imputación a la cuenta de pérdidas y ganancias atendiendo a su finalidad; en particular, cuando financien gastos, de forma correlacionada a su devengo. Hasta el momento en que no se cumplan las condiciones para considerarlas no reintegrables, dichas subvenciones deberán lucir en el pasivo.

En consecuencia, al margen de las novedades, se mantiene el criterio de transferencia a la cuenta de pérdidas y ganancias en función de la finalidad para la que fueron concedidas, que reproduce el criterio que en desarrollo de la norma de valoración 20.ª del Plan de 1990, ya se incorporó con carácter general en determinadas adaptaciones sectoriales (entidades de asistencia sanitaria, entidades sin fines lucrativos, empresas vitivinícolas).

Sin embargo, la principal novedad incluida en el nuevo Plan, al margen de su imputación directa al patrimonio neto en el momento inicial, es el hecho de que las subvenciones, donaciones y legados entregados por los socios o propietarios de la empresa no tienen la calificación de ingresos, sino de fondos propios, al ponerlas en pie de equivalencia desde una perspectiva económica con las restantes aportaciones que los socios o propietarios puedan realizar a la empresa, fundamentalmente con la finalidad de fortalecer su patrimonio. En el Plan de 1990, únicamente se contemplaba este tratamiento cuando la aportación se realizaba por los socios o propietarios para compensación de pérdidas o con la finalidad de compensar un «déficit», quedando excluidas las concedidas para asegurar una rentabilidad mínima como las otorgadas para fomentar actividades específicas o con la finalidad de fijar precios políticos para determinados bienes o servicios.

No obstante, dado que las empresas del sector público pueden ser beneficiarias de subvenciones en los mismos términos que lo pudiera ser cualquier empresa perteneciente al sector privado, el objetivo de imagen fiel exige excepcionar en estos casos (subvenciones otorgadas a empresas públicas por sus socios para financiar la realización de actividades de interés público o general) la regla general contenida en el apartado 2 de la norma 18.ª, remitiendo al tratamiento contable general regulado en el apartado 1.

11. Las operaciones de adquisición de negocios pueden instrumentarse a través de distintas operaciones jurídicas: fusión, escisión, aportación no dineraria y compraventa de una unidad económica (entendida como el conjunto de activos y pasivos que constituyen un negocio), así como la aportación no dineraria o compraventa de las acciones que otorguen el control de una empresa. De todas ellas, las operaciones de fusión y escisión, a pesar de gozar de una consolidada doctrina administrativa, han sido las únicas que no llegaron a tener reflejo en una norma de carácter general.

El nuevo Plan subsana esta laguna de la normalización y dota al modelo contable y por consiguiente al tráfico empresarial, de la deseable seguridad jurídica. A tal efecto, la norma 19.ª regula las denominadas «Combinaciones de negocios», entendidas como aquellas operaciones en las que una empresa adquiere el control de uno o varios negocios.

Cuando el grupo de trabajo inició sus cometidos se publicó por el Comité de Normas Internacionales de Contabilidad (CNIC o IASB) una propuesta de modificación de la norma internacional que regula estas operaciones (NIIF 3. Combinaciones de negocios). A la vista de los cambios significativos que se incluían en determinados puntos se abrió un debate acerca de cuál debía ser el marco de referencia, la norma en vigor o su propuesta de modificación. Si bien en un primer momento se consideró conveniente optar por los criterios incluidos en el borrador de NIIF 3, teniendo en cuenta que en la actualidad el citado proyecto no ha sido aprobado, se ha optado finalmente por incluir en el Plan los criterios recogidos en la norma vigente adoptada por la Comisión Europea. Sin perjuicio de que en un futuro, tanto ésta como las restantes disposiciones del nuevo Plan puedan ajustarse a las modificaciones que se recojan en el Derecho Contable comunitario si así se considera conveniente.

Las reglas que rigen el tratamiento contable de estas operaciones se recogen en el denominado «Método de adquisición», en cuya virtud, con carácter general, los activos adquiridos y los pasivos asumidos por la empresa adquirente se contabilizan por su valor razonable. Asimismo resalta el hecho de que el fondo de comercio no se amortiza y la eventual diferencia negativa que surja en la combinación se registra directamente en la cuenta de pérdidas y ganancias en la fecha en que se toma el control del negocio adquirido.

Sin embargo, en sintonía con la norma europea, quedan fuera de este esquema general las operaciones de reestructuración que se realicen entre empresas del grupo, bajo la consideración de que en puridad, desde un punto de vista económico no se puede hablar de adquisición de un negocio, cuando con carácter previo a la unidad de *iure* fruto de la combinación ya existía un control económico e indirectamente jurídico por parte de quien ostenta la dirección del conjunto de las empresas pertenecientes al grupo.

El nuevo Plan General de Contabilidad se aborda con la vocación de dar cobertura jurídica al registro contable de las principales operaciones que realizan en la actualidad las empresas españolas. En consecuencia, a pesar de que la NIIF 3 adoptada en Europa excluye de su alcance y, por tanto, no regula el tratamiento contable de estas operaciones entre las empresas pertenecientes a un mismo grupo, dado que la práctica empresarial pone de manifiesto la habitualidad con que se producen este tipo de transacciones, la norma 21.ª establece un tratamiento contable particular respecto a las operaciones de fusión, escisión y aportación no dineraria de un negocio.

El criterio fijado por el nuevo Plan para estas operaciones ha pretendido aunar las opiniones expresadas en el grupo constituido a tal efecto en el seno del ICAC, donde las opiniones se agrupaban fundamentalmente en dos posturas. Por una parte la de aquellos que prescindiendo del negocio jurídico que ampara estas operaciones, incluida por tanto la compraventa de instrumentos de patrimonio que confieren el control sobre una empresa, defendían que su registro debería llevar a mantener las valoraciones, en su caso, en términos consolidados, de los activos traspasados respecto a la que tenían dentro del grupo antes de formalizarse la operación. Otro sector, partiendo de la consideración de que el sujeto informante en las cuentas anuales individuales es la empresa, como entidad independiente del grupo del que pueda formar parte, abogaban porque la valoración de los elementos patrimoniales en las transacciones con empresas sometidas a una misma unidad de decisión ha de realizarse en las mismas condiciones que cuando se efectúan con un tercero, sin perjuicio de la información que ha de incluirse en la memoria de las cuentas anuales. En esta postura la propuesta consistía en no incorporar norma alguna que regulase estas transacciones, de forma coherente con la ausencia de especialidad defendida, considerándose que deben contabilizarse las mismas en sintonía con lo dispuesto con carácter general en la norma 19.ª Combinaciones de negocios.

El amplio debate que ha precedido la elaboración del Plan General de Contabilidad en este punto y la variedad de posiciones al respecto, puso de manifiesto que en última instancia en aras de garantizar la seguridad jurídica y la comparabilidad de la información económico-financiera derivada de estas operaciones, al margen de los diferentes enfoques y posicionamientos, lo verdaderamente relevante era la necesidad de otorgar un único criterio para su contabilización, cuestión que se ha resuelto al amparo de las dos características que desde una perspectiva jurídica y económica se considera que les dota de la particularidad inherente a toda regla especial.

En primer lugar, el hecho de que como contraprestación la empresa adquirente entregue sus propios instrumentos de patrimonio o, como en el caso de las fusiones simplificadas reguladas en el artículo 250 del TRLSA, no tenga la obligación de efectuar emisión alguna. Y en segundo lugar, la propia naturaleza del objeto de la operación; un conjunto de elementos patrimoniales constitutivos de un negocio que de forma directa y en bloque se transmiten de un sujeto contable a otro, sin que en esencia se produzca una variación en la unidad económica preexistente, la cual, en esencia, simplemente adopta una nueva organización o configuración legal.

Al amparo de este razonamiento, en ausencia de contraprestación en forma de títulos o ante la falta de un objeto directo como el descrito en la transacción, la norma deja fuera de su alcance a las operaciones que adopten la forma jurídica de compraventa de un conjunto de elementos patrimoniales que constituyan un negocio, así como a las operaciones de transmisión, incluida la aportación no dineraria de capital, de una cartera de instrumentos de patrimonio que otorguen el control sobre un negocio.

En definitiva, a la espera de que se clarifique el panorama normativo europeo en esta materia, la particular sucesión universal que concurre en estas operaciones es la que justifica el criterio contable incluido en el apartado 2.2 de la norma 21.ª, continuista por otra parte con la doctrina administrativa sobre la materia en desarrollo del Plan de 1990.

La norma de negocios conjuntos mantiene el criterio que hasta la fecha han venido aplicando las entidades que operan a través de las uniones temporales de empresas, principal exponente de colaboración empresarial, cuyo tratamiento contable, con vocación de generalidad, se incorporó al Plan General de Contabilidad mediante determinadas adaptaciones sectoriales (constructoras, sector eléctrico, etcétera).

En consecuencia, no se produce en esta materia ninguna innovación contable relevante, sino simplemente una mejora en la sistemática de la norma, al ubicar en el Plan el conjunto de operaciones que regularmente realizan las empresas, al margen del sector en el que desarrollen su actividad. Y ello, sin perjuicio de la evidente modificación terminológica que presenta la norma respecto al anterior Plan, encauzada por evidentes motivos de coordinación normativa, en las nuevas definiciones incluidas en los Reglamentos comunitarios en materia contable.

12. En la norma 22.ª Cambios en criterios contables, errores y estimaciones contables, se modifica la regla aplicable a los cambios de criterio en el Plan de 1990.

En concreto, si bien se mantiene la regla de cuantificar de forma retroactiva el impacto en los activos y pasivos netos de la empresa, originado por el cambio de criterio contable o subsanación del error, la modificación consiste en la nueva obligación de presentar los efectos de estos cambios también de forma retroactiva. Esta exigencia derivada del acercamiento a las normas internacionales adoptadas, motiva que los ingresos o gastos resultantes del cambio de criterio o subsanación del error se contabilicen directamente en el patrimonio neto de la empresa; con carácter general, y salvo que el cambio o subsanación afecten a otra partida del patrimonio neto, en una cuenta de reservas voluntarias.

Por último, la norma de Hechos posteriores al cierre del ejercicio explicita los dos tipos de hechos que pueden presentarse después del cierre, en función de que pongan de manifiesto condiciones que ya existían al cierre del ejercicio o que se producen con posterioridad a dicho momento.

III

13. La tercera parte del Plan General de Contabilidad recoge tanto las normas de elaboración de las cuentas anuales, como los modelos, normales y abreviados, de los documentos que conforman las mismas, incluido el contenido de la memoria.

El balance, la cuenta de pérdidas y ganancias, el estado de cambios en el patrimonio neto, el estado de flujos de efectivo y la memoria son los documentos que integran las cuentas anuales. El estado de flujos de efectivo no será obligatorio para las empresas que puedan formular balance, estado de cambios en el patrimonio neto y memoria en modelo abreviado. Por tanto, la principal novedad, al margen del mayor desglose informativo que se requiere en las notas de la memoria, viene dada por la incorporación de estos dos nuevos documentos: el estado de cambios en el patrimonio neto y el estado de flujos de efectivo.

Con la finalidad de lograr un adecuado nivel de comparabilidad en la información financiera suministrada por las empresas españolas, y siguiendo con la tradición del Plan de 1990, se han elaborado unos modelos de formato definido, con denominaciones concretas y de obligatoria aplicación, a diferencia de lo previsto en las NIC//NIIF adoptadas.

Desde un punto de vista general, también se puede citar como novedad, en sintonía con el criterio incluido en las normas internacionales adoptadas, el requerimiento de incluir también en la memoria de las cuentas anuales, información cuantitativa del ejercicio anterior, así como la necesidad de ajustar las cifras comparativas del periodo anterior, en la medida en que se produzcan ajustes valorativos derivados de cambios de criterios contables o errores. Adicionalmente a la información comparativa de índole numérica, si resulta relevante para la comprensión de las cuentas anuales del ejercicio actual, la norma exige que también se incluya información descriptiva del periodo anterior.

Por último, se puede afirmar que los cambios que incorpora el modelo persiguen comunicar al usuario de las cuentas anuales, con la simple lectura de los estados principales, mayor información sobre la gestión que los administradores realizan de los recursos de la empresa.

Los elementos patrimoniales del balance se han clasificado en el activo, el pasivo y el patrimonio neto. En el patrimonio neto figurarán en subagrupaciones independientes, los fondos propios y las restantes partidas integrantes del patrimonio neto. Esta clasificación tiene como finalidad clarificar que la composición del patrimonio neto de la empresa, se encuentra constituida por los tradicionales fondos propios y por otras partidas que, de acuerdo con los nuevos criterios, pueden aparecer en los balances de las empresas, fundamentalmente la partida que contenga los ajustes por valor razonable que deban ser imputados directamente al patrimonio neto y que penden de pasar en años futuros por la cuenta de pérdidas y ganancias.

Los activos se clasifican en no corrientes y corrientes, de forma similar a la distinción establecida en el Plan de 1990 entre Inmovilizado y Circulante. En este sentido, el activo corriente comprenderá aquellos elementos que la empresa espera vender, consumir o realizar en el transcurso del ciclo normal de explotación, aquellos otros cuyo vencimiento, enajenación o realización se espera que se produzca en el plazo de un año, los clasificados como mantenidos para negociar, excepto los derivados a largo plazo, y el efectivo y equivalentes. Los demás activos se clasificarán como no corrientes.

En la dirección de profundizar en el reflejo de la gestión de los recursos, el nuevo Plan dispone que los activos no corrientes mantenidos para la venta (con carácter general, elementos del inmovilizado material, inversiones inmobiliarias y participaciones en empresas del grupo, multigrupo o asociadas, cuya enajenación esté prevista en los doce meses siguientes) y los grupos enajenables de elementos mantenidos para la venta (activos y pasivos que se espera igualmente enajenar en dicho plazo de forma conjunta), figurarán en una partida específica dentro del activo y pasivo corriente (en este último caso, los pasivos que formen parte del citado grupo enajenable de elementos).

Para concluir con las principales novedades del balance sólo resta mencionar la modificación operada en los instrumentos de patrimonio propio (con carácter general, acciones y participaciones propias) cuya presentación en el nuevo Plan se realiza minorando en todo caso la cifra de fondos propios. Igual criterio se aplica a los desembolsos pendientes de exigir sobre dichos instrumentos a la fecha de cierre, que pasan aminorar la cifra de capital. Y por último, el registro dentro del pasivo de las acciones, participaciones u otros instrumentos financieros que aún teniendo una forma jurídica propia de los instrumentos de patrimonio, atendiendo a la definición de los elementos y a sus términos y condiciones, constituyan obligaciones de la empresa.

La cuenta de pérdidas y ganancias es el documento que recoge el resultado contable del ejercicio, separando los ingresos y gastos imputables al mismo que se clasifican por naturaleza; en particular, los derivados de las variaciones de valor originadas por la regla del valor razonable, de conformidad con lo dispuesto en el Código de Comercio y en el presente Plan General de Contabilidad.

Tres cambios merecen destacarse. En primer lugar el paso de un modelo de cuenta de pérdidas y ganancias en forma de doble columna a otro vertical. En segundo lugar, la supresión del margen extraordinario, habiéndose tomado en consideración la prohibición contenida en las normas internacionales adoptadas de calificar como extraordinarias partidas de ingresos o gastos. Y por último, la separación en el modelo normal de la cuenta de pérdidas y ganancias del resultado de las operaciones continuadas del originado por las operaciones o actividades interrumpidas, definidas estas últimas, con carácter general, como aquellas líneas de negocio o áreas geográficas significativas que la empresa bien ha enajenado o bien tiene previsto enajenar dentro de los doce meses siguientes.

Pero sin duda, la gran novedad viene dada por la incorporación de los dos nuevos estados a las cuentas anuales. El estado de cambios en el patrimonio neto, se presenta en dos documentos:

a) El estado de ingresos y gastos reconocidos y

b) el estado total de cambios en el patrimonio neto.

El estado de ingresos y gastos reconocidos recoge los ingresos y gastos devengados en el ejercicio y por diferencia el saldo global de los ingresos y gastos reconocidos, recogiendo diferenciadamente las transferencias que se hayan realizado durante el ejercicio a la cuenta de pérdidas y ganancias de acuerdo con los criterios fijados en las correspondientes normas de registro y valoración. Por su parte, el estado total de cambios en el patrimonio neto refleja el conjunto de variaciones producidas en el patrimonio neto durante el ejercicio. Se incluirán por tanto, además del saldo de ingresos y gastos reconocidos, las demás variaciones en el patrimonio neto, entre las que se encuentran las que traigan causa de las operaciones realizadas con los socios o propietarios de la empresa, así como las reclasificaciones que puedan producirse en el patrimonio neto, derivadas por ejemplo de la dotación de reservas en ejecución del acuerdo de distribución del resultado y los ajustes motivados por la subsanación de errores o cambios de criterio contable que, excepcionalmente, puedan producirse.

También se introduce como novedad el estado de flujos de efectivo, con el fin de mostrar la capacidad de generar efectivo o equivalentes al efectivo así como las necesidades de liquidez de la empresa debidamente ordenadas en tres categorías: actividades de explotación, inversión y financiación. Sin embargo, la pugna entre los intereses en conflicto que toda nueva exigencia informativa acarrea, transparencia frente a simplificación de las obligaciones contables, aspecto que lógicamente debe apreciarse ponderando esta exigencia con la dimensión de la empresa, se ha resuelto señalando que este documento no será obligatorio para las empresas que puedan formular balance, estado de cambios en el patrimonio neto y memoria en modelo abreviado.

La memoria adquiere mayor relevancia e incorpora la obligación de facilitar información comparativa, incluso la de carácter descriptivo, en sintonía con los pronunciamientos de la NIC 1 adoptada por la Comisión Europea. En particular, este documento refuerza las exigencias informativas en materia de instrumentos financieros, combinaciones de negocios (dada la propia novedad de la norma) y partes vinculadas, esta última de gran relevancia para poder conocer la verdadera imagen fiel de las relaciones económicas y financieras de una empresa.

En relación con lo anterior, la definición de empresa del grupo, multigrupo y asociada desde la perspectiva de las cuentas anuales individuales, se encuentra incluida en la norma 13.ª de elaboración de las cuentas anuales contenida en la tercera parte del Plan, que a su vez proyecta sus efectos sobre las normas de registro y valoración incluidas en la segunda parte. En particular, tendrán la calificación de empresas del grupo además de las empresas controladas directa o indirectamente en los términos descritos en el artículo 42 del Código de Comercio, aquellas controladas por cualquier medio por una o varias personas físicas o jurídicas que actúan conjuntamente, y aquellas que se hallen bajo dirección única por acuerdos o cláusulas estatutarias. En consecuencia, la modificación introducida por la Ley 16/2007 en la redacción del artículo 42 del Código de Comercio que establece la definición de grupo a los efectos de delimitar la obligación de consolidar, no ha alterado la calificación que desde un punto de vista valorativo e informativo se recoge de las participaciones en el patrimonio de estas empresas en las cuentas anuales individuales.

Además de la información relevante sobre las operaciones que realicen estas empresas entre sí, en la memoria de las cuentas anuales individuales también se incluye la exigencia incorporada en la Ley 16/2007 sobre la información agregada de los activos, pasivos, patrimonio neto, cifra de negocios y resultados del conjunto de las empresas domiciliadas en España y controladas por cualquier medio por una o varias personas físicas o jurídicas, no obligadas a consolidar, que actúan conjuntamente, y de aquellas que se hallen bajo dirección única por acuerdos o cláusulas estatutarias.

Por último merece destacarse la supresión del cuadro de financiación de la memoria sin perjuicio de la información que sobre los movimientos de fondos se exige en las normas de elaboración de las cuentas anuales.

14. La cuarta parte del Plan General de Contabilidad se refiere al cuadro de cuentas, que sigue la clasificación decimal. Como novedad respecto al Plan de 1990, el nuevo texto incorpora dos nuevos grupos, el 8 y el 9, para dar cabida a los gastos e ingresos imputados al patrimonio neto.

En consecuencia el grupo 9 propuesto en el Plan de 1990 para desarrollar la contabilidad interna debe quedar liberado para dar encaje a las nuevas relaciones contables. Las empresas que opten por la llevanza de una contabilidad analítica podrán utilizar el grupo 0.

El cuadro de cuentas amplía el contenido del texto de 1990, dando cobertura a las nuevas operaciones recogidas en la segunda parte del Plan. No obstante, como ya se indicaba en la introducción del Plan de 1990 nuevamente hay que advertir sobre la posibilidad de que el presente texto cuente con ciertas lagunas, debidas fundamentalmente a la imposibilidad de abarcar la variada casuística que rodea la actividad de muchas empresas, que en todo caso disponen de la facultad de cubrir los eventuales vacíos del texto, utilizando para ello el Marco Conceptual y las reglas técnicas más afines deducidas de los principios y criterios que informan el Plan. Adicionalmente, la empresa deberá desagregar las cuentas al nivel adecuado de dígitos que posibilite el control y seguimiento de sus operaciones, así como el cumplimiento de la información exigida en las cuentas anuales.

15. La quinta parte se dedica a las definiciones y relaciones contables. Con carácter general, cada uno de los grupos, subgrupos y cuentas, son objeto de una definición en la que se recoge el contenido y las características más sobresalientes de las operaciones y hechos económicos que en ellos se representan.

Las relaciones contables propiamente dichas, de la misma forma que ya venía recogiendo el antiguo Plan, describen los motivos más comunes de cargo y abono de las cuentas, sin agotar las posibilidades que cada una de ellas admite. Por lo tanto, cuando se trate de operaciones cuya contabilización no se haya recogido de forma explícita en el texto, se deberá formular el asiento o asientos que procedan utilizando los criterios que en éste se establecen.

Tal y como ya expresaba el Plan de 1990, tanto la cuarta como la quinta parte son de aplicación facultativa por parte de las empresas. No obstante es aconsejable que, en el caso de hacer uso de esta facultad, se utilicen denominaciones similares con el fin de facilitar la elaboración de las cuentas anuales cuya estructura y normas que desarrollan su contenido y presentación son obligatorias. En particular, al igual que en el Plan de 1990, merece la pena destacar el carácter opcional del sistema especulativo propuesto para las relaciones contables de las cuentas de existencias.

IV

16. La entrada en vigor del Plan General de Contabilidad exige una revisión de las adaptaciones sectoriales y de las Resoluciones emitidas por el Instituto de Contabilidad y Auditoría de Cuentas. Sin embargo, hasta que se produzcan estos cambios dichas normas mantienen su vigencia salvo que de forma expresa se opongan a los nuevos criterios contenidos en el Plan.

Por otro lado, la experiencia de los últimos años ha revelado el carácter dinámico del modelo contable propuesto por las Instituciones comunitarias. A pesar de haberse producido en la Unión Europea una aprobación completa de los pronunciamientos emitidos por el IASB, el objetivo de convergencia que a su vez se ha fijado este organismo con las normas aprobadas por el Financial Accounting Standards Board (FASB) americano, es previsible que motive futuras modificaciones en los Reglamentos comunitarios. Ante este panorama, y sin perjuicio de la posible conveniencia de realizar en el futuro modificaciones del Plan General de Contabilidad, deberá valorarse que el conocimiento de la norma es un elemento imprescindible para lograr un alto nivel de cumplimiento, lo que hace aconsejable un cierto nivel de estabilidad. En consecuencia, en aras de proteger la seguridad jurídica que debe presidir toda actividad normalizadora, la probable revisión en el fututo del Plan General de Contabilidad y sus disposiciones de desarrollo sólo deberían obedecer a cambios sustanciales a nivel internacional, que a su vez fuesen el inevitable desencadenante de modificaciones en el Marco Conceptual, las normas de registro y valoración o las normas de elaboración de las cuentas anuales.

PRIMERA PARTE

MARCO CONCEPTUAL DE LA CONTABILIDAD

1.º CUENTAS ANUALES. IMAGEN FIEL

Las cuentas anuales de una empresa comprenden el balance, la cuenta de pérdidas y ganancias, el estado de cambios en el patrimonio neto, el estado de flujos de efectivo y la memoria. Estos documentos forman una unidad. No obstante, el estado de flujos de efectivo no será obligatorio para las empresas que puedan formular balance, estado de cambios en el patrimonio neto y memoria abreviados.

Las cuentas anuales deben redactarse con claridad, de forma que la información suministrada sea comprensible y útil para los usuarios al tomar sus decisiones económicas, debiendo mostrar la imagen fiel del patrimonio, de la situación financiera y de los resultados de la empresa, de conformidad con las disposiciones legales.

La aplicación sistemática y regular de los requisitos, principios y criterios contables incluidos en los apartados siguientes deberá conducir a que las cuentas anuales muestren la imagen fiel del patrimonio, de la situación financiera y de los resultados de la empresa. A tal efecto, en la contabilización de las operaciones se atenderá a su realidad económica y no sólo a su forma jurídica.

Cuando se considere que el cumplimiento de los requisitos, principios y criterios contables incluidos en este Plan General de Contabilidad no sea suficiente para mostrar la mencionada imagen fiel, se suministrarán en la memoria las informaciones complementarias precisas para alcanzar este objetivo.

En aquellos casos excepcionales en los que dicho cumplimiento fuera incompatible con la imagen fiel que deben proporcionar las cuentas anuales, se considerará improcedente dicha aplicación. En tales casos, en la memoria se motivará suficientemente esta circunstancia, y se explicará su influencia sobre el patrimonio, la situación financiera y los resultados de la empresa.

El sujeto contable que informa como persona jurídica individual, en el marco de este Plan General de Contabilidad, lo hará con independencia del grupo de empresas al que pueda pertenecer, sin perjuicio de las normas particulares recogidas en la segunda parte de este Plan y de los desgloses informativos que deban incorporarse en las cuentas anuales.

2.º REQUISITOS DE LA INFORMACIÓN A INCLUIR EN LAS CUENTAS ANUALES

La información incluida en las cuentas anuales debe ser relevante y fiable.

La información es relevante cuando es útil para la toma de decisiones económicas, es decir, cuando ayuda a evaluar sucesos pasados, presentes o futuros, o bien a confirmar o corregir evaluaciones realizadas anteriormente. En particular, para cumplir con este requisito, las cuentas anuales deben mostrar adecuadamente los riesgos a los que se enfrenta la empresa.

La información es fiable cuando está libre de errores materiales y es neutral, es decir, está libre de sesgos, y los usuarios pueden confiar en que es la imagen fiel de lo que pretende representar.

Una cualidad derivada de la fiabilidad es la integridad, que se alcanza cuando la información financiera contiene, de forma completa, todos los datos que pueden influir en la toma de decisiones, sin ninguna omisión de información significativa.

Adicionalmente, la información financiera debe cumplir con las cualidades de comparabilidad y claridad. La comparabilidad, que debe extenderse tanto a las cuentas anuales de una empresa en el tiempo como a las de diferentes empresas en el mismo momento y para el mismo periodo de tiempo, debe permitir contrastar la situación y rentabilidad de las empresas, e implica un tratamiento similar para las transacciones y demás sucesos económicos que se producen en circunstancias parecidas. Por su parte, la claridad implica que, sobre la base de un razonable conocimiento de las actividades económicas, la contabilidad y las finanzas empresariales, los usuarios de las cuentas anuales, mediante un examen diligente de la información suministrada, puedan formarse juicios que les faciliten la toma de decisiones.

3.º PRINCIPIOS CONTABLES

La contabilidad de la empresa y, en especial, el registro y la valoración de los elementos de las cuentas anuales, se desarrollarán aplicando obligatoriamente los principios contables que se indican a continuación:

1. Empresa en funcionamiento.

Se considerará, salvo prueba en contrario, que la gestión de la empresa continuará en un futuro previsible, por lo que la aplicación de los principios y criterios contables no tiene el propósito de determinar el valor del patrimonio neto a efectos de su transmisión global o parcial, ni el importe resultante en caso de liquidación.

En aquellos casos en que no resulte de aplicación este principio, en los términos que se determinen en las normas de desarrollo de este Plan General de Contabilidad, la empresa aplicará las normas de valoración que resulten más adecuadas para reflejar la imagen fiel de las operaciones tendentes a realizar el activo, cancelar las deudas y, en su caso, repartir el patrimonio neto resultante, debiendo suministrar en la memoria de las cuentas anuales toda la información significativa sobre los criterios aplicados.

2. Devengo.

Los efectos de las transacciones o hechos económicos se registrarán cuando ocurran, imputándose al ejercicio al que las cuentas anuales se refieran, los gastos y los ingresos que afecten al mismo, con independencia de la fecha de su pago o de su cobro.

3. Uniformidad.

Adoptado un criterio dentro de las alternativas que, en su caso, se permitan, deberá mantenerse en el tiempo y aplicarse de manera uniforme para transacciones, otros eventos y condiciones que sean similares, en tanto no se alteren los supuestos que motivaron su elección. De alterarse estos supuestos podrá modificarse el criterio adoptado en su día; en tal caso, estas circunstancias se harán constar en la memoria, indicando la incidencia cuantitativa y cualitativa de la variación sobre las cuentas anuales.

4. Prudencia.

Se deberá ser prudente en las estimaciones y valoraciones a realizar en condiciones de incertidumbre. La prudencia no justifica que la valoración de los elementos patrimoniales no responda a la imagen fiel que deben reflejar las cuentas anuales.

Asimismo, sin perjuicio de lo dispuesto en el artículo 38 bis del Código de Comercio, únicamente se contabilizarán los beneficios obtenidos hasta la fecha de cierre del ejercicio. Por el contrario, se deberán tener en cuenta todos los riesgos, con origen en el ejercicio o en otro anterior, tan pronto sean conocidos, incluso si sólo se conocieran entre la fecha de cierre de las cuentas anuales y la fecha en que éstas se formulen. En tales casos se dará cumplida información en la memoria, sin perjuicio de su reflejo, cuando se haya generado un pasivo y un gasto, en otros documentos integrantes de las cuentas anuales. Excepcionalmente, si los riesgos se conocieran entre la formulación y antes de la aprobación de las cuentas anuales y afectaran de forma muy significativa a la imagen fiel, las cuentas anuales deberán ser reformuladas.

Deberán tenerse en cuenta las amortizaciones y correcciones de valor por deterioro de los activos, tanto si el ejercicio se salda con beneficio como con pérdida.

5. No compensación.

Salvo que una norma disponga de forma expresa lo contrario, no podrán compensarse las partidas del activo y del pasivo o las de gastos e ingresos, y se valorarán separadamente los elementos integrantes de las cuentas anuales.

6. Importancia relativa.

Se admitirá la no aplicación estricta de algunos de los principios y criterios contables cuando la importancia relativa en términos cuantitativos o cualitativos de la variación que tal hecho produzca sea escasamente significativa y, en consecuencia, no altere la expresión de la imagen fiel. Las partidas o importes cuya importancia relativa sea escasamente significativa podrán aparecer agrupados con otros de similar naturaleza o función.

En los casos de conflicto entre principios contables, deberá prevalecer el que mejor conduzca a que las cuentas anuales expresen la imagen fiel del patrimonio, de la situación financiera y de los resultados de la empresa.

4.º ELEMENTOS DE LAS CUENTAS ANUALES

Los elementos que, cuando cumplan los criterios de reconocimiento que se establecen posteriormente, se registran en el balance, son:

1. Activos.

Bienes, derechos y otros recursos controlados económicamente por la empresa, resultantes de sucesos pasados, de los que se espera que la empresa obtenga beneficios o rendimientos económicos en el futuro.

2. Pasivos.

Obligaciones actuales surgidas como consecuencia de sucesos pasados, para cuya extinción la empresa espera desprenderse de recursos que puedan producir beneficios o rendimientos económicos en el futuro. A estos efectos, se entienden incluidas las provisiones.

3. Patrimonio neto.

Constituye la parte residual de los activos de la empresa, una vez deducidos todos sus pasivos. Incluye las aportaciones realizadas, ya sea en el momento de su constitución o en otros posteriores, por sus socios o propietarios, que no tengan la consideración de pasivos, así como los resultados acumulados u otras variaciones que le afecten.

Los elementos que, cuando cumplan los criterios de reconocimiento que se establecen posteriormente, se registran en la cuenta de pérdidas y ganancias o, en su caso, directamente en el estado de cambios en el patrimonio neto, son:

4. Ingresos.

Incrementos en el patrimonio neto de la empresa durante el ejercicio, ya sea en forma de entradas o aumentos en el valor de los activos, o de disminución de los pasivos, siempre que no tengan su origen en aportaciones, monetarias o no, de los socios o propietarios.

5. Gastos.

Decrementos en el patrimonio neto de la empresa durante el ejercicio, ya sea en forma de salidas o disminuciones en el valor de los activos, o de reconocimiento o aumento del valor de los pasivos, siempre que no tengan su origen en distribuciones, monetarias o no, a los socios o propietarios, en su condición de tales.

Los ingresos y gastos del ejercicio se imputarán a la cuenta de pérdidas y ganancias y formarán parte de resultado, excepto cuando proceda su imputación directa al patrimonio neto, en cuyo caso se presentarán en el estado que muestre los cambios en el patrimonio neto, de acuerdo con lo previsto en la segunda parte de este Plan General de Contabilidad o en una norma que lo desarrolle.

5.º CRITERIOS DE REGISTRO O RECONOCIMIENTO CONTABLE DE LOS ELEMENTOS DE LAS CUENTAS ANUALES

El registro o reconocimiento contable es el proceso por el que se incorporan al balance, la cuenta de pérdidas y ganancias o el estado de cambios en el patrimonio neto, los diferentes elementos de las cuentas anuales, de acuerdo con lo dispuesto en las normas de registro relativas a cada uno de ellos, incluidas en la segunda parte de este Plan General de Contabilidad.

El registro de los elementos procederá cuando, cumpliéndose la definición de los mismos incluida en el apartado anterior, se cumplan los criterios de probabilidad en la obtención o cesión de recursos que incorporen beneficios o rendimientos económicos y su valor pueda determinarse con un adecuado grado de fiabilidad. Cuando el valor debe estimarse, el uso de estimaciones razonables no menoscaba su fiabilidad. En particular:

1. Los activos deben reconocerse en el balance cuando sea probable la obtención a partir de los mismos de beneficios o rendimientos económicos para la empresa en el futuro, y siempre que se puedan valorar con fiabilidad. El reconocimiento contable de un activo implica también el reconocimiento simultáneo de un pasivo, la disminución de otro activo o el reconocimiento de un ingreso u otros incrementos en el patrimonio neto.
2. Los pasivos deben reconocerse en el balance cuando sea probable que, a su vencimiento y para liquidar la obligación, deban entregarse o cederse recursos que incorporen beneficios o rendimientos económicos futuros, y siempre que se puedan valorar con fiabilidad. El reconocimiento contable de un pasivo implica el reconocimiento simultáneo de un activo, la disminución de otro pasivo o el reconocimiento de un gasto u otros decrementos en el patrimonio neto.
3. El reconocimiento de un ingreso tiene lugar como consecuencia de un incremento de los recursos de la empresa, y siempre que su cuantía pueda determinarse con fiabilidad. Por lo tanto, conlleva el reconocimiento simultáneo o el incremento de un activo, o la desaparición o disminución de un pasivo y, en ocasiones, el reconocimiento de un gasto.
4. El reconocimiento de un gasto tiene lugar como consecuencia de una disminución de los recursos de la empresa, y siempre que su cuantía pueda valorarse o estimarse con fiabilidad. Por lo tanto, conlleva el reconocimiento simultáneo o el incremento de un pasivo, o la desaparición o disminución de un activo y, en ocasiones, el reconocimiento de un ingreso o de una partida de patrimonio neto.

Se registrarán en el periodo a que se refieren las cuentas anuales, los ingresos y gastos devengados en éste, estableciéndose en los casos en que sea pertinente, una correlación entre ambos, que en ningún caso puede llevar al registro de activos o pasivos que no satisfagan la definición de éstos.

6.º CRITERIOS DE VALORACIÓN

La valoración es el proceso por el que se asigna un valor monetario a cada uno de los elementos integrantes de las cuentas anuales, de acuerdo con lo dispuesto en las normas de valoración relativas a cada uno de ellos, incluidas en la segunda parte de este Plan General de Contabilidad.

A tal efecto, se tendrán en cuenta los siguientes criterios valorativos y definiciones relacionadas:

1. Coste histórico o coste

El coste histórico o coste de un activo es su precio de adquisición o coste de producción.

El precio de adquisición es el importe en efectivo y otras partidas equivalentes pagadas, o pendientes de pago más, en su caso y cuando proceda, el valor razonable de las demás contraprestaciones comprometidas derivadas de la adquisición, debiendo estar todas ellas directamente relacionadas con ésta y ser necesarias para la puesta del activo en condiciones operativas.

El coste de producción incluye el precio de adquisición de las materias primas y otras materias consumibles, el de los factores de producción directamente imputables al activo, y la fracción que razonablemente corresponda de los costes de producción indirectamente relacionados con el activo, en la medida en que se refieran al periodo de producción, construcción o fabricación, se basen en el nivel de utilización de la capacidad normal de trabajo de los medios de producción y sean necesarios para la puesta del activo en condiciones operativas.

El coste histórico o coste de un pasivo es el valor que corresponda a la contrapartida recibida a cambio de incurrir en la deuda o, en algunos casos, la cantidad de efectivo y otros activos líquidos equivalentes que se espere entregar para liquidar una deuda en el curso normal del negocio.

2. Valor razonable

Es el importe por el que puede ser adquirido un activo o liquidado un pasivo, entre partes interesadas y debidamente informadas, que realicen una transacción en condiciones de independencia mutua. El valor razonable se determinará sin deducir los gastos de transacción en los que pudiera incurrirse en su enajenación. No tendrá en ningún caso el carácter de valor razonable el que sea resultado de una transacción forzada, urgente o como consecuencia de una situación de liquidación involuntaria.

Con carácter general, el valor razonable se calculará por referencia a un valor fiable de mercado. En este sentido, el precio cotizado en un mercado activo será la mejor referencia del valor razonable, entendiéndose por mercado activo aquel en el que se den las siguientes condiciones:

a) Los bienes o servicios intercambiados en el mercado son homogéneos;

b) Pueden encontrarse prácticamente en cualquier momento compradores o vendedores para un determinado bien o servicio; y

c) Los precios son conocidos y fácilmente accesibles para el público. Estos precios, además, reflejan transacciones de mercado reales, actuales y producidas con regularidad.

Para aquellos elementos respecto de los cuales no exista un mercado activo, el valor razonable se obtendrá, en su caso, mediante la aplicación de modelos y técnicas de valoración. Entre los modelos y técnicas de valoración se incluye el empleo de referencias a transacciones recientes en condiciones de independencia mutua entre partes interesadas y debidamente informadas, si estuviesen disponibles, así como referencias al valor razonable de otros activos que sean sustancialmente iguales, métodos de descuento de flujos de efectivo futuros estimados y modelos generalmente utilizados para valorar opciones. En cualquier caso, las técnicas de valoración empleadas deberán ser consistentes con las metodologías aceptadas y utilizadas por el mercado para la fijación de precios, debiéndose usar, si existe, la técnica de valoración empleada por el mercado que haya demostrado ser la que obtiene unas estimaciones más realistas de los precios.

Las técnicas de valoración empleadas deberán maximizar el uso de datos observables de mercado y otros factores que los participantes en el mercado considerarían al fijar el precio, limitando en todo lo posible el empleo de consideraciones subjetivas y de datos no observables o contrastables.

La empresa deberá evaluar la efectividad de las técnicas de valoración que utilice de manera periódica, empleando como referencia los precios observables de transacciones recientes en el mismo activo que se valore o utilizando los precios basados en datos o índices observables de mercado que estén disponibles y resulten aplicables.

El valor razonable de un activo para el que no existan transacciones comparables en el mercado, puede valorarse con fiabilidad si la variabilidad en el rango de las estimaciones del valor razonable del activo no es significativa o las probabilidades de las diferentes estimaciones, dentro de ese rango, pueden ser evaluadas razonablemente y utilizadas en la estimación del valor razonable.

Cuando corresponda aplicar la valoración por el valor razonable, los elementos que no puedan valorarse de manera fiable, ya sea por referencia a un valor de mercado o mediante la aplicación de los modelos y técnicas de valoración antes señalados, se valorarán, según proceda, por su coste amortizado o por su precio de adquisición o coste de producción, minorado, en su caso, por las partidas correctoras de su valor que pudieran corresponder, haciendo mención en la memoria de este hecho y de las circunstancias que lo motivan.

3. Valor neto realizable

El valor neto realizable de un activo es el importe que se puede obtener por su enajenación en el mercado, en el curso normal del negocio, deduciendo los costes estimados necesarios para llevarla a cabo, así como, en el caso de las materias primas y de los productos en curso, los costes estimados necesarios para terminar su producción, construcción o fabricación.

4. Valor actual

El valor actual es el importe de los flujos de efectivo a recibir o pagar en el curso normal del negocio, según se trate de un activo o de un pasivo, respectivamente, actualizados a un tipo de descuento adecuado.

5. Valor en uso

El valor en uso de un activo o de una unidad generadora de efectivo es el valor actual de los flujos de efectivo futuros esperados, a través de su utilización en el curso normal del negocio y, en su caso, de su enajenación u otra forma de disposición, teniendo en cuenta su estado actual y actualizados a un tipo de interés de mercado sin riesgo, ajustado por los riesgos específicos del activo que no hayan ajustado las estimaciones de flujos de efectivo futuros.

Las proyecciones de flujos de efectivo se basarán en hipótesis razonables y fundamentadas; normalmente la cuantificación o la distribución de los flujos de efectivo está sometida a incertidumbre, debiéndose considerar ésta asignando probabilidades a las distintas estimaciones de flujos de efectivo. En cualquier caso, esas estimaciones deberán tener en cuenta cualquier otra asunción que los participantes en el mercado considerarían, tal como el grado de liquidez inherente al activo valorado.

6. Costes de venta

Son los costes incrementales directamente atribuibles a la venta de un activo en los que la empresa no habría incurrido de no haber tomado la decisión de vender, excluidos los gastos financieros y, los impuestos sobre beneficios. Se incluyen los gastos legales necesarios para transferir la propiedad del activo y las comisiones de venta.

7. Coste amortizado

El coste amortizado de un instrumento financiero es el importe al que inicialmente fue valorado un activo financiero o un pasivo financiero, menos los reembolsos de principal que se hubieran producido, más o menos, según proceda, la parte imputada en la cuenta de pérdidas y ganancias, mediante la utilización del método del tipo de interés efectivo, de la diferencia entre el importe inicial y el valor de reembolso en el vencimiento y, para el caso de los activos financieros, menos cualquier reducción de valor por deterioro que hubiera sido reconocida, ya sea directamente como una disminución del importe del activo o mediante una cuenta correctora de su valor.

El tipo de interés efectivo es el tipo de actualización que iguala el valor en libros de un instrumento financiero con los flujos de efectivo estimados a lo largo de la vida esperada del instrumento, a partir de sus condiciones contractuales y sin considerar las pérdidas por riesgo de crédito futuras; en su cálculo se incluirán las comisiones financieras que se carguen por adelantado en la concesión de financiación.

8. Costes de transacción atribuibles a un activo o pasivo financiero

Son los costes incrementales directamente atribuibles a la compra, emisión, enajenación u otra forma de disposición de un activo financiero, o a la emisión o asunción de un pasivo financiero, en los que no se habría incurrido si la empresa no hubiera realizado la transacción. Entre ellos se incluyen los honorarios y la comisiones pagadas a agentes, asesores e intermediarios, tales como las de corretaje, los gastos de intervención de fedatario público y otros, así como los impuestos y otros derechos que recaigan sobre la transacción, y se excluyen las primas o descuentos obtenidos en la compra o emisión, los gastos financieros, los costes de mantenimiento y los administrativos internos.

9. Valor contable o en libros

El valor contable o en libros es el importe neto por el que un activo o un pasivo se encuentra registrado en balance una vez deducida, en el caso de los activos, su amortización acumulada y cualquier corrección valorativa por deterioro acumulada que se haya registrado.

10. Valor residual

El valor residual de un activo es el importe que la empresa estima que podría obtener en el momento actual por su venta u otra forma de disposición, una vez deducidos los costes de venta, tomando en consideración que el activo hubiese alcanzado la antigüedad y demás condiciones que se espera que tenga al final de su vida útil.

La vida útil es el periodo durante el cual la empresa espera utilizar el activo amortizable o el número de unidades de producción que se espera obtener del mismo. En particular, en el caso de activos sometidos a reversión, su vida útil es el periodo concesional cuando éste sea inferior a la vida económica del activo.

La vida económica es el periodo durante el cual se espera que el activo sea utilizable por parte de uno o más usuarios o el número de unidades de producción que se espera obtener del activo por parte de uno o más usuarios.

7.º PRINCIPIOS Y NORMAS DE CONTABILIDAD GENERALMENTE ACEPTADOS

Se considerarán principios y normas de contabilidad generalmente aceptados los establecidos en:

a) El Código de Comercio y la restante legislación mercantil.

b) El Plan General de Contabilidad y sus adaptaciones sectoriales.

c) Las normas de desarrollo que, en materia contable, establezca en su caso el Instituto de Contabilidad y Auditoría de Cuentas, y

d) La demás legislación española que sea específicamente aplicable.

SEGUNDA PARTE

NORMAS DE REGISTRO Y VALORACIÓN

1.ª DESARROLLO DEL MARCO CONCEPTUAL DE LA CONTABILIDAD

1. Las normas de registro y valoración desarrollan los principios contables y otras disposiciones contenidas en la primera parte de este texto, relativa al Marco Conceptual de la Contabilidad. Incluyen criterios y reglas aplicables a distintas transacciones o hechos económicos, así como también a diversos elementos patrimoniales.

2. Las normas de registro y valoración que se formulan seguidamente son de aplicación obligatoria.

2.ª INMOVILIZADO MATERIAL

1. Valoración inicial

Los bienes comprendidos en el inmovilizado material se valorarán por su coste, ya sea éste el precio de adquisición o el coste de producción.

Los impuestos indirectos que gravan los elementos del inmovilizado material sólo se incluirán en el precio de adquisición o coste de producción cuando no sean recuperables directamente de la Hacienda Pública.

Asimismo, formará parte del valor del inmovilizado material, la estimación inicial del valor actual de las obligaciones asumidas derivadas del desmantelamiento o retiro y otras asociadas al citado activo, tales como los costes de rehabilitación del lugar sobre el que se asienta, siempre que estas obligaciones den lugar al registro de provisiones de acuerdo con lo dispuesto en la norma aplicable a éstas.

En los inmovilizados que necesiten un periodo de tiempo superior a un año para estar en condiciones de uso, se incluirán en el precio de adquisición o coste de producción los gastos financieros que se hayan devengado antes de la puesta en condiciones de funcionamiento del inmovilizado material y que hayan sido girados por el proveedor o correspondan a préstamos u otro tipo de financiación ajena, específica o genérica, directamente atribuible a la adquisición, fabricación o construcción.

1.1. *Precio de adquisición*

El precio de adquisición incluye, además del importe facturado por el vendedor después de deducir cualquier descuento o rebaja en el precio, todos los gastos adicionales y directamente relacionados que se produzcan hasta su puesta en condiciones de funcionamiento, incluida la ubicación en el lugar y cualquier otra condición necesaria para que pueda operar de la forma prevista; entre otros: gastos de explanación y derribo, transporte, derechos arancelarios, seguros, instalación, montaje y otros similares.

Las deudas por compra de inmovilizado se valorarán de acuerdo con lo dispuesto en la norma relativa a instrumentos financieros.

1.2. *Coste de producción*

El coste de producción de los elementos del inmovilizado material fabricados o construidos por la propia empresa se obtendrá añadiendo al precio de adquisición de las materias primas y otras materias consumibles, los demás costes directamente imputables a dichos bienes. También se añadirá la parte que razonablemente corresponda de los costes indirectamente imputables a los bienes de que se trate en la medida en que tales costes correspondan al periodo de fabricación o construcción y sean necesarios para la puesta del activo en condiciones operativas. En cualquier caso, serán aplicables los criterios generales establecidos para determinar el coste de las existencias.

1.3. *Permutas*

A efectos de este Plan de Contabilidad, se entiende que un elemento del inmovilizado material se adquiere por permuta cuando se recibe a cambio de la entrega de activos no monetarios o de una combinación de éstos con activos monetarios.

En las operaciones de permuta de carácter comercial, el inmovilizado material recibido se valorará por el valor razonable del activo entregado más, en su caso, las contrapartidas monetarias que se hubieran entregado a cambio, salvo que se tenga una evidencia más clara del valor razonable del activo recibido y con el límite de este último. Las diferencias de valoración que pudieran surgir al dar de baja el elemento entregado a cambio se reconocerán en la cuenta de pérdidas y ganancias.

Se considerará que una permuta tiene carácter comercial si:

a) La configuración (riesgo, calendario e importe) de los flujos de efectivo del inmovilizado recibido difiere de la configuración de los flujos de efectivo del activo entregado; o

b) El valor actual de los flujos de efectivo después de impuestos de las actividades de la empresa afectadas por la permuta, se ve modificado como consecuencia de la operación.

Además, es necesario que cualquiera de las diferencias surgidas por las anteriores causas *a)* o *b)*, resulte significativa al compararla con el valor razonable de los activos intercambiados.

Cuando la permuta no tenga carácter comercial o cuando no pueda obtenerse una estimación fiable del valor razonable de los elementos que intervienen en la operación, el inmovilizado material recibido se valorará por el valor contable del bien entregado más, en su caso, las contrapartidas monetarias que se hubieran entregado a cambio, con el límite, cuando esté disponible, del valor razonable del inmovilizado recibido si éste fuera menor.

1.4. *Aportaciones de capital no dinerarias*

Los bienes del inmovilizado recibidos en concepto de aportación no dineraria de capital serán valorados por su valor razonable en el momento de la aportación conforme a lo señalado en la norma sobre transacciones con pagos basados en instrumentos de patrimonio, pues en este caso se presume que siempre se puede estimar con fiabilidad el valor razonable de dichos bienes.

Para el aportante de dichos bienes se aplicará lo dispuesto en la norma relativa a instrumentos financieros.

2. Valoración posterior

Con posterioridad a su reconocimiento inicial, los elementos del inmovilizado material se valorarán por su precio de adquisición o coste de producción menos la amortización acumulada y, en su caso, el importe acumulado de las correcciones valorativas por deterioro reconocidas.

2.1. *Amortización*

Las amortizaciones habrán de establecerse de manera sistemática y racional en función de la vida útil de los bienes y de su valor residual, atendiendo a la depreciación que normalmente sufran por su funcionamiento, uso y disfrute, sin perjuicio de considerar también la obsolescencia técnica o comercial que pudiera afectarlos.

Se amortizará de forma independiente cada parte de un elemento del inmovilizado material que tenga un coste significativo en relación con el coste total del elemento y una vida útil distinta del resto del elemento.

Los cambios que, en su caso, pudieran originarse en el valor residual, la vida útil y el método de amortización de un activo, se contabilizarán como cambios en las estimaciones contables, salvo que se tratara de un error.

Cuando de acuerdo con lo dispuesto en el apartado siguiente proceda reconocer correcciones valorativas por deterioro, se ajustarán las amortizaciones de los ejercicios siguientes del inmovilizado deteriorado, teniendo en cuenta el nuevo valor contable. Igual proceder corresponderá en caso de reversión de las correcciones valorativas por deterioro.

2.2. *Deterioro del valor*

Se producirá una pérdida por deterioro del valor de un elemento del inmovilizado material cuando su valor contable supere a su importe recuperable, entendido éste como el mayor importe entre su valor razonable menos los gastos de venta y su valor en uso.

A estos efectos, al menos al cierre del ejercicio, la empresa evaluará si existen indicios de que algún inmovilizado material o, en su caso, alguna unidad generadora de efectivo puedan estar deteriorados, en cuyo caso, deberá estimar sus importes recuperables efectuando las correcciones valorativas que procedan. Se entiende por unidad generadora de efectivo el grupo identificable más pequeño de activos que genera flujos de efectivo que son, en buena medida, independientes de los derivados de otros activos o grupos de activos.

Los cálculos del deterioro de los elementos del inmovilizado material se efectuarán elemento a elemento de forma individualizada. Si no fuera posible estimar el importe recuperable de cada bien individual, la empresa determinará el importe recuperable de la unidad generadora de efectivo a la que pertenezca cada elemento del inmovilizado.

En caso de que la empresa deba reconocer una pérdida por deterioro de una unidad generadora de efectivo a la que se hubiese asignado todo o parte de un fondo de comercio, reducirá en primer lugar el valor contable del fondo de comercio correspondiente a dicha unidad. Si el deterioro superase el importe de éste, en segundo lugar, reducirá en proporción a su valor contable el del resto de activos de la unidad generadora de efectivo, hasta el límite del mayor valor entre los siguientes: su valor razonable menos los gastos de venta, su valor en uso y cero.

Las correcciones valorativas por deterioro de los elementos del inmovilizado material, así como su reversión cuando las circunstancias que las motivaron hubieran dejado de existir, se reconocerán como un gasto o un ingreso, respectivamente, en la cuenta de pérdidas y ganancias. La reversión del deterioro tendrá como límite el valor contable del inmovilizado que estaría reconocido en la fecha de reversión si no se hubiese registrado el deterioro del valor.

3. Baja

Los elementos del inmovilizado material se darán de baja en el momento de su enajenación o disposición por otra vía o cuando no se espere obtener beneficios o rendimientos económicos futuros de los mismos.

La diferencia entre el importe que, en su caso, se obtenga de un elemento del inmovilizado material, neto de los costes de venta, y su valor contable, determinará el beneficio o la pérdida surgida al dar de baja dicho elemento, que se imputará a la cuenta de pérdidas y ganancias del ejercicio en que ésta se produce.

Los créditos por venta de inmovilizado se valorarán de acuerdo con lo dispuesto en la norma relativa a instrumentos financieros.

3.ª NORMAS PARTICULARES SOBRE INMOVILIZADO MATERIAL

En particular se aplicarán las normas que a continuación se expresan con respecto a los bienes que en cada caso se indican:

a) Solares sin edificar. Se incluirán en su precio de adquisición los gastos de acondicionamiento, como cierres, movimiento de tierras, obras de saneamiento y drenaje, los de derribo de construcciones cuando sea necesario para poder efectuar obras de nueva planta, los gastos de inspección y levantamiento de planos cuando se efectúen con carácter previo a su adquisición, así como, en su caso, la estimación inicial del valor actual de las obligaciones presentes derivadas de los costes de rehabilitación del solar.

Normalmente los terrenos tienen una vida ilimitada y, por tanto, no se amortizan.

No obstante, si en el valor inicial se incluyesen costes de rehabilitación, porque se cumpliesen las condiciones establecidas en el apartado 1 de la norma relativa al inmovilizado material, esa porción del terreno se amortizará a lo largo del periodo en que se obtengan los beneficios o rendimientos económicos por haber incurrido en esos costes.

b) Construcciones. Su precio de adquisición o coste de producción estará formado, además de por todas aquellas instalaciones y elementos que tengan carácter de permanencia, por las tasas inherentes a la construcción y los honorarios facultativos de proyecto y dirección de obra. Deberá valorarse por separado el valor del terreno y el de los edificios y otras construcciones.

c) Instalaciones técnicas, maquinaria y utillaje. Su valoración comprenderá todos los gastos de adquisición o de fabricación y construcción hasta su puesta en condiciones de funcionamiento.

d) Los utensilios y herramientas incorporados a elementos mecánicos se someterán a las normas valorativas y de amortización aplicables a dichos elementos.

Con carácter general, los utensilios y herramientas que no formen parte de una máquina, y cuyo periodo de utilización se estime inferior a un año, deberán cargarse como gasto del ejercicio. Si el periodo de su utilización fuese superior a un año, se recomienda, por razones de facilidad operativa, el procedimiento de regularización anual, mediante su recuento físico; las adquisiciones se adeudarán a la cuenta del inmovilizado, regularizando al final del ejercicio, en función del inventario practicado, con baja razonable por demérito.

Las plantillas y los moldes utilizados con carácter permanente en fabricaciones de serie deberán formar parte del inmovilizado material, calculándose su depreciación según el periodo de vida útil que se estime.

Los moldes por encargo, utilizados para fabricaciones aisladas, no deberán considerarse como inventariables, salvo que tengan valor neto realizable.

e) Los gastos realizados durante el ejercicio con motivo de las obras y trabajos que la empresa lleva a cabo para sí misma, se cargarán en las cuentas de gastos que correspondan. Las cuentas de inmovilizaciones materiales en curso, se cargarán por el importe de dichos gastos, con abono a la partida de ingresos que recoge los trabajos realizados por la empresa para sí misma.

f) Los costes de renovación, ampliación o mejora de los bienes del inmovilizado material serán incorporados al activo como mayor valor del bien en la medida en que supongan un aumento de su capacidad, productividad o alargamiento de su vida útil, debiéndose dar de baja el valor contable de los elementos que se hayan sustituido.

g) En la determinación del importe del inmovilizado material se tendrá en cuenta la incidencia de los costes relacionados con grandes reparaciones. En este sentido, el importe de estos costes se amortizará de forma distinta a la del resto del elemento, durante el periodo que medie hasta la gran reparación. Si estos costes no estuvieran especificados en la adquisición o construcción, a efectos de la identificación, podrá utilizarse el precio actual de mercado de una reparación similar.

Cuando se realice la gran reparación, su coste se reconocerá en el valor contable del inmovilizado como una sustitución, siempre y cuando se cumplan las condiciones para su reconocimiento. Asimismo, se dará de baja cualquier importe asociado a la reparación que pudiera permanecer en el valor contable del citado inmovilizado.

h) En los acuerdos que, de conformidad con la norma relativa a arrendamientos y otras operaciones de naturaleza similar, deban calificarse como arrendamientos operativos, las inversiones realizadas por el arrendatario que no sean separables del activo arrendado o cedido en uso, se contabilizarán como inmovilizados materiales cuando cumplan la definición de activo. La amortización de estas inversiones se realizará en función de su vida útil que será la duración del contrato de arrendamiento o cesión —incluido el periodo de renovación cuando existan evidencias que soporten que la misma se va a producir—, cuando ésta sea inferior a la vida económica del activo.

4.ª INVERSIONES INMOBILIARIAS

Los criterios contenidos en las normas anteriores, relativas al inmovilizado material, se aplicarán a las inversiones inmobiliarias.

5.ª INMOVILIZADO INTANGIBLE

Los criterios contenidos en las normas relativas al inmovilizado material, se aplicarán a los elementos del inmovilizado intangible, sin perjuicio de lo dispuesto a continuación, de lo previsto en las normas particulares sobre el inmovilizado intangible, así como de lo establecido para el fondo de comercio en la norma relativa a combinaciones de negocios.

1. Reconocimiento

Para el reconocimiento inicial de un inmovilizado de naturaleza intangible, es preciso que, además de cumplir la definición de activo y los criterios de registro o reconocimiento contable contenidos en el Marco Conceptual de la Contabilidad, cumpla el criterio de identificabilidad.

El citado criterio de identificabilidad implica que el inmovilizado cumpla alguno de los dos requisitos siguientes:

a) Sea separable, esto es, susceptible de ser separado de la empresa y vendido, cedido, entregado para su explotación, arrendado o intercambiado.

b) Surja de derechos legales o contractuales, con independencia de que tales derechos sean transferibles o separables de la empresa o de otros derechos u obligaciones.

En ningún caso se reconocerán como inmovilizados intangibles los gastos ocasionados con motivo del establecimiento, las marcas, cabeceras de periódicos o revistas, los sellos o denominaciones editoriales, las listas de clientes u otras partidas similares, que se hayan generado internamente.

2. Valoración posterior

La empresa apreciará si la vida útil de un inmovilizado intangible es definida o indefinida. Un inmovilizado intangible tendrá una vida útil indefinida cuando, sobre la base de un análisis de todos los factores relevantes, no haya un límite previsible del periodo a lo largo del cual se espera que el activo genere entradas de flujos netos de efectivo para la empresa.

Un elemento de inmovilizado intangible con una vida útil indefinida no se amortizará, aunque deberá analizarse su eventual deterioro siempre que existan indicios del mismo y al menos anualmente. La vida útil de un inmovilizado intangible que no esté siendo amortizado se revisará cada ejercicio para determinar si existen hechos y circunstancias que permitan seguir manteniendo una vida útil indefinida para ese activo. En caso contrario, se cambiará la vida útil de indefinida a definida, procediéndose según lo dispuesto en relación con los cambios en la estimación contable, salvo que se tratara de un error.

6.ª NORMAS PARTICULARES SOBRE EL INMOVILIZADO INTANGIBLE

En particular se aplicarán las normas que se expresan con respecto a los bienes y derechos que en cada caso se indican:

a) Investigación y desarrollo. Los gastos de investigación serán gastos del ejercicio en que se realicen. No obstante podrán activarse como inmovilizado intangible desde el momento en que cumplan las siguientes condiciones:

— Estar específicamente individualizados por proyectos y su coste claramente establecido para que pueda ser distribuido en el tiempo.

— Tener motivos fundados del éxito técnico y de la rentabilidad económico-comercial del proyecto o proyectos de que se trate.

Los gastos de investigación que figuren en el activo deberán amortizarse durante su vida útil, y siempre dentro del plazo de cinco años; en el caso en que existan dudas razonables sobre el éxito técnico o la rentabilidad económico-comercial del proyecto, los importes registrados en el activo, deberán imputarse directamente a pérdidas del ejercicio.

Los gastos de desarrollo, cuando se cumplan las condiciones indicadas para la activación de los gastos de investigación, se reconocerán en el activo y deberán amortizarse durante su vida útil, que, en principio, se presume, salvo prueba en contrario, que no es superior a cinco años; en el caso en que existan dudas razonables sobre el éxito técnico o la rentabilidad económico-comercial del proyecto, los importes registrados en el activo deberán imputarse directamente a pérdidas del ejercicio.

b) Propiedad industrial. Se contabilizarán en este concepto, los gastos de desarrollo capitalizados cuando se obtenga la correspondiente patente o similar, incluido el coste de registro y formalización de la propiedad industrial, sin perjuicio de los importes que también pudieran contabilizarse por razón de adquisición a terceros de los derechos correspondientes. Deben ser objeto de amortización y corrección valorativa por deterioro según lo especificado con carácter general para los inmovilizados intangibles.

c) Fondo de comercio. Sólo podrá figurar en el activo, cuando su valor se ponga de manifiesto en virtud de una adquisición onerosa, en el contexto de una combinación de negocios.

Su importe se determinará de acuerdo con lo indicado en la norma relativa a combinaciones de negocios y deberá asignarse desde la fecha de adquisición entre cada una de las unidades generadoras de efectivo o grupos de unidades generadoras de efectivo de la empresa, sobre los que se espere que recaigan los beneficios de las sinergias de la combinación de negocios.

El fondo de comercio no se amortizará. En su lugar, las unidades generadoras de efectivo o grupos de unidades generadoras de efectivo a las que se haya asignado el fondo de comercio, se someterán, al menos anualmente, a la comprobación del deterioro del valor, procediéndose, en su caso, al registro de la corrección valorativa por deterioro, de acuerdo con lo indicado en el apartado 2.2 de la norma relativa al inmovilizado material.

Las correcciones valorativas por deterioro reconocidas en el fondo de comercio no serán objeto de reversión en los ejercicios posteriores.

d) Derechos de traspaso. Sólo podrán figurar en el activo cuando su valor se ponga de manifiesto en virtud de una adquisición onerosa, debiendo ser objeto de amortización y corrección valorativa por deterioro según lo especificado con carácter general para los inmovilizados intangibles.

e) Los programas de ordenador, que cumplan los criterios de reconocimiento del apartado 1 de la norma relativa al inmovilizado intangible, se incluirán en el activo, tanto los adquiridos a terceros como los elaborados por la propia empresa para sí misma, utilizando los medios propios de que disponga, entendiéndose incluidos entre los anteriores los gastos de desarrollo de las páginas web.

En ningún caso podrán figurar en el activo los gastos de mantenimiento de la aplicación informática.

Se aplicarán los mismos criterios de registro y amortización que los establecidos para los gastos de desarrollo, aplicándose respecto a la corrección valorativa por deterioro los criterios especificados con carácter general para los inmovilizados intangibles.

f) Otros inmovilizados intangibles. Además de los elementos intangibles anteriormente mencionados, existen otros que serán reconocidos como tales en balance, siempre que cumplan los criterios contenidos en el Marco Conceptual de la Contabilidad y los requisitos especificados en estas normas de registro y valoración. Entre tales elementos se pueden mencionar los siguientes: concesiones administrativas, derechos comerciales, propiedad intelectual o licencias.

Los elementos anteriores deben ser objeto de amortización y corrección valorativa por deterioro según lo especificado con carácter general para los inmovilizados intangibles.

7.ª ACTIVOS NO CORRIENTES Y GRUPOS ENAJENABLES DE ELEMENTOS, MANTENIDOS PARA LA VENTA

1. Activos no corrientes mantenidos para la venta

La empresa clasificará un activo no corriente como mantenido para la venta si su valor contable se recuperará fundamentalmente a través de su venta, en lugar de por su uso continuado, y siempre que se cumplan los siguientes requisitos:

a) El activo ha de estar disponible en sus condiciones actuales para su venta inmediata, sujeto a los términos usuales y habituales para su venta; y

b) Su venta ha de ser altamente probable, porque concurran las siguientes circunstancias:

b_1) La empresa debe encontrarse comprometida por un plan para vender el activo y haber iniciado un programa para encontrar comprador y completar el plan.

b_2) La venta del activo debe negociarse activamente a un precio adecuado en relación con su valor razonable actual.

b_3) Se espera completar la venta dentro del año siguiente a la fecha de clasificación del activo como mantenido para la venta, salvo que, por hechos o circunstancias fuera del control de la empresa, el plazo de venta se tenga que alargar y exista evidencia suficiente de que la empresa siga comprometida con el plan de disposición del activo.

b_4) Las acciones para completar el plan indiquen que es improbable que haya cambios significativos en el mismo o que vaya a ser retirado.

Los activos no corrientes mantenidos para la venta se valorarán en el momento de su clasificación en esta categoría, por el menor de los dos importes siguientes: su valor contable y su valor razonable menos los costes de venta.

Para la determinación del valor contable en el momento de la reclasificación, se determinará el deterioro del valor en ese momento y se registrará, si procede, una corrección valorativa por deterioro de ese activo.

Mientras un activo se clasifique como no corriente mantenido para la venta, no se amortizará, debiendo dotarse las oportunas correcciones valorativas de forma que el valor contable no exceda el valor razonable menos los costes de venta.

Cuando un activo deje de cumplir los requisitos para ser clasificado como mantenido para la venta se reclasificará en la partida del balance que corresponda a su naturaleza y se valorará por el menor importe, en la fecha en que proceda la reclasificación, entre su valor contable anterior a su calificación como activo no corriente en venta, ajustado, si procede, por las amortizaciones y correcciones de valor que se hubiesen reconocido de no haberse clasificado como mantenido para la venta, y su importe recuperable, registrando cualquier diferencia en la partida de la cuenta de pérdidas y ganancias que corresponda a su naturaleza.

El criterio de valoración previsto anteriormente no será aplicable a los siguientes activos, que, aunque se clasifiquen a efectos de su presentación en esta categoría, se rigen en cuanto a la valoración por sus normas específicas:

a) Activos por impuesto diferido, a los que resulta de aplicación la norma relativa a impuestos sobre beneficios.

b) Activos procedentes de retribuciones a los empleados, que se rigen por la norma sobre pasivos por retribuciones a largo plazo al personal.

c) Activos financieros, excepto inversiones en el patrimonio de empresas del grupo, multigrupo y asociadas, que estén dentro del alcance de la norma sobre instrumentos financieros.

Las correcciones valorativas por deterioro de los activos no corrientes mantenidos para la venta, así como su reversión cuando las circunstancias que la motivaron hubieran dejado de existir, se reconocerán en la cuenta de pérdidas y ganancias, salvo cuando proceda registrarlas directamente en el patrimonio neto de acuerdo con los criterios aplicables con carácter general a los activos en sus normas específicas.

2. Grupos enajenables de elementos mantenidos para la venta

Se entiende por grupo enajenable de elementos mantenidos para la venta, el conjunto de activos y pasivos directamente asociados de los que se va a disponer de forma conjunta, como grupo, en una única transacción. Podrá formar parte de un grupo enajenable cualquier activo y pasivo asociado de la empresa, aun cuando no cumpla la definición de activo no corriente, siempre que se vayan a enajenar de forma conjunta.

Para su valoración se aplicarán las mismas reglas que en el apartado anterior. En consecuencia, los activos y sus pasivos asociados que queden excluidos de su ámbito de aplicación, se valoran de acuerdo con la norma específica que les sea aplicable. Una vez efectuada esta valoración, el grupo de elementos de forma conjunta se valorará por el menor importe entre su valor contable y su valor razonable menos los gastos de venta. En caso de que proceda registrar en este grupo de elementos valorados de forma conjunta una corrección valorativa por deterioro del valor, se reducirá el valor contable de los activos no corrientes del grupo siguiendo el criterio de reparto establecido en el apartado 2.2 de la norma relativa al inmovilizado material.

8.ª ARRENDAMIENTOS Y OTRAS OPERACIONES DE NATURALEZA SIMILAR

Se entiende por arrendamiento, a efectos de esta norma, cualquier acuerdo, con independencia de su instrumentación jurídica, por el que el arrendador cede al arrendatario, a cambio de percibir una suma única de dinero o una serie de pagos o cuotas, el derecho a utilizar un activo durante un periodo de tiempo determinado, con independencia de que el arrendador quede obligado a prestar servicios en relación con la explotación o mantenimiento de dicho activo.

La calificación de los contratos como arrendamientos financieros u operativos depende de las circunstancias de cada una de las partes del contrato por lo que podrán ser calificados de forma diferente por el arrendatario y el arrendador.

1. Arrendamiento financiero

1.1. *Concepto*

Cuando de las condiciones económicas de un acuerdo de arrendamiento, se deduzca que se transfieren sustancialmente todos los riesgos y beneficios inherentes a la propiedad del activo objeto del contrato, dicho acuerdo deberá calificarse como arrendamiento financiero, y se registrará según los términos establecidos en los apartados siguientes.

En un acuerdo de arrendamiento de un activo con opción de compra, se presumirá que se transfieren sustancialmente todos los riesgos y beneficios inherentes a la propiedad, cuando no existan dudas razonables de que se va a ejercitar dicha opción. También se presumirá, salvo prueba en contrario, dicha transferencia, aunque no exista opción de compra, entre otros, en los siguientes casos:

a) Contratos de arrendamiento en los que la propiedad del activo se transfiere, o de sus condiciones se deduzca que se va a transferir, al arrendatario al finalizar el plazo del arrendamiento.

b) Contratos en los que el plazo del arrendamiento coincida o cubra la mayor parte de la vida económica del activo, y siempre que de las condiciones pactadas se desprenda la racionalidad económica del mantenimiento de la cesión de uso.

El plazo del arrendamiento es el periodo no revocable para el cual el arrendatario ha contratado el arrendamiento del activo, junto con cualquier periodo adicional en el que éste tenga derecho a continuar con el arrendamiento, con o sin pago adicional, siempre que al inicio del arrendamiento se tenga la certeza razonable de que el arrendatario ejercitará tal opción.

c) En aquello casos en los que, al comienzo del arrendamiento, el valor actual de los pagos mínimos acordados por el arrendamiento suponga la práctica totalidad del valor razonable del activo arrendado.

d) Cuando las especiales características de los activos objeto del arrendamiento hacen que su utilidad quede restringida al arrendatario.

e) El arrendatario puede cancelar el contrato de arrendamiento y las pérdidas sufridas por el arrendador a causa de tal cancelación fueran asumidas por el arrendatario.

f) Los resultados derivados de las fluctuaciones en el valor razonable del importe residual recaen sobre el arrendatario.

g) El arrendatario tiene la posibilidad de prorrogar el arrendamiento durante un segundo periodo, con unos pagos por arrendamiento que sean sustancialmente inferiores a los habituales del mercado.

1.2. *Contabilidad del arrendatario*

El arrendatario, en el momento inicial, registrará un activo de acuerdo con su naturaleza, según se trate de un elemento del inmovilizado material o del intangible, y un pasivo financiero por el mismo importe, que será el menor entre el valor razonable del activo arrendado y el valor actual al inicio del arrendamiento de los pagos mínimos acordados, entre los que se incluye el pago por la opción de compra cuando no existan dudas razonables sobre su ejercicio y cualquier importe que haya garantizado, directa o indirectamente, y se excluyan las cuotas de carácter contingente, el coste de los servicios y los impuestos repercutibles por el arrendador. A estos efectos, se entiende por cuotas de carácter contingente aquellos pagos por arrendamiento cuyo importe no es fijo sino que depende de la evolución futura de una variable. Adicionalmente, los gastos directos iniciales inherentes a la operación en los que incurra el arrendatario deberán considerarse como mayor valor del activo. Para el cálculo del valor actual se utilizará el tipo de interés implícito del arrendador y si éste no se puede determinar, el tipo de interés de mercado para operaciones similares.

La carga financiera total se distribuirá a lo largo del plazo del arrendamiento y se imputará a la cuenta de pérdidas y ganancias del ejercicio en que se devengue, aplicando el método del tipo de interés efectivo. Las cuotas de carácter contingente serán gastos del ejercicio en que se incurra en ellas.

El arrendatario aplicará los activos que tenga que reconocer en el balance como consecuencia del arrendamiento los criterios de amortización, deterioro y baja que les correspondan según su naturaleza y a la baja de los pasivos financieros lo dispuesto en el apartado 3.5 de la norma sobre instrumentos financieros.

1.3. *Contabilidad del arrendador*

El arrendador, en el momento inicial, reconocerá un crédito por el valor actual de los pagos mínimos a recibir por el arrendamiento más el valor residual del activo aunque no esté garantizado, descontados al tipo de interés implícito del contrato.

El arrendador reconocerá el resultado derivado de la operación de arrendamiento según lo dispuesto en el apartado 3 de la norma sobre inmovilizado material, salvo cuando sea el fabricante o distribuidor del bien arrendado, en cuyo caso se considerarán operaciones de tráfico comercial y se aplicarán los criterios contenidos en la norma relativa a ingresos por ventas y prestación de servicios.

La diferencia entre el crédito contabilizado en el activo del balance y la cantidad a cobrar, correspondiente a intereses no devengados, se imputará a la cuenta de pérdidas y ganancias del ejercicio en que dichos intereses se devenguen, de acuerdo con el método del tipo de interés efectivo.

Las correcciones de valor por deterioro y la baja de los créditos registrados como consecuencia del arrendamiento se tratarán aplicando los criterios de los apartados 2.1.3 y 2.9 de la norma relativa a los instrumentos financieros.

2. Arrendamiento operativo

Se trata de un acuerdo mediante el cual el arrendador conviene con el arrendatario el derecho a usar un activo durante un periodo de tiempo determinado, a cambio de percibir un importe único o una serie de pagos o cuotas, sin que se trate de un arrendamiento de carácter financiero.

Los ingresos y gastos, correspondientes al arrendador y al arrendatario, derivados de los acuerdos de arrendamiento operativo serán considerados, respectivamente, como ingreso y gasto del ejercicio en el que los mismos se devenguen, imputándose a la cuenta de pérdidas y ganancias.

El arrendador continuará presentando y valorando los activos cedidos en arrendamiento conforme a su naturaleza, incrementando su valor contable en el importe de los costes directos del contrato que le sean imputables, los cuales se reconocerán como gasto durante el plazo del contrato aplicando el mismo criterio utilizado para el reconocimiento de los ingresos del arrendamiento.

Cualquier cobro o pago que pudiera hacerse al contratar un derecho de arrendamiento calificado como operativo, se tratará como un cobro o pago anticipado por el arrendamiento que se imputará a resultados a lo largo del periodo de arrendamiento a medida que se cedan o reciban los beneficios económicos del activo arrendado.

3. Venta con arrendamiento financiero posterior

Cuando por las condiciones económicas de una enajenación, conectada al posterior arrendamiento de los activos enajenados, se desprenda que se trata de un método de financiación y, en consecuencia, se trate de un arrendamiento financiero, el arrendatario no variará la calificación del activo, ni reconocerá beneficios ni pérdidas derivadas de esta transacción. Adicionalmente, registrará el importe recibido con abono a una partida que ponga de manifiesto el correspondiente pasivo financiero.

La carga financiera total se distribuirá a lo largo del plazo del arrendamiento y se imputará a la cuenta de pérdidas y ganancias del ejercicio en que se devengue, aplicando el método del tipo de interés efectivo. Las cuotas de carácter contingente serán gastos del ejercicio en que se incurra en ellas.

El arrendador contabilizará el correspondiente activo financiero de acuerdo con lo dispuesto en el apartado 1.3 de esta norma.

4. Arrendamientos de terrenos y edificios

Los arrendamientos conjuntos de terreno y edificio se clasificarán como operativos o financieros con los mismos criterios que los arrendamientos de otro tipo de activo.

No obstante, como normalmente el terreno tiene una vida económica indefinida, en un arrendamiento financiero conjunto, los componentes de terreno y edificio se considerarán de forma separada, clasificándose el correspondiente al terreno como un arrendamiento operativo, salvo que se espere que el arrendatario adquiera la propiedad al final del periodo de arrendamiento.

A estos efectos, los pagos mínimos por el arrendamiento se distribuirán entre el terrero y el edificio en proporción a los valores razonables relativos que representan los derechos de arrendamiento de ambos componentes, a menos que tal distribución no sea fiable, en cuyo caso todo el arrendamiento se clasificará como financiero, salvo que resulte evidente que es operativo.

9.ª INSTRUMENTOS FINANCIEROS

Un instrumento financiero es un contrato que da lugar a un activo financiero en una empresa y, simultáneamente, a un pasivo financiero o a un instrumento de patrimonio en otra empresa.

La presente norma resulta de aplicación a los siguientes instrumentos financieros:

a) Activos financieros:

— Efectivo y otros activos líquidos equivalentes, según se definen en la norma 9.ª de elaboración de las cuentas anuales;

— Créditos por operaciones comerciales: clientes y deudores varios;

— Créditos a terceros: tales como los préstamos y créditos financieros concedidos, incluidos los surgidos de la venta de activos no corrientes;

— Valores representativos de deuda de otras empresas adquiridos: tales como las obligaciones, bonos y pagarés;

— Instrumentos de patrimonio de otras empresas adquiridos: acciones, participaciones en instituciones de inversión colectiva y otros instrumentos de patrimonio;

— Derivados con valoración favorable para la empresa: entre ellos, futuros, opciones, permutas financieras y compraventa de moneda extranjera a plazo, y

— Otros activos financieros: tales como depósitos en entidades de crédito, anticipos y créditos al personal, fianzas y depósitos constituidos, dividendos a cobrar y desembolsos exigidos sobre instrumentos de patrimonio propio.

b) Pasivos financieros:

— Débitos por operaciones comerciales: proveedores y acreedores varios;

— Deudas con entidades de crédito;

— Obligaciones y otros valores negociables emitidos: tales como bonos y pagarés;

— Derivados con valoración desfavorable para la empresa: entre ellos, futuros, opciones, permutas financieras y compraventa de moneda extranjera a plazo;

— Deudas con características especiales, y

— Otros pasivos financieros: deudas con terceros, tales como los préstamos y créditos financieros recibidos de personas o empresas que no sean entidades de crédito incluidos los surgidos en la compra de activos no corrientes, fianzas y depósitos recibidos y desembolsos exigidos por terceros sobre participaciones.

c) Instrumentos de patrimonio propio: todos los instrumentos financieros que se incluyen dentro de los fondos propios, tal como las acciones ordinarias emitidas.

Un derivado financiero es un instrumento financiero que cumple las características siguientes:

1. Su valor cambia en respuesta a los cambios en variables tales como los tipos de interés, los precios de instrumentos financieros y materias primas cotizadas, los tipos de cambio, las calificaciones crediticias y los índices sobre ellos y que en el caso de no ser variables financieras no han de ser específicas para una de las partes del contrato.
2. No requiere una inversión inicial o bien requiere una inversión inferior a la que requieren otro tipo de contratos en los que se podría esperar una respuesta similar ante cambios en las condiciones de mercado.

3. Se liquida en una fecha futura.

Asimismo, esta norma es aplicable en el tratamiento de las coberturas contables y de las transferencias de activos financieros, tales como los descuentos comerciales, operaciones de «factoring» y cesiones temporales y titulizaciones de activos financieros.

1. Reconocimiento

La empresa reconocerá un instrumento financiero en su balance cuando se convierta en una parte obligada del contrato o negocio jurídico conforme a las disposiciones del mismo.

2. Activos financieros

Un activo financiero es cualquier activo que sea: dinero en efectivo, un instrumento de patrimonio de otra empresa, o suponga un derecho contractual a recibir efectivo u otro activo financiero, o a intercambiar activos o pasivos financieros con terceros en condiciones potencialmente favorables.

También se clasificará como un activo financiero, todo contrato que pueda ser o será, liquidado con los instrumentos de patrimonio propio de la empresa, siempre que:

a) Si no es un derivado, obligue o pueda obligar, a recibir una cantidad variable de sus instrumentos de patrimonio propio.

b) Si es un derivado, pueda ser o será, liquidado mediante una forma distinta al intercambio de una cantidad fija de efectivo o de otro activo financiero por una cantidad fija de instrumentos de patrimonio propio de la empresa; a estos efectos no se incluirán entre los instrumentos de patrimonio propio, aquellos que sean, en sí mismos, contratos para la futura recepción o entrega de instrumentos de patrimonio propio de la empresa.

Los activos financieros, a efectos de su valoración, se clasificarán en alguna de las siguientes categorías:

1. Préstamos y partidas a cobrar.
2. Inversiones mantenidas hasta el vencimiento.
3. Activos financieros mantenidos para negociar.
4. Otros activos financieros a valor razonable con cambios en la cuenta de pérdidas y ganancias.
5. Inversiones en el patrimonio de empresas del grupo, multigrupo y asociadas.
6. Activos financieros disponibles para la venta.

2.1. *Préstamos y partidas a cobrar*

En esta categoría se clasificarán, salvo que sea aplicable lo dispuesto en los apartados 2.3 y 2.4 siguientes, los:

a) Créditos por operaciones comerciales: son aquellos activos financieros que se originan en la venta de bienes y la prestación de servicios por operaciones de tráfico de la empresa, y

b) Créditos por operaciones no comerciales: son aquellos activos financieros que, no siendo instrumentos de patrimonio ni derivados, no tienen origen comercial, cuyos cobros son de cuantía determinada o determinable y que no se negocian en un mercado activo. No se incluirán aquellos activos financieros para los cuales el tenedor pueda no recuperar sustancialmente toda la inversión inicial, por circunstancias diferentes al deterioro crediticio.

2.1.1. Valoración inicial

Los activos financieros incluidos en esta categoría se valorarán inicialmente por su valor razonable, que, salvo evidencia en contrario, será el precio de la transacción, que equivaldrá al valor razonable de la contraprestación entregada más los costes de transacción que les sean directamente atribuibles.

No obstante lo señalado en el párrafo anterior, los créditos por operaciones comerciales con vencimiento no superior a un año y que no tengan un tipo de interés contractual, así como los anticipos y créditos al personal, los dividendos a cobrar y los desembolsos exigidos sobre instrumentos de patrimonio, cuyo importe se espera recibir en el corto plazo, se podrán valorar por su valor nominal cuando el efecto de no actualizar los flujos de efectivo no sea significativo.

2.1.2. Valoración posterior

Los activos financieros incluidos en esta categoría se valorarán por su coste amortizado. Los intereses devengados se contabilizarán en la cuenta de pérdidas y ganancias, aplicando el método del tipo de interés efectivo.

Las aportaciones realizadas como consecuencia de un contrato de cuentas en participación y similares, se valorarán al coste, incrementado o disminuido por el beneficio o la pérdida, respectivamente, que correspondan a la empresa como partícipe no gestor, y menos, en su caso, el importe acumulado de las correcciones valorativas por deterioro.

No obstante lo anterior, los créditos con vencimiento no superior a un año que, de acuerdo con lo dispuesto en el apartado anterior, se valoren inicialmente por su valor nominal, continuarán valorándose por dicho importe, salvo que se hubieran deteriorado.

2.1.3. Deterioro del valor

Al menos al cierre del ejercicio, deberán efectuarse las correcciones valorativas necesarias siempre que exista evidencia objetiva de que el valor de un crédito, o de un grupo de créditos con similares características de riesgo valorados colectivamente, se ha deteriorado como resultado de uno o más eventos que hayan ocurrido después de su reconocimiento inicial y que ocasionen una reducción o retraso en los flujos de efectivo estimados futuros, que pueden venir motivados por la insolvencia del deudor.

La pérdida por deterioro del valor de estos activos financieros será la diferencia entre su valor en libros y el valor actual de los flujos de efectivo futuros que se estima van a generar, descontados al tipo de interés efectivo calculado en el momento de su reconocimiento inicial. Para los activos financieros a tipo de interés variable, se empleará el tipo de interés efectivo que corresponda a la fecha de cierre de las cuentas anuales de acuerdo con las condiciones contractuales. En el cálculo de las pérdidas por deterioro de un grupo de activos financieros se podrán utilizar modelos basados en fórmulas o métodos estadísticos.

Las correcciones valorativas por deterioro, así como su reversión cuando el importe de dicha pérdida disminuyese por causas relacionadas con un evento posterior, se reconocerán como un gasto o un ingreso, respectivamente, en la cuenta de pérdidas y ganancias. La reversión del deterioro tendrá como límite el valor en libros del crédito que estaría reconocido en la fecha de reversión si no se hubiese registrado el deterioro del valor.

2.2. *Inversiones mantenidas hasta el vencimiento*

Se pueden incluir en esta categoría los valores representativos de deuda, con una fecha de vencimiento fijada, cobros de cuantía determinada o determinable, que se negocien en un mercado activo y que la empresa tenga la intención efectiva y la capacidad de conservarlos hasta su vencimiento.

2.2.1. Valoración inicial

Las inversiones mantenidas hasta el vencimiento se valorarán inicialmente por su valor razonable, que, salvo evidencia en contrario, será el precio de la transacción, que equivaldrá al valor razonable de la contraprestación entregada más los gastos de transacción que les sean directamente atribuibles.

2.2.2. Valoración posterior

Las inversiones mantenidas hasta el vencimiento se valorarán por su coste amortizado. Los intereses devengados se contabilizarán en la cuenta de pérdidas y ganancias, aplicando el método del tipo de interés efectivo.

2.2.3. Deterioro del valor

Al menos al cierre del ejercicio, deberán efectuarse las correcciones valorativas aplicando los criterios señalados en el apartado 2.1.3 anterior.

No obstante, como sustituto del valor actual de los flujos de efectivo futuros se puede utilizar el valor de mercado del instrumento, siempre que éste sea lo suficientemente fiable como para considerarlo representativo del valor que pudiera recuperar la empresa.

2.3. *Activos financieros mantenidos para negociar*

Los activos financieros que se tengan para negociar se valorarán de acuerdo con lo dispuesto en el presente apartado.

Se considera que un activo financiero se posee para negociar cuando:

a) Se origine o adquiera con el propósito de venderlo en el corto plazo (por ejemplo, valores representativos de deuda, cualquiera que sea su plazo de vencimiento, o instrumentos de patrimonio, cotizados, que se adquieren para venderlos en el corto plazo).

b) Forme parte de una cartera de instrumentos financieros identificados y gestionados conjuntamente de la que existan evidencias de actuaciones recientes para obtener ganancias en el corto plazo, o

c) Sea un instrumento financiero derivado, siempre que no sea un contrato de garantía financiera ni haya sido designado como instrumento de cobertura.

2.3.1. Valoración inicial

Los activos financieros mantenidos para negociar se valorarán inicialmente por su valor razonable, que, salvo evidencia en contrario, será el precio de la transacción, que equivaldrá al valor razonable de la contraprestación entregada. Los gastos de transacción que les sean directamente atribuibles se reconocerán en la cuenta de pérdidas y ganancias del ejercicio.

Tratándose de instrumentos de patrimonio formará parte de la valoración inicial el importe de los derechos preferentes de suscripción y similares que, en su caso, se hubiesen adquirido.

2.3.2. Valoración posterior

Los activos financieros mantenidos para negociar se valorarán por su valor razonable, sin deducir los costes de transacción en que se pudiera incurrir en su enajenación. Los cambios que se produzcan en el valor razonable se imputarán en la cuenta de pérdidas y ganancias del ejercicio.

2.4. *Otros activos financieros a valor razonable con cambios en la cuenta de pérdidas y ganancias*

En esta categoría se incluirán los activos financieros híbridos a los que hace referencia el último párrafo del apartado 5.1 de esta norma.

También se podrán incluir los activos financieros que designe la empresa en el momento del reconocimiento inicial para su inclusión en esta categoría. Dicha designación sólo se podrá realizar si resulta en una información más relevante, debido a que:

a) Se eliminan o reducen de manera significativa inconsistencias en el reconocimiento o valoración (también denominadas asimetrías contables) que en otro caso surgirían por la valoración de activos o pasivos o por el reconocimiento de las pérdidas o ganancias de los mismos con diferentes criterios.

b) Un grupo de activos financieros o de activos y pasivos financieros se gestione y su rendimiento se evalúe sobre la base de su valor razonable de acuerdo con una estrategia de gestión del riesgo o de inversión documentada y se facilite información del grupo también sobre la base del valor razonable al personal clave de la dirección según se define en la norma 15.ª de elaboración de las cuentas anuales.

En la memoria se informará sobre el uso de esta opción.

Valoración inicial y posterior

En la valoración de los activos financieros incluidos en esta categoría se aplicarán los criterios señalados en el apartado 2.3 de esta norma.

2.5. *Inversiones en el patrimonio de empresas del grupo, multigrupo y asociadas*

Las inversiones en el patrimonio de empresas del grupo, multigrupo y asociadas, tal como éstas quedan definidas en la norma 13.ª de elaboración de las cuentas anuales, se tienen que valorar aplicando los criterios de este apartado, no pudiendo ser incluidas en otras categorías a efectos de su valoración.

2.5.1. Valoración inicial

Las inversiones en el patrimonio de empresas del grupo, multigrupo y asociadas se valorarán inicialmente al coste, que equivaldrá al valor razonable de la contraprestación entregada más los costes de transacción que les sean directamente atribuibles, debiéndose aplicar, en su caso, el criterio incluido en el apartado 2.1 contenido en la norma relativa a operaciones entre empresas del grupo.

No obstante, si existiera una inversión anterior a su calificación como empresa del grupo, multigrupo o asociada, se considerará como coste de dicha inversión el valor contable que debiera tener la misma inmediatamente antes de que la empresa pase a tener esa calificación. En su caso, los ajustes valorativos previos asociados con dicha inversión contabilizados directamente en el patrimonio neto, se mantendrán en éste hasta que se produzca alguna de las circunstancias descritas en el apartado 2.5.3 siguiente.

Formará parte de la valoración inicial el importe de los derechos preferentes de suscripción y similares que, en su caso, se hubiesen adquirido.

2.5.2. Valoración posterior

Las inversiones en el patrimonio de empresas del grupo, multigrupo y asociadas se valorarán por su coste, menos, en su caso, el importe acumulado de las correcciones valorativas por deterioro.

Cuando deba asignarse valor a estos activos por baja del balance u otro motivo, se aplicará el método del coste medio ponderado por grupos homogéneos, entendiéndose por éstos los valores que tienen iguales derechos.

En el caso de venta de derechos preferentes de suscripción y similares o segregación de los mismos para ejercitarlos, el importe del coste de los derechos disminuirá el valor contable de los respectivos activos. Dicho coste se determinará aplicando alguna fórmula valorativa de general aceptación.

2.5.3. Deterioro del valor

Al menos al cierre del ejercicio, deberán efectuarse las correcciones valorativas necesarias siempre que exista evidencia objetiva de que el valor en libros de una inversión no será recuperable.

El importe de la corrección valorativa será la diferencia entre su valor en libros y el importe recuperable, entendido éste como el mayor importe entre su valor razonable menos los costes de venta y el valor actual de los flujos de efectivo futuros derivados de la inversión, calculados, bien mediante la estimación de los que se espera recibir como consecuencia del reparto de dividendos realizado por la empresa participada y de la enajenación o baja en cuentas de la inversión en la misma, bien mediante la estimación de su participación en los flujos de efectivo que se espera sean generados por la empresa participada, procedentes tanto de sus actividades ordinarias como de su enajenación o baja en cuentas. Salvo mejor evidencia del importe recuperable de las inversiones, en la estimación del deterioro de esta clase de activos se tomará en consideración el patrimonio neto de la entidad participada corregido por las plusvalías tácitas existentes en la fecha de la valoración, que correspondan a elementos identificables en el balance de la participada. En la determinación de ese valor, y siempre que la empresa participada participe a su vez en otra, deberá tenerse en cuenta el patrimonio neto que se desprende de las cuentas anuales consolidadas elaboradas aplicando los criterios incluidos en el Código de Comercio y sus normas de desarrollo.

Cuando la empresa participada tuviere su domicilio fuera del territorio español, el patrimonio neto a tomar en consideración vendrá expresado en las normas contenidas en la presente disposición. No obstante, si mediaran altas tasas de inflación, los valores a considerar serán los resultantes de los estados financieros ajustados en el sentido expuesto en la norma relativa a moneda extranjera.

Las correcciones valorativas por deterioro y, en su caso, su reversión, se registrarán como un gasto o un ingreso, respectivamente, en la cuenta de pérdidas y ganancias. La reversión del deterioro tendrá como límite el valor en libros de la inversión que estaría reconocida en la fecha de reversión si no se hubiese registrado el deterioro del valor.

No obstante, en el caso de que se hubiera producido una inversión en la empresa, previa a su calificación como empresa del grupo, multigrupo o asociada, y con anterioridad a esa calificación, se hubieran realizado ajustes valorativos imputados directamente al patrimonio neto derivados de tal inversión, dichos ajustes se mantendrán tras la calificación hasta la enajenación o baja de la inversión, momento en el que se registrarán en la cuenta de pérdidas y ganancias, o hasta que se produzcan las siguientes circunstancias:

a) En el caso de ajustes valorativos previos por aumentos de valor, las correcciones valorativas por deterioro se registrarán contra la partida del patrimonio neto que recoja los ajustes valorativos previamente practicados hasta el importe de los mismos y el exceso, en su caso, se registrará en la cuenta de pérdidas y ganancias. La corrección valorativa por deterioro imputada directamente en el patrimonio neto no revertirá.

b) En el caso de ajustes valorativos previos por reducciones de valor, cuando posteriormente el importe recuperable sea superior al valor contable de las inversiones, este último se incrementará, hasta el límite de la indicada reducción de valor, contra la partida que haya recogido los ajustes valorativos previos y a partir de ese momento el nuevo importe surgido se considerará coste de la inversión. Sin embargo, cuando exista una evidencia objetiva de deterioro en el valor de la inversión, las pérdidas acumuladas directamente en el patrimonio neto se reconocerán en la cuenta de pérdidas y ganancias.

2.6. *Activos financieros disponibles para la venta*

En esta categoría se incluirán los valores representativos de deuda e instrumentos de patrimonio de otras empresas que no se hayan clasificado en ninguna de las categorías anteriores.

2.6.1. Valoración inicial

Los activos financieros disponibles para la venta se valorarán inicialmente por su valor razonable, que, salvo evidencia en contrario, será el precio de la transacción, que equivaldrá al valor razonable de la contraprestación entregada, más los costes de transacción que les sean directamente atribuibles.

Formará parte de la valoración inicial el importe de los derechos preferentes de suscripción y similares que, en su caso, se hubiesen adquirido.

2.6.2. Valoración posterior

Los activos financieros disponibles para la venta se valorarán por su valor razonable, sin deducir los costes de transacción en que se pudiera incurrir en su enajenación. Los cambios que se produzcan en el valor razonable se registrarán directamente en el patrimonio neto, hasta que el activo financiero cause baja del balance o se deteriore, momento en que el importe así reconocido, se imputará a la cuenta de pérdidas y ganancias.

No obstante lo anterior, las correcciones valorativas por deterioro del valor y las pérdidas y ganancias que resulten por diferencias de cambio en activos financieros monetarios en moneda extranjera, de acuerdo con la norma relativa a esta última, se registrarán en la cuenta de pérdidas y ganancias.

También se registrarán en la cuenta de pérdidas y ganancias el importe de los intereses, calculados según el método del tipo de interés efectivo, y de los dividendos devengados.

Las inversiones en instrumentos de patrimonio cuyo valor razonable no se pueda determinar con fiabilidad se valorarán por su coste, menos, en su caso, el importe acumulado de las correcciones valorativas por deterioro del valor.

Cuando deba asignarse valor a estos activos por baja del balance u otro motivo, se aplicará el método del valor medio ponderado por grupos homogéneos.

En el supuesto excepcional de que el valor razonable de un instrumento de patrimonio dejase de ser fiable, los ajustes previos reconocidos directamente en el patrimonio neto se tratarán de la misma forma dispuesta en el apartado 2.5.3 de esta norma.

En el caso de venta de derechos preferentes de suscripción y similares o segregación de los mismos para ejercitarlos, el importe de los derechos disminuirá el valor contable de los respectivos activos. Dicho importe corresponderá al valor razonable o al coste de los derechos, de forma consistente con la valoración de los activos financieros asociados, y se determinará aplicando alguna fórmula valorativa de general aceptación.

2.6.3. Deterioro del valor

Al menos al cierre del ejercicio, deberán efectuarse las correcciones valorativas necesarias siempre que exista evidencia objetiva de que el valor de un activo financiero disponible para la venta, o grupo de activos financieros disponibles para la venta con similares características de riesgo valoradas colectivamente, se ha deteriorado como resultado de uno o más eventos que hayan ocurrido después de su reconocimiento inicial, y que ocasionen:

a) En el caso de los instrumentos de deuda adquiridos, una reducción o retraso en los flujos de efectivo estimados futuros, que pueden venir motivados por la insolvencia del deudor; o

b) En el caso de inversiones en instrumentos de patrimonio, la falta de recuperabilidad del valor en libros del activo, evidenciada, por ejemplo, por un descenso prolongado o significativo en su valor razonable. En todo caso, se presumirá que el instrumento se ha deteriorado ante una caída de un año y medio y de un cuarenta por ciento en su cotización, sin que se haya producido la recuperación de su valor, sin perjuicio de que pudiera ser necesario reconocer una pérdida por deterioro antes de que haya transcurrido dicho plazo o descendido la cotización en el mencionado porcentaje.

La corrección valorativa por deterioro del valor de estos activos financieros será la diferencia entre su coste o coste amortizado menos, en su caso, cualquier corrección valorativa por deterioro previamente reconocida en la cuenta de pérdidas y ganancias y el valor razonable en el momento en que se efectúe la valoración.

Las pérdidas acumuladas reconocidas en el patrimonio neto por disminución del valor razonable, siempre que exista una evidencia objetiva de deterioro en el valor del activo, se reconocerán en la cuenta de pérdidas y ganancias.

Si en ejercicios posteriores se incrementase el valor razonable, la corrección valorativa reconocida en ejercicios anteriores revertirá con abono a la cuenta de pérdidas y ganancias del ejercicio. No obstante, en el caso de que se incrementase el valor razonable correspondiente a un instrumento de patrimonio, la corrección valorativa reconocida en ejercicios anteriores no revertirá con abono a la cuenta de pérdidas y ganancias y se registrará el incremento de valor razonable directamente contra el patrimonio neto.

En el caso de instrumentos de patrimonio que se valoren por su coste, por no poder determinarse con fiabilidad su valor razonable, la corrección valorativa por deterioro se calculará de acuerdo con lo dispuesto en el apartado 2.5.3 de esta norma, relativo a las inversiones en el patrimonio de empresas del grupo, multigrupo y asociadas, y no será posible la reversión de la corrección valorativa reconocida en ejercicios anteriores.

2.7. *Reclasificación de activos financieros*

La empresa no podrá reclasificar ningún activo financiero incluido inicialmente en la categoría de mantenidos para negociar o a valor razonable con cambios en la cuenta de pérdidas y ganancias, a otras categorías, ni de éstas a aquéllas, salvo cuando proceda calificar al activo como inversión en el patrimonio de empresas del grupo, multigrupo o asociadas.

No se podrá clasificar o tener clasificado ningún activo financiero en la categoría de inversiones mantenidas hasta el vencimiento si en el ejercicio a que se refieren las cuentas anuales o en los dos precedentes, se han vendido o reclasificado activos incluidos en esta categoría por un importe que no sea insignificante en relación con el importe total de la categoría de inversiones mantenidas hasta el vencimiento, salvo aquellas que correspondan a ventas o reclasificaciones:

a) Muy próximas al vencimiento, o

b) Que hayan ocurrido cuando la empresa haya cobrado la práctica totalidad del principal, o

c) Atribuibles a un suceso aislado, fuera del control de la empresa, no recurrente y que razonablemente no podía haber sido anticipado por la empresa.

Cuando dejase de ser apropiada la clasificación de un activo financiero como inversión mantenida hasta el vencimiento, como consecuencia de un cambio en la intención o en la capacidad financiera de la empresa o por la venta o reclasificación de un importe que no sea insignificante según lo dispuesto en el párrafo anterior, dicho activo, junto con el resto de activos financieros de la categoría de inversiones mantenidas hasta el vencimiento, se reclasificarán a la categoría de disponibles para la venta y se valorarán por su valor razonable. La diferencia entre el importe por el que figure registrado y su valor razonable se reconocerá directamente en el patrimonio neto de la empresa y se aplicarán las reglas relativas a los activos disponibles para la venta.

Si como consecuencia de un cambio en la intención o en la capacidad financiera de la empresa, o si pasados los dos ejercicios completos desde la reclasificación de un activo financiero de la categoría de inversión mantenida hasta el vencimiento a la de disponible para la venta, se reclasificase un activo financiero en la categoría de inversión mantenida hasta el vencimiento, el valor contable del activo financiero en esa fecha se convertirá en su nuevo coste amortizado. Cualquier pérdida o ganancia procedente de ese activo que previamente se hubiera reconocido directamente en el patrimonio neto se mantendrá en éste y se reconocerá en la cuenta de pérdidas y ganancias a lo largo de la vida residual de la inversión mantenida hasta el vencimiento, utilizando el método del tipo de interés efectivo.

Cuando la inversión en el patrimonio de una empresa del grupo, multigrupo o asociada deje de tener tal calificación, la inversión que, en su caso, se mantenga en esa empresa se valorará de acuerdo con las reglas aplicables a los activos financieros disponibles para la venta.

2.8. *Intereses y dividendos recibidos de activos financieros*

Los intereses y dividendos de activos financieros devengados con posterioridad al momento de la adquisición se reconocerán como ingresos en la cuenta de pérdidas y ganancias. Los intereses deben reconocerse utilizando el método del tipo de interés efectivo y los dividendos cuando se declare el derecho del socio a recibirlo.

A estos efectos, en la valoración inicial de los activos financieros se registrarán de forma independiente, atendiendo a su vencimiento, el importe de los intereses explícitos devengados y no vencidos en dicho momento así como el importe de los dividendos acordados por el órgano competente en el momento de la adquisición. A estos efectos, se entenderá por «intereses explícitos» aquellos que se obtienen de aplicar el tipo de interés contractual del instrumento financiero.

Asimismo, si los dividendos distribuidos proceden inequívocamente de resultados generados con anterioridad a la fecha de adquisición porque se hayan distribuido importes superiores a los beneficios generados por la participada desde la adquisición, no se reconocerán como ingresos, y minorarán el valor contable de la inversión.

2.9. *Baja de activos financieros*

Conforme a lo señalado en el Marco Conceptual, en el análisis de las transferencias de activos financieros se debe atender a la realidad económica y no sólo a su forma jurídica ni a la denominación de los contratos.

La empresa dará de baja un activo financiero, o parte del mismo, cuando expiren o se hayan cedido los derechos contractuales sobre los flujos de efectivo del activo financiero, siendo necesario que se hayan transferido de manera sustancial los riesgos y beneficios inherentes a su propiedad, en circunstancias que se evaluarán comparando la exposición de la empresa, antes y después de la cesión, a la variación en los importes y en el calendario de los flujos de efectivo netos del activo transferido. Se entenderá que se han cedido de manera sustancial los riesgos y beneficios inherentes a la propiedad del activo financiero cuando su exposición a tal variación deje de ser significativa en relación con la variación total del valor actual de los flujos de efectivo futuros netos asociados con el activo financiero (tal como las ventas en firme de activos, las cesiones de créditos comerciales en operaciones de «factoring» en las que la empresa no retenga ningún riesgo de crédito ni de interés, las ventas de activos financieros con pacto de recompra por su valor razonable y las titulizaciones de activos financieros en las que la empresa cedente no retenga financiaciones subordinadas ni conceda ningún tipo de garantía o asuma algún otro tipo de riesgo).

Si la empresa no hubiese cedido ni retenido sustancialmente los riesgos y beneficios, el activo financiero se dará de baja cuando no hubiese retenido el control del mismo, situación que se determinará dependiendo de la capacidad del cesionario para transmitir dicho activo. Si la empresa cedente mantuviese el control del activo, continuará reconociéndolo por el importe al que la empresa esté expuesta a las variaciones de valor del activo cedido, es decir, por su implicación continuada, y reconocerá un pasivo asociado.

Cuando el activo financiero se dé de baja, la diferencia entre la contraprestación recibida neta de los costes de transacción atribuibles, considerando cualquier nuevo activo obtenido menos cualquier pasivo asumido, y el valor en libros del activo financiero, más cualquier importe acumulado que se haya reconocido directamente en el patrimonio neto, determinará la ganancia o la pérdida surgida al dar de baja dicho activo, y formará parte del resultado del ejercicio en que ésta se produce.

Los criterios anteriores también se aplicarán en las transferencias de un grupo de activos financieros o de parte del mismo.

La empresa no dará de baja los activos financieros y reconocerá un pasivo financiero por un importe igual a la contraprestación recibida, que se tratará con posterioridad de acuerdo con lo dispuesto en el apartado 3 de esta norma, en las cesiones de activos financieros en las que haya retenido sustancialmente los riesgos y beneficios inherentes a su propiedad, tales como en el descuento de efectos, el «factoring con recurso», las ventas de activos financieros con pacto de recompra a un precio fijo o al precio de venta más un interés y las titulizaciones de activos financieros en las que la empresa cedente retenga financiaciones subordinadas u otro tipo de garantías que absorban sustancialmente todas las pérdidas esperadas.

3. Pasivos financieros

Los instrumentos financieros emitidos, incurridos o asumidos se clasificarán como pasivos financieros, en su totalidad o en una de sus partes, siempre que de acuerdo con su realidad económica supongan para la empresa una obligación contractual, directa o indirecta, de entregar efectivo u otro activo financiero, o de intercambiar activos o pasivos financieros con terceros en condiciones potencialmente desfavorables, tal como un instrumento financiero que prevea su recompra obligatoria por parte del emisor, o que otorgue al tenedor el derecho a exigir al emisor su rescate en una fecha y por un importe determinado o determinable, o a recibir una remuneración predeterminada siempre que haya beneficios distribuibles. En particular, determinadas acciones rescatables y acciones o participaciones sin voto.

También se clasificará como un pasivo financiero, todo contrato que pueda ser o será, liquidado con los instrumentos de patrimonio propio de la empresa siempre que:

a) Si no es un derivado, obligue o pueda obligar, a entregar una cantidad variable de sus propios instrumentos de patrimonio propio.

b) Si es un derivado, pueda ser o será, liquidado mediante una forma distinta al intercambio de una cantidad fija de efectivo o de otro activo financiero por una cantidad fija de los instrumentos de patrimonio propio de la empresa; a estos efectos no se incluirán entre los instrumentos de patrimonio propio, aquellos que sean, en sí mismos, contratos para la futura recepción o entrega de instrumentos de patrimonio propio de la empresa.

Los pasivos financieros, a efectos de su valoración, se clasificarán en alguna de las siguientes categorías:

1. Débitos y partidas a pagar.
2. Pasivos financieros mantenidos para negociar.
3. Otros pasivos financieros a valor razonable con cambios en la cuenta de pérdidas y ganancias.

Adicionalmente, los pasivos financieros originados como consecuencia de transferencias de activos, en los que la empresa no haya cedido ni retenido sustancialmente sus riesgos y beneficios, se valorarán de manera consistente con el activo cedido.

3.1. *Débitos y partidas a pagar*

En esta categoría se clasificarán, salvo que sea aplicable lo dispuesto en los apartados 3.2 y 3.3 siguientes, los:

a) Débitos por operaciones comerciales: son aquellos pasivos financieros que se originan en la compra de bienes y servicios por operaciones de tráfico de la empresa, y

b) Débitos por operaciones no comerciales: son aquellos pasivos financieros que, no siendo instrumentos derivados, no tienen origen comercial.

3.1.1. Valoración inicial

Los pasivos financieros incluidos en esta categoría se valorarán inicialmente por su valor razonable, que, salvo evidencia en contrario, será el precio de la transacción, que equivaldrá al valor razonable de la contraprestación recibida ajustado por los gastos de transacción que les sean directamente atribuibles.

No obstante lo señalado en el párrafo anterior, los débitos por operaciones comerciales con vencimiento no superior a un año y que no tengan un tipo de interés contractual, así como los desembolsos exigidos por terceros sobre participaciones, cuyo importe se espera pagar en el corto plazo, se podrán valorar por su valor nominal, cuando el efecto de no actualizar los flujos de efectivo no sea significativo.

3.1.2. Valoración posterior

Los pasivos financieros incluidos en esta categoría se valorarán por su coste amortizado. Los intereses devengados se contabilizarán en la cuenta de pérdidas y ganancias, aplicando el método del tipo de interés efectivo.

Las aportaciones recibidas como consecuencia de un contrato de cuentas en participación y similares, se valorarán al coste, incrementado o disminuido por el beneficio o la pérdida, respectivamente, que deba atribuirse a los partícipes no gestores.

No obstante lo anterior, los débitos con vencimiento no superior a un año que, de acuerdo con lo dispuesto en el apartado anterior, se valoren inicialmente por su valor nominal, continuarán valorándose por dicho importe.

3.2. *Pasivos financieros mantenidos para negociar*

Los pasivos financieros que se tengan para negociar se valorarán de acuerdo con lo dispuesto en el presente apartado.

Se considera que un pasivo financiero se posee para negociar cuando:

a) Se emita principalmente con el propósito de readquirirlo en el corto plazo (por ejemplo, obligaciones y otros valores negociables emitidos cotizados que la empresa pueda comprar en el corto plazo en función de los cambios de valor).

b) Forme parte de una cartera de instrumentos financieros identificados y gestionados conjuntamente de la que existan evidencias de actuaciones recientes para obtener ganancias en el corto plazo, o

c) Sea un instrumento financiero derivado, siempre que no sea un contrato de garantía financiera ni haya sido designado como instrumento de cobertura.

El hecho de que un pasivo financiero se utilice para financiar actividades de negociación no implica por sí mimo su inclusión en esta categoría.

Valoración inicial y posterior

En la valoración de los pasivos financieros incluidos en esta categoría se aplicarán los criterios señalados en el apartado 2.3 de esta norma.

3.3. *Otros pasivos financieros a valor razonable con cambios en la cuenta de pérdidas y ganancias*

En esta categoría se incluirán los pasivos financieros híbridos a los que hace referencia el último párrafo del apartado 5.1 de esta norma.

También se podrán incluir los pasivos financieros que designe la empresa en el momento del reconocimiento inicial para su inclusión en esta categoría. Dicha designación sólo se podrá realizar si resulta en una información más relevante, debido a que:

a) Se eliminan o reducen de manera significativa inconsistencias en el reconocimiento o valoración (también denominadas asimetrías contables) que en otro caso surgirían por la valoración de activos o pasivos o por el reconocimiento de las pérdidas o ganancias de los mismos con diferentes criterios.

b) Un grupo de pasivos financieros o de activos y pasivos financieros se gestione y su rendimiento se evalúe sobre la base de su valor razonable de acuerdo con una estrategia de gestión del riesgo o de inversión documentada y se facilite información del grupo también sobre la base del valor razonable al personal clave de la dirección según se define en la norma 15.ª de elaboración de las cuentas anuales.

En la memoria se informará sobre el uso de esta opción.

Valoración inicial y posterior

En la valoración de los pasivos financieros incluidos en esta categoría se aplicarán los criterios señalados en el apartado 2.3 de esta norma.

3.4. *Reclasificación de pasivos financieros*

La empresa no podrá reclasificar ningún pasivo financiero incluido inicialmente en la categoría de mantenidos para negociar o a valor razonable con cambios en la cuenta de pérdidas y ganancias a otras categorías, ni de éstas a aquéllas.

3.5. *Baja de pasivos financieros*

La empresa dará de baja un pasivo financiero cuando la obligación se haya extinguido. También dará de baja los pasivos financieros propios que adquiera, aunque sea con la intención de recolocarlos en el futuro.

Si se produjese un intercambio de instrumentos de deuda entre un prestamista y un prestatario, siempre que éstos tengan condiciones sustancialmente diferentes, se registrará la baja del pasivo financiero original y se reconocerá el nuevo pasivo financiero que surja. De la misma forma se registrará una modificación sustancial de las condiciones actuales de un pasivo financiero.

La diferencia entre el valor en libros del pasivo financiero o de la parte del mismo que se haya dado de baja y la contraprestación pagada incluidos los costes de transacción atribuibles y en la que se recogerá asimismo cualquier activo cedido diferente del efectivo o pasivo asumido, se reconocerá en la cuenta de pérdidas y ganancias del ejercicio en que tenga lugar.

En el caso de un intercambio de instrumentos de deuda que no tengan condiciones sustancialmente diferentes, el pasivo financiero original no se dará de baja del balance registrando el importe de las comisiones pagadas como un ajuste de su valor contable. El coste amortizado del pasivo financiero se determinará aplicando el tipo de interés efectivo, que será aquel que iguale el valor en libros del pasivo financiero en la fecha de modificación con los flujos de efectivo a pagar según las nuevas condiciones.

A estos efectos, las condiciones de los contratos se considerarán sustancialmente diferentes cuando el valor actual de los flujos de efectivo del nuevo pasivo financiero, incluyendo las comisiones netas cobradas o pagadas, sea diferente, al menos en un diez por ciento del valor actual de los flujos de efectivo remanentes del pasivo financiero original, actualizados ambos al tipo de interés efectivo de éste.

4. Instrumentos de patrimonio propio

Un instrumento de patrimonio es cualquier negocio jurídico que evidencia, o refleja, una participación residual en los activos de la empresa que los emite una vez deducidos todos sus pasivos.

En el caso de que la empresa realice cualquier tipo de transacción con sus propios instrumentos de patrimonio, el importe de estos instrumentos se registrará en el patrimonio neto, como una variación de los fondos propios, y en ningún caso podrán ser reconocidos como activos financieros de la empresa ni se registrará resultado alguno en la cuenta de pérdidas y ganancias.

Los gastos derivados de estas transacciones, incluidos los gastos de emisión de estos instrumentos, tales como honorarios de letrados, notarios, y registradores; impresión de memorias, boletines y títulos; tributos; publicidad; comisiones y otros gastos de colocación, se registrarán directamente contra el patrimonio neto como menores reservas.

Los gastos derivados de una transacción de patrimonio propio, de la que se haya desistido o se haya abandonado, se reconocerán en la cuenta de pérdidas y ganancias.

5. Casos particulares

5.1. *Instrumentos financieros híbridos*

Los instrumentos financieros híbridos son aquellos que combinan un contrato principal no derivado y un derivado financiero, denominado derivado implícito, que no puede ser transferido de manera independiente y cuyo efecto es que algunos de los flujos de efectivo del instrumento híbrido varían de forma similar a los flujos de efectivo del derivado considerado de forma independiente (por ejemplo, bonos referenciados al precio de unas acciones o a la evolución de un índice bursátil).

La empresa reconocerá, valorará y presentará por separado el contrato principal y el derivado implícito, cuando se den simultáneamente las siguientes circunstancias:

a) Las características y riesgos económicos inherentes al derivado implícito no están estrechamente relacionados con los del contrato principal.

b) Un instrumento independiente con las mismas condiciones que las del derivado implícito cumpliría la definición de instrumento derivado.

c) El instrumento híbrido no se valora por su valor razonable con cambios en la cuenta de pérdidas y ganancias.

El derivado implícito se tratará contablemente como un instrumento financiero derivado y el contrato principal se contabilizará según su naturaleza. Esta evaluación sólo se realizará en el momento del reconocimiento inicial, a menos que se haya producido una variación en los términos del contrato que modifiquen de forma significativa los flujos de efectivo que se producirán, en cuyo caso, deberá realizarse una nueva evaluación.

Si la empresa no pudiera determinar con fiabilidad el valor razonable del derivado implícito, éste será la diferencia entre el valor razonable del instrumento híbrido y el del contrato principal, si ambos pudieran ser determinados con fiabilidad.

Si la empresa no fuese capaz de valorar el derivado implícito de forma separada o no pudiese determinar de forma fiable su valor razonable, ya sea en el momento de su adquisición como en una fecha posterior, tratará a efectos contables el instrumento financiero híbrido en su conjunto como un activo financiero o un pasivo financiero incluido en la categoría de otros activos (o pasivos) financieros a valor razonable con cambios en la cuenta de pérdidas y ganancias. Se aplicará este mismo criterio cuando la empresa opte, en el momento de su reconocimiento inicial, por valorar el instrumento financiero híbrido a valor razonable.

5.2. *Instrumentos financieros compuestos*

Un instrumento financiero compuesto es un instrumento financiero no derivado que incluye componentes de pasivo y de patrimonio simultáneamente.

Si la empresa hubiese emitido un instrumento financiero compuesto, reconocerá, valorará y presentará por separado sus componentes.

La empresa distribuirá el valor en libros inicial de acuerdo con los siguientes criterios que, salvo error, no será objeto de revisión posteriormente:

a) Asignará al componente de pasivo el valor razonable de un pasivo similar que no lleve asociado el componente de patrimonio.

b) Asignará al componente de patrimonio la diferencia entre el importe inicial y el valor asignado al componente de pasivo.

c) En la misma proporción distribuirá los gastos de transacción.

5.3. *Derivados que tengan como subyacente inversiones en instrumentos de patrimonio no cotizados cuyo valor razonable no pueda ser determinado con fiabilidad*

Los derivados que estén vinculados y se liquiden mediante la entrega de instrumentos de patrimonio no cotizados cuyo valor razonable no puede ser determinado con fiabilidad, se valorarán por su coste menos, en su caso, el importe acumulado de las correcciones valorativas por deterioro.

5.4. *Contratos que se mantengan con el propósito de recibir o entregar un activo no financiero*

Los contratos que se mantengan con el propósito de recibir o entregar un activo no financiero de acuerdo con las necesidades de compra, venta o utilización de dichos activos por parte de la empresa, se tratarán como anticipos a cuenta o compromisos, de compras o ventas, según proceda.

No obstante, se reconocerán y valorarán según lo dispuesto en esta norma para los instrumentos financieros derivados, aquellos contratos que se puedan liquidar por diferencias, en efectivo o en otro instrumento financiero, o bien mediante el intercambio de instrumentos financieros o, aun cuando se liquiden mediante la entrega de un activo no financiero, la empresa tenga la práctica de venderlo en un periodo de tiempo corto e inferior al periodo normal del sector en que opere la empresa con la intención de obtener una ganancia por su intermediación o por las fluctuaciones de su precio, o el activo no financiero sea fácilmente convertible en efectivo.

5.5. *Contratos de garantía financiera*

Un contrato de garantía financiera es aquel que exige que el emisor efectúe pagos específicos para reembolsar al tenedor por la pérdida en la que incurre cuando un deudor específico incumpla su obligación de pago de acuerdo con las condiciones, originales o modificadas, de un instrumento de deuda, tal como una fianza o un aval.

Estos contratos se valorarán inicialmente por su valor razonable, que, salvo evidencia en contrario, será igual a la prima recibida más, en su caso, el valor actual de las primas a recibir.

Con posterioridad al reconocimiento inicial, y salvo que en dicho momento se hubiese clasificado como otros pasivos financieros a valor razonable con cambios en la cuenta de pérdidas y ganancias o se les aplique lo dispuesto en el apartado 2.9 de esta norma por surgir en la cesión de activos financieros que no cumplan los requisitos para su baja de balance, se valorarán por el mayor de los importes siguientes:

a) El que resulte de acuerdo con lo dispuesto en la norma relativa a provisiones y contingencias.

b) El inicialmente reconocido menos, cuando proceda, la parte del mismo imputada a la cuenta de pérdidas y ganancias porque corresponda a ingresos devengados.

5.6. *Fianzas entregadas y recibidas*

En las fianzas entregadas o recibidas por arrendamientos operativos o por prestación de servicios, la diferencia entre su valor razonable y el importe desembolsado (debida, por ejemplo, a que la fianza es a largo plazo y no está remunerada) se considerará como un pago o cobro anticipado por el arrendamiento o prestación del servicio, que se imputará a la cuenta de pérdidas y ganancias durante el periodo del arrendamiento, conforme a lo señalado en el apartado 2 de la norma sobre arrendamientos y otras operaciones de naturaleza similar, o durante el periodo en el que se preste el servicio, de acuerdo con la norma sobre ingresos por ventas y prestación de servicios.

Al estimar el valor razonable de las fianzas, se tomará como periodo remanente el plazo contractual mínimo comprometido durante el cual no se pueda devolver su importe, sin tomar en consideración el comportamiento estadístico de devolución.

Cuando la fianza sea a corto plazo, no será necesario realizar el descuento de flujos de efectivo si su efecto no es significativo.

6. Coberturas contables

Mediante una operación de cobertura, uno o varios instrumentos financieros, denominados instrumentos de cobertura, son designados para cubrir un riesgo específicamente identificado que puede tener impacto en la cuenta de pérdidas y ganancias, como consecuencia de variaciones en el valor razonable o en los flujos de efectivo de una o varias partidas cubiertas.

Una cobertura contable supone que, cuando se cumplan determinados requisitos, los instrumentos de cobertura y las partidas cubiertas se registrarán aplicando los criterios específicos recogidos en este apartado.

Con carácter general, los instrumentos que se pueden designar como instrumentos de cobertura son los derivados cuyo valor razonable o flujos de efectivo futuros compensen las variaciones en el valor razonable o en los flujos de efectivo futuros de partidas que cumplan los requisitos para ser calificadas como partidas cubiertas.

En el caso de coberturas de tipo de cambio, también se podrán calificar como instrumentos de cobertura, activos financieros y pasivos financieros distintos de los derivados.

Podrán tener la calificación de partidas cubiertas, los activos y pasivos reconocidos, los compromisos en firme no reconocidos, las transacciones previstas altamente probables y las inversiones netas en un negocio en el extranjero, que expongan a la empresa a riesgos específicamente identificados de variaciones en el valor razonable o en los flujos de efectivo. En ningún caso se podrá considerar como partida cubierta una posición neta de activos y pasivos.

Todas las coberturas contables requerirán en el momento inicial una designación formal y una documentación de la relación de cobertura. Además la cobertura deberá ser altamente eficaz. Una cobertura se considerará altamente eficaz si, al inicio y durante su vida, la empresa puede esperar, prospectivamente, que los cambios en el valor razonable o en los flujos de efectivo de la partida cubierta que sean atribuibles al riesgo cubierto sean compensados casi completamente por los cambios en el valor razonable o en los flujos de efectivo del instrumento de cobertura, y que, retrospectivamente, los resultados de la cobertura hayan oscilado dentro de un rango de variación del ochenta al ciento veinticinco por ciento respecto del resultado de la partida cubierta.

A los efectos de su registro y valoración, las operaciones de cobertura se clasificarán en las siguientes categorías:

a) Cobertura del valor razonable: cubre la exposición a los cambios en el valor razonable de activos o pasivos reconocidos o de compromisos en firme aún no reconocidos, o de una parte concreta de los mismos, atribuible a un riesgo en particular que pueda afectar a la cuenta de pérdidas y ganancias (por ejemplo, la contratación de una permuta financiera para cubrir el riesgo de una financiación a tipo de interés fijo). Los cambios de valor del instrumento de cobertura y de la partida cubierta atribuibles al riesgo cubierto se reconocerán en la cuenta de pérdidas y ganancias.

b) Cobertura de los flujos de efectivo: cubre la exposición a la variación de los flujos de efectivo que se atribuya a un riesgo concreto asociado a activos o pasivos reconocidos o a una transacción prevista altamente probable, siempre que pueda afectar a la cuenta de pérdidas y ganancias (por ejemplo, la cobertura del riesgo de tipo de cambio relacionado con compras y ventas previstas de inmovilizados materiales, bienes y servicios en moneda extranjera o la contratación de una permuta financiera para cubrir el riesgo de una financiación a tipo de interés variable). La cobertura del riesgo de tipo de cambio de un compromiso en firme puede ser contabilizada como una cobertura de los flujos de efectivo. La parte de la ganancia o la pérdida del instrumento de cobertura que se haya determinado como cobertura eficaz, se reconocerá transitoriamente en el patrimonio neto, imputándose a la cuenta de pérdidas y ganancias en el ejercicio o ejercicios en los que la operación cubierta prevista afecte al resultado salvo que la cobertura corresponda a una transacción prevista que termine en el reconocimiento de un activo o pasivo no financiero, en cuyo caso los importes registrados en el patrimonio neto se incluirán en el coste del activo o pasivo cuando sea adquirido o asumido.

c) Cobertura de la inversión neta en negocios en el extranjero: cubre el riesgo de tipo de cambio en las inversiones en sociedades dependientes, asociadas, negocios conjuntos y sucursales, cuyas actividades estén basadas o se lleven a cabo en una moneda funcional distinta a los de la empresa que elabora las cuentas anuales.

En las operaciones de cobertura de inversiones netas en negocios conjuntos que carezcan de personalidad jurídica independiente y sucursales en el extranjero, los cambios de valor de los instrumentos de cobertura atribuibles al riesgo cubierto, se reconocerán transitoriamente en el patrimonio neto, imputándose a la cuenta de pérdidas y ganancias en el ejercicio o ejercicios en que se produzca la enajenación o disposición por otra vía de la inversión neta en el negocio en el extranjero.

Las operaciones de cobertura de inversiones netas en negocios en el extranjero en sociedades dependientes, multigrupo y asociadas, se tratarán como coberturas de valor razonable por el componente de tipo de cambio.

La inversión neta en un negocio en el extranjero está compuesta, además de por la participación en el patrimonio neto, por cualquier partida monetaria a cobrar o pagar, cuya liquidación no está contemplada ni es probable que se produzca en un futuro previsible, excluidas las partidas de carácter comercial.

Los instrumentos de cobertura se valorarán y registrarán de acuerdo con su naturaleza en la medida en que no sean, o dejen de ser, coberturas eficaces.

10.ª EXISTENCIAS

1. Valoración inicial

Los bienes y servicios comprendidos en las existencias se valorarán por su coste, ya sea el precio de adquisición o el coste de producción.

Los impuestos indirectos que gravan las existencias sólo se incluirán en el precio de adquisición o coste de producción cuando no sean recuperables directamente de la Hacienda Pública.

En las existencias que necesiten un periodo de tiempo superior a un año para estar en condiciones de ser vendidas, se incluirán en el precio de adquisición o coste de producción, los gastos financieros, en los términos previstos en la norma sobre el inmovilizado material.

Los anticipos a proveedores a cuenta de suministros futuros de existencias se valorarán por su coste.

Los débitos por operaciones comerciales se valorarán de acuerdo con lo dispuesto en la norma relativa a instrumentos financieros.

1.1. *Precio de adquisición*

El precio de adquisición incluye el importe facturado por el vendedor después de deducir cualquier descuento, rebaja en el precio u otras partidas similares así como los intereses incorporados al nominal de los débitos, y se añadirán todos los gastos adicionales que se produzcan hasta que los bienes se hallen ubicados para su venta, tales como transportes, aranceles de aduanas, seguros y otros directamente atribuibles a la adquisición de las existencias. No obstante lo anterior, podrán incluirse los intereses incorporados a los débitos con vencimiento no superior a un año que no tengan un tipo de interés contractual, cuando el efecto de no actualizar los flujos de efectivo no sea significativo.

1.2. *Coste de producción*

El coste de producción se determinará añadiendo al precio de adquisición de las materias primas y otras materias consumibles, los costes directamente imputables al producto. También deberá añadirse la parte que razonablemente corresponda de los costes indirectamente imputables a los productos de que se trate, en la medida en que tales costes correspondan al periodo de fabricación, elaboración o construcción, en los que se haya incurrido al ubicarlos para su venta y se basen en el nivel de utilización de la capacidad normal de trabajo de los medios de producción.

1.3. *Métodos de asignación de valor*

Cuando se trate de asignar valor a bienes concretos que forman parte de un inventario de bienes intercambiables entre sí, se adoptará con carácter general el método del precio medio o coste medio ponderado. El método FIFO es aceptable y puede adoptarse si la empresa lo considerase más conveniente para su gestión. Se utilizará un único método de asignación de valor para todas las existencias que tengan una naturaleza y uso similares.

Cuando se trate de bienes no intercambiables entre sí o bienes producidos y segregados para un proyecto específico, el valor se asignará identificando el precio o los costes específicamente imputables a cada bien individualmente considerado.

1.4. *Coste de las existencias en la prestación de servicios*

Los criterios indicados en los apartados precedentes resultarán aplicables para determinar el coste de las existencias de los servicios. En concreto, las existencias incluirán el coste de producción de los servicios en tanto aún no se haya reconocido el ingreso por prestación de servicios correspondiente conforme a lo establecido en la norma relativa a ingresos por ventas y prestación de servicios.

2. Valoración posterior

Cuando el valor neto realizable de las existencias sea inferior a su precio de adquisición o a su coste de producción, se efectuarán las oportunas correcciones valorativas reconociéndolas como un gasto en la cuenta de pérdidas y ganancias.

En el caso de las materias primas y otras materias consumibles en el proceso de producción, no se realizará corrección valorativa siempre que se espere que los productos terminados a los que se incorporen sean vendidos por encima del coste. Cuando proceda realizar corrección valorativa, el precio de reposición de las materias primas y otras materias consumibles puede ser la mejor medida disponible de su valor neto realizable.

Adicionalmente, los bienes o servicios que hubiesen sido objeto de un contrato de venta o de prestación de servicios en firme cuyo cumplimiento deba tener lugar posteriormente, no serán objeto de la corrección valorativa, a condición de que el precio de venta estipulado en dicho contrato cubra, como mínimo, el coste de tales bienes o servicios, más todos los costes pendientes de realizar que sean necesarios para la ejecución del contrato.

Si las circunstancias que causaron la corrección del valor de las existencias hubiesen dejado de existir, el importe de la corrección será objeto de reversión reconociéndolo como un ingreso en la cuenta de pérdidas y ganancias.

11.ª MONEDA EXTRANJERA

1. Transacciones en moneda extranjera

Una transacción en moneda extranjera es aquella cuyo importe se denomina o exige su liquidación en una moneda distinta de la funcional.

La moneda funcional es la moneda del entorno económico principal en el que opera la empresa. Se presumirá, salvo prueba en contrario, que la moneda funcional de las empresas domiciliadas en España es el euro.

A los efectos de esta norma, los elementos patrimoniales se diferenciarán, según su consideración, en:

a) Partidas monetarias: son el efectivo, así como los activos y pasivos que se vayan a recibir o pagar con una cantidad determinada o determinable de unidades monetarias. Se incluyen, entre otros, los préstamos y partidas a cobrar, los débitos y partidas a pagar y las inversiones en valores representativos de deuda que cumplan los requisitos anteriores.

b) Partidas no monetarias: son los activos y pasivos que no se consideren partidas monetarias, es decir, que se vayan a recibir o pagar con una cantidad no determinada ni determinable de unidades monetarias. Se incluyen, entre otros, los inmovilizados materiales, inversiones inmobiliarias, el fondo de comercio y otros inmovilizados intangibles, las existencias, las inversiones en el patrimonio de otras empresas que cumplan los requisitos anteriores, los anticipos a cuenta de compras o ventas, así como los pasivos a liquidar mediante la entrega de un activo no monetario.

1.1. *Valoración inicial*

Toda transacción en moneda extranjera se convertirá a moneda funcional, mediante la aplicación al importe en moneda extranjera, del tipo de cambio de contado, es decir, del tipo de cambio utilizado en las transacciones con entrega inmediata, entre ambas monedas, en la fecha de la transacción, entendida como aquella en la que se cumplan los requisitos para su reconocimieto.

Se podrá utilizar un tipo de cambio medio del periodo (como máximo mensual) para todas las transacciones que tengan lugar durante ese intervalo, en cada una de las clases de moneda extranjera en que éstas se hayan realizado, salvo que dicho tipo haya sufrido variaciones significativas durante el intervalo de tiempo considerado.

1.2. *Valoración posterior*

1.2.1. Partidas monetarias

Al cierre del ejercicio se valorarán aplicando el tipo de cambio de cierre, entendido como el tipo de cambio medio de contado, existente en esa fecha.

Las diferencias de cambio, tanto positivas como negativas, que se originen en este proceso, así como las que se produzcan al liquidar dichos elementos patrimoniales, se reconocerán en la cuenta de pérdidas y ganancias del ejercicio en el que surjan.

En el caso particular de los activos financieros de carácter monetario clasificados como disponibles para la venta, la determinación de las diferencias de cambio producidas por la variación del tipo de cambio entre la fecha de la transacción y la fecha del cierre del ejercicio, se realizará como si dichos activos se valorasen al coste amortizado en la moneda extranjera, de forma que las diferencias de cambio serán las resultantes de las variaciones en dicho coste amortizado como consecuencia de las variaciones en los tipos de cambio, independientemente de su valor razonable. Las diferencias de cambio así calculadas se reconocerán en la cuenta de pérdidas y ganancias del ejercicio en el que surjan, mientras que los otros cambios en el importe en libros de estos activos financieros se reconocerán directamente en el patrimonio neto de acuerdo con lo dispuesto en el apartado 2.6.2 de la norma relativa a instrumentos financieros.

1.2.2. Partidas no monetarias

1.2.2.1. Partidas no monetarias valoradas a coste histórico

Se valorarán aplicando el tipo de cambio de la fecha de la transacción.

Cuando un activo denominado en moneda extranjera se amortice, las dotaciones a la amortización se calcularán sobre el importe en moneda funcional aplicando el tipo de cambio de la fecha en que fue registrado inicialmente.

La valoración así obtenida no podrá exceder, en cada cierre posterior, del importe recuperable en ese momento, aplicando a este valor, si fuera necesario, el tipo de cambio de cierre; es decir, de la fecha a la que se refieren las cuentas anuales.

Cuando, de acuerdo con lo dispuesto en la norma relativa a instrumentos financieros, se deba determinar el patrimonio neto de una empresa participada corregido, en su caso, por las plusvalías tácitas existentes en la fecha de valoración, se aplicará el tipo de cambio de cierre al patrimonio neto y a las plusvalías tácitas existentes a esa fecha.

No obstante, si se tratase de empresas extranjeras que se encuentren afectadas por altas tasas de inflación, los citados valores a considerar deberán resultar de estados financieros ajustados, con carácter previo a su conversión. Los ajustes se realizarán de acuerdo con los criterios incluidos sobre «Ajustes por altas tasas de inflación» en las Normas para la Formulación de las Cuentas Anuales Consolidadas, que desarrollan el Código de Comercio.

Se considera que existen altas tasas de inflación cuando se den determinadas características en el entorno económico de un país, entre las que se incluyen, de forma no exhaustiva, las siguientes:

a) La tasa acumulativa de inflación en tres años se aproxime o sobrepase el 100 %.

b) La población en general prefiera conservar su riqueza en activos no monetarios o en otra moneda extranjera estable.

c) Las cantidades monetarias se suelan referenciar en términos de otra moneda extranjera estable, pudiendo incluso los precios establecerse en otra moneda.

d) Las ventas y compras a crédito tengan lugar a precios que compensen la pérdida de poder adquisitivo esperada durante el aplazamiento, incluso cuando el periodo es corto, o

e) Los tipos de interés, salarios y precios se liguen a la evolución de un índice de precios.

1.2.2.2. Partidas no monetarias valoradas a valor razonable

Se valorarán aplicando el tipo de cambio de la fecha de determinación del valor razonable.

Cuando se reconozcan directamente en el patrimonio neto pérdidas o ganancias derivadas de cambios en la valoración de una partida no monetaria, tal como las inversiones en instrumentos de patrimonio clasificados como activos financieros disponibles para la venta, cualquier diferencia de cambio, incluida en esas pérdidas o ganancias, también se reconocerá directamente en el patrimonio neto. Por el contrario, cuando las pérdidas o ganancias derivadas de cambios en la valoración de una partida no monetaria se reconozcan en la cuenta de pérdidas y ganancias del ejercicio, tal como las inversiones en instrumentos de patrimonio clasificadas como activos financieros mantenidos para negociar o en otros activos financieros a valor razonable con cambios en la cuenta de pérdidas y ganancias, cualquier diferencia de cambio, incluida en esas pérdidas o ganancias, también se reconocerá en el resultado del ejercicio.

2. Conversión de las cuentas anuales a la moneda de presentación

La moneda de presentación es la moneda en que se formulan las cuentas anuales, es decir, el euro.

Excepcionalmente, cuando la moneda o monedas funcionales de una empresa española sean distintas del euro, la conversión de sus cuentas anuales a la moneda de presentación se realizará aplicando los criterios establecidos sobre «Conversión de estados financieros en moneda funcional distinta de la moneda de presentación» en las Normas para la Formulación de las Cuentas Anuales Consolidadas, que desarrollan el Código de Comercio.

Las diferencias de conversión se registrarán directamente en el patrimonio neto.

Cuando una empresa española sea partícipe en activos o explotaciones en el extranjero controlados conjuntamente según se definen en la norma relativa a negocios conjuntos y la moneda funcional de esos negocios no sea el euro, se seguirán los procedimientos de conversión a moneda de presentación indicados anteriormente. Para los negocios conjuntos que se integren en las cuentas anuales del partícipe, las transacciones en moneda extranjera realizadas por dichos negocios se convertirán a moneda funcional aplicando las reglas contenidas en el apartado primero de esta misma norma. Estos mismos criterios serán aplicables a las sucursales de la empresa en el extranjero.

12.ª IMPUESTO SOBRE EL VALOR AÑADIDO (IVA), IMPUESTO GENERAL INDIRECTO CANARIO (IGIC) Y OTROS IMPUESTOS INDIRECTOS

El IVA soportado no deducible formará parte del precio de adquisición de los activos corrientes y no corrientes, así como de los servicios, que sean objeto de las operaciones gravadas por el impuesto. En el caso de autoconsumo interno, esto es, producción propia con destino al inmovilizado de la empresa, el IVA no deducible se adicionará al coste de los respectivos activos no corrientes.

No alterarán las valoraciones iniciales las rectificaciones en el importe del IVA soportado no deducible, consecuencia de la regularización derivada de la prorrata definitiva, incluida la regularización por bienes de inversión.

El IVA repercutido no formará parte del ingreso derivado de las operaciones gravadas por dicho impuesto o del importe neto obtenido en la enajenación o disposición por otra vía en el caso de baja en cuentas de activos no corrientes.

Las reglas sobre el IVA soportado no deducible serán aplicables, en su caso, al IGIC y a cualquier otro impuesto indirecto soportado en la adquisición de activos o servicios, que no sea recuperable directamente de la Hacienda Pública.

Las reglas sobre el IVA repercutido serán aplicables, en su caso, al IGIC y a cualquier otro impuesto indirecto que grave las operaciones realizadas por la empresa y que sea recibido por cuenta de la Hacienda Pública. Sin embargo, se contabilizarán como gastos y por tanto no reducirán la cifra de negocios, aquellos tributos que para determinar la cuota a ingresar tomen como referencia la cifra de negocios u otra magnitud relacionada, pero cuyo hecho imponible no sea la operación por la que se transmiten los activos o se prestan los servicios.

13.ª IMPUESTOS SOBRE BENEFICIOS

Los impuestos sobre el beneficio a los que se refiere esta norma son aquellos impuestos directos, ya sean nacionales o extranjeros, que se liquidan a partir de un resultado empresarial calculado de acuerdo con las normas fiscales que sean de aplicación.

Cuando dicho cálculo no se realice en función de las transacciones económicas reales, sino mediante la utilización de signos, índices y módulos objetivos, no se aplicará la parte de esta norma que corresponda al impuesto diferido, sin perjuicio de que cuando estos procedimientos se apliquen sólo parcialmente en el cálculo del impuesto o en la determinación de las rentas, puedan surgir activos o pasivos por impuesto diferido.

1. Activos y pasivos por impuesto corriente

El impuesto corriente es la cantidad que satisface la empresa como consecuencia de las liquidaciones fiscales del impuesto o impuestos sobre el beneficio relativas a un ejercicio.

Las deducciones y otras ventajas fiscales en la cuota del impuesto, excluidas las retenciones y pagos a cuenta, así como las pérdidas fiscales compensables de ejercicios anteriores y aplicadas efectivamente en éste, darán lugar a un menor importe del impuesto corriente. No obstante, aquellas deducciones y otras ventajas fiscales en la cuota del impuesto que tengan una naturaleza económica asimilable a las subvenciones, se podrán registrar de acuerdo con lo dispuesto en el apartado 4 de esta norma y en la norma relativa a subvenciones, donaciones y legados recibidos.

El impuesto corriente correspondiente al ejercicio presente y a los anteriores, se reconocerá como un pasivo en la medida en que esté pendiente de pago. En caso contrario, si la cantidad ya pagada, correspondiente al ejercicio presente y a los anteriores, excediese del impuesto corriente por esos ejercicios, el exceso se reconocerá como un activo.

En aquellas jurisdicciones que permitan la devolución de cuotas satisfechas en ejercicios anteriores a causa de una pérdida fiscal en el ejercicio presente, el impuesto corriente será la cuota de ejercicios anteriores que recupera la empresa como consecuencia de las liquidaciones fiscales del impuesto o impuestos sobre el beneficio relativas al ejercicio. En estos casos, el importe a cobrar por la devolución de cuotas satisfechas en ejercicios anteriores se reconocerá como un activo por impuesto corriente.

2. Activos y pasivos por impuesto diferido

2.1. *Diferencias temporarias*

Las diferencias temporarias son aquéllas derivadas de la diferente valoración, contable y fiscal, atribuida a los activos, pasivos y determinados instrumentos de patrimonio de la empresa, en la medida en que tengan incidencia en la carga fiscal futura.

La valoración fiscal de un activo, pasivo o instrumento de patrimonio propio, denominada base fiscal, es el importe atribuido a dicho elemento de acuerdo con la legislación fiscal aplicable. Puede existir algún elemento que tenga base fiscal aunque carezca de valor contable y, por tanto, no figure reconocido en el balance.

Las diferencias temporarias se producen:

a) Normalmente, por la existencia de diferencias temporales entre la base imponible y el resultado contable antes de impuestos, cuyo origen se encuentra en los diferentes criterios temporales de imputación empleados para determinar ambas magnitudes y que, por tanto, revierten en periodos subsiguientes.

b) En otros casos, tales como:

— En los ingresos y gastos registrados directamente en el patrimonio neto que no se computan en la base imponible, incluidas las variaciones de valor de los activos y pasivos, siempre que dichas variaciones difieran de las atribuidas a efectos fiscales;

— En una combinación de negocios, cuando los elementos patrimoniales se registran por un valor contable que difiere del valor atribuido a efectos fiscales; y

— En el reconocimiento inicial de un elemento, que no proceda de una combinación de negocios, si su valor contable difiere del atribuido a efectos fiscales.

Las diferencias temporarias se clasifican en:

a) Diferencias temporarias imponibles, que son aquellas que darán lugar a mayores cantidades a pagar o menores cantidades a devolver por impuestos en ejercicios futuros, normalmente a medida que se recuperen los activos o se liquiden los pasivos de los que se derivan.

b) Diferencias temporarias deducibles, que son aquellas que darán lugar a menores cantidades a pagar o mayores cantidades a devolver por impuestos en ejercicios futuros, normalmente a medida que se recuperen los activos o se liquiden los pasivos de los que se derivan.

2.2. *Pasivos por impuesto diferido*

En general, se reconocerá un pasivo por impuesto diferido por todas las diferencias temporarias imponibles, a menos que éstas hubiesen surgido de:

a) El reconocimiento inicial de un fondo de comercio. Sin embargo, los pasivos por impuesto diferido relacionados con un fondo de comercio, se registrarán siempre que no hayan surgido de su reconocimiento inicial.

b) El reconocimiento inicial de un activo o pasivo en una transacción que no es una combinación de negocios y además no afectó ni al resultado contable ni a la base imponible del impuesto.

c) Inversiones en empresas dependientes, asociadas y negocios conjuntos, si la inversora puede controlar el momento de la reversión de la diferencia y además es probable que tal diferencia no revierta en un futuro previsible.

2.3. *Activos por impuesto diferido*

De acuerdo con el principio de prudencia sólo se reconocerán activos por impuesto diferido en la medida en que resulte probable que la empresa disponga de ganancias fiscales futuras que permitan la aplicación de estos activos.

Siempre que se cumpla la condición anterior, se reconocerá un activo por impuesto diferido en los supuestos siguientes:

a) Por las diferencias temporarias deducibles;

b) Por el derecho a compensar en ejercicios posteriores las pérdidas fiscales;

c) Por las deducciones y otras ventajas fiscales no utilizadas, que queden pendientes de aplicar fiscalmente.

Sin perjuicio de lo anterior, se tendrán en cuenta las siguientes excepciones:

a) Cuando la diferencia temporaria deducible haya surgido por el reconocimiento inicial de un activo o pasivo en una transacción que no sea una combinación de negocios y además no afectó ni al resultado contable ni a la base imponible del impuesto, no se reconocerá un activo por impuesto diferido.

b) Cuando la diferencia temporaria deducible haya surgido por inversiones en empresas dependientes, asociadas o negocios conjuntos, sólo se reconocerá un activo por impuesto diferido si se espera que dicha diferencia revierta en un futuro previsible y sea probable que la empresa disponga de ganancias fiscales futuras en cuantía suficiente.

En la fecha de cierre de cada ejercicio, la empresa reconsiderará los activos por impuesto diferido reconocidos y aquellos que no haya reconocido anteriormente. En ese momento, la empresa dará de baja un activo reconocido anteriormente si ya no resulta probable su recuperación, o registrará cualquier activo de esta naturaleza no reconocido anteriormente, siempre que resulte probable que la empresa disponga de ganancias fiscales futuras en cuantía suficiente que permitan su aplicación.

3. Valoración de los activos y pasivos por impuesto corriente y diferido

Los activos y pasivos por impuesto corriente se valorarán por las cantidades que se espera pagar o recuperar de las autoridades fiscales, de acuerdo con la normativa vigente o aprobada y pendiente de publicación en la fecha de cierre del ejercicio.

Los activos y pasivos por impuesto diferido se valorarán según los tipos de gravamen esperados en el momento de su reversión, según la normativa que esté vigente o aprobada y pendiente de publicación en la fecha de cierre del ejercicio, y de acuerdo con la forma en que racionalmente se prevea recuperar o pagar el activo o el pasivo.

En su caso, la modificación de la legislación tributaria —en especial la modificación de los tipos de gravamen— y la evolución de la situación económica de la empresa dará lugar a la correspondiente variación en el importe de los pasivos y activos por impuesto diferido.

Los activos y pasivos por impuesto diferido no deben ser descontados.

4. Gasto (ingreso) por impuesto sobre beneficios

El gasto (ingreso) por impuesto sobre beneficios del ejercicio comprenderá la parte relativa al gasto (ingreso) por el impuesto corriente y la parte correspondiente al gasto (ingreso) por el impuesto diferido.

El gasto o el ingreso por impuesto corriente se corresponderá con la cancelación de las retenciones y pagos a cuenta así como con el reconocimiento de los pasivos y activos por impuesto corriente.

El gasto o el ingreso por impuesto diferido se corresponderá con el reconocimiento y la cancelación de los pasivos y activos por impuesto diferido, así como, en su caso, por el reconocimiento e imputación a la cuenta de pérdidas y ganancias del ingreso directamente imputado al patrimonio neto que pueda resultar de la contabilización de aquellas deducciones y otras ventajas fiscales que tengan la naturaleza económica de subvención.

Tanto el gasto o el ingreso por impuesto corriente como diferido, se inscribirán en la cuenta de pérdidas y ganancias. No obstante, en los siguientes casos los activos y pasivos por impuesto corriente y diferido tendrán como contrapartida las que a continuación se indican:

a) Si se relacionasen con una transacción o suceso que se hubiese reconocido directamente en una partida del patrimonio neto, se reconocerán con cargo o abono a dicha partida.

b) Si hubiesen surgido a causa de una combinación de negocios, se reconocerán con cargo o abono al fondo de comercio o como ajuste al exceso que suponga la participación de la empresa adquirente en el valor razonable neto de los activos y pasivos identificables de la empresa adquirida, sobre el coste de la combinación.

Cuando la modificación de la legislación tributaria o la evolución de la situación económica de la empresa hayan dado lugar a una variación en el importe de los pasivos y activos por impuesto diferido, dichos ajustes constituirán un ingreso o gasto, según corresponda, por impuesto diferido, en la cuenta de pérdidas y ganancias, excepto en la medida en que se relacionen con partidas que por aplicación de las normas de este Plan General de Contabilidad debieron ser previamente cargadas o abonadas directamente a las cuentas de patrimonio neto, en cuyo caso se imputarán directamente en éste.

En el caso de combinaciones de negocios, cuando en la contabilización inicial de la combinación no se reconocieron separadamente activos por impuesto diferido de la empresa adquirida, por no cumplir los criterios de reconocimiento, y posteriormente proceda reconocer dichos activos, además de los ajustes indicados en el párrafo anterior, se deberá reducir, en su caso, el importe en libros del fondo de comercio hasta el importe que hubiera sido contabilizado de haberse reconocido en la fecha de adquisición el mencionado activo por impuesto diferido. La reducción del importe en libros del fondo de comercio lucirá como un gasto en la cuenta de pérdidas y ganancias.

En el caso particular de una empresa en la que todas las diferencias temporarias al inicio y cierre del ejercicio hayan sido originadas por diferencias temporales entre la base imponible y el resultado contable antes de impuestos, el gasto (ingreso) por impuesto diferido se podrá valorar directamente mediante la suma algebraica de las cantidades siguientes, cada una con el signo que corresponda:

a) Los importes que resulten de aplicar el tipo de gravamen apropiado al importe de cada una de las diferencias indicadas, reconocidas o aplicadas en el ejercicio, y a las bases imponibles negativas a compensar en ejercicios posteriores, reconocidas o aplicadas en el ejercicio;

b) Los importes de las deducciones y otras ventajas fiscales pendientes de aplicar en ejercicios posteriores, reconocidas o aplicadas en el ejercicio, así como, en su caso, por el reconocimiento e imputación a la cuenta de pérdidas y ganancias del ingreso directamente imputado al patrimonio neto que pueda resultar de la contabilización de aquellas deducciones y otras ventajas fiscales en la cuota del impuesto que tengan una naturaleza económica asimilable a las subvenciones;

c) Los importes derivados de cualquier ajuste valorativo de los pasivos o activos por impuesto diferido, normalmente por cambios en los tipos de gravamen o de las circunstancias que afectan a la eliminación o reconocimiento posteriores de tales pasivos o activos.

También en este caso particular, el gasto (ingreso) total por el impuesto sobre beneficios comprenderá la parte relativa al impuesto corriente y la parte correspondiente al impuesto diferido calculado de acuerdo con lo expresado en este caso.

5. Empresarios individuales

En el caso de empresarios individuales no deberá lucir ningún importe en la rúbrica correspondiente al impuesto sobre beneficios. A estos efectos, al final del ejercicio las retenciones soportadas y los pagos fraccionados del Impuesto sobre la Renta de las Personas Físicas deberán ser objeto del correspondiente traspaso a la cuenta del titular de la empresa.

14.ª INGRESOS POR VENTAS Y PRESTACIÓN DE SERVICIOS

1. Aspectos comunes

Los ingresos procedentes de la venta de bienes y de la prestación de servicios se valorarán por el valor razonable de la contrapartida, recibida o por recibir, derivada de los mismos, que, salvo evidencia en contrario, será el precio acordado para dichos bienes o servicios, deducido: el importe de cualquier descuento, rebaja en el precio u otras partidas similares que la empresa pueda conceder, así como los intereses incorporados al nominal de los créditos. No obstante, podrán incluirse los intereses incorporados a los créditos comerciales con vencimiento no superior a un año que no tengan un tipo de interés contractual, cuando el efecto de no actualizar los flujos de efectivo no sea significativo.

Los impuestos que gravan las operaciones de venta de bienes y prestación de servicios que la empresa debe repercutir a terceros como el impuesto sobre el valor añadido y los impuestos especiales, así como las cantidades recibidas por cuenta de terceros, no formarán parte de los ingresos.

Los créditos por operaciones comerciales se valorarán de acuerdo con lo dispuesto en la norma relativa a instrumentos financieros.

No se reconocerá ningún ingreso por la permuta de bienes o servicios, por operaciones de tráfico, de similar naturaleza y valor.

Con el fin de contabilizar los ingresos atendiendo al fondo económico de las operaciones, puede ocurrir que los componentes identificables de una misma transacción deban reconocerse aplicando criterios diversos, como una venta de bienes y los servicios anexos; a la inversa, transacciones diferentes pero ligadas entre sí se tratarán contablemente de forma conjunta.

Cuando existan dudas relativas al cobro de un importe previamente reconocido como ingresos por venta o prestación de servicios, la cantidad cuyo cobro se estime como improbable se registrará como un gasto por corrección de valor por deterioro y no como un menor ingreso.

2. Ingresos por ventas

Sólo se contabilizarán los ingresos procedentes de la venta de bienes cuando se cumplan todas y cada una de las siguientes condiciones:

a) La empresa ha transferido al comprador los riesgos y beneficios significativos inherentes a la propiedad de los bienes, con independencia de su transmisión jurídica. Se presumirá que no se ha producido la citada transferencia, cuando el comprador posea el derecho de vender los bienes a la empresa, y ésta la obligación de recomprarlos por el precio de venta inicial más la rentabilidad normal que obtendría un prestamista.

b) La empresa no mantiene la gestión corriente de los bienes vendidos en un grado asociado normalmente con su propiedad, ni retiene el control efectivo de los mismos.

c) El importe de los ingresos puede valorarse con fiabilidad.

d) Es probable que la empresa reciba los beneficios o rendimientos económicos derivados de la transacción, y

e) Los costes incurridos o a incurrir en la transacción pueden ser valorados con fiabilidad.

3. Ingresos por prestación de servicios

Los ingresos por prestación de servicios se reconocerán cuando el resultado de la transacción pueda ser estimado con fiabilidad, considerando para ello el porcentaje de realización del servicio en la fecha de cierre del ejercicio.

En consecuencia, sólo se contabilizarán los ingresos procedentes de prestación de servicios cuando se cumplan todas y cada una de las siguientes condiciones:

a) El importe de los ingresos puede valorarse con fiabilidad.

b) Es probable que la empresa reciba los beneficios o rendimientos económicos derivados de la transacción.

c) El grado de realización de la transacción, en la fecha de cierre del ejercicio, puede ser valorado con fiabilidad, y

d) Los costes ya incurridos en la prestación, así como los que quedan por incurrir hasta completarla, pueden ser valorados con fiabilidad.

La empresa revisará y, si es necesario, modificará las estimaciones del ingreso por recibir, a medida que el servicio se va prestando. La necesidad de tales revisiones no indica, necesariamente, que el desenlace o resultado de la operación de prestación no pueda ser estimado con fiabilidad.

Cuando el resultado de una transacción que implique la prestación de servicios no pueda ser estimado de forma fiable, se reconocerán ingresos, sólo en la cuantía en que los gastos reconocidos se consideren recuperables.

15.ª PROVISIONES Y CONTINGENCIAS

1. Reconocimiento

La empresa reconocerá como provisiones los pasivos que, cumpliendo la definición y los criterios de registro o reconocimiento contable contenidos en el Marco Conceptual de la Contabilidad, resulten indeterminados respecto a su importe o a la fecha en que se cancelarán. Las provisiones pueden venir determinadas por una disposición legal, contractual o por una obligación implícita o tácita. En este último caso, su nacimiento se sitúa en la expectativa válida creada por la empresa frente a terceros, de asunción de una obligación por parte de aquélla.

En la memoria de las cuentas anuales se deberá informar sobre las contingencias que tenga la empresa relacionadas con obligaciones distintas a las mencionadas en el párrafo anterior.

2. Valoración

De acuerdo con la información disponible en cada momento, las provisiones se valorarán en la fecha de cierre del ejercicio, por el valor actual de la mejor estimación posible del importe necesario para cancelar o transferir a un tercero la obligación, registrándose los ajustes que surjan por la actualización de la provisión como un gasto financiero conforme se vayan devengando. Cuando se trate de provisiones con vencimiento inferior o igual a un año, y el efecto financiero no sea significativo, no será necesario llevar a cabo ningún tipo de descuento.

La compensación a recibir de un tercero en el momento de liquidar la obligación, no supondrá una minoración del importe de la deuda, sin perjuicio del reconocimiento en el activo de la empresa del correspondiente derecho de cobro, siempre que no existan dudas de que dicho reembolso será percibido. El importe por el que se registrará el citado activo no podrá exceder del importe de la obligación registrada contablemente. Sólo cuando exista un vínculo legal o contractual, por el que se haya exteriorizado parte del riesgo, y en virtud del cual la empresa no esté obligada a responder, se tendrá en cuenta para estimar el importe por el que, en su caso, figurará la provisión.

16.ª PASIVOS POR RETRIBUCIONES A LARGO PLAZO AL PERSONAL

Tendrán la consideración de retribuciones a largo plazo al personal, las prestaciones post-empleo, tales como pensiones y otras prestaciones por jubilación o retiro, así como cualquier otra prestación a largo plazo que suponga una compensación económica a satisfacer con carácter diferido, respecto al momento en el que se presta el servicio. No serán objeto de esta norma las retribuciones basadas en instrumentos de patrimonio a que se refiere la siguiente norma.

1. Retribuciones a largo plazo de aportación definida

Las retribuciones a largo plazo al personal tendrán el carácter de aportación definida cuando consistan en contribuciones de carácter predeterminado a una entidad separada –como puede ser una entidad aseguradora o un plan de pensiones–, siempre que la empresa no tenga la obligación legal, contractual o implícita de realizar contribuciones adicionales si la entidad separada no pudiera atender los compromisos asumidos.

Las contribuciones a realizar por retribuciones de aportación definida darán lugar a un pasivo por retribuciones a largo plazo al personal cuando, al cierre del ejercicio, figuren contribuciones devengadas no satisfechas.

2. Retribuciones a largo plazo de prestación definida

Las retribuciones a largo plazo al personal que no tengan el carácter de aportación definida, se considerarán de prestación definida. En este caso, el importe a reconocer como provisión por retribuciones al personal a largo plazo será la diferencia entre el valor actual de las retribuciones comprometidas y el valor razonable de los eventuales activos afectos a los compromisos con los que se liquidarán las obligaciones. Asimismo, en su caso, se minorará en el importe procedente de costes por servicios pasados todavía no reconocidos en los términos indicados en esta norma. Todas las variaciones en los importes anteriores que se produzcan en el ejercicio se reconocerán en la cuenta de pérdidas y ganancias, salvo aquellas que conforme se señala en los párrafos siguientes se deban imputar directamente en el patrimonio neto.

Si de la aplicación del párrafo anterior surgiese un activo, su valoración no podrá superar el valor actual de las prestaciones económicas que pueden retornar a la empresa en forma de reembolsos directos o en forma de menores contribuciones futuras, más, en su caso, la parte pendiente de imputar a resultados de costes por servicios pasados. Cualquier ajuste que proceda realizar por este límite en la valoración del activo, vinculado a retribuciones post-empleo, se imputará directamente a patrimonio neto, reconociéndose como reservas.

Para estimar el importe del valor actual de las retribuciones comprometidas de prestación definida se utilizarán métodos actuariales de cálculo e hipótesis financieras y actuariales insesgadas y compatibles entre sí.

Se entenderán por activos afectos, incluidas las pólizas de seguro, aquellos que no sean propiedad de la empresa sino de un tercero separado legalmente y que sólo estén disponibles para la liquidación de las retribuciones a los empleados. Tales activos no pueden retornar a la empresa salvo cuando los activos remanentes para cumplir con todas las obligaciones sean suficientes. Cuando se trate de pólizas de seguros, la entidad aseguradora no debe ser una parte vinculada de la empresa según se define en la norma 15.ª de elaboración de cuentas anuales. Cuando los activos los posea un fondo de prestaciones a largo plazo para los empleados, no pueden ser instrumentos financieros intransferibles emitidos por la empresa.

La variación en el cálculo del valor actual de las retribuciones post-empleo comprometidas o en su caso del activo afecto, en la fecha de cierre del ejercicio, debida a pérdidas y ganancias actuariales se imputará en el ejercicio en el que surja, directamente en el patrimonio neto, reconociéndose como reservas. A estos efectos, las pérdidas y ganancias actuariales son exclusivamente las variaciones que se producen como consecuencia de cambios en las hipótesis actuariales o de diferencias entre los cálculos previos realizados con base en las hipótesis actuariales utilizadas y los sucesos efectivamente ocurridos.

Si la empresa puede exigir a una entidad aseguradora, el pago de una parte o de la totalidad del desembolso exigido para cancelar una obligación por prestación definida, resultando prácticamente cierto que dicha entidad aseguradora vaya a reembolsar alguno o todos de los desembolsos exigidos para cancelar dicha obligación, pero la póliza de seguro no cumple las condiciones para ser un activo afecto, la empresa reconocerá su derecho al reembolso en el activo que, en los demás aspectos se tratará como un activo afecto. En particular este derecho se valorará por su valor razonable.

Los costes por servicios pasados surgidos por el establecimiento de un plan de retribuciones a largo plazo de prestación definida post-empleo o por una mejora en las condiciones del mismo, serán reconocidas como gasto y se imputarán a la cuenta de pérdidas y ganancias de la siguiente forma:

a) Si se trata de derechos irrevocables, el gasto se imputará a la cuenta de pérdidas y ganancias de forma inmediata.

b) Si se trata de derechos revocables, el gasto se imputará a la cuenta de pérdidas y ganancias de forma lineal en el periodo medio que resta hasta que los derechos por servicios pasados sean irrevocables. No obstante, si de acuerdo con lo dispuesto en esta norma surgiera un activo, los derechos revocables se imputarán a la cuenta de pérdidas y ganancias de forma inmediata, salvo que se produzca una reducción en el valor actual de las prestaciones económicas que pueden retornar a la empresa en forma de reembolsos directos o en forma de menores contribuciones futuras, en cuyo caso se imputará a la cuenta de pérdidas y ganancias de forma inmediata el exceso sobre tal reducción.

Los costes por servicios pasados surgidos en cualquier otro tipo de retribución a largo plazo al personal se reconocerán inmediatamente como gastos en la cuenta de pérdidas y ganancias por su valor actual.

17.ª TRANSACCIONES CON PAGOS BASADOS EN INSTRUMENTOS DE PATRIMONIO

Tendrán la consideración de transacciones con pagos basados en instrumentos de patrimonio aquellas que, a cambio de recibir bienes o servicios, incluidos los servicios prestados por los empleados, sean liquidadas por la empresa con instrumentos de patrimonio propio o con un importe que esté basado en el valor de instrumentos de patrimonio propio, tales como opciones sobre acciones o derechos sobre la revalorización de las acciones.

1. Reconocimiento

La empresa reconocerá, por un lado, los bienes o servicios recibidos como un activo o como un gasto atendiendo a su naturaleza, en el momento de su obtención y, por otro, el correspondiente incremento en el patrimonio neto si la transacción se liquidase con instrumentos de patrimonio, o el correspondiente pasivo si la transacción se liquidase con un importe que esté basado en el valor de instrumentos de patrimonio.

Si la empresa tuviese la opción de hacer el pago con instrumentos de patrimonio o en efectivo, deberá reconocer un pasivo en la medida en que la empresa hubiera incurrido en una obligación presente de liquidar en efectivo o con otros activos; en caso contrario, reconocerá una partida de patrimonio neto. Si la opción corresponde al prestador o proveedor de bienes o servicios, la empresa registrará un instrumento financiero compuesto, que incluirá un componente de pasivo, por el derecho de la otra parte a exigir el pago en efectivo, y un componente de patrimonio neto, por el derecho a recibir la remuneración de patrimonio propio.

En las transacciones en las que sea necesario completar un determinado periodo de servicios, el reconocimiento se efectuará a medida que tales servicios sean prestados a lo largo del citado periodo.

2. Valoración

En las transacciones con los empleados que se liquiden con instrumentos de patrimonio, tanto los servicios prestados como el incremento en el patrimonio neto a reconocer se valorarán por el valor razonable de los instrumentos de patrimonio cedidos, referido a la fecha del acuerdo de concesión.

Aquellas transacciones liquidadas con instrumentos de patrimonio que tengan como contrapartida bienes o servicios distintos de los prestados por los empleados se valorarán, si se puede estimar con fiabilidad, por el valor razonable de los bienes o servicios en la fecha en que se reciben. Si el valor razonable de los bienes o servicios recibidos no se puede estimar con fiabilidad, los bienes o servicios recibidos y el incremento en el patrimonio neto se valorarán al valor razonable de los instrumentos de patrimonio cedidos, referido a la fecha en que la empresa obtenga los bienes o la otra parte preste los servicios.

Una vez reconocidos los bienes y servicios recibidos, de acuerdo con lo establecido en los párrafos anteriores, así como el correspondiente incremento en el patrimonio neto, no se realizarán ajustes adicionales al patrimonio neto tras la fecha de irrevocabilidad.

En las transacciones que se liquiden en efectivo, los bienes o servicios recibidos y el pasivo a reconocer se valorarán al valor razonable del pasivo, referido a la fecha en la que se cumplan los requisitos para su reconocimiento.

Posteriormente, y hasta su liquidación, el pasivo correspondiente se valorará, por su valor razonable en la fecha de cierre de cada ejercicio, imputándose a la cuenta de pérdidas y ganancias cualquier cambio de valoración ocurrido durante el ejercicio.

18.ª SUBVENCIONES, DONACIONES Y LEGADOS RECIBIDOS

1. Subvenciones, donaciones y legados otorgados por terceros distintos a los socios o propietarios

1.1. *Reconocimiento*

Las subvenciones, donaciones y legados no reintegrables se contabilizarán inicialmente, con carácter general, como ingresos directamente imputados al patrimonio neto y se reconocerán en la cuenta de pérdidas y ganancias como ingresos sobre una base sistemática y racional de forma correlacionada con los gastos derivados de la subvención, donación o legado, de acuerdo con los criterios que se detallan en el apartado 1.3 de esta norma.

Las subvenciones, donaciones y legados que tengan carácter de reintegrables se registrarán como pasivos de la empresa hasta que adquieran la condición de no reintegrables. A estos efectos, se considerará no reintegrable cuando exista un acuerdo individualizado de concesión de la subvención, donación o legado a favor de la empresa, se hayan cumplido las condiciones establecidas para su concesión y no existan dudas razonables sobre la recepción de la subvención, donación o legado.

1.2. *Valoración*

Las subvenciones, donaciones y legados de carácter monetario se valorarán por el valor razonable del importe concedido, y las de carácter no monetario o en especie se valorarán por el valor razonable del bien recibido, referenciados ambos valores al momento de su reconocimiento.

1.3. *Criterios de imputación a resultados*

La imputación a resultados de las subvenciones, donaciones y legados que tengan el carácter de no reintegrables se efectuará atendiendo a su finalidad.

En este sentido, el criterio de imputación a resultados de una subvención, donación o legado de carácter monetario deberá ser el mismo que el aplicado a otra subvención, donación o legado recibido en especie, cuando se refieran a la adquisición del mismo tipo de activo o a la cancelación del mismo tipo de pasivo.

A efectos de su imputación en la cuenta de pérdidas y ganancias, habrá que distinguir entre los siguientes tipos de subvenciones, donaciones y legados:

a) Cuando se concedan para asegurar una rentabilidad mínima o compensar los déficit de explotación: se imputarán como ingresos del ejercicio en el que se concedan, salvo si se destinan a financiar déficit de explotación de ejercicios futuros, en cuyo caso se imputarán en dichos ejercicios.

b) Cuando se concedan para financiar gastos específicos: se imputarán como ingresos en el mismo ejercicio en el que se devenguen los gastos que estén financiando.

c) Cuando se concedan para adquirir activos o cancelar pasivos, se pueden distinguir los siguientes casos:

- — Activos del inmovilizado intangible, material e inversiones inmobiliarias: se imputarán como ingresos del ejercicio en proporción a la dotación a la amortización efectuada en ese periodo para los citados elementos o, en su caso, cuando se produzca su enajenación, corrección valorativa por deterioro o baja en balance.
- — Existencias que no se obtengan como consecuencia de un *rappel* comercial: se imputarán como ingresos del ejercicio en que se produzca su enajenación, corrección valorativa por deterioro o baja en balance.
- — Activos financieros: se imputarán como ingresos del ejercicio en el que se produzca su enajenación, corrección valorativa por deterioro o baja en balance.
- — Cancelación de deudas: se imputarán como ingresos del ejercicio en que se produzca dicha cancelación, salvo cuando se otorguen en relación con una financiación específica, en cuyo caso la imputación se realizará en función del elemento financiado.

d) Los importes monetarios que se reciban sin asignación a una finalidad específica se imputarán como ingresos del ejercicio en que se reconozcan.

Se considerarán en todo caso de naturaleza irreversible las correcciones valorativas por deterioro de los elementos en la parte en que éstos hayan sido financiados gratuitamente.

2. Subvenciones, donaciones y legados otorgados por socios o propietarios

Las subvenciones, donaciones y legados no reintegrables recibidos de socios o propietarios, no constituyen ingresos, debiéndose registrar directamente en los fondos propios, independientemente del tipo de subvención, donación o legado de que se trate. La valoración de estas subvenciones, donaciones y legados es la establecida en el apartado 1.2 de esta norma.

No obstante, en el caso de empresas pertenecientes al sector público que reciban subvenciones, donaciones o legados de la entidad pública dominante para financiar la realización de actividades de interés público o general, la contabilización de dichas ayudas públicas se efectuará de acuerdo con los criterios contenidos en el apartado anterior de esta norma.

19.ª COMBINACIONES DE NEGOCIOS

1. Ámbito y normas de aplicación

La presente norma regula la forma en que las empresas deben contabilizar las combinaciones de negocios en las que participen, entendidas como aquellas operaciones en las que una empresa adquiere el control de uno o varios negocios.

A efectos de esta norma, un negocio es un conjunto de elementos patrimoniales constitutivos de una unidad económica dirigida y gestionada con el propósito de proporcionar un rendimiento, menores costes u otros beneficios económicos a sus propietarios o partícipes y control es el poder de dirigir la política financiera y de explotación de un negocio con la finalidad de obtener beneficios económicos de sus actividades.

Las combinaciones de negocios, en función de la forma jurídica empleada, pueden originarse como consecuencia de:

a) La fusión o escisión de varias empresas.

b) La adquisición de todos los elementos patrimoniales de una empresa o de una parte que constituya uno o más negocios.

c) La adquisición de las acciones o participaciones en el capital de una empresa, incluyendo las recibidas en virtud de una aportación no dineraria la constitución de una sociedad o posterior ampliación de capital.

d) Otras operaciones o sucesos cuyo resultado es que una empresa, que posee o no previamente participación en el capital de una sociedad, adquiere el control sobre esta última sin realizar una inversión.

En las combinaciones de negocios a que se refieren las letras *a)* y *b)* anteriores, deberá aplicarse el método de adquisición descrito en el apartado siguiente de esta norma. Por su parte, las operaciones de fusión, escisión y aportación no dineraria de un negocio, entre empresas del grupo en los términos señalados en la norma relativa a operaciones entre empresas del grupo, se registrarán conforme a lo establecido en ella.

En las combinaciones de negocios a que se refieren las letras *c)* y *d)* anteriores, la empresa inversora, en sus cuentas anuales individuales, valorará la inversión en el patrimonio de otras empresas del grupo conforme a lo previsto para dichas empresas en el apartado 2.5 de la norma relativa a instrumentos financieros. En las cuentas anuales consolidadas, estas combinaciones de negocios se contabilizarán de acuerdo con lo que dispongan las normas de consolidación aplicables.

Las empresas que se extingan en la combinación de negocios, deberán registrar el traspaso de los activos y pasivos, cancelando las correspondientes partidas de activo y pasivo así como las partidas de patrimonio neto.

2. Método de adquisición

El método de adquisición supone que la empresa adquirente contabilizará, en la fecha de adquisición, los activos adquiridos y los pasivos asumidos en una combinación de negocios, así como, en su caso, la diferencia entre el valor de dichos activos y pasivos y el coste de la combinación de negocios de acuerdo con lo indicado en los siguientes apartados. A partir de dicha fecha se registrarán los ingresos y gastos, así como los flujos de tesorería que correspondan.

En consecuencia, la aplicación del método de adquisición requiere:

a) Identificar la empresa adquirente;
b) Determinar la fecha de adquisición;
c) Cuantificar el coste de la combinación de negocios;
d) Valorar los activos identificables adquiridos y los pasivos asumidos; y
e) Determinar el importe del fondo de comercio o de la diferencia negativa.

La valoración de los activos y pasivos de la empresa adquirente no se verá afectada por la combinación ni se reconocerán activos o pasivos como consecuencia de la misma.

2.1. *Empresa adquirente*

Empresa adquirente es aquella que obtiene el control sobre el negocio o negocios adquiridos. A los efectos de la presente norma, se considerará también empresa adquirente a la parte de una empresa, constitutiva de un negocio, que como consecuencia de la combinación se escinde de la empresa en la que se integraba y obtiene el control sobre otro u otros negocios.

Cuando se constituya una nueva empresa, se identificará como empresa adquirente a una de las empresas o negocios que participen en la combinación y que existían con anterioridad a ésta.

Para identificar la empresa adquirente se atenderá a la realidad económica y no sólo a la forma jurídica de la combinación de negocios. Como regla general, se considerará como empresa adquirente la que entregue una contraprestación a cambio del negocio o negocios adquiridos. No obstante, para determinar qué empresa es la que obtiene realmente el control también se tomarán en consideración, entre otros, los siguientes criterios:

a) Si el valor razonable de una de las empresas o negocios es significativamente mayor que el del otro u otros que intervienen en la operación, en cuyo caso la empresa adquirente normalmente será la de mayor valor razonable.

b) Si la combinación diera lugar a que la dirección de una de las empresas que se combinan tenga la facultad de designar el equipo de dirección del negocio combinado, en cuyo caso normalmente la empresa que designe el equipo de gestión será la adquirente.

c) Si en la combinación de negocios participan más de dos empresas o negocios, se considerarán otros factores, tales como cuál es la empresa que inició la combinación o si el volumen de activos, ingresos o resultados de una de las empresas o negocios que se combinan es significativamente mayor que el de los otros.

Por tanto, puede suceder que, como consecuencia de la aplicación de los criterios anteriores, el negocio adquirido sea el de la sociedad absorbente, de la beneficiaria o de la que realiza la ampliación de capital.

2.2. *Fecha de adquisición*

La fecha de adquisición es aquella en la que la empresa adquirente adquiere el control del negocio o negocios adquiridos.

2.3. *Coste de la combinación de negocios*

El coste de una combinación de negocios vendrá determinado por la suma de:

a) Los valores razonables, en la fecha de adquisición, de los activos entregados, de los pasivos incurridos o asumidos y de los instrumentos de patrimonio emitidos a cambio de los negocios adquiridos.

b) El valor razonable de cualquier contraprestación adicional que dependa de eventos futuros o del cumplimiento de ciertas condiciones, siempre que tal contraprestación se considere probable y su valor razonable pueda ser estimado de forma fiable.

c) Cualquier coste directamente atribuible a la combinación, como los honorarios abonados a asesores legales u otros profesionales que intervengan en la operación.

En ningún caso formarán parte, los gastos relacionados con la emisión de los instrumentos de patrimonio o de los pasivos financieros entregados a cambio de los elementos patrimoniales adquiridos, que se contabilizarán de acuerdo con lo dispuesto en la norma relativa a instrumentos financieros.

El valor razonable de la contraprestación adicional que dependa de eventos futuros o del cumplimiento de ciertas condiciones será ajustado cuando, como consecuencia de circunstancias sobrevenidas, proceda modificar las estimaciones de los importes, se altere la probabilidad de ocurrencia de la contraprestación o cuando se pueda realizar una estimación fiable del valor razonable, no habiendo sido posible realizar ésta con anterioridad.

Con carácter general y salvo que exista una valoración más fiable, el valor razonable de los instrumentos de patrimonio o de los pasivos financieros emitidos que se entreguen como contraprestación en una combinación de negocios será su precio cotizado, si dichos instrumentos están admitidos a cotización en un mercado activo.

2.4. *Reconocimiento y valoración de los activos identificables adquiridos y los pasivos asumidos*

En la fecha de adquisición, los activos identificables adquiridos y los pasivos asumidos se registrarán, con carácter general, por su valor razonable siempre y cuando dicho valor razonable pueda ser medido con suficiente fiabilidad.

No obstante lo anterior, en la valoración y registro de los activos adquiridos y pasivos asumidos que a continuación se relacionan se seguirán las reglas indicadas:

1. Los activos no corrientes que se clasifiquen como mantenidos para la venta de acuerdo con lo establecido al respecto en la norma correspondiente a estos activos, se reconocerán por su valor razonable menos los costes de venta.

2. Los activos y pasivos por impuesto diferido se valorarán por la cantidad que se espere recuperar o pagar de la autoridad fiscal, según los tipos de gravamen que vayan a ser de aplicación en los ejercicios en los que se esperen realizar los activos o pagar los pasivos, a partir de la normativa en vigor o que se haya aprobado y esté pendiente de publicación, en la fecha de adquisición. Los activos y pasivos por impuesto diferido no deben descontarse, de acuerdo con lo dispuesto en la norma relativa a impuestos sobre beneficios.
3. Si en la fecha de adquisición, el negocio adquirido mantiene un contrato de arrendamiento operativo en condiciones favorables o desfavorables respecto a las condiciones de mercado, la empresa adquirente ha de reconocer, respectivamente, un inmovilizado intangible o una provisión.
4. Los activos y pasivos asociados a planes de pensiones de prestación definida se contabilizarán, en la fecha de adquisición, por el valor actual de las retribuciones comprometidas menos el valor razonable de los activos afectos a los compromisos con los que se liquidarán las obligaciones.
   El valor actual de las obligaciones incluirá en todo caso los costes de los servicios pasados que procedan de cambios en las prestaciones o de la introducción de un plan, antes de la fecha de adquisición.
5. En el caso de que el registro de un inmovilizado intangible identificado cuya valoración no pueda ser calculada por referencia a un mercado activo, implicara la contabilización de un ingreso en la cuenta de pérdidas y ganancias, de acuerdo con lo previsto en el apartado 2.5 de la presente norma, dicho activo se valorará deduciendo del importe de su valor razonable, la diferencia negativa inicialmente calculada. Si el importe de dicha diferencia negativa fuera superior al valor total del inmovilizado intangible, dicho activo no deberá ser registrado.
   Los activos y pasivos reconocidos por la empresa adquirente serán los que se reciban y asuman como consecuencia de la operación en que consista la combinación y cumplan la definición de activos y pasivos establecida en el Marco Conceptual de la Contabilidad, con independencia de que algunos de estos activos y pasivos no hubiesen sido previamente reconocidos en las cuentas anuales de la empresa adquirida o a la que perteneciese el negocio adquirido por no cumplir los criterios de reconocimiento en dichas cuentas anuales. En el caso de que el negocio adquirido incorpore obligaciones calificadas como contingencias, la empresa adquirente reconocerá como pasivo el valor razonable de asumir tales obligaciones, siempre y cuando dicho valor razonable pueda ser medido con suficiente fiabilidad.

2.5. *Determinación del importe del fondo de comercio o de la diferencia negativa*

El exceso, en la fecha de adquisición, del coste de la combinación de negocios sobre el correspondiente valor de los activos identificables adquiridos menos el de los pasivos asumidos en los términos recogidos en el apartado anterior, se reconocerá como un fondo de comercio. Al fondo de comercio le serán de aplicación los criterios contenidos en la norma relativa a normas particulares sobre el inmovilizado intangible.

En el supuesto excepcional de que el valor de los activos identificables adquiridos menos el de los pasivos asumidos en los términos recogidos en el apartado anterior, fuese superior al coste de la combinación de negocios, el exceso se contabilizará en la cuenta de pérdidas y ganancias como un ingreso.

2.6. *Contabilidad provisional*

Si en la fecha de cierre del ejercicio en que se ha producido la combinación de negocios no se pudiese concluir el proceso de valoración necesario para aplicar el método de adquisición, las cuentas anuales se elaborarán utilizando valores provisionales.

Los valores provisionales serán ajustados en el periodo necesario para obtener la información requerida para completar la contabilización inicial. Dicho periodo en ningún caso será superior a un año desde la fecha de la adquisición.

En cualquier caso, los ajustes a los valores provisionales únicamente incorporarán información relativa a los hechos y circunstancias que existían en la fecha de adquisición y que, de haber sido conocidos, hubieran afectado a los importes reconocidos en dicha fecha.

Los ajustes que se reconozcan para completar la contabilización inicial se realizarán de forma retroactiva, es decir, de forma tal que los valores resultantes sean los que se derivarían de haber tenido inicialmente la información que se incorpora. Por lo tanto:

— Los ajustes al valor inicial de los activos y pasivos identificables se considerarán realizados en la fecha de adquisición.
— El valor del fondo de comercio o de la diferencia negativa se corregirá, con efectos desde la fecha de adquisición, por un importe igual al ajuste que se realiza al valor inicial de los activos y pasivos identificables.
— La información comparativa incorporará los ajustes.

Transcurrido el periodo mencionado en este apartado, sólo se practicarán ajustes a las valoraciones iniciales cuando:

— Proceda ajustar las contraprestaciones adicionales que dependan de eventos futuros o del cumplimiento de ciertas condiciones, según lo establecido en el apartado 2.3 de esta norma.
— Se reconozcan activos por impuesto diferido no contabilizados previamente conforme a lo establecido en el apartado 4 de la norma relativa a impuestos sobre beneficios.
— Proceda corregir errores conforme a lo establecido en la norma relativa a cambios en criterios contables, errores y estimaciones contables.

Las restantes modificaciones que se produzcan con posterioridad se reconocerán como cambios en las estimaciones conforme a lo señalado en la norma relativa a cambios en criterios contables, errores y estimaciones contables.

2.7. *Combinaciones de negocios realizadas por etapas*

Las combinaciones de negocios realizadas por etapas son aquellas en las que la empresa adquirente obtiene el control de la adquirida mediante varias transacciones independientes realizadas en fechas diferentes.

Estas combinaciones se contabilizarán aplicando el método de adquisición con las siguientes precisiones:

a) En la determinación del coste de la combinación de negocios, se considerará el coste de cada una de las transacciones individuales.

b) En cada una de las transacciones individuales se determinará el fondo de comercio o diferencia negativa conforme al apartado 2.5 de la presente norma.

c) La diferencia entre el valor razonable de la participación de la adquirente en los elementos identificables de la empresa adquirida en cada una de las fechas de las transacciones individuales y su valor razonable en la fecha de adquisición se reconocerá directamente en las reservas de la empresa neto del impositivo.

d) Si con anterioridad, la inversión en la participada se hubiera valorado por su valor razonable, se desharán los ajustes de valoración realizados previamente para dejar valorada la participación por su coste histórico.

20.ª NEGOCIOS CONJUNTOS

1. Ámbito de aplicación

Un negocio conjunto es una actividad económica controlada conjuntamente por dos o más personas físicas o jurídicas. A estos efectos, control conjunto es un acuerdo estatutario o contractual en virtud del cual dos o más personas, que serán denominadas en la presente norma «partícipes», convienen compartir el poder de dirigir las políticas financieras y de explotación sobre una actividad económica con el fin de obtener beneficios económicos, de tal manera que las decisiones estratégicas, tanto financieras como de explotación, relativas a la actividad requieran el consentimiento unánime de todos los partícipes.

2. Categorías de negocios conjuntos

Los negocios conjuntos pueden ser:

a) Negocios conjuntos que no se manifiestan a través de la constitución de una empresa ni el establecimiento de una estructura financiera independiente de los partícipes, como son las uniones temporales de empresas y las comunidades de bienes, y entre las que se distinguen:

a_1) Explotaciones controladas de forma conjunta: actividades que implican el uso de activos y otros recursos propiedad de los partícipes.

a_2) Activos controlados de forma conjunta: activos que son propiedad o están controlados conjuntamente por los partícipes.

b) Negocios conjuntos que se manifiestan a través de la constitución de una persona jurídica independiente o empresas controladas de forma conjunta.

2.1. *Explotaciones y activos controlados de forma conjunta*

El partícipe en una explotación o en activos controlados de forma conjunta registrará en su balance la parte proporcional que le corresponda, en función de su porcentaje de participación, de los activos controlados conjuntamente y de los pasivos incurridos conjuntamente, así como los activos afectos a la explotación conjunta que estén bajo su control y los pasivos incurridos como consecuencia del negocio conjunto.

Asimismo reconocerá en su cuenta de pérdidas y ganancias la parte que le corresponda de los ingresos generados y de los gastos incurridos por el negocio conjunto, así como los gastos incurridos en relación con su participación en el negocio conjunto, y que de acuerdo con lo dispuesto en este Plan General de Contabilidad deban ser imputados a la cuenta de pérdidas y ganancias.

En el estado de cambios en el patrimonio neto y estado de flujos de efectivo del partícipe estará integrada igualmente la parte proporcional de los importes de las partidas del negocio conjunto que le corresponda en función del porcentaje de participación establecido en los acuerdos alcanzados.

Se deberán eliminar los resultados no realizados que pudieran existir por transacciones entre el partícipe y el negocio conjunto, en proporción a la participación que corresponda a aquél. También serán objeto de eliminación los importes de activos, pasivos, ingresos, gastos y flujos de efectivo recíprocos.

Si el negocio conjunto elabora estados financieros a efectos del control de su gestión, se podrá operar integrando los mismos en las cuentas anuales individuales de los partícipes en función del porcentaje de participación y sin perjuicio de que debe registrarse conforme a lo previsto en el artículo 28 del Código de Comercio. Dicha integración se realizará una vez efectuada la necesaria homogeneización temporal, atendiendo a la fecha de cierre y al ejercicio económico del partícipe, la homogeneización valorativa en el caso de que el negocio conjunto haya utilizado criterios valorativos distintos de los empleados por el partícipe, y las conciliaciones y reclasificaciones de partidas necesarias.

2.2. *Empresas controladas de forma conjunta*

El partícipe registrará su participación en una empresa controlada de forma conjunta de acuerdo con lo previsto respecto a las inversiones en el patrimonio de empresas del grupo, multigrupo y asociadas en el apartado 2.5 de la norma relativa a instrumentos financieros.

21.ª OPERACIONES ENTRE EMPRESAS DEL GRUPO

1. Alcance y regla general

La presente norma será de aplicación a las operaciones realizadas entre empresas del mismo grupo, tal y como éstas quedan definidas en la norma 13.ª de elaboración de las cuentas anuales.

Las operaciones entre empresas del mismo grupo, con independencia del grado de vinculación entre las empresas del grupo participantes, se contabilizarán de acuerdo con las normas generales.

En consecuencia, con carácter general, y sin perjuicio de lo dispuesto en el apartado siguiente, los elementos objeto de la transacción se contabilizarán en el momento inicial por su valor razonable. En su caso, si el precio acordado en una operación difiriese de su valor razonable, la diferencia deberá registrarse atendiendo a la realidad económica de la operación. La valoración posterior se realizará de acuerdo con lo previsto en las correspondientes normas.

2. Normas particulares

2.1. *Aportaciones no dinerarias de un negocio*

En las aportaciones no dinerarias a una empresa del grupo en las que el objeto sea un negocio, según se define en la norma sobre combinaciones de negocios, la inversión en el patrimonio en el aportante se valorará por el valor contable de los elementos patrimoniales que integren el negocio.

2.2. *Operaciones de fusión, escisión y aportación no dineraria de un negocio*

En las operaciones de fusión, escisión y aportación no dineraria en las que el objeto sea un negocio, según se define en la norma sobre combinaciones de negocios, se seguirán los siguientes criterios:

En las operaciones entre empresas del grupo en las que intervenga la empresa dominante del mismo o la dominante de un subgrupo y su dependiente, directa o indirectamente, los elementos constitutivos del negocio adquirido se valorarán por el importe que correspondería a los mismos, una vez realizada la operación, en las cuentas anuales consolidadas del grupo o subgrupo según las Normas para la Formulación de las Cuentas Anuales Consolidadas, que desarrollan el Código de Comercio.

En el caso de operaciones entre otras empresas del grupo, los elementos patrimoniales del negocio se valorarán según los valores contables existentes antes de la operación en las cuentas anuales individuales.

La diferencia que pudiera ponerse de manifiesto en el registro contable por la aplicación de los criterios anteriores, se registrará en una partida de reservas.

A los efectos de lo dispuesto en esta norma, no se considerará que las participaciones en el patrimonio neto de otras empresas constituyen en sí mismas un negocio.

22.ª CAMBIOS EN CRITERIOS CONTABLES, ERRORES Y ESTIMACIONES CONTABLES

Cuando se produzca un cambio de criterio contable, que sólo procederá de acuerdo con lo establecido en el principio de uniformidad, se aplicará de forma retroactiva y su efecto se calculará desde el ejercicio más antiguo para el que se disponga de información.

El ingreso o gasto correspondiente a ejercicios anteriores que se derive de dicha aplicación motivará, en el ejercicio en que se produce el cambio de criterio, el correspondiente ajuste por el efecto acumulado de las variaciones de los activos y pasivos, el cual se imputará directamente en el patrimonio neto, en concreto, en una partida de reservas salvo que afectara a un gasto o un ingreso que se imputó en los ejercicios previos directamente en otra partida del patrimonio neto. Asimismo se modificarán las cifras afectadas en la información comparativa de los ejercicios a los que le afecte el cambio de criterio contable.

En la subsanación de errores relativos a ejercicios anteriores serán de aplicación las mismas reglas que para los cambios de criterios contables. A estos efectos, se entiende por errores las omisiones o inexactitudes en las cuentas anuales de ejercicios anteriores por no haber utilizado, o no haberlo hecho adecuadamente, información fiable que estaba disponible cuando se formularon y que la empresa podría haber obtenido y tenido en cuenta en la formulación de dichas cuentas.

Sin embargo, se calificarán como cambios en estimaciones contables aquellos ajustes en el valor contable de activos o pasivos, o en el importe del consumo futuro de un activo, que sean consecuencia de la obtención de información adicional, de una mayor experiencia o del conocimiento de nuevos hechos. El cambio de estimaciones contables se aplicará de forma prospectiva y su efecto se imputará, según la naturaleza de la operación de que se trate, como ingreso o gasto en la cuenta de pérdidas y ganancias del ejercicio o, cuando proceda, directamente al patrimonio neto. El eventual efecto sobre ejercicios futuros se irá imputando en el transcurso de los mismos.

Siempre que se produzcan cambios de criterio contable o subsanación de errores relativos a ejercicios anteriores se deberá incorporar la correspondiente información en la memoria de las cuentas anuales.

Asimismo, se informará en la memoria de los cambios en estimaciones contables que hayan producido efectos significativos en el ejercicio actual, o que vayan a producirlos en ejercicios posteriores.

23.ª HECHOS POSTERIORES AL CIERRE DEL EJERCICIO

Los hechos posteriores que pongan de manifiesto condiciones que ya existían al cierre del ejercicio, deberán tenerse en cuenta para la formulación de las cuentas anuales. Estos hechos posteriores motivarán en las cuentas anuales, en función de su naturaleza, un ajuste, información en la memoria o ambos.

Los hechos posteriores al cierre del ejercicio que pongan de manifiesto condiciones que no existían al cierre del mismo, no supondrán un ajuste en las cuentas anuales. No obstante, cuando los hechos sean de tal importancia que si no se facilitara información al respecto podría distorsionarse la capacidad de evaluación de los usuarios de las cuentas anuales, se deberá incluir en la memoria información respecto a la naturaleza del hecho posterior conjuntamente con una estimación de su efecto o, en su caso, una manifestación acerca de la imposibilidad de realizar dicha estimación.

En todo caso, en la formulación de las cuentas anuales deberá tenerse en cuenta toda información que pueda afectar a la aplicación del principio de empresa en funcionamiento. En consecuencia, las cuentas anuales no se formularán sobre la base de dicho principio si los gestores, aunque sea con posterioridad al cierre del ejercicio, determinan que tienen la intención de liquidar la empresa o cesar en su actividad o que no existe una alternativa más realista que hacerlo.

TERCERA PARTE

CUENTAS ANUALES

NORMAS DE ELABORACIÓN DE LAS CUENTAS ANUALES

1.ª DOCUMENTOS QUE INTEGRAN LAS CUENTAS ANUALES

Las cuentas anuales comprenden el balance, la cuenta de pérdidas y ganancias, el estado de cambios en el patrimonio neto, el estado de flujos de efectivo y la memoria. Estos documentos forman una unidad y deben ser redactados de conformidad con lo previsto en el Código de Comercio, en el Texto Refundido de la Ley de Sociedades Anónimas, en la Ley de Sociedades de Responsabilidad Limitada y en este Plan General de Contabilidad; en particular, sobre la base del Marco Conceptual de la Contabilidad y con la finalidad de mostrar la imagen fiel del patrimonio, de la situación financiera y de los resultados de la empresa.

Cuando pueda formularse balance, estado de cambios en el patrimonio neto y memoria en modelo abreviado, el estado de flujos de efectivo no será obligatorio.

2.ª FORMULACIÓN DE CUENTAS ANUALES

1. Las cuentas anuales se elaborarán con una periodicidad de doce meses, salvo en los casos de constitución, modificación de la fecha de cierre del ejercicio social o disolución.
2. Las cuentas anuales deberán ser formuladas por el empresario o los administradores, quienes responderán de su veracidad, en el plazo máximo de tres meses, a contar desde el cierre del ejercicio. A estos efectos, las cuentas anuales expresarán la fecha en que se hubieran formulado y deberán ser firmadas por el empresario, por todos los socios ilimitadamente responsables por las deudas sociales, o por todos los administradores de la sociedad; si faltara la firma de alguno de ellos, se hará expresa indicación de la causa, en cada uno de los documentos en que falte.
3. El balance, la cuenta de pérdidas y ganancias, el estado de cambios en el patrimonio neto, el estado de flujos de efectivo y la memoria deberán estar identificados; indicándose de forma clara y en cada uno de dichos documentos su denominación, la empresa a que corresponden y el ejercicio al que se refieren.
4. Las cuentas anuales se elaborarán expresando sus valores en euros; no obstante lo anterior, podrán expresarse los valores en miles o millones de euros cuando la magnitud de las cifras así lo aconseje, debiendo indicarse esta circunstancia en las cuentas anuales.

3.ª ESTRUCTURA DE LAS CUENTAS ANUALES

Las cuentas anuales de las sociedades anónimas, incluidas las laborales, de las sociedades de responsabilidad limitada, incluidas las laborales, de las sociedades en comandita por acciones y de las sociedades cooperativas deberán adaptarse al modelo normal. Las sociedades colectivas y comanditarias simples, cuando a la fecha de cierre del ejercicio todos los socios colectivos sean sociedades españolas o extranjeras, también deberán adaptarse al modelo normal.

4.ª CUENTAS ANUALES ABREVIADAS

1. Las sociedades señaladas en la norma anterior podrán utilizar los modelos de cuentas anuales abreviados en los siguientes casos:

   a) Balance, estado de cambios en el patrimonio neto y memoria abreviados: las sociedades en las que a la fecha de cierre del ejercicio concurran, al menos, dos de las circunstancias siguientes:

   — Que el total de las partidas del activo no supere los dos millones ochocientos cincuenta mil euros. A estos efectos, se entenderá por total activo el total que figura en el modelo del balance.

   — Que el importe neto de su cifra anual de negocios no supere los cinco millones setecientos mil euros.

   — Que el número medio de trabajadores empleados durante el ejercicio no sea superior a 50.

   b) Cuenta de pérdidas y ganancias abreviada: las sociedades en las que a la fecha de cierre del ejercicio concurran, al menos, dos de las circunstancias siguientes:

   — Que el total de las partidas del activo no supere los once millones cuatrocientos mil euros. A estos efectos, se entenderá por total activo el total que figura en el modelo del balance.

   — Que el importe neto de su cifra anual de negocios no supere los veintidós millones ochocientos mil euros.

   — Que el número medio de trabajadores empleados durante el ejercicio no sea superior a 250.

Cuando una sociedad, en la fecha de cierre del ejercicio, pase a cumplir dos de las circunstancias antes indicadas o bien cese de cumplirlas, tal situación únicamente producirá efectos en cuanto a lo señalado en este apartado si se repite durante dos ejercicios consecutivos.

2. Las empresas con otra forma societaria no mencionadas en la norma anterior, así como los empresarios individuales, estarán obligados a formular, como mínimo, las cuentas anuales abreviadas.
3. Las sociedades cuyos valores estén admitidos a negociación en un mercado regulado de cualquier Estado miembro de la Unión Europea, no podrán formular cuentas anuales abreviadas.
4. Lo establecido en las normas siguientes para los modelos normales deberá adecuarse a las características propias de los modelos abreviados.
5. El contenido de la memoria abreviada que se incluye en la sección relativa a los modelos abreviados de esta tercera parte del Plan General de Contabilidad, tiene carácter de información mínima a cumplimentar por las empresas que puedan utilizarla. Adicionalmente, siempre que dichas empresas realicen operaciones cuya información en memoria esté regulada en el modelo normal de las cuentas anuales y no en el abreviado, habrán de incluir dicha información en la memoria abreviada. Entre estas transacciones pueden mencionarse: coberturas contables, e información sobre el medio ambiente, entre otras.

5.ª NORMAS COMUNES AL BALANCE, LA CUENTA DE PÉRDIDAS Y GANANCIAS, EL ESTADO DE CAMBIOS EN EL PATRIMONIO NETO Y EL ESTADO DE FLUJOS DE EFECTIVO

Sin perjuicio de lo dispuesto en las normas particulares, el balance, la cuenta de pérdidas y ganancias, el estado de cambios en el patrimonio neto y el estado de flujos de efectivo, se formularán teniendo en cuenta las siguientes reglas:

1. En cada partida deberán figurar, además de las cifras del ejercicio que se cierra, las correspondientes al ejercicio inmediatamente anterior. A estos efectos, cuando unas y otras no sean comparables, bien por haberse producido una modificación en la estructura, bien por realizarse un cambio de criterio contable o subsanación de error, se deberá proceder a adaptar el ejercicio precedente, a efectos de su presentación en el ejercicio al que se refieren las cuentas anuales, informando de ello detalladamente en la memoria.
2. No figurarán las partidas a las que no corresponda importe alguno en el ejercicio ni en el precedente.
3. No podrá modificarse la estructura de un ejercicio a otro, salvo casos excepcionales que se indicarán en la memoria.
4. Podrán añadirse nuevas partidas a las previstas en los modelos normales y abreviados, siempre que su contenido no esté previsto en las existentes.
5. Podrá hacerse una subdivisión más detallada de las partidas que aparecen en los modelos, tanto en el normal como en el abreviado.
6. Podrán agruparse las partidas precedidas de números árabes en el balance y estado de cambios en el patrimonio neto, o letras en la cuenta de pérdidas y ganancias y estado de flujos de efectivo, si sólo representan un importe irrelevante para mostrar la imagen fiel o si se favorece la claridad.
7. Cuando proceda, cada partida contendrá una referencia cruzada a la información correspondiente dentro de la memoria.
8. Los créditos y deudas con empresas del grupo y asociadas, así como los ingresos y gastos derivados de ellos, figurarán en las partidas correspondientes, con separación de las que no correspondan a empresas del grupo o asociadas, respectivamente. En cualquier caso, en las partidas relativas a empresas asociadas también se incluirán las relaciones con empresas multigrupo.
9. Las empresas que participen en uno o varios negocios conjuntos que no tengan personalidad jurídica (uniones temporales de empresas, comunidades de bienes, etc.) deberán presentar esta información, atendiendo a lo dispuesto en la norma de registro y valoración relativa a negocios conjuntos, integrando en cada partida de los modelos de los distintos estados financieros las cantidades correspondientes a los negocios conjuntos en los que participen, e informando sobre su desglose en la memoria.

6.ª BALANCE

El balance, que comprende, con la debida separación, el activo, el pasivo y el patrimonio neto de la empresa, se formulará teniendo en cuenta que:

1. La clasificación entre partidas corrientes y no corrientes se realizará de acuerdo con los siguientes criterios:
   a) El activo corriente comprenderá:
   — Los activos vinculados al ciclo normal de explotación que la empresa espera vender, consumir o realizar en el transcurso del mismo. Con carácter general, el ciclo normal de explotación no excederá de un año.
   A estos efectos se entiende por ciclo normal de explotación, el periodo de tiempo que transcurre entre la adquisición de los activos que se incorporan al proceso productivo y la realización de los productos en forma de efectivo o equivalentes al efectivo. Cuando el ciclo normal de explotación no resulte claramente identificable, se asumirá que es de un año.
   — Aquellos activos, diferentes de los citados en el inciso anterior, cuyo vencimiento, enajenación o realización se espera que se produzca en el corto plazo, es decir, en el plazo máximo de un año, contado a partir de la fecha de cierre del ejercicio. En consecuencia, los activos financieros no corrientes se reclasificarán en corrientes en la parte que corresponda.
   — Los activos financieros clasificados como mantenidos para negociar, excepto los derivados financieros cuyo plazo de liquidación sea superior a un año.
   — El efectivo y otros activos líquidos equivalentes, cuya utilización no esté restringida, para ser intercambiados o usados para cancelar un pasivo al menos dentro del año siguiente a la fecha de cierre del ejercicio.

   Los demás elementos del activo se clasificarán como no corrientes.

   b) El pasivo corriente comprenderá:
   — Las obligaciones vinculadas al ciclo normal de explotación señalado en la letra anterior que la empresa espera liquidar en el transcurso del mismo.
   — Las obligaciones cuyo vencimiento o extinción se espera que se produzca en el corto plazo, es decir, en el plazo máximo de un año, contado a partir de la fecha de cierre del ejercicio; en particular, aquellas obligaciones para las cuales la empresa no disponga de un derecho incondicional a diferir su pago en dicho plazo. En consecuencia, los pasivos no corrientes se reclasificarán en corrientes en la parte que corresponda.
   — Los pasivos financieros clasificados como mantenidos para negociar, excepto los derivados financieros cuyo plazo de liquidación sea superior a un año.
   Los demás elementos del pasivo se clasificarán como no corrientes.
2. Un activo financiero y un pasivo financiero se podrán presentar en el balance por su importe neto siempre que se den simultáneamente las siguientes condiciones:

   a) Que la empresa tenga en ese momento, el derecho exigible de compensar los importes reconocidos, y

   b) Que la empresa tenga la intención de liquidar las cantidades por el neto o de realizar el activo y cancelar el pasivo simultáneamente.

   Las mismas condiciones deberán concurrir para que la empresa pueda presentar por su importe neto los activos por impuestos y los pasivos por impuestos.

Sin perjuicio de lo anterior, si se produjese una transferencia de un activo financiero que no cumpla las condiciones para su baja del balance según lo dispuesto en el apartado 2.9 de la norma de registro y valoración relativa a instrumentos financieros, el pasivo financiero asociado que se reconozca no podrá compensarse con el activo financiero relacionado.

3. Las correcciones valorativas por deterioro y las amortizaciones acumuladas, minorarán la partida del activo en la que figure el correspondiente elemento patrimonial.
4. En caso de que la empresa tenga gastos de investigación activados de acuerdo con lo establecido en la norma de registro y valoración relativa a normas particulares sobre el inmovilizado intangible, se creará una partida específica «Investigación», dentro del epígrafe A.I «Inmovilizado intangible» del activo del balance normal.
5. Los terrenos o construcciones que la empresa destine a la obtención de ingresos por arrendamiento o posea con la finalidad de obtener plusvalías a través de su enajenación, fuera del curso ordinario de sus operaciones, se incluirán en el epígrafe A.III.«Inversiones inmobiliarias» del activo.
6. Cuando la empresa tenga inversiones en activos que cumpliendo la definición de activos financieros del apartado 2 de la norma de registro y valoración sobre instrumentos financieros, no estén regulados por dicha norma y no figuren específicamente en otras partidas del balance (tal como los activos vinculados a retribuciones post-empleo de prestación definida que se deban reconocer de acuerdo con la norma de registro y valoración sobre pasivos por retribuciones a largo plazo al personal), creará la partida «Otras inversiones» que incluirá en los epígrafes A.IV, A.V, B.IV y B.V del activo del balance normal, en función de si son a largo o corto plazo y frente a empresas del grupo y asociadas o no.
7. En el caso de que la empresa tenga existencias de producción de ciclo superior a un año, las partidas del epígrafe B.II del activo «3. Productos en curso» y «4. Productos terminados» del balance normal, se desglosarán para recoger separadamente las de ciclo corto y las de ciclo largo de producción.
8. Cuando la empresa tenga créditos con clientes por ventas y prestaciones de servicios con vencimiento superior a un año, esta partida del epígrafe B.III del activo del balance, se desglosará para recoger separadamente los clientes a largo plazo y a corto plazo. Si el plazo de vencimiento fuera superior al ciclo normal de explotación, se creará el epígrafe A.VII en el activo no corriente, con la denominación «Deudores comerciales no corrientes».
9. El capital social y, en su caso, la prima de emisión o asunción de acciones o participaciones con naturaleza de patrimonio neto figurarán en los epígrafes A-1.I «Capital» y A-1.II «Prima de emisión», siempre que se hubiera producido la inscripción en el Registro Mercantil con anterioridad a la formulación de las cuentas anuales. Si en la fecha de formulación de las cuentas anuales no se hubiera producido la inscripción en el Registro Mercantil, figurarán en la partida 5 «Otros pasivos financieros» o 3 «Otras deudas a corto plazo», ambas del epígrafe C.III «Deudas a corto plazo» del pasivo corriente del modelo normal o abreviado, respectivamente.

10. Los accionistas (socios) por desembolsos no exigidos figurarán en la partida A-1.I.2 «Capital no exigido» o minorarán el importe del epígrafe «Deuda con características especiales», en función de cuál sea la calificación contable de sus aportaciones.
11. Cuando la empresa adquiera sus propios instrumentos de patrimonio, sin perjuicio de informar en la memoria, se registrarán en los siguientes epígrafes, dentro de la agrupación «Patrimonio Neto»:

    a) Si son valores de su capital, en el epígrafe A-1.IV «Acciones y participaciones en patrimonio propias» que se mostrará con signo negativo;

    b) En otro caso, minorarán el epígrafe A-1.IX «Otros instrumentos de patrimonio neto».
12. Cuando se emitan instrumentos financieros compuestos se clasificarán, en el importe que corresponda de acuerdo con lo dispuesto en el apartado 5.2 de la norma de registro y valoración relativa a instrumentos financieros, en las agrupaciones correspondientes a «Patrimonio Neto» y «Pasivo».
13. Cuando la empresa tenga elementos patrimoniales clasificados como «Activos no corrientes mantenidos para la venta» o como «Pasivos vinculados con activos no corrientes mantenidos para la venta», cuyos cambios de valoración deban registrarse directamente en el patrimonio neto (por ejemplo, activos financieros disponibles para la venta), se creará un epígrafe específico «Activos no corrientes y pasivos vinculados, mantenidos para la venta» dentro de la subagrupación A-2 «Ajustes por cambios de valor» del patrimonio neto del balance normal.
14. Si, excepcionalmente, la moneda o monedas funcionales de la empresa fueran distintas del euro, las variaciones de valor derivadas de la conversión a la moneda de presentación de las cuentas anuales, se registrarán en un epígrafe específico «Diferencia de conversión» que se creará dentro de la subagrupación A-2 «Ajustes por cambios de valor» del patrimonio neto del balance normal. En este epígrafe figurarán los cambios de valor de los instrumentos de cobertura de inversión neta en un negocio en el extranjero que, de acuerdo con lo dispuesto en las normas de registro y valoración, deban imputarse a patrimonio neto.
15. Las subvenciones, donaciones y legados no reintegrables otorgados por terceros distintos a los socios o propietarios, que estén pendientes de imputar a resultados, formarán parte del patrimonio neto de la empresa, registrándose en la subagrupación A-3 «Subvenciones, donaciones y legados recibidos». Por su parte, las subvenciones, donaciones y legados no reintegrables otorgados por socios o propietarios formarán parte del patrimonio neto, dentro de los fondos propios, registrándose en el epígrafe A-1.VI «Otras aportaciones de socios».
16. Cuando la empresa tenga deudas con proveedores con vencimiento superior a un año, esta partida del epígrafe C.V del pasivo, se desglosará para recoger separadamente los proveedores a largo plazo y a corto plazo. Si el plazo de vencimiento fuera superior al ciclo normal de explotación, se creará el epígrafe B.VI en el pasivo no corriente, con la denominación «Acreedores comerciales no corrientes».

17. Cuando la empresa haya emitido instrumentos financieros que deban reconocerse como pasivos financieros pero que por sus características especiales pueden producir efectos específicos en otras normativas, incorporará un epígrafe específico tanto en el pasivo no corriente como en el corriente, denominado «Deuda con características especiales a largo plazo» y «Deuda con características especiales a corto plazo». En la memoria se detallarán las características de estas emisiones.
18. La empresa presentará en el balance, de forma separada del resto de los activos y pasivos, los activos no corrientes mantenidos para la venta y los activos correspondientes a un grupo enajenable de elementos mantenidos para la venta, que figurarán en el epígrafe B.I del activo y los pasivos que formen parte de un grupo enajenable de elementos mantenidos para la venta, que figurarán en el epígrafe C.I del pasivo. Estos activos y pasivos no se compensarán, ni se presentarán como un único importe.

7.ª CUENTA DE PÉRDIDAS Y GANANCIAS

La cuenta de pérdidas y ganancias recoge el resultado del ejercicio, formado por los ingresos y los gastos del mismo, excepto cuando proceda su imputación directa al patrimonio neto de acuerdo con lo previsto en las normas de registro y valoración. La cuenta de pérdidas y ganancias se formulará teniendo en cuenta que:

1. Los ingresos y gastos se clasificarán de acuerdo con su naturaleza.
2. El importe correspondiente a las ventas, prestaciones de servicios y otros ingresos de explotación se reflejará en la cuenta de pérdidas y ganancias por su importe neto de devoluciones y descuentos.
3. La partida 4.*c)* «Trabajos realizados por otras empresas» recoge los importes correspondientes a actividades realizadas por otras empresas en el proceso productivo.
4. Las subvenciones, donaciones y legados recibidos que financien activos o gastos que se incorporen al ciclo normal de explotación se reflejarán en la partida 5.*b)*. «Subvenciones de explotación incorporadas al resultado del ejercicio», mientras que las subvenciones, donaciones y legados que financien activos del inmovilizado intangible, material o inversiones inmobiliarias, se imputarán a resultados, de acuerdo con la norma de registro y valoración, a través de la partida 9. «Imputación de subvenciones de inmovilizado no financiero y otras». Las subvenciones, donaciones y legados concedidos para cancelar deudas que se otorguen sin una finalidad específica, se imputarán igualmente a la partida 9. «Imputación de subvenciones de inmovilizado no financiero y otras». Si se financiase un gasto o un activo de naturaleza financiera, el ingreso correspondiente se incluirá en el resultado financiero incorporándose, en caso de que sea significativa, la correspondiente partida con la denominación «Implantanción de subvenciones, donaciones y legados de carácter financiero».
5. La partida 10 «Excesos de provisiones» recoge las reversiones de provisiones en el ejercicio, con la excepción de las correspondientes al personal que se reflejan en la partida 6 «Gastos de personal» y las derivadas de operaciones comerciales que se reflejan en la partida 7.*c)*.

6. En el supuesto excepcional de que en una combinación de negocios el valor de los activos identificables adquiridos menos el de los pasivos asumidos sea superior al coste de la combinación de negocios, se creará una partida con la denominación «Diferencia negativa de combinaciones de negocio», formando parte del resultado de explotación.
7. Los ingresos y gastos originados por los instrumentos de cobertura que, de acuerdo con lo dispuesto en las normas de registro y valoración, deban imputarse a la cuenta de pérdidas y ganancias, figurarán en la partida de gastos o ingresos, respectivamente, que genera la partida cubierta, informando de ello detalladamente en la memoria.
8. En su caso, los gastos asociados a una reestructuración se registrarán en las correspondientes partidas atendiendo a su naturaleza y se informará en la memoria de las cuentas anuales del importe global de los mismos y, cuando sean significativos, de los importes incluidos en cada una de las partidas.
9. En caso de que la empresa presente ingresos o gastos de carácter excepcional y cuantía significativa, como por ejemplo los producidos por inundaciones, incendios, multas o sanciones, se creará una partida con la denominación «Otros resultados», formando parte del resultado de explotación e informará de ello detalladamente en la memoria.
10. En la partida 14.*a*) «Variación de valor razonable en instrumentos financieros, cartera de negociación y otros» se reflejarán los cambios en el valor razonable de los instrumentos financieros incluidos en las categorías de «Activos (pasivos) financieros mantenidos para negociar» y «Otros activos (pasivos) financieros a valor razonable con cambios en la cuenta de pérdidas y ganancias» en los términos recogidos en la norma de registro y valoración relativa a instrumentos financieros, pudiendo imputarse el importe de los intereses devengados calculados según el método de tipo de interés efectivo así como el de los dividendos devengados a cobrar, en las partidas que corresponda, según su naturaleza.
11. En la partida 18 «Resultado del ejercicio procedente de operaciones interrumpidas neto de impuestos» del modelo normal de cuenta de pérdidas y ganancias, la empresa incluirá un importe único que comprenda:
    - El resultado después de impuestos de las actividades interrumpidas; y
    - El resultado después de impuestos reconocido por la valoración a valor razonable menos los costes de venta, o bien por la enajenación o disposición por otros medios de los activos o grupos enajenables de elementos que constituyan la actividad interrumpida.

    La empresa presentará en esta partida 18 el importe del ejercicio anterior correspondiente a las actividades que tengan el carácter de interrumpidas en la fecha de cierre del ejercicio al que corresponden las cuentas anuales.

    Una actividad interrumpida es todo componente de una empresa que ha sido enajenado o se ha dispuesto de él por otra vía, o bien que ha sido clasificado como mantenido para la venta, y:

    a) Represente una línea de negocio o un área geográfica de la explotación, que sea significativa y pueda considerarse separada del resto;

b) Forme parte de un plan individual y coordinado para enajenar o disponer por otra vía de una línea de negocio o de un área geográfica de la explotación que sea significativa y pueda considerarse separada del resto; o

c) Sea una empresa dependiente adquirida exclusivamente con la finalidad de venderla.

A estos efectos, se entiende por componente de una empresa las actividades o flujos de efectivo que, por estar separados y ser independientes en su funcionamiento o a efectos de información financiera, se distinguen claramente del resto de la empresa, tal como una empresa dependiente o un segmento de negocio o geográfico.

12. Los ingresos y gastos generados por los activos no corrientes y grupos enajenables de elementos, mantenidos para la venta, que no cumplan los requisitos para calificarlos como operaciones interrumpidas, se reconocerán en la partida de la cuenta de pérdidas y ganancias que corresponda según su naturaleza.

8.ª ESTADO DE CAMBIOS EN EL PATRIMONIO NETO

El estado de cambios en el patrimonio neto tiene dos partes.

1. La primera, denominada «Estado de ingresos y gastos reconocidos», recoge los cambios en el patrimonio neto derivados de:

   a) El resultado del ejercicio de la cuenta de pérdidas y ganancias.

   b) Los ingresos y gastos que, según lo requerido por las normas de registro y valoración, deban imputarse directamente al patrimonio neto de la empresa.

   c) Las transferencias realizadas a la cuenta de pérdidas y ganancias según lo dispuesto por este Plan General de Contabilidad.

   Este documento se formulará teniendo en cuenta que:

1.1 Los importes relativos a los ingresos y gastos imputados directamente al patrimonio neto y las transferencias a la cuenta de pérdidas y ganancias se registrarán por su importe bruto, mostrándose en una partida separada su correspondiente efecto impositivo.

1.2 Si existe un elemento patrimonial clasificado como «Activos no corrientes mantenidos para la venta» o como «Pasivos vinculados con activos no corrientes mantenidos para la venta», que implique que su valoración produzca cambios que deban registrarse directamente en el patrimonio neto (por ejemplo, activos financieros disponibles para la venta), se creará un epígrafe específico «Activos no corrientes y pasivos vinculados, mantenidos para la venta» dentro de las agrupaciones B. «Ingresos y gastos imputados directamente al patrimonio neto» y C. «Transferencias a la cuenta de pérdidas y ganancias».

1.3 Si excepcionalmente, la moneda o monedas funcionales de la empresa fueran distintas del euro, las variaciones de valor derivadas de la conversión a la moneda de presentación de las cuentas anuales, se registrarán en el patrimonio neto para lo que se creará un epígrafe específico «Diferencias de conversión» dentro de las agrupaciones B. «Ingresos y gastos imputados directamente al patrimonio neto» y C. «Transferencias a la cuenta de pérdidas y ganancias». En estos epígrafes figurarán los cambios de valor de los instrumentos de cobertura de inversión neta de un negocio en el extranjero que, de acuerdo con lo dispuesto en las normas de registro y valoración, deban imputarse a patrimonio neto.

2. La segunda, denominada «Estado total de cambios en el patrimonio neto», informa de todos los cambios habidos en el patrimonio neto derivados de:

   a) El saldo total de los ingresos y gastos reconocidos.

   b) Las variaciones originadas en el patrimonio neto por operaciones con los socios o propietarios de la empresa cuando actúen como tales.

   c) Las restantes variaciones que se produzcan en el patrimonio neto.

   d) También se informará de los ajustes al patrimonio neto debidos a cambios en criterios contables y correcciones de errores.

Cuando se advierta un error en el ejercicio a que se refieren las cuentas anuales que corresponda a un ejercicio anterior al comparativo, se informará en la memoria, e incluirá el correspondiente ajuste en el epígrafe A.II. del Estado total de cambios en el patrimonio neto, de forma que el patrimonio inicial de dicho ejercicio comparativo será objeto de modificación en aras de recoger la rectificación del error. En el supuesto de que el error corresponda al ejercicio comparativo dicho ajuste se incluirá en el epígrafe C.II. del Estado total de cambios en el patrimonio neto.

Las mismas reglas se aplicarán respecto a los cambios de criterio contable.

Este documento se formulará teniendo en cuenta que:

2.1 El resultado correspondiente a un ejercicio se traspasará en el ejercicio siguiente a la columna de resultados de ejercicios anteriores.

2.2 La aplicación que en un ejercicio se realiza del resultado del ejercicio anterior, se reflejará en:

   — La partida 4 «Distribución de dividendos» del epígrafe B.II o D.II «Operaciones con socios y propietarios».
   — El epígrafe B.III o D.III «Otras variaciones del patrimonio neto», por las restantes aplicaciones que supongan reclasificaciones de partidas de patrimonio neto.

9.ª ESTADO DE FLUJOS DE EFECTIVO

El estado de flujos de efectivo informa sobre el origen y la utilización de los activos monetarios representativos de efectivo y otros activos líquidos equivalentes, clasificando los movimientos por actividades e indicando la variación neta de dicha magnitud en el ejercicio.

Se entiende por efectivo y otros activos líquidos equivalentes, los que como tal figuran en el epígrafe B.VII del activo del balance, es decir, la tesorería depositada en la caja de la empresa, los depósitos bancarios a la vista y los instrumentos financieros que sean convertibles en efectivo y que en el momento de su adquisición, su vencimiento no fuera superior a tres meses, siempre que no exista riesgo significativo de cambios de valor y formen parte de la política de gestión normal de la tesorería de la empresa.

Asimismo, a los efectos del estado de flujos de efectivo se podrán incluir como un componente del efectivo, los descubiertos ocasionales cuando formen parte integrante de la gestión del efectivo de la empresa.

Este documento se formulará teniendo en cuenta que:

1. Flujos de efectivo procedentes de las actividades de explotación son fundamentalmente los ocasionados por actividades que constituyen la principal fuente de ingreso de la empresa, así como por otras actividades que no puedan ser calificadas como de inversión o financiación. La variación del flujo de efectivo ocasionada por estas actividades se mostrará por su importe neto, a excepción de los flujos de efectivo correspondientes a intereses, dividendos percibidos e impuestos sobre beneficios, de los que se informará separadamente.

   A estos efectos, el resultado del ejercicio antes de impuestos será objeto de corrección para eliminar los gastos e ingresos que no hayan producido un movimiento de efectivo e incorporar las transacciones de ejercicios anteriores cobradas o pagadas en el actual, clasificando separadamente los siguientes conceptos:

   a) Los ajustes para eliminar:

   — Correcciones valorativas, tales como amortizaciones, pérdidas por deterioro de valor, o resultados surgidos por la aplicación del valor razonable, así como las variaciones en las provisiones.

   — Operaciones que deban ser clasificadas como actividades de inversión o financiación, tales como resultados por enajenación de inmovilizado o de instrumentos financieros.

   — Remuneración de activos financieros y pasivos financieros cuyos flujos de efectivo deban mostrarse separadamente conforme a lo previsto en el apartado *c)* siguiente.

   El descuento de papel comercial, o el anticipo por cualquier otro tipo de acuerdo, del importe de las ventas a clientes se tratará a los efectos del estado de flujos de efectivo como un cobro a clientes que se ha adelantado en el tiempo.

   b) Los cambios en el capital corriente que tengan su origen en una diferencia en el tiempo entre la corriente real de bienes y servicios de las actividades de explotación y su corriente monetaria.

   c) Los flujos de efectivo por intereses, incluidos los contabilizados como mayor valor de los activos, y cobros de dividendos.

   d) Los flujos de efectivo por impuesto sobre beneficios.

2. Flujos de efectivo por actividades de inversión son los pagos que tienen su origen en la adquisición de activos no corrientes y otros activos no incluidos en el efectivo y otros activos líquidos equivalentes, tales como inmovilizados intangibles, materiales, inversiones inmobiliarias o inversiones financieras, así como los cobros procedentes de su enajenación o de su amortización al vencimiento.

3. Los flujos de efectivo por actividades de financiación comprenden los cobros procedentes de la adquisición por terceros de títulos valores emitidos por la empresa o de recursos concedidos por entidades financieras o terceros, en forma de préstamos u otros instrumentos de financiación, así como los pagos realizados por amortización o devolución de las cantidades aportadas por ellos. Figurarán también como flujos de efectivo por actividades de financiación los pagos a favor de los accionistas en concepto de dividendos.

4. Los cobros y pagos procedentes de activos financieros así como los correspondientes a los pasivos financieros de rotación elevada podrán mostrarse netos, siempre que se informe de ello en la memoria. Se considerará que el periodo de rotación es elevado cuando el plazo entre la fecha de adquisición y la de vencimiento no supere seis meses.
5. Los flujos procedentes de transacciones en moneda extranjera se convertirán a la moneda funcional al tipo de cambio vigente en la fecha en que se produjo cada flujo en cuestión, sin perjuicio de poder utilizar una media ponderada representativa del tipo de cambio del periodo en aquellos casos en que exista un volumen elevado de transacciones efectuadas.

   Si entre el efectivo y otros activos líquidos equivalentes figuran activos denominados en moneda extranjera, se informará en el estado de flujos de efectivo del efecto que en esta rúbrica haya tenido la variación de los tipos de cambio.
6. La empresa debe informar de cualquier importe significativo de sus saldos de efectivo y otros activos líquidos equivalentes al efectivo que no estén disponibles para ser utilizados.
7. Cuando exista una cobertura contable, los flujos del instrumento de cobertura se incorporarán en la misma partida que los de la partida cubierta, indicando en la memoria este efecto.
8. En el caso de operaciones interrumpidas, se detallarán en la nota correspondiente de la memoria los flujos de las distintas actividades.
9. Respecto a las transacciones no monetarias, en la memoria se informará de las operaciones de inversión y financiación significativas que, por no haber dado lugar a variaciones de efectivo, no hayan sido incluidas en el estado de flujos de efectivo (por ejemplo, conversión de deuda en instrumentos de patrimonio o adquisición de un activo mediante un arrendamiento financiero).

   En caso de existir una operación de inversión que implique una contraprestación parte en efectivo o activos líquidos equivalentes y parte en otros elementos, se deberá informar sobre la parte no monetaria independientemente de la información sobre la actividad en efectivo o equivalentes que se haya incluido en el estado de flujos de efectivo.
10. La variación de efectivo y otros activos líquidos equivalentes ocasionada por la adquisición o enajenación de un conjunto de activos y pasivos que conformen un negocio o línea de actividad se incluirá, en su caso, como una única partida en las actividades de inversión, en el epígrafe de inversiones o desinversiones según corresponda, creándose una partida específica al efecto con la denominación «Unidad de negocio».
11. Cuando la empresa posea deuda con características especiales, los flujos de efectivo procedentes de ésta, se incluirán como flujos de efectivo de las actividades de financiación, en una partida específica denominada «Deudas con características especiales» dentro del epígrafe 10 «Cobros y pagos por instrumentos de pasivo financiero».

10.ª MEMORIA

La memoria completa, amplía y comenta la información contenida en los otros documentos que integran las cuentas anuales. Se formulará teniendo en cuenta que:

1. El modelo de la memoria recoge la información mínima a cumplimentar; no obstante, en aquellos casos en que la información que se solicita no sea significativa no se cumplimentarán los apartados correspondientes.
2. Deberá indicarse cualquier otra información no incluida en el modelo de la memoria que sea necesaria para permitir el conocimiento de la situación y actividad de la empresa en el ejercicio, facilitando la comprensión de las cuentas anuales objeto de presentación, con el fin de que las mismas reflejen la imagen fiel del patrimonio, de la situación financiera y de los resultados de la empresa; en particular, se incluirán datos cualitativos correspondientes a la situación del ejercicio anterior cuando ello sea significativo. Adicionalmente, en la memoria se incorporará cualquier información que otra normativa exija incluir en este documento de las cuentas anuales.
3. La información cuantitativa requerida en la memoria deberá referirse al ejercicio al que corresponden las cuentas anuales, así como al ejercicio anterior del que se ofrece información comparativa, salvo que específicamente una norma contable indique lo contrario.
4. Lo establecido en la memoria en relación con las empresas asociadas deberá entenderse también referido a las empresas multigrupo.
5. Lo establecido en la nota 4 de la memoria se deberá adaptar para su presentación, en todo caso, de modo sintético y conforme a la exigencia de claridad.

11.ª CIFRA ANUAL DE NEGOCIOS

El importe neto de la cifra anual de negocios se determinará deduciendo del importe de las ventas de los productos y de las prestaciones de servicios u otros ingresos correspondientes a las actividades ordinarias de la empresa, el importe de cualquier descuento (bonificaciones y demás reducciones sobre las ventas) y el del impuesto sobre el valor añadido y otros impuestos directamente relacionados con las mismas, que deban ser objeto de repercusión.

12.ª NÚMERO MEDIO DE TRABAJADORES

Para la determinación del número medio de trabajadores se considerarán todas aquellas personas que tengan o hayan tenido alguna relación laboral con la empresa durante el ejercicio, promediadas según el tiempo durante el cual hayan prestado sus servicios.

13.ª EMPRESAS DEL GRUPO, MULTIGRUPO Y ASOCIADAS

A efectos de la presentación de las cuentas anuales de una empresa o sociedad se entenderá que otra empresa forma parte del grupo cuando ambas estén vinculadas por una relación de control, directa o indirecta, análoga a la prevista en el artículo 42 del Código de Comercio para los grupos de sociedades o cuando las empresas estén controladas por cualquier medio por una o varias personas físicas o jurídicas, que actúen conjuntamente o se hallen bajo dirección única por acuerdos o cláusulas estatutarias.

Se entenderá que una empresa es asociada cuando, sin que se trate de una empresa del grupo, en el sentido señalado anteriormente, la empresa o alguna o algunas de las empresas del grupo en caso de existir éste, incluidas las entidades o personas físicas dominantes, ejerzan sobre tal empresa una influencia significativa por tener una participación en ella que, creando con ésta una vinculación duradera, esté destinada a contribuir a su actividad.

En este sentido, se entiende que existe influencia significativa en la gestión de otra empresa, cuando se cumplan los dos requisitos siguientes:

a) La empresa o una o varias empresas del grupo, incluidas las entidades o personas físicas dominantes, participan en la empresa, y

b) Se tenga el poder de intervenir en las decisiones de política financiera y de explotación de la participada, sin llegar a tener el control.

Asimismo, la existencia de influencia significativa se podrá evidenciar a través de cualquiera de las siguientes vías:

1. Representación en el consejo de administración u órgano equivalente de dirección de la empresa participada;
2. Participación en los procesos de fijación de políticas;
3. Transacciones de importancia relativa con la participada;
4. Intercambio de personal directivo; o
5. Suministro de información técnica esencial.

Se presumirá, salvo prueba en contrario, que existe influencia significativa cuando la empresa o una o varias empresas del grupo incluidas las entidades o personas físicas dominantes, posean, al menos, el 20 por 100 de los derechos de voto de otra sociedad.

Se entenderá por empresa multigrupo aquella que esté gestionada conjuntamente por la empresa o alguna o algunas de las empresas del grupo en caso de existir éste, incluidas las entidades o personas físicas dominantes, y uno o varios terceros ajenos al grupo de empresas.

14.ª ESTADOS FINANCIEROS INTERMEDIOS

Los estados financieros intermedios se presentarán con la forma y los criterios establecidos para las cuentas anuales.

15.ª PARTES VINCULADAS

1. Una parte se considera vinculada a otra cuando una de ellas o un conjunto que actúa en concierto, ejerce o tiene la posibilidad de ejercer directa o indirectamente o en virtud de pactos o acuerdos entre accionistas o partícipes, el control sobre otra o una influencia significativa en la toma de decisiones financieras y de explotación de la otra.
2. En cualquier caso se considerarán partes vinculadas:

   a) Las empresas que tengan la consideración de empresa del grupo, asociada o multigrupo, en el sentido indicado en la anterior norma decimotercera de elaboración de las cuentas anuales.

No obstante, una empresa estará exenta de incluir la información recogida en el apartado de la memoria relativo a las operaciones con partes vinculadas, cuando la primera esté controlada o influida de forma significativa por una Administración Pública estatal, autonómica o local y la otra empresa también esté controlada o influida de forma significativa por la misma Administración Pública, siempre que no existan indicios de una influencia entre ambas. Se entenderá que existe dicha influencia, entre otros casos, cuando las operaciones no se realicen en condiciones normales de mercado (salvo que dichas condiciones vengan impuestas por una regulación específica).

b) Las personas físicas que posean directa o indirectamente alguna participación en los derechos de voto de la empresa, o en la entidad dominante de la misma, de manera que les permita ejercer sobre una u otra una influencia significativa. Quedan también incluidos los familiares próximos de las citadas personas físicas.

c) El personal clave de la compañía o de su dominante, entendiendo por tal las personas físicas con autoridad y responsabilidad sobre la planificación, dirección y control de las actividades de la empresa, ya sea directa o indirectamente, entre las que se incluyen los administradores y los directivos. Quedan también incluidos los familiares próximos de las citadas personas físicas.

d) Las empresas sobre las que cualquiera de las personas mencionadas en las letras *b)* y *c)* pueda ejercer una influencia significativa.

e) Las empresas que compartan algún consejero o directivo con la empresa, salvo que éste no ejerza una influencia significativa en las políticas financiera y de explotación de ambas.

f) Las personas que tengan la consideración de familiares próximos del representante del administrador de la empresa, cuando el mismo sea persona jurídica.

g) Los planes de pensiones para los empleados de la propia empresa o de alguna otra que sea parte vinculada de ésta.

3. A los efectos de esta norma, se entenderá por familiares próximos a aquellos que podrían ejercer influencia en, o ser influidos por, esa persona en sus decisiones relacionadas con la empresa. Entre ellos se incluirán:

a) El cónyuge o persona con análoga relación de afectividad;

b) Los ascendientes, descendientes y hermanos y los respectivos cónyuges o personas con análoga relación de afectividad;

c) Los ascendientes, descendientes y hermanos del cónyuge o persona con análoga relación de afectividad; y

d) Las personas a su cargo o a cargo del cónyuge o persona con análoga relación de afectividad.

MODELOS NORMALES DE CUENTAS ANUALES

BALANCE AL CIERRE DEL EJERCICIO 200X

N.º CUENTAS	ACTIVO	NOTAS DE LA MEMORIA	200X	200X-1
	A) ACTIVO NO CORRIENTE			
	I. Inmovilizado intangible.			
201, (2801), (2901)	1. Desarrollo.			
202, (2802), (2902)	2. Concesiones.			
203, (2803), (2903)	3. Patentes, licencias, marcas y similares.			
204	4. Fondos de comercio.			
206, (2806), (2906)	5. Aplicaciones informáticas.			
205, 209, (2805), (2905)	6. Otro inmovilizado intangible.			
	II. Inmovilizado material.			
210, 211, (2811), (2910), (2911)	1. Terrenos y concesiones.			
212,213,214,215,216,217,218,219,(2812),(2813),(2814),(2815), (2816),(2817), (2818),(2819),(2912),(2913),(2914),(2915),(2916), (2917),(2918),(2919)	2. Instalaciones técnicas, y otro inmovilizado material.			
23	3. Inmovilizado en curso y anticipos.			
	III. Inversiones inmobiliarias.			
220, (2920)	1. Terrenos.			
221, (282), (2921)	2. Construcciones.			
	IV. Inversiones en empresas del grupo y asociadas a largo plazo.			
2403, 2404, (2493), (2494), (293)	1. Instrumentos de patrimonio.			
2423, 2424, (2953), (2954)	2. Créditos a empresas.			
2413, 2414, (2943), (2944)	3. Valores representativos de deuda.			
	4. Derivados.			
	5. Otros activos financieros.			
	V. Inversiones financieras a largo plazo.			
2405, (2495), 250, (259)	1. Instrumentos de patrimonio.			
2425, 252, 253, 254, (2955), (298)	2. Créditos a terceros.			
2415, 251, (2945), (297)	3. Valores representativos de deuda.			
255	4. Derivados.			
258, 26	5. Otros activos financieros.			
474	**VI. Activos por impuesto diferido.**			

Nº CUENTAS	ACTIVO	NOTAS DE LA MEMORIA	200X	200X-1
	B) ACTIVO CORRIENTE			
580, 581, 582, 583, 584, (599)	**I. Activos no corrientes mantenidos para la venta.**			
	II. Existencias.			
30, (390)	1. Comerciales.			
31, 32, (391), (392)	2. Materias primas y otros aprovechamientos.			
33, 34, (393), (394)	3. Productos en curso.			
35, (395)	4. Productos terminados.			
36, (396)	5. Subproductos, residuos y materiales recuperados.			
407	6. Anticipos a proveedores.			
	III. Deudores comerciales otras cuentas a cobrar.			
430, 431, 432, 435, 436, (437), (490), (4935)	1. Clientes por venta y prestaciones de servicios.			
433, 434, (4933), (4394)	2. Clientes, empresas del grupo y asociadas.			
44, 5531, 5533	3. Deudores varios.			
460, 544	4. Personal.			
4709	5. Activos por impuesto corriente.			
4700, 4708, 471, 472	6. Otros créditos con las Administraciones Públicas.			
5580	7. Accionistas (socios) por desembolsos exigidos.			
	IV. Inversiones en empresas del grupo y asociadas a corto plazo.			
5303, 5304, (5393), (5394), (593)	1. Instrumentos de patrimonio.			
5323, 5324, 5343, 5344, (5953), (5954)	2. Créditos a empresas.			
5313, 5314, 5333, 5334, (5943), (5944)	3. Valores representativos de deuda.			
	4. Derivados.			
5353, 5354, 5523, 5524	5. Otros activos financieros.			
	V. Inversiones financieras a corto plazo.			
5305, 540, (5395), (549)	1. Instrumentos de patrimonio.			
5325, 5345, 542, 543, 547, (5955), (598)	2. Créditos a empresas.			
5315, 5335, 541, 546, (5945), (597)	3. Valores representativos de deuda.			
5590, 5593	4. Derivados.			
5355, 545, 548, 551, 5525, 565, 566	5. Otros activos financieros.			
480, 567	**VI. Periodificaciones a corto plazo.**			
	VII. Efectivo y otros activos líquidos equivalentes.			
570, 571, 572, 573, 574, 575	1. Tesorería.			
576	2. Otros activos líquidos equivalentes.			
	TOTAL ACTIVO (A+B)			

N.º CUENTAS	PATRIMONIO NETO Y PASIVO	NOTAS DE LA MEMORIA	200X	200X-1
	A) PATRIMONIO NETO			
	A-1) Fondos propios.			
	I. Capital.			
100, 101, 102	1. Capital escriturado.			
(1030), (1040),	2. (Capital no exigido).			
110	**II. Prima de emisión.**			
	III. Reservas.			
112, 1141	1. Legal y estatutarias.			
113, 1140, 1142, 1143, 1144, 115, 119	2. Otras reservas.			
(108), (109)	**IV. (Acciones y participaciones en patrimonio propias).**			
	V. Resultados de ejercicios anteriores.			
120	1. Remanente.			
(121)	2. (Resultados negativos de ejercicios anteriores).			
118	**VI. Otras aportaciones de socios.**			
129	**VII. Resultado del ejercicio.**			
(557)	**VIII. (Dividendo a cuenta).**			
111	**IX. Otros instrumentos de patrimonio neto.**			
	A-2) Ajustes por cambios de valor.			
133	**I. Instrumentos financieros disponibles para la venta.**			
1340	**II. Operaciones de cobertura.**			
137	**III. Otros.**			
130, 131, 132	**A-3) Subvenciones, donaciones y legados recibidos.**			
	B) PASIVO NO CORRIENTE			
	I. Provisiones a largo plazo.			
140	1. Obligaciones por prestaciones a largo plazo al personal.			
145	2. Actuaciones medioambientales.			
146	3. Provisiones por reestructuración.			
141, 142, 143, 147	4. Otras provisiones.			
	II. Deudas a largo plazo.			
177, 178, 179	1. Obligaciones y otros valores negociables.			
1605, 170	2. Deudas con entidades de crédito.			
1625, 174	3. Acreedores por arrendamiento financiero.			
176	4. Derivados.			
1615, 1635, 171, 172, 173, 175, 180, 185, 189	5. Otros pasivos financieros.			
1603, 1604, 1613, 1614, 1623, 1624, 1633, 1634	**III. Deudas con empresas del grupo y asociadas a largo plazo.**			
479	**IV. Pasivos por impuesto diferido.**			
181	**V. Periodificaciones a largo plazo.**			

N.º CUENTAS	PATRIMONIO NETO Y PASIVO	NOTAS DE LA MEMORIA	200X	200X-1
	C) PASIVO CORRIENTE			
585, 586, 587, 588, 589	**I. Pasivos vinculados con activos no corrientes mantenidos para la venta.**			
499, 529	**II. Provisiones a corto plazo.**			
	III. Deudas a corto plazo.			
500, 501, 505, 506	1. Obligaciones y otros valores negociables.			
5105, 520, 527	2. Deudas con entidades de crédito.			
5125, 524	3. Acreedores por arrendamiento financiero.			
5595, 5598	4. Derivados.			
(1034), (1044), (190), (192), 194, 509, 5515, 5135, 5145, 521, 522, 523, 525, 526, 528, 551, 5525, 5530, 5532, 555, 5565, 5566, 560, 561, 569	5. Otros pasivos financieros.			
5103, 5104, 5113, 5114, 5123, 5124, 5133, 5134, 5143, 5144, 5523, 5524 5563, 5564	**IV. Deudas con empresas del grupo y asociadas a corto plazo.**			
	V. Acreedores comerciales y otras cuentas a pagar.			
400, 401, 405, (406)	1. Proveedores.			
403, 404	2. Proveedores, empresas del grupo asociadas.			
41	3. Acreedores varios.			
465, 466	4. Personal (remuneraciones pendientes de pago).			
4752	5. Pasivos por impuesto corriente.			
4750, 4751, 4758, 476, 477	6. Otras deudas con las Administraciones Públicas.			
438	7. Anticipos de clientes.			
485, 568	**VI. Periodificaciones.**			
	TOTAL PATRIMONIO NETO Y PASIVO (A + B + C)			

CUENTAS DE PÉRDIDAS Y GANANCIAS CORRESPONDIENTE AL EJERCICIO TERMINADO EL ... DE 200X

N.º CUENTAS		NOTA	(Debe) Haber 200X	(Debe) Haber 200X-1
	A) OPERACIONES CONTINUADAS			
	1. Importe neto de la cifra de negocios.			
700, 701, 702, 703, 704, (706), (708), (709)	*a)* Ventas.			
705	*b)* Prestaciones de servicios.			
(6930), 71*, 7930	**2. Variación de existencias de productos terminados y en curso de fabricación.**			
73	**3. Trabajos realizados por la empresa para su activo.**			
	4. Aprovisionamientos.			
(600), 6060, 6080, 6090, 610*	*a)* Consumo de mercaderías.			
(601), (602), 6061, 6062, 6081, 6082, 6091, 6092, 611*, 612*	*b)* Consumo de materias primas y otras materias consumibles.			
(607)	*c)* Trabajos realizados por otras empresas.			
(6931), (6932), (6933), 7931, 7932, 7933	*d)* Deterioro de mercaderías, materias primas y otros aprovisionamientos.			
	5. Otros ingresos de explotación.			
75	*a)* Ingresos accesorios y otros de gestión corriente.			
740, 747	*b)* Subvenciones de explotación incorporadas al resultado del ejercicio.			
	6 Gastos de personal.			
(640), (641), (6450)	*a)* Sueldos, salarios y asimilados.			
(642), (643), (649)	*b)* Cargas sociales.			
(644), (6457), 7950, 7957	*c)* Provisiones.			
	7. Otros gastos de explotación.			
(62)	*a)* Servicios exteriores.			
(631), (634), 636, 639	*b)* Tributos.			
(650), (694), (695), 794, 7954	*c)* Pérdidas, deterioro y variación de provisiones por operaciones comerciales.			
(651), (659)	*d)* Otros gastos de gestión corriente.			
(68)	**8. Amortización del inmovilizado.**			
746	**9. Imputación de subvenciones de inmovilizado no financiero y otras.**			
7951, 7952, 7955, 7956	**10. Exceso de provisiones.**			
	11. Deterioro y resultado por enajenaciones del inmovilizado.			
(690), (691), (692), 790, 791, 792	*a)* Deterioros y pérdidas.			
(670), (671), (672), 770 771, 772	*b)* Resultados por enajenaciones y otras.			
	A.1) RESULTADO DE EXPLOTACIÓN (1+2+3+4+5+6+7+8+9+10+11)			

N.º CUENTAS		NOTA	(Debe) Haber	
			200X	200X-1
	12. Ingresos financieros.			
	a) De participaciones en instrumentos de patrimonio.			
7600, 7601	a_1) En empresas del grupo y asociadas.			
7602, 7603	a_2) En terceros.			
	b) De valores negociables y otros instrumentos financieros.			
7610, 7611, 76200, 76201, 76210, 76211	b_1) De empresas del grupo y asociadas.			
7612, 7613, 76202,76203, 76212, 76213,767, 769	b_2) De terceros.			
	13. Gastos financieros.			
(6610), (6611), (6615), (6616), (6620), (6621), (6640), (6641), (6650), (6651), (6654), (6655)	*a)* Por deudas con empresas del grupo y asociadas.			
(6612), (6613), (6617), (6618), (6622), (6623), (6624), (6642), (6643), (6652), (6653), (6656), (6657), (669)	*b)* Por deudas con terceros.			
(660)	*c)* Por actualización de provisiones.			
	14. Variación de valor razonable en instrumentos financieros.			
(6630), (6631), (6633), 7630, 7631, 7633	*a)* Cartera de negociación y otros.			
(6632), 7632	*b)* Imputación al resultado del ejercicio por activos financieros disponibles para la venta.			
(668), 768	**15. Diferencias de cambio.**			
	16. Deterioro y resultado por enajenaciones de instrumentos financieros.			
(696), (697), (698), (699), 796, 797, 798, 799	*a)* Deterioros y pérdidas.			
(666), (667), (673), (675), 766, 773, 775	*b)* Resultados por enajenaciones y otras.			
	A.2) RESULTADO FINANCIERO (12+13+14+15+16)			
	A.3) RESULTADO ANTES DE IMPUESTOS (A.1+A.2)			
(6300)*, 6301*, (633), 638	**17. Impuestos sobre beneficios.**			
	A.4) RESULTADO DEL EJERCICIO PROCEDENTE DE OPERACIONES CONTINUADAS (A.3+17)			
	B) OPERACIONES INTERRUMPIDAS			
	18. Resultado del ejercicio procedente de operaciones interrumpidas neto de impuestos.			
	A.5) RESULTADO DEL EJERCICIO (A.4+18)			

* Su signo puede ser positivo o negativo

ESTADO DE CAMBIOS EN EL PATRIMONIO NETO CORRESPONDIENTE AL EJERCICIO TERMINADO EL ... DE 200X

A) ESTADO DE INGRESOS Y GASTOS RECONOCIDOS CORRESPONDIENTE AL EJERCICIO TERMINADO EL ... DE 200X

N.º CUENTAS		NOTAS DE LA MEMORIA	200X	200X-1
	A) Resultado de la cuenta de pérdidas y ganancias.			
	Ingresos y gastos imputados directamente al patrimonio neto.			
	I. Por valoración de activos y pasivos.			
(800), (89), 900, 991, 992	1. Activos financieros disponibles para la venta.			
	2. Otros ingresos/gastos.			
(810), 910	**II. Por coberturas de flujos de efectivo.**			
94	**III. Subvenciones, donaciones y legados recibidos.**			
(85), 95	**IV. Por ganancias y pérdidas actuariales y otros ajustes.**			
(8300)*, 8301*, (833), 834, 835, 838	**V. Efecto impositivo.**			
	B) Total ingresos y gastos imputados directamente en el patrimonio neto (I+II+III+IV+V).			
	Transferencias a la cuenta de pérdidas y ganancias.			
	VI. Por valoración de activos y pasivos.			
(802), 902, 993, 994	1. Ingresos/gastos de activos financieros disponibles para la venta.			
	2. Ingresos/gastos por pasivos a valor razonable con cambios en el patrimonio neto.			
(812), 912	**VII. Por coberturas.**			
(84)	**VIII. Subvenciones, donaciones y legados.**			
8301*, (836), (837)	**IX. Efecto impositivo.**			
	C) Total transferencias a la cuenta de pérdidas y ganancias (VI+VII+VII+IX).			
	TOTAL DE INGRESOS Y GASTOS RECONOCIDOS (A + B + C).			

* Su signo puede ser positivo o negativo

B) ESTADO TOTAL DE CAMBIOS EN EL PATRIMONIO NETO CORRESPONDIENTE AL EJERCICIO TERMINADO EL ... DE 200X

	Capital		Prima de emisión	Reservas	(Acciones y participaciones en patrimonio propias)	Resultados de ejercicios anteriores	Otras aportaciones de socios	Resultado del ejercicio	(Dividendo a cuenta)	Otros instrumentos de patrimonio neto	Ajuste por cambios de valor	Subvenciones donaciones y legados recibidos	TOTAL
	Escriturado	No exigido											
A. SALDO, FINAL DEL AÑO 200X - 2													
I. Ajustes por cambios de criterio 200X-2 y anteriores.													
II. Ajustes por errores 200X-2 y anteriores.													
B. SALDO AJUSTADO, INICIO DEL AÑO 200X - 1													
I. Total ingresos y gastos reconocidos.													
II. Operaciones con socios o propietarios.													
1. Aumentos de capital. 2. (-) Reducciones de capital. 3. Conversión de pasivos financieros en patrimonio neto (conversión obligaciones, condonaciones de deudas). 4. (-) Distribución de dividendos. 5. Operaciones con acciones o participaciones propias (netas). 6. Incremento (reducción) de patrimonio neto resultante de una combinación de negocios. 7. Otras operaciones con socios o propietarios.													
III. Otras variaciones del patrimonio neto.													
C. SALDO, FINAL DEL AÑO 200X - 1													
I. Ajustes por cambios de criterio 200X-1.													
II. Ajustes por errores 200X-1.													
D. SALDO AJUSTADO, INICIO DEL AÑO 200X													
I. Total ingresos y gastos reconocidos.													
II. Operaciones con socios o propietarios.													
1. Aumentos de capital. 2. (-) Reducciones de capital. 3. Conversión de pasivos financieros en patrimonio neto (conversión obligaciones, condonaciones de deudas). 4. (-) Distribución de dividendos. 5. Operaciones con acciones o participaciones propias (netas). 6. Incremento (reducción) de patrimonio neto resultante de una combinación de negocios. 7. Otras operaciones con socios o propietarios.													
III. Otras variaciones del patrimonio neto.													
E. SALDO, FINAL DEL AÑO 200X													

ESTADO DE FLUJOS DE EFECTIVO CORRESPONDIENTE AL EJERCICIO TERMINADO EL ... DE 200X

	NOTAS	200X	200X-1
A) FLUJOS DE EFECTIVO DE LAS ACTIVIDADES DE EXPLOTACIÓN			
1. Resultado del ejercicio antes de impuestos.			
2. Ajuste del resultado.			
a) Amortización del inmovilizado (+).			
b) Correcciones valorativas por deterioro (+).			
c) Variación de provisiones (+/-).			
d) Imputación de subvenciones (-).			
e) Resultados por bajas y enajenaciones del inmovilizado (+/-).			
f) Resultados por bajas y enajenaciones de instrumentos financieros (+/-).			
g) Ingresos financieros (-).			
h) Gastos financieros (+).			
i) Diferencias de cambios (+/-).			
j) Variación de valor razonable en instrumentos financieros (+/-).			
k) Otros ingresos y gastos (-/+).			
3. Cambios en el capital corriente.			
a) Existencias (+/-).			
b) Deudores y otras cuentas a cobrar (+/-).			
c) Otros activos corrientes (+/-).			
d) Acreedores y otras cuentas a pagar (+/-).			
e) Otros pasivos corrientes (+/-).			
f) Otros activos y pasivos no corrientes (+/-).			
4. Otros flujos de efectivo de las actividades de explotación.			
a) Pagos de intereses (-).			
b) Cobros de dividendos (+).			
c) Cobros de intereses (+).			
d) Cobros (pagos) por impuesto sobre beneficios (-/+).			
e) Otros pagos (cobros) (+/-).			
5. Flujos de efectivo de las actividades de explotación (+/-1+/-2+/-3+/-4).			
B) FLUJOS DE EFECTIVO DE LAS ACTIVIDADES DE INVERSIÓN			
6. Pagos por inversiones (-).			
a) Empresas del grupo y asociadas.			
b) Inmovilizado intangible.			
c) Inmovilizado material.			
d) Inversiones inmobiliarias.			
e) Otros activos financieros.			
f) Activos no corrientes mantenidos para venta.			
g) Otros activos.			
7. Cobros por desinversiones (+).			
a) Empresas del grupo y asociadas.			
b) Inmovilizado intangible.			
c) Inmovilizado material.			
d) Inversiones inmobiliarias			
e) Otros activos financieros.			
f) Activos no corrientes mantenidos para venta.			
g) Otros activos.			
8. Flujos de efectivo de las actividades de inversión (7-6).			
C) FLUJOS DE EFECTIVO DE LAS ACTIVIDADES DE FINANCIACIÓN			
9. Cobros y pagos por instrumentos de patrimonio.			
a) Emisión de instrumentos de patrimonio (+).			
b) Amortización de instrumentos de patrimonio propio (-).			
c) Adquisición de instrumentos de patrimonio propio (-).			
d) Enajenación de instrumentos de patrimonio propio (+).			
c) Subvenciones, donaciones y legados recibidos (+)			
10. Cobros y pagos por instrumentos de pasivo financiero.			
a) Emisión.			
1) Obligaciones y otros valores negociables (+).			
2) Deudas con entidades de crédito (+).			
3) Deudas con empresas del grupo y asociadas (+).			
4) Otras (+).			
b) Devolución y amortización de			
1) Obligaciones y otros valores negociables (-).			
2) Deudas con entidades de crédito (-).			
3) Deudas con empresas del grupo y asociadas (-).			
4) Otras (-).			
11. Pagos por dividendos y remuneraciones de otros instrumentos de patrimonio.			
a) Dividendos (-).			
b) Remuneración de otros instrumentos de patrimonio (-).			
12. Flujos de efectivo de las actividades de financiación (+/-9+/-10-11).			
D) Efecto de las variaciones de los tipos de cambio.			
E) AUMENTO/DISMINUCIÓN NETA DEL EFECTIVO O EQUIVALENTES (+/-A+/-B+/-C+/-D)			
Efectivo o equivalentes al comienzo del ejercicio.			
Efectivo o equivalentes al final del ejercicio.			

MEMORIA

CONTENIDO DE LA MEMORIA

1. ACTIVIDAD DE LA EMPRESA

En este apartado se describirá el objeto social de la empresa y la actividad o actividades a que se dedique. En particular:

1. Domicilio y forma legal de la empresa, así como el lugar donde desarrolle las actividades, si fuese diferente de la sede social.
2. Una descripción de la naturaleza de la explotación de la empresa, así como de sus principales actividades.
3. En el caso de pertenecer a un grupo de sociedades, en los términos previstos en el artículo 42 del Código de Comercio, incluso cuando la sociedad dominante esté domiciliada fuera del territorio español, se informará sobre su nombre, así como el de la sociedad dominante directa y de la dominante última del grupo, la residencia de estas sociedades y el Registro Mercantil donde estén depositadas las cuentas anuales consolidadas, la fecha de formulación de las mismas o, si procediera, las circunstancias que eximan de la obligación de consolidar.
4. Cuando exista una moneda funcional distinta del euro, se pondrá claramente de manifiesto esta circunstancia, indicando los criterios tenidos en cuenta para su determinación.

2. BASES DE PRESENTACIÓN DE LAS CUENTAS ANUALES

1. Imagen fiel:

   a) La empresa deberá hacer una declaración explícita de que las cuentas anuales reflejan la imagen fiel del patrimonio, de la situación financiera y de los resultados de la empresa, así como de la veracidad de los flujos incorporados en el estado de flujos de efectivo.

   b) Razones excepcionales por las que, para mostrar la imagen fiel, no se han aplicado disposiciones legales en materia contable, con indicación de la disposición legal no aplicada, e influencia cualitativa y cuantitativa para cada ejercicio para el que se presenta información, de tal proceder sobre el patrimonio, la situación financiera y los resultados de la empresa.

   c) Informaciones complementarias, indicando su ubicación en la memoria, que resulte necesario incluir cuando la aplicación de las disposiciones legales no sea suficiente para mostrar la imagen fiel.

2. Principios contables no obligatorios aplicados.
3. Aspectos críticos de la valoración y estimación de la incertidumbre.

   a) Sin perjuicio de lo indicado en cada nota específica, en este apartado se informará sobre los supuestos clave acerca del futuro, así como de otros datos relevantes sobre la estimación de la incertidumbre en la fecha de cierre del ejercicio, siempre que lleven asociado un riesgo importante que pueda suponer cambios significativos en el valor de los activos o pasivos en el ejercicio siguiente. Respecto de tales activos y pasivos, se incluirá información sobre su naturaleza y su valor contable en la fecha de cierre.

b) Se indicará la naturaleza y el importe de cualquier cambio en una estimación contable que sea significativo y que afecte al ejercicio actual o que se espera que pueda afectar a los ejercicios futuros. Cuando sea impracticable realizar una estimación del efecto en ejercicios futuros, se revelará este hecho.

c) Cuando la dirección sea consciente de la existencia de incertidumbres importantes, relativas a eventos o condiciones que puedan aportar dudas significativas sobre la posibilidad de que la empresa siga funcionando normalmente, procederá a revelarlas en este apartado. En el caso de que las cuentas anuales no se elaboren bajo el principio de empresa en funcionamiento, tal hecho será objeto de revelación explícita, junto con las hipótesis alternativas sobre las que hayan sido elaboradas, así como las razones por las que la empresa no pueda ser considerada como una empresa en funcionamiento.

4. Comparación de la información.

Sin perjuicio de lo indicado en los apartados siguientes respecto a los cambios en criterios contables y corrección de errores, en este apartado se incorporará la siguiente información:

a) Razones excepcionales que justifican la modificación de la estructura del balance, de la cuenta de pérdidas y ganancias, del estado de cambios en el patrimonio neto y del estado de flujos de efectivo del ejercicio anterior.

b) Explicación de las causas que impiden la comparación de las cuentas anuales del ejercicio con las del precedente.

c) Explicación de la adaptación de los importes del ejercicio precedente para facilitar la comparación y, en caso contrario, las razones excepcionales que han hecho impracticable la reexpresión de las cifras comparativas.

5. Agrupación de partidas.

Se informará del desglose de las partidas que han sido objeto de agrupación en el balance, en la cuenta de pérdidas y ganancias, en el estado de cambios en el patrimonio neto o en el estado de flujos de efectivo.

No será necesario presentar la información anterior si dicha desagregación figura en otros apartados de la memoria.

6. Elementos recogidos en varias partidas.

Identificación de los elementos patrimoniales, con su importe, que estén registrados en dos o más partidas del balance, con indicación de éstas y del importe incluido en cada una de ellas.

7. Cambios en criterios contables.

Explicación detallada de los ajustes por cambios en criterios contables realizados en el ejercicio. En particular, deberá suministrarse información sobre:

a) Naturaleza y descripción del cambio producido y las razones por las cuales el cambio permite una información más fiable y relevante.

b) Importe de la corrección para cada una de las partidas que correspondan de los documentos que integran las cuentas anuales, afectadas en cada uno de los ejercicios presentados a efectos comparativos, y *c)* Si la aplicación retroactiva fuera impracticable, se informará sobre tal hecho, las circunstancias que lo explican y desde cuándo se ha aplicado el cambio en el criterio contable.

Cuando el cambio de criterio se deba a la aplicación de una nueva norma, se indicará y se estará a lo dispuesto en la misma, informando de su efecto sobre ejercicios futuros.

No será necesario incluir información comparativa en este apartado.

8. Corrección de errores.

Explicación detallada de los ajustes por corrección de errores realizados en el ejercicio. En particular, deberá suministrarse información sobre:

a) Naturaleza del error y el ejercicio o ejercicios en que se produjo.

b) Importe de la corrección para cada una de las partidas que correspondan de los documentos que integran las cuentas anuales afectadas en cada uno de los ejercicios presentados a efectos comparativos, y

c) Si la aplicación retroactiva fuera impracticable, se informará sobre tal hecho, las circunstancias que lo explican y desde cuándo se ha corregido el error.

No será necesario incluir información comparativa en este apartado.

3. APLICACIÓN DE RESULTADOS

1. Información sobre la propuesta de aplicación del resultado del ejercicio, de acuerdo con el siguiente esquema:

Base de reparto	**Importe**
Saldo de la cuenta de pérdidas y ganancias	
Remanente	
Reservas voluntarias..................................	
Otras reservas de libre disposición.................	-------
Total.............	-------

Aplicación	**Importe**
A reserva legal..	
A reserva por fondo de comercio	
A reservas especiales.....................................	
A reservas voluntarias	
A	
A dividendos..	
A	
A compensación de pérdidas de ejercicios anteriores	-------
Total.............	-------

2. En el caso de distribución de dividendos a cuenta en el ejercicio, se deberá indicar el importe de los mismos e incorporar el estado contable previsional formulado preceptivamente para poner de manifiesto la existencia de liquidez suficiente. Dicho estado contable deberá abarcar un periodo de un año desde que se acuerde la distribución del dividendo a cuenta.
3. Limitaciones para la distribución de dividendos.

4. NORMAS DE REGISTRO Y VALORACIÓN

Se indicarán los criterios contables aplicados en relación con las siguientes partidas:

1. Inmovilizado intangible; indicando los criterios utilizados de capitalización o activación, amortización y correcciones valorativas por deterioro.
   Justificación de las circunstancias que han llevado a calificar como indefinida la vida útil de un inmovilizado intangible.
   En particular, deberá indicarse de forma detallada el criterio de valoración seguido para calcular el valor recuperable del fondo de comercio, así como del resto de inmovilizados intangibles con vida útil indefinida.
2. Inmovilizado material; indicando los criterios sobre amortización, correcciones valorativas por deterioro y reversión de las mismas, capitalización de gastos financieros, costes de ampliación, modernización y mejoras, costes de desmantelamiento o retiro, así como los costes de rehabilitación del lugar donde se asiente un activo y los criterios sobre la determinación del coste de los trabajos efectuados por la empresa para su inmovilizado.
3. Se señalará el criterio para calificar los terrenos y construcciones como inversiones inmobiliarias, especificando para éstas los criterios señalados en el apartado anterior.
4. Arrendamientos; indicando los criterios de contabilización de contratos de arrendamiento financiero y otras operaciones de naturaleza similar.
5. Permutas; indicando el criterio seguido y la justificación de su aplicación, en particular, las circunstancias que han llevado a calificar a una permuta de carácter comercial.
6. Instrumentos financieros; se indicará:

   a) Criterios empleados para la calificación y valoración de las diferentes categorías de activos financieros y pasivos financieros, así como para el reconocimiento de cambios de valor razonable; en particular, las razones por las que los valores emitidos por la empresa que, de acuerdo con el instrumento jurídico empleado, en principio debieran haberse clasificado como instrumentos de patrimonio, han sido contabilizados como pasivos financieros.

   b) La naturaleza de los activos financieros y pasivos financieros designados inicialmente como a valor razonable con cambios en la cuenta de pérdidas y ganancias, así como los criterios aplicados en dicha designación y una explicación de cómo la empresa ha cumplido con los requerimientos señalados en la norma de registro y valoración relativa a instrumentos financieros.

c) Los criterios aplicados para determinar la existencia de evidencia objetiva de deterioro, así como el registro de la corrección de valor y su reversión y la baja definitiva de activos financieros deteriorados. En particular, se destacarán los criterios utilizados para calcular las correcciones valorativas relativas a los deudores comerciales y otras cuentas a cobrar. Asimismo, se indicarán los criterios contables aplicados a los activos financieros cuyas condiciones hayan sido renegociadas y que, de otro modo, estarían vencidos o deteriorados.

d) Criterios empleados para el registro de la baja de activos financieros y pasivos financieros.

e) Instrumentos financieros híbridos; indicando los criterios que se hayan seguido para valorar de forma separada los instrumentos que los integren, sobre la base de sus características y riesgos económicos o, en su caso, la imposibilidad de efectuar dicha separación. Asimismo, se detallarán los criterios de valoración seguidos con especial referencia a las correcciones valorativas por deterioro.

f) Instrumentos financieros compuestos; deberá indicarse el criterio de valoración seguido para cuantificar el componente de estos instrumentos que deba calificarse como pasivo financiero.

g) Contratos de garantías financieras; indicando el criterio seguido tanto en la valoración inicial como posterior.

h) Inversiones en empresas del grupo, multigrupo y asociadas; se informará sobre el criterio seguido en la valoración de estas inversiones, así como el aplicado para registrar las correcciones valorativas por deterioro.

i) Los criterios empleados en la determinación de los ingresos o gastos procedentes de las distintas categorías de instrumentos financieros: intereses, primas o descuentos, dividendos, etc.

j) Instrumentos de patrimonio propios en poder de la empresa; indicando los criterios de valoración y registro empleados.

7. Coberturas contables; indicando los criterios de valoración aplicados por la empresa en sus operaciones de cobertura, distinguiendo entre coberturas de valor razonable, de flujos de efectivo y de inversiones netas en negocios en el extranjero, así como los criterios de valoración aplicados para el registro de los efectos contables de su interrupción y los motivos que la han originado.
8. Existencias; indicando los criterios de valoración y, en particular, precisando los seguidos sobre correcciones valorativas por deterioro y capitalización de gastos financieros.
9. Transacciones en moneda extranjera; indicando:

   a) Criterios de valoración de las transacciones en moneda extranjera y criterios de imputación de las diferencias de cambio.

   b) Cuando se haya producido un cambio en la moneda funcional, se pondrá de manifiesto, así como la razón de dicho cambio.

c) Para los elementos contenidos en las cuentas anuales que en la actualidad o en su origen hubieran sido expresados en moneda extranjera, se indicará el procedimiento empleado para calcular el tipo de cambio a euros.

d) Criterio empleado para la conversión a la moneda de presentación.

10. Impuestos sobre beneficios; indicando los criterios utilizados para el registro y valoración de activos y pasivos por impuesto diferido.
11. Ingresos y gastos; indicando los criterios generales aplicados. En particular, en relación con las prestaciones de servicios realizadas por la empresa se indicarán los criterios utilizados para la determinación de los ingresos; en concreto, se señalarán los métodos empleados para determinar el porcentaje de realización en la prestación de servicios y se informará en caso de que su aplicación hubiera sido impracticable.
12. Provisiones y contingencias; indicando el criterio de valoración, así como, en su caso, el tratamiento de las compensaciones a recibir de un tercero en el momento de liquidar la obligación. En particular, en relación con las provisiones deberá realizarse una descripción general del método de estimación y cálculo de cada uno de los riesgos.
13. Elementos patrimoniales de naturaleza medioambiental, indicando:

    a) Criterios de valoración, así como de imputación a resultados de los importes destinados a los fines medioambientales. En particular, se indicará el criterio seguido para considerar estos importes como gastos del ejercicio o como mayor valor del activo correspondiente.

    b) Descripción del método de estimación y cálculo de las provisiones derivadas del impacto medioambiental.
14. Criterios empleados para el registro y valoración de los gastos de personal; en particular, el referido a compromisos por pensiones.
15. Pagos basados en acciones; indicando los criterios empleados para su contabilización.
16. Subvenciones, donaciones y legados; indicando el criterio empleado para su clasificación y, en su caso, su imputación a resultados.
17. Combinaciones de negocios; indicando los criterios de registro y valoración empleados.
18. Negocios conjuntos; indicando los criterios seguidos por la empresa para integrar en sus cuentas anuales los saldos correspondientes al negocio conjunto en que participe.
19. Criterios empleados en transacciones entre partes vinculadas.
20. Activos no corrientes mantenidos para la venta; se indicarán los criterios seguidos para calificar y valorar dichos activos o grupos de elementos como mantenidos para la venta, incluyendo los pasivos asociados.
21. Operaciones interrumpidas; criterios para identificar y calificar una actividad como interrumpida, así como los ingresos y gastos que originan.

5. INMOVILIZADO MATERIAL

1. Análisis del movimiento durante el ejercicio de cada partida del balance incluida en este epígrafe y de sus correspondientes amortizaciones acumuladas y correcciones valorativas por deterioro acumuladas; indicando lo siguiente:

a) Saldo inicial.

b) Entradas o dotaciones, especificando las adquisiciones realizadas mediante combinaciones de negocios y las aportaciones no dinerarias, así como las que se deban a ampliaciones o mejoras.

c) Reversión de correcciones valorativas por deterioro.

d) Aumentos/disminuciones por transferencias o traspasos de otras partidas; en particular a activos no corrientes mantenidos para la venta u operaciones interrumpidas.

e) Salidas, bajas o reducciones.

f) Correcciones valorativas por deterioro, diferenciando las reconocidas en el ejercicio, de las acumuladas.

g) Amortizaciones, diferenciando las reconocidas en el ejercicio, de las acumuladas.

h) Saldo final.

2. Información sobre:

a) Costes estimados de desmantelamiento, retiro o rehabilitación, incluidos como mayor valor de los activos, especificando las circunstancias que se han tenido en cuenta para su valoración.

b) Vidas útiles o coeficientes de amortización utilizados por clases de elementos, así como los métodos de amortización empleados, informando de la amortización del ejercicio y la acumulada que corresponda a cada elemento significativo de este epígrafe.

c) Siempre que tenga incidencia significativa en el ejercicio presente o en ejercicios futuros, se informará de los cambios de estimación que afecten a valores residuales, a los costes estimados de desmantelamiento, retiro o rehabilitación, vidas útiles y métodos de amortización.

d) Características de las inversiones en inmovilizado material adquiridas a empresas del grupo y asociadas, con indicación de su valor contable, amortización y correcciones valorativas por deterioro acumuladas.

e) Características de las inversiones en inmovilizado material situadas fuera del territorio español, con indicación de su valor contable, amortización y correcciones valorativas por deterioro acumuladas.

f) Importe de los gastos financieros capitalizados en el ejercicio, así como los criterios seguidos para su determinación.

g) Para cada corrección valorativa por deterioro de cuantía significativa, reconocida o revertida durante el ejercicio para un inmovilizado material individual, se indicará:

- Naturaleza del inmovilizado material.
- Importe, sucesos y circunstancias que han llevado al reconocimiento y reversión de la pérdida por deterioro.
- Criterio empleado para determinar el valor razonable menos los costes de venta, en su caso, y

— Si el método empleado fuera el valor en uso, se señalará el tipo o tipos de actualización utilizados en las estimaciones actuales y en las anteriores, una descripción de las hipótesis clave sobre las que se han basado las proyecciones de flujos de efectivo y de cómo se han determinado sus valores, el periodo que abarca la proyección de los flujos de efectivo y la tasa de crecimiento de éstos a partir del quinto año.

h) Respecto a las pérdidas y reversiones por deterioro agregadas para las que no se revela la información señalada en la letra anterior, las principales clases de inmovilizados afectados por las pérdidas y reversiones por deterioro y los principales sucesos y circunstancias que han llevado al reconocimiento y la reversión de tales correcciones valorativas por deterioro.

i) Se informará del importe de las compensaciones de terceros que se incluyan en el resultado del ejercicio por elementos de inmovilizado material cuyo valor se hubiera deteriorado, se hubieran perdido o se hubieran retirado.

j) Si el inmovilizado material está incluido en una unidad generadora de efectivo, la información de la pérdida por deterioro se dará de acuerdo con lo establecido en el apartado 2 de la nota 7.

k) Características del inmovilizado material no afecto directamente a la explotación, indicando su valor contable, amortización y correcciones valorativas por deterioro acumuladas.

l) Importe y características de los bienes totalmente amortizados en uso, distinguiendo entre construcciones y resto de elementos.

m) Bienes afectos a garantías y reversión, así como la existencia y los importes de restricciones de titularidad.

n) Subvenciones, donaciones y legados recibidos relacionados con el inmovilizado material, indicando también el importe de dichos activos.

o) Compromisos firmes de compra y fuentes previsibles de financiación, así como los compromisos firmes de venta.

p) Cualquier otra circunstancia de carácter sustantivo que afecte a bienes del inmovilizado material tal como: arrendamientos, seguros, litigios, embargos y situaciones análogas.

q) Arrendamientos financieros y otras operaciones de naturaleza similar sobre bienes del inmovilizado material. Sin perjuicio de la información requerida en otras partes de la memoria.

r) En el caso de inmuebles, se indicará de forma separada el valor de la construcción y del terreno.

s) El resultado del ejercicio derivado de la enajenación o disposición por otros medios de elementos del inmovilizado material.

6. INVERSIONES INMOBILIARIAS

Además de la información requerida en la nota anterior, se describirán los inmuebles clasificados como inversiones inmobiliarias, y se informará de:

1. Tipos de inversiones inmobiliarias y destino que se dé a las mismas.
2. Ingresos provenientes de estas inversiones así como los gastos para su explotación; se diferenciarán las inversiones que generan ingresos de aquellas que no lo hacen.
3. La existencia e importe de las restricciones a la realización de inversiones inmobiliarias, al cobro de los ingresos derivados de las mismas o de los recursos obtenidos por su enajenación o disposición por otros medios, y
4. Obligaciones contractuales para adquisición, construcción o desarrollo de inversiones inmobiliarias o para reparaciones, mantenimiento o mejoras.

7. INMOVILIZADO INTANGIBLE

7.1. *General*

Salvo en relación con el fondo de comercio, respecto al cual deberá suministrarse la información referida en el apartado 2 de esta nota, se incluirá la siguiente información:

1. Análisis del movimiento durante el ejercicio de cada partida del balance incluida en este epígrafe y de sus correspondientes amortizaciones acumuladas y correcciones valorativas por deterioro de valor acumuladas; indicando lo siguiente:

   a) Saldo inicial.

   b) Entradas o dotaciones, especificando los activos generados internamente y los adquiridos mediante combinaciones de negocios y aportaciones no dinerarias.

   c) Reversión de correcciones valorativas por deterioro.

   d) Aumentos/disminuciones por transferencias o traspaso de otra partida, en particular a activos no corrientes mantenidos para la venta.

   e) Salidas, bajas o reducciones.

   f) Correcciones valorativas por deterioro, diferenciando las reconocidas en el ejercicio, de las acumuladas.

   g) Amortizaciones, diferenciando las reconocidas en el ejercicio, de las acumuladas.

   h) Saldo final.

2. Información sobre:

   a) Activos afectos a garantías y reversión, así como la existencia y los importes de restricciones a la titularidad.

   b) Vidas útiles o coeficientes de amortización utilizados por clases de elementos, así como los métodos de amortización empleados, informando de la amortización del ejercicio y la acumulada que corresponda a cada elemento significativo de este epígrafe.

c) Siempre que tenga incidencia significativa en el ejercicio presente o en ejercicios futuros, se informará de los cambios de estimación que afectan a valores residuales, vidas útiles y métodos de amortización.

d) Características de las inversiones en inmovilizado intangible adquiridas a empresas del grupo y asociadas, con indicación de su valor contable, amortización y correcciones valorativas por deterioro acumuladas.

e) Características de las inversiones en inmovilizado intangible cuyos derechos pudieran ejercitarse fuera del territorio español o estuviesen relacionadas con inversiones situadas fuera del territorio español, con indicación de su valor contable, amortización y correcciones valorativas por deterioro acumuladas.

f) Importe de los gastos financieros capitalizados en el ejercicio, así como los criterios seguidos para su determinación.

g) Para cada corrección valorativa por deterioro de cuantía significativa, reconocida o revertida durante el ejercicio para un inmovilizado intangible individual, se indicará:

- Naturaleza del inmovilizado intangible.
- Importe, sucesos y circunstancias que han llevado al reconocimiento y reversión de la pérdida por deterioro.
- Criterio empleado para determinar el valor razonable menos los gastos de venta, en su caso, y
- Si el método empleado fuera el valor en uso, se señalará el tipo o tipos de actualización utilizados en las estimaciones actuales y en las anteriores, una descripción de las hipótesis clave sobre las que se han basado las proyecciones de flujos de efectivo y de cómo se han determinado sus valores, el periodo que abarca la proyección de los flujos de efectivo y la tasa de crecimiento de éstos a partir del quinto año.

h) Respecto a las pérdidas y reversiones por deterioro agregadas para las que no se revela la información señalada en la letra anterior, las principales clases de inmovilizados afectados por las pérdidas y reversiones por deterioro y los principales sucesos y circunstancias que han llevado al reconocimiento y la reversión de tales correcciones valorativas por deterioro.

i) Si el inmovilizado intangible está incluido en una unidad generadora de efectivo, la información de la pérdida por deterioro se dará de acuerdo con lo establecido en el apartado 2 de esta nota.

j) Características del inmovilizado intangible no afecto directamente a la explotación, indicando su valor contable, amortización y correcciones valorativas por deterioro acumuladas.

k) Importe y características de los inmovilizados intangibles totalmente amortizados en uso.

l) Subvenciones, donaciones y legados recibidos relacionados con el inmovilizado intangible, indicando también el importe de dichos activos.

m) Compromisos firmes de compra y fuentes previsibles de financiación, así como los compromisos firmes de venta.

n) El resultado del ejercicio derivado de la enajenación o disposición por otros medios de elementos del inmovilizado intangible.

o) El importe agregado de los desembolsos por investigación y desarrollo que se hayan reconocido como gastos durante el ejercicio, así como la justificación de las circunstancias que soportan la capitalización de gastos de investigación y desarrollo.

p) Se detallarán los inmovilizados con vida útil indefinida distintos del fondo de comercio, señalando su importe, naturaleza y las razones sobre las que se apoya la estimación de dicha vida útil indefinida.

q) Cualquier otra circunstancia de carácter sustantivo que afecte al inmovilizado intangible tales como: arrendamientos, seguros, litigios, embargos y situaciones análogas.

7.2. *Fondo de comercio*

Se incluirá en este apartado la siguiente información:

1. Para cada combinación de negocios que se haya realizado en el ejercicio, se expresará la cifra del fondo de comercio, desglosándose las correspondientes a las distintas combinaciones de negocios.

   Tratándose de combinaciones de negocios que individualmente carezcan de importancia relativa, la información anterior se mostrará de forma agregada.

   Esta información también deberá expresarse para las combinaciones de negocios efectuadas entre la fecha de cierre de las cuentas anuales y la de su formulación, a menos que no sea posible, señalándose, en este caso, las razones por las que esta información no puede proporcionarse.

2. La empresa realizará una conciliación entre el importe en libros del fondo de comercio al principio y al final del ejercicio, mostrando por separado:

   a) El importe bruto del mismo y las correcciones valorativas por deterioro acumuladas al principio del ejercicio.

   b) El fondo de comercio adicional reconocido durante el periodo, diferenciando el fondo de comercio incluido en un grupo enajenable de elementos que se haya clasificado como mantenido para la venta, de acuerdo con las normas de registro y valoración. Asimismo se informará sobre el fondo de comercio dado de baja durante el periodo sin que hubiera sido incluido previamente en ningún grupo enajenable de elementos clasificado como mantenido para la venta.

   c) Los ajustes que procedan del reconocimiento posterior de activos por impuesto diferido efectuado durante el ejercicio.

   d) Las correcciones valorativas por deterioro reconocidas durante el ejercicio.

   e) Cualesquiera otros cambios en el importe en libros durante el ejercicio, y

   f) El importe bruto del fondo de comercio y las correcciones valorativas por deterioro acumuladas al final del ejercicio.

3. Descripción de los factores que hayan contribuido al registro del fondo de comercio así como, se justificará e indicará el importe del fondo de comercio y de otros inmovilizados intangibles de vida útil indefinida, atribuidos a cada unidad generadora de efectivo.
4. Para cada pérdida por deterioro de cuantía significativa del fondo de comercio, se informará de lo siguiente:

   a) Descripción de la unidad generadora de efectivo que incluya el fondo de comercio así como otros inmovilizados intangibles o materiales y la forma de realizar la agrupación para identificar una unidad generadora de efectivo cuando sea diferente a la llevada a cabo en ejercicios anteriores.

   b) Importe, sucesos y circunstancias que han llevado al reconocimiento de una corrección valorativa por deterioro.

   c) Criterio empleado para determinar el valor razonable menos los gastos de venta, en su caso, y

   d) Si el método empleado fuera el valor en uso, se señalará el tipo o tipos de actualización utilizados en las estimaciones actuales y en las anteriores, una descripción de las hipótesis clave sobre las que se han basado las proyecciones de flujos de efectivo y de cómo se han determinado sus valores, el periodo que abarca la proyección de los flujos de efectivo y la tasa de crecimiento de éstos a partir del quinto año.
5. Respecto a las pérdidas por deterioro agregadas para las que no se revela la información señalada en el número anterior, los principales sucesos y circunstancias que han llevado al reconocimiento de tales correcciones valorativas por deterioro.
6. Las hipótesis utilizadas para la determinación del importe recuperable de los activos o de las unidades generadoras de efectivo.

8. ARRENDAMIENTOS Y OTRAS OPERACIONES DE NATURALEZA SIMILAR

La información que se requiere a continuación para las operaciones de arrendamiento, también deberá suministrarse cuando la empresa realice otras operaciones de naturaleza similar.

8.1. *Arrendamientos financieros*

1. Los arrendadores informarán de:

   a) Una conciliación entre la inversión bruta total en los arrendamientos clasificados como financieros (señalando, en su caso, la opción de compra) y su valor actual al cierre del ejercicio. Se informará además de los cobros mínimos a recibir por dichos arrendamientos y de su valor actual, en cada uno de los siguientes plazos:

   — Hasta un año;
   — Entre uno y cinco años;
   — Más de cinco años.

   b) Una conciliación entre el importe total de los contratos de arrendamiento financiero al principio y al final del ejercicio.

   c) Una descripción general de los acuerdos significativos de arrendamiento financiero.

d) Los ingresos financieros no devengados y el criterio de distribución del componente financiero de la operación.

e) El importe de las cuotas contingentes reconocidas como ingresos del ejercicio.

f) La corrección de valor por deterioro que cubran las insolvencias por cantidades derivadas del arrendamiento pendientes de cobro.

2. Los arrendatarios informarán de:

a) Para cada clase de activos, el importe por el que se ha reconocido inicialmente el activo, indicando si éste corresponde al valor razonable del activo o, en su caso, al valor actual de los pagos mínimos a realizar.

b) Una conciliación entre el importe total de los pagos futuros mínimos por arrendamiento (señalando, en su caso, la opción de compra) y su valor actual al cierre del ejercicio. Se informará además de los pagos mínimos por arrendamiento y de su valor actual, en cada uno de los siguientes plazos:

— Hasta un año;
— Entre uno y cinco años;
— Más de cinco años.

c) El importe de las cuotas contingentes reconocidas como gasto del ejercicio.

d) El importe total de los pagos futuros mínimos que se esperan recibir, al cierre del ejercicio, por subarriendos financieros no cancelables.

e) Una descripción general de los acuerdos significativos de arrendamiento financiero, donde se informará de:

— Las bases para la determinación de cualquier cuota de carácter contingente que se haya pactado.
— La existencia y, en su caso, los plazos de renovación de los contratos, así como de las opciones de compra y las cláusulas de actualización o escalonamiento de precios, y
— Las restricciones impuestas a la empresa en virtud de los contratos de arrendamiento, tales como las que se refieran a la distribución de dividendos, al endeudamiento adicional o a nuevos contratos de arrendamiento.

f) A los activos que surjan de estos contratos, les será de aplicación la información a incluir en memoria correspondiente a la naturaleza de los mismos, establecidas en las notas anteriores, relativas a inmovilizado material, inversiones inmobiliarias e intangible.

8.2. *Arrendamientos operativos*

1. Los arrendadores informarán de:

a) El importe total de los cobros futuros mínimos del arrendamiento correspondientes a los arrendamientos operativos no cancelables, así como los importes que correspondan a los siguientes plazos:

— Hasta un año;

— Entre uno y cinco años;
— Más de cinco años.

b) Una descripción general de los bienes y de los acuerdos significativos de arrendamiento.

c) El importe de las cuotas contingentes reconocidas como ingresos del ejercicio.

2. Los arrendatarios informarán de:

a) El importe total de los pagos futuros mínimos del arrendamiento correspondientes a los arrendamientos operativos no cancelables, así como los importes que correspondan a los siguientes plazos:

— Hasta un año;
— Entre uno y cinco años;
— Más de cinco años.

b) El importe total de los pagos futuros mínimos que se esperan recibir, al cierre del ejercicio, por subarriendos operativos no cancelables.

c) Las cuotas de arrendamientos y subarrendamientos operativos reconocidas como gastos e ingresos del ejercicio, diferenciando entre: importes de los pagos mínimos por arrendamiento, cuotas contingentes y cuotas de subarrendamiento.

d) Una descripción general de los acuerdos significativos de arrendamiento, donde se informará de:

— Las bases para la determinación de cualquier cuota de carácter contingente que se haya pactado.
— La existencia y, en su caso, los plazos de renovación de los contratos, así como de las opciones de compra y las cláusulas de actualización o escalonamiento de precios, y
— Las restricciones impuestas a la empresa en virtud de los contratos de arrendamiento, tales como las que se refieran a la distribución de dividendos, al endeudamiento adicional o a nuevos contratos de arrendamiento.

9. INSTRUMENTOS FINANCIEROS

9.1. *Consideraciones generales*

La información requerida en los apartados siguientes será de aplicación a los instrumentos financieros incluidos en el alcance de la norma de registro y valoración novena.

A efectos de presentación de la información en la memoria, cierta información se deberá suministrar por clases de instrumentos financieros. Éstas se definirán tomando en consideración la naturaleza de los instrumentos financieros y las categorías establecidas en la norma de registro y valoración novena. Se deberá informar sobre las clases definidas por la empresa.

9.2. *Información sobre la relevancia de los instrumentos financieros en la situación financiera y los resultados de la empresa*

9.2.1. Información relacionada con el balance

a) Categorías de activos financieros y pasivos financieros

Se revelará el valor en libros de cada una de las categorías de activos financieros y pasivos financieros señalados en la norma de registro y valoración novena, de acuerdo con la siguiente estructura.

a.1) Activos financieros, salvo inversiones en el patrimonio de empresas del grupo, multigrupo y asociadas.

Clases Categorías	**Instrumentos financieros a largo plazo**						**Instrumentos financieros a corto plazo**						**TOTAL**	
	Instrumentos de patrimonio		Valores representativos de deuda		Créditos Derivados Otros		Instrumentos de patrimonio		Valores representativos de deuda		Créditos Derivados Otros			
	Ej x	Ej x - 1	Ej x	Ej x - 1	Ej x	Ej x - 1	Ej x	Ej x - 1	Ej x	Ej x - 1	Ej x	Ej x - 1	Ej x	Ej x - 1
Activos a valor razonable con cambios en pérdidas y ganancias: — Mantenidos para negociar — Otros														
Inversiones mantenidas hasta el vencimiento														
Préstamos y partidas a cobrar														
Activos disponibles para la venta: — Valorados a valor razonable — Valorados a coste														
Derivados de cobertura														
Total														

a.2) Pasivos financieros.

Clases Categorías	**Instrumentos financieros a largo plazo**						**Instrumentos financieros a corto plazo**						**TOTAL**	
	Deudas con entidades de crédito		Obligaciones y otros valores negociables		Derivados Otros		Deudas con entidades de crédito		Obligaciones y otros valores negociables		Derivados Otros			
	Ej x	Ej x - 1	Ej x	Ej x - 1	Ej x	Ej x - 1	Ej x	Ej x - 1	Ej x	Ej x - 1	Ej x	Ej x - 1	Ej x	Ej x - 1
Débitos y partidas a pagar														
Pasivos a valor razonable con cambios en pérdidas y ganancias: — Mantenidos para negociar — Otros														
Derivados de cobertura														
Total														

b) Activos financieros y pasivos financieros valorados a valor razonable con cambios en la cuenta de pérdidas y ganancias

Se informará sobre el importe de la variación en el valor razonable, durante el ejercicio y la acumulada desde su designación, e indicará el método empleado para realizar dicho cálculo.

Con respecto a los instrumentos financieros derivados, distintos de los que se califiquen como instrumentos de cobertura, se informará sobre la naturaleza de los instrumentos y las condiciones importantes que puedan afectar al importe, al calendario y a la certidumbre de los futuros flujos de efectivo.

En caso de que la empresa haya designado activos financieros o pasivos financieros en la categoría de «Otros activos financieros a valor razonable con cambios en la cuenta de pérdidas y ganancias» o en la de «Otros pasivos financieros a valor razonable con cambios en la cuenta de pérdidas y ganancias», informará sobre el uso de esta opción, especificando el cumplimiento de los requisitos exigidos en la norma de registro y valoración.

c) Reclasificaciones

Si de acuerdo con lo establecido en la norma de registro y valoración novena, se hubiese reclasificado un activo financiero de forma que éste pase a valorarse al coste o al coste amortizado, en lugar de al valor razonable, o viceversa, se informará sobre los importes de dicha reclasificación por cada categoría de activos financieros y se incluirá una justificación de la misma.

d) Clasificación por vencimientos

Para los activos financieros y pasivos financieros que tengan un vencimiento determinado o determinable, se deberá informar sobre los importes que venzan en cada uno de los cinco años siguientes al cierre del ejercicio y del resto hasta su último vencimiento. Estas indicaciones figurarán separadamente para cada una de las partidas de activos financieros y pasivos financieros conforme al modelo de balance.

e) Transferencias de activos financieros

Cuando la empresa hubiese realizado cesiones de activos financieros de tal forma que una parte de los mismos o su totalidad, no cumpla las condiciones para la baja del balance, señaladas en el apartado 2.9 de la norma de registro y valoración relativa a instrumentos financieros, proporcionará la siguiente información agrupada por clases de activos:

- La naturaleza de los activos cedidos.
- La naturaleza de los riesgos y beneficios inherentes a la propiedad a los que la empresa permanece expuesta.
- El valor en libros de los activos cedidos y los pasivos asociados, que la empresa mantenga registrados, y
- Cuando la empresa reconozca los activos en función de su implicación continuada, el valor en libros de los activos que inicialmente figuraban en el balance, el valor en libros de los activos que la empresa continúa reconociendo y el valor en libros de los pasivos asociados.

f) Activos cedidos y aceptados en garantía

Se informará del valor en libros de los activos financieros entregados como garantía, de la clase a la que pertenecen, así como los plazos y condiciones relacionados con dicha operación de garantía.

Si la empresa mantuviese activos de terceros en garantía, ya sean financieros o no, de los que pueda disponer aunque no se hubiese producido el impago, informará sobre:

— El valor razonable del activo recibido en garantía.
— El valor razonable de cualquier activo recibido en garantía del que la empresa haya dispuesto y si tiene la obligación de devolverlo o no, y
— Los plazos y condiciones relativos al uso, por parte de la empresa, de los activos recibidos en garantía.

g) Correcciones por deterioro del valor originadas por el riesgo de crédito

Se presentará, para cada clase de activos financieros, un análisis del movimiento de las cuentas correctoras representativas de las pérdidas por deterioro originadas por el riesgo de crédito.

h) Impago e incumplimiento de condiciones contractuales

En relación con los préstamos pendientes de pago al cierre del ejercicio, se informará de:

— Los detalles de cualquier impago del principal o intereses que se haya producido durante el ejercicio.
— El valor en libros en la fecha de cierre del ejercicio de aquellos préstamos en los que se hubiese producido un incumplimiento por impago, y
— Si el impago ha sido subsanado o se han renegociado las condiciones del préstamo, antes de la fecha de formulación de las cuentas anuales.

Si durante el ejercicio se hubiese producido un incumplimiento contractual distinto del impago y siempre que este hecho otorgase al prestamista el derecho a reclamar el pago anticipado, se suministrará una información similar a la descrita, excepto si el incumplimiento se hubiese subsanado o las condiciones se hubiesen renegociado antes de la fecha de cierre del ejercicio.

i) Deudas con características especiales

Cuando la empresa tenga deudas con características especiales, informará de la naturaleza de las deudas, sus importes y características, desglosando cuando proceda si son con empresas del grupo o asociadas.

9.2.2. Información relacionada con la cuenta de pérdidas y ganancias y el patrimonio neto

Se informará de:

a) Las pérdidas o ganancias netas procedentes de las distintas categorías de instrumentos financieros definidas en la norma de registro y valoración novena.

b) Los ingresos y gastos financieros calculados por aplicación del método del tipo de interés efectivo.

c) El importe de las correcciones valorativas por deterioro para cada clase de activos financieros, así como el importe de cualquier ingreso financiero imputado en la cuenta de pérdidas y ganancias relacionado con tales activos.

9.2.3. Otra información a incluir en la memoria

a) Contabilidad de coberturas

La empresa deberá incluir, por clases de cobertura contable, una descripción detallada de las operaciones de cobertura que realice, de los instrumentos financieros designados como instrumentos de cobertura, así como de sus valores razonables en la fecha de cierre de ejercicio y de la naturaleza de los riesgos que han sido cubiertos. En particular, deberá justificar que se cumplen los requisitos exigidos en la norma de registro y valoración relativa a instrumentos financieros.

Adicionalmente, en las coberturas de flujos de efectivo, la empresa informará sobre:

a) Los ejercicios en los cuales se espera que ocurran los flujos de efectivo y los ejercicios en los cuales se espera que afecten a la cuenta de pérdidas y ganancias.

b) El importe reconocido en el patrimonio neto durante el ejercicio y el importe que ha sido imputado a la cuenta de pérdidas y ganancias desde el patrimonio neto, detallando los importes incluidos en cada partida de la cuenta de pérdidas y ganancias.

c) El importe que se haya reducido del patrimonio neto durante el ejercicio y se haya incluido en la valoración inicial del precio de adquisición o del valor en libros de un activo o pasivo no financiero, cuando la partida cubierta sea una transacción prevista altamente probable, y

d) Todas las transacciones previstas para las que previamente se haya aplicado contabilidad de coberturas, pero que no se espera que vayan a ocurrir.

En las coberturas de valor razonable también se informará sobre el importe de las pérdidas o ganancias del instrumento de cobertura y de las pérdidas o ganancias de la partida cubierta atribuibles al riesgo cubierto.

Asimismo, se revelará el importe de la ineficacia registrada en la cuenta de pérdidas y ganancias en relación con la cobertura de los flujos de efectivo y con la cobertura de la inversión neta en negocios en el extranjero.

b) Valor razonable

La empresa revelará el valor razonable de cada clase de instrumentos financieros y lo comparará con su correspondiente valor en libros.

No será necesario revelar el valor razonable en los siguientes supuestos:

a) Cuando el valor en libros constituya una aproximación aceptable del valor razonable; por ejemplo, en el caso de los créditos y débitos por operaciones comerciales a corto plazo.

b) Cuando se trate de instrumentos de patrimonio no cotizados en un mercado activo y los derivados que tengan a éstos por subyacente, que, según lo establecido en la norma de registro y valoración novena, se valoren por su coste.

En este caso, la empresa revelará este hecho y describirá el instrumento financiero, su valor en libros y la explicación de las causas que impiden la determinación fiable de su valor razonable. Igualmente, se informará sobre si la empresa tiene o no la intención de enajenarlo y cuándo.

En el caso de baja del balance del instrumento financiero durante el ejercicio, se revelará este hecho, así como el valor en libros y el importe de la pérdida o ganancia reconocida en el momento de la baja.

También se indicará si el valor razonable de los activos financieros y pasivos financieros se determina, en su totalidad o en parte, tomando como referencia los precios cotizados en mercados activos o se estiman utilizando una técnica de valoración. En este último caso se señalarán las hipótesis y metodologías consideradas en la estimación del valor razonable para cada clase de activos financieros y pasivos financieros.

La empresa revelará el hecho de que los valores razonables registrados o sobre los que se ha informado en la memoria se determinan, total o parcialmente, utilizando técnicas de valoración fundamentadas en hipótesis que no se apoyan en condiciones de mercado en el mismo instrumento ni en datos de mercado observables que estén disponibles. Cuando el valor razonable se hubiese determinado según lo dispuesto en este párrafo, se informará del importe total de la variación de valor razonable imputado a la cuenta de pérdidas y ganancias del ejercicio.

c) Empresas del grupo, multigrupo y asociadas

Se detallará información sobre las empresas del grupo, multigrupo y asociadas, incluyendo:

a) Denominación, domicilio y forma jurídica de las empresas del grupo, especificando para cada una de ellas:

— Actividades que ejercen.
— Fracción de capital y de los derechos de voto que se posee directa e indirectamente, distinguiendo entre ambos.
— Importe del capital, reservas, otras partidas del patrimonio neto y resultado del último ejercicio que se derive de los criterios incluidos en el Código de Comercio y sus normas de desarrollo, diferenciando el resultado de explotación y desglosando el de operaciones continuadas y el de operaciones interrumpidas, en caso de que la empresa del grupo esté obligada a dar esta información en sus cuentas anuales individuales.
— Valor según libros de la participación en capital.
— Dividendos recibidos en el ejercicio.
— Indicación de si las acciones cotizan o no en Bolsa y, en su caso, cotización media del último trimestre del ejercicio y cotización al cierre del ejercicio.

b) La misma información que la del punto anterior respecto de las empresas multigrupo, asociadas, aquellas en las que aún poseyendo más del 20% del capital la empresa no ejerza influencia significativa y aquellas en las que la sociedad sea socio colectivo. Asimismo, se informará sobre las contingencias en las que se haya incurrido en relación con dichas empresas. Si la empresa ejerce influencia significativa sobre otra poseyendo un porcentaje inferior al 20% del capital o si poseyendo más del 20% no se ejerce influencia significativa, se explicarán las circunstancias que afectan a dichas relaciones.

c) Se detallarán las adquisiciones realizadas durante el ejercicio que hayan llevado a calificar a una empresa como dependiente, indicándose la fracción de capital y el porcentaje de derechos de voto adquiridos.

d) Notificaciones efectuadas, en cumplimiento de lo dispuesto en el artículo 86 del Texto Refundido de la Ley de Sociedades Anónimas, a las sociedades participadas, directa o indirectamente, en más de un 10%.

e) Importe de las correcciones valorativas por deterioro registradas en las distintas participaciones, diferenciando las reconocidas en el ejercicio de las acumuladas. Asimismo se informará, en su caso, sobre las dotaciones y reversiones de las correcciones valorativas por deterioro cargadas y abonadas, respectivamente, contra la partida del patrimonio neto que recoja los ajustes valorativos, en los términos indicados en la norma de registro y valoración.

f) El resultado derivado de la enajenación o disposición por otro medio, de inversiones en empresas del grupo, multigrupo y asociadas.

d) Otro tipo de información

Se deberá incluir información sobre:

a) Los compromisos firmes de compra de activos financieros y fuentes previsibles de financiación, así como los compromisos firmes de venta.

b) Los contratos de compra o venta de activos no financieros, que de acuerdo con el apartado 5.4 de la norma de registro y valoración relativa a instrumentos financieros, se reconozcan y valoren según lo dispuesto en dicha norma.

c) Cualquier otra circunstancia de carácter sustantivo que afecte a los activos financieros, tal como: litigios, embargos, etc.

d) El importe disponible en las líneas de descuento, así como las pólizas de crédito concedidas a la empresa con sus límites respectivos, precisando la parte dispuesta.

e) El importe de las deudas con garantía real, con indicación de su forma y naturaleza.

9.3. *Información sobre la naturaleza y el nivel de riesgo procedente de instrumentos financieros*

9.3.1. Información cualitativa

Para cada tipo de riesgo: riesgo de crédito, riesgo de liquidez y riesgo de mercado (este último comprende el riesgo de tipo de cambio, de tipo de interés y otros riesgos de precio), se informará de la exposición al riesgo y cómo se produce éste, así como se describirán los objetivos, políticas y procedimientos de gestión del riesgo y los métodos que se utilizan para su medición.

Si hubiera cambios en estos extremos de un ejercicio a otro, deberán explicarse.

9.3.2. Información cuantitativa

Para cada tipo de riesgo, se presentará:

a) Un resumen de la información cuantitativa respecto a la exposición al riesgo en la fecha de cierre del ejercicio. Esta información se basará en la utilizada internamente por el consejo de administración de la empresa u órgano de gobierno equivalente.

b) Información sobre las concentraciones de riesgo, que incluirá una descripción de la forma de determinar la concentración, las características comunes de cada concentración (área geográfica, divisa, mercado, contrapartida, etc.), y el importe de las exposiciones al riesgo asociado a los instrumentos financieros que compartan tales características.

9.4. *Fondos propios*

Se informará sobre:

a) Número de acciones o participaciones en el capital y valor nominal de cada una de ellas, distinguiendo por clases, así como los derechos otorgados a las mismas y las restricciones que puedan tener. También, en su caso, se indicará para cada clase los desembolsos pendientes, así como la fecha de exigibilidad. Esta misma información se requerirá respecto a otros instrumentos de patrimonio distintos del capital.

b) Ampliación de capital en curso indicando el número de acciones o participaciones a suscribir, su valor nominal, la prima de emisión, el desembolso inicial, los derechos que incorporarán y restricciones que tendrán; así como la existencia o no de derechos preferentes de suscripción a favor de socios, accionistas u obligacionistas; y el plazo concedido para la suscripción.

c) Importe del capital autorizado por la junta de accionistas para que los administradores lo pongan en circulación, indicando el periodo al que se extiende la autorización.

d) Derechos incorporados a las partes de fundador, bonos de disfrute, obligaciones convertibles e instrumentos financieros similares, con indicación de su número y de la extensión de los derechos que confieren.

e) Circunstancias específicas que restringen la disponibilidad de las reservas.

f) Número, valor nominal y precio medio de adquisición de las acciones o participaciones propias en poder de la sociedad o de un tercero que obre por cuenta de ésta, especificando su destino final previsto e importe de la reserva por adquisición de acciones de la sociedad dominante. También se informará sobre el número y valor nominal correspondiente a las acciones propias aceptadas en garantía. En su caso, se informará igualmente en lo que corresponda, respecto a otros instrumentos de patrimonio distintos del capital.

g) La parte de capital que, en su caso, es poseído por otra empresa, directamente o por medio de sus filiales, cuando sea igual o superior al 10%.

h) Acciones de la sociedad admitidas a cotización.

i) Opciones emitidas u otros contratos por la sociedad sobre sus propias acciones, que deban calificarse como fondos propios, describiendo sus condiciones e importes correspondientes.

j) Circunstancias específicas relativas a subvenciones, donaciones y legados otorgados por socios o propietarios.

10. EXISTENCIAS

Se informará sobre:

a) Las circunstancias que han motivado las correcciones valorativas por deterioro de las existencias y, en su caso, la reversión de dichas correcciones, reconocidas en el ejercicio, así como su importe.

b) El importe de los gastos financieros capitalizados durante el ejercicio en las existencias de ciclo de producción superior a un año, así como los criterios seguidos para su determinación.

c) Compromisos firmes de compra y venta, así como información sobre contratos de futuro o de opciones relativos a existencias.

d) Limitaciones en la disponibilidad de las existencias por garantías, pignoraciones, fianzas y otras razones análogas, indicando las partidas a que afectan, su importe y proyección temporal.

e) Cualquiera otra circunstancia de carácter sustantivo que afecte a la titularidad, disponibilidad o valoración de las existencias, tal como: litigios, seguros, embargos, etc.

11. MONEDA EXTRANJERA

1. Importe global de los elementos de activo y pasivo denominados en moneda extranjera, incluyendo un desglose de activos y pasivos más significativos clasificados por monedas. También se indicarán los importes correspondientes a compras, ventas y servicios recibidos y prestados.
2. La empresa revelará la siguiente información:

   a) El importe de las diferencias de cambio reconocidas en el resultado del ejercicio por clases de instrumentos financieros, presentando por separado las que provienen de transacciones que se han liquidado a lo largo del periodo de las que están vivas o pendientes de vencimiento a la fecha de cierre del ejercicio, con excepción de las procedentes de los instrumentos financieros que se valoren al valor razonable con cambios en la cuenta de pérdidas y ganancias, y

   b) Las diferencias de conversión clasificadas como un componente separado del patrimonio neto, dentro del epígrafe «Diferencias de conversión», así como una conciliación entre los importes de estas diferencias al principio y al final del ejercicio.
3. Cuando se haya producido un cambio en la moneda funcional, ya sea de la empresa que informa o de algún negocio significativo en el extranjero, se revelará este hecho, así como la razón de dicho cambio.
4. En el caso excepcional de que la empresa utilice más de una moneda funcional, deberá revelar el importe de los activos, cifra de negocios y resultados que han sido expresados en cada una de esas monedas funcionales.
5. En su caso, la moneda funcional de un negocio en el extranjero, especificando la inversión neta en el mismo, cuando sea distinta a la moneda de presentación de las cuentas anuales.

6. Cuando la empresa tenga negocios en el extranjero y estén sometidos a altas tasas de inflación, informará sobre:

   a) El hecho de que las cuentas anuales, así como las cifras correspondientes a ejercicios anteriores, han sido ajustadas para considerar los cambios en el poder adquisitivo general de la moneda funcional y que, como resultado de ello, están expresadas en la unidad monetaria corriente a la fecha de cierre del ejercicio, y

   b) La identificación y valor del índice general de precios a la fecha de cierre del ejercicio, así como el movimiento del mismo durante el ejercicio corriente y el anterior.

12. SITUACIÓN FISCAL

12.1. *Impuestos sobre beneficios*

Explicación de la diferencia que exista entre el importe neto de los ingresos y gastos del ejercicio y la base imponible (resultado fiscal). Con este objeto, se incluirá la siguiente conciliación, teniendo en cuenta que aquellas diferencias entre dichas magnitudes que no se identifican como temporarias de acuerdo con la norma de registro y valoración, se calificarán como diferencias permanentes.

CONCILIACIÓN DEL IMPORTE NETO DE INGRESOS Y GASTOS DEL EJERCICIO CON LA BASE IMPONIBLE DEL IMPUESTO SOBRE BENEFICIOS

	Cuenta de Pérdidas y Ganancias		**Ingresos y gastos directamente imputados al patrimonio neto**	
Saldo de ingresos y gastos del ejercicio	....		....	
	Aumentos	**Disminuciones**	**Aumentos**	**Disminuciones**
Impuesto sobre sociedades	....	....	....	....
Diferencias permanentes	....	....	....	....
Diferencias temporarias:				
— con origen en el ejercicio	....	....	....	....
— con origen en ejercicios anteriores	....	....	....	....
Compensación de base imponibles negativas de ejercicios anteriores			(----------)	
Base imponible (resultado fiscal)			----------	

Explicación y conciliación numérica entre el gasto/ingreso por impuestos sobre beneficios y el resultado de multiplicar los tipos de gravamen aplicables al total de ingresos y gastos reconocidos, diferenciando el saldo de la cuenta de pérdidas y ganancias.

Además, deberá indicarse la siguiente información:

1. Desglose del gasto o ingreso por impuestos sobre beneficios, diferenciando el impuesto corriente y la variación de impuestos diferidos, que se imputa al resultado de la cuenta

de pérdidas y ganancias —distinguiendo el correspondiente a las operaciones continuadas y a operaciones interrumpidas si las hubiera y siempre que la empresa deba informar separadamente de los resultados procedentes de operaciones interrumpidas—, así como el directamente imputado al patrimonio neto diferenciando el que afecte a cada epígrafe del estado de ingresos y gastos reconocidos.

2. En relación con los impuestos diferidos, se deberá desglosar esta diferencia, distinguiendo entre activos (diferencias temporarias, créditos por bases imponibles negativas y otros créditos) y pasivos (diferencias temporarias).
3. El importe y plazo de aplicación de diferencias temporarias deducibles, bases imponibles negativas y otros créditos fiscales, cuando no se haya registrado en el balance el correspondiente activo por impuesto diferido.
4. El importe de las diferencias temporarias imponibles por inversiones en dependientes, asociadas y negocios conjuntos cuando no se haya registrado en balance el correspondiente pasivo por impuesto diferido, en los términos señalados en la norma de registro y valoración.
5. El importe de los activos por impuesto diferido, indicando la naturaleza de la evidencia utilizada para su reconocimiento, incluida, en su caso, la planificación fiscal, cuando la realización del activo depende de ganancias futuras superiores a las que corresponden a la reversión de las diferencias temporarias imponibles, o cuando la empresa haya experimentado una pérdida, ya sea en el presente ejercicio o en el anterior, en el país con el que se relaciona el activo por impuesto diferido.
6. Naturaleza, importe y compromisos adquiridos en relación con los incentivos fiscales aplicados durante el ejercicio, tales como beneficios, deducciones y determinadas diferencias permanentes, así como los pendientes de deducir. En particular, se informará sobre incentivos fiscales objeto de periodificación, señalando el importe imputado al ejercicio y el que resta por imputar.
7. Se informará adicionalmente del impuesto a pagar a las distintas jurisdicciones fiscales, detallando las retenciones y pagos a cuenta efectuados.
8. Se identificarán el resto de diferencias permanentes señalando su importe y naturaleza.
9. Cambios en los tipos impositivos aplicables respecto a los del ejercicio anterior. Se indicará el efecto en los impuestos diferidos registrados en ejercicios anteriores.
10. Información relativa a las provisiones derivadas del impuesto sobre beneficios así como sobre las contingencias de carácter fiscal y sobre acontecimientos posteriores al cierre que supongan una modificación de la normativa fiscal que afecta a los activos y pasivos fiscales registrados. En particular, se informará de los ejercicios pendientes de comprobación.
11. Cualquier otra circunstancia de carácter sustantivo en relación con la situación fiscal.

12.2. *Otros tributos*

Se informará sobre cualquier circunstancia de carácter significativo en relación con otros tributos; en particular cualquier contingencia de carácter fiscal, así como los ejercicios pendientes de comprobación.

13. INGRESOS Y GASTOS

1. El desglose de las partidas 4.*a)* y 4.*b)* de la cuenta de pérdidas y ganancias, «Consumo de mercaderías» y «Consumo de materias primas y otras materias consumibles», distinguiendo entre compras y variación de existencias. Asimismo, se diferenciarán las compras nacionales de las importaciones.
   Desglose de la partida 6.*b)* de la cuenta de pérdidas y ganancias «Cargas sociales», distinguiendo entre aportaciones y dotaciones para pensiones y otras cargas sociales.
   En el caso de que la empresa formule la cuenta de pérdidas y ganancias abreviada deberá incluir en este apartado los desgloses antes indicados en relación con las partidas 4 «Aprovisionamientos» y 6 «Gastos de personal», del modelo abreviado de dicha cuenta.
2. El importe de la venta de bienes y prestación de servicios producidos por permuta de bienes no monetarios y servicios.
3. Los resultados originados fuera de la actividad normal de la empresa incluidos en la partida «Otros resultados».

14. PROVISIONES Y CONTINGENCIAS

1. Para cada provisión reconocida en el balance deberá indicarse:
   a) Análisis del movimiento de cada partida del balance durante el ejercicio, indicando:
   — Saldo inicial.
   — Dotaciones.
   — Aplicaciones.
   — Otros ajustes realizados (combinaciones de negocios, etc.).
   — Saldo final.

   No será necesario incluir información comparativa en este apartado.

   b) Información acerca del aumento, durante el ejercicio, en los saldos actualizados al tipo de descuento por causa del paso del tiempo, así como el efecto que haya podido tener cualquier cambio en el tipo de descuento.

   No será necesario incluir información comparativa en este apartado.

   c) Una descripción de la naturaleza de la obligación asumida.

   d) Una descripción de las estimaciones y procedimientos de cálculo aplicados para la valoración de los correspondientes importes, así como de las incertidumbres que pudieran aparecer en dichas estimaciones. En su caso, se justificarán los ajustes que haya procedido realizar.

   e) Indicación de los importes de cualquier derecho de reembolso, señalando las cantidades que, en su caso, se hayan reconocido en el activo de balance por estos derechos.
2. A menos que sea remota la salida de recursos, para cada tipo de contingencia, se indicará:
   a) Una breve descripción de su naturaleza.

   b) Evolución previsible, así como los factores de los que depende.

c) Una estimación cuantificada de los posibles efectos en los estados financieros y, en caso de no poder realizarse, información sobre dicha imposibilidad e incertidumbres que la motivan, señalándose los riesgos máximos y mínimos.

d) La existencia de cualquier derecho de reembolso.

e) En el caso excepcional en que una provisión no se haya podido registrar en el balance debido a que no puede ser valorada de forma fiable, adicionalmente, se explicarán los motivos por los que no se puede hacer dicha valoración.

3. En el caso de que sea probable la entrada de beneficios o rendimientos económicos para la empresa procedentes de activos que no cumplan los criterios de reconocimiento, se indicará:

a) Una breve descripción de su naturaleza.

b) Evolución previsible, así como los factores de los que depende.

c) Información sobre los criterios utilizados para su estimación, así como los posibles efectos en los estados financieros y, en caso de no poder realizarse, información sobre dicha imposibilidad e incertidumbres que la motivan.

4. Excepcionalmente en los casos en que mediando litigio con un tercero, la información exigida en los apartados anteriores perjudique seriamente la posición de la empresa, no será preciso que se suministre dicha información, pero se describirá la naturaleza del litigio e informará de la omisión de esta información y de las razones que han llevado a tomar tal decisión.

15. INFORMACIÓN SOBRE MEDIO AMBIENTE

Se facilitará información sobre:

a) Descripción y características de los sistemas, equipos e instalaciones más significativos incorporados al inmovilizado material, cuyo fin sea la minimización del impacto medioambiental y la protección y mejora del medio ambiente indicando su naturaleza, destino, así como el valor contable y la correspondiente amortización acumulada de los mismos siempre que pueda determinarse de forma individualizada, así como las correcciones valorativas por deterioro, diferenciando las reconocidas en el ejercicio, de las acumuladas.

b) Gastos incurridos en el ejercicio cuyo fin sea la protección y mejora del medio ambiente, indicando su destino.

c) Riesgos cubiertos por las provisiones correspondientes a actuaciones medioambientales, con especial indicación de los derivados de litigios en curso, indemnizaciones y otros; se señalará para cada provisión la información requerida para las provisiones reconocidas en el balance en el apartado 1 de la nota 14.

d) Contingencias relacionadas con la protección y mejora del medio ambiente, incluyendo la información exigida en el apartado 2 de la nota 14.

e) Inversiones realizadas durante el ejercicio por razones medioambientales.

f) Compensaciones a recibir de terceros.

16. RETRIBUCIONES A LARGO PLAZO AL PERSONAL

1. Cuando la empresa otorgue retribuciones a largo plazo al personal de aportación o prestación definida, deberá incluir una descripción general del tipo de plan de que se trate.
2. Para el caso de retribuciones a largo plazo al personal de prestación definida, adicionalmente, se incluirá la información requerida para las provisiones reconocidas en el balance en el apartado 1 de la nota 14, así como se detallará:

   a) Una conciliación entre los activos y pasivos reconocidos en el balance.

   b) Importe de las partidas incluidas en el valor razonable de los activos afectos al plan.

   c) Principales hipótesis actuariales utilizadas, con sus valores a la fecha de cierre del ejercicio.

17. TRANSACCIONES CON PAGOS BASADOS EN INSTRUMENTOS DE PATRIMONIO

Para cada acuerdo de pagos basados en instrumentos de patrimonio, deberá indicarse:

1. Descripción de cada tipo de acuerdo de pagos basados en instrumentos de patrimonio que haya existido a lo largo del ejercicio, con indicación del beneficiario. Si dichos acuerdos tienen características similares se podrá informar sobre los mismos de forma conjunta, siempre que dicha información permita comprender la naturaleza y el alcance de dichos acuerdos.
2. Cuando proceda registrar pasivos en las transacciones con pagos basados en instrumentos de patrimonio, se incluirá la información requerida para las provisiones reconocidas en el balance en el apartado 1 de la nota 14.
3. Cuando las transacciones consistan en pagos basados en opciones sobre acciones, se informará sobre:

   a) El número y la media ponderada de los precios de ejercicio de las opciones existentes al comienzo y al final del ejercicio, las concedidas, y anuladas durante el mismo, así como las que hayan caducado a lo largo de ejercicio. Por último se proporcionará la misma información sobre las ejercitables al final de periodo.

   b) Para las opciones sobre acciones ejercitadas durante el ejercicio, se indicará el precio medio ponderado de las acciones en la fecha de ejercicio, pudiéndose señalar el precio medio ponderado de la acción durante el periodo.

   c) Para las opciones existentes al final del ejercicio, el rango de precios de ejercicio y la vida media ponderada pendiente de las mismas.

   Se deberá indicar cómo se ha determinado durante el ejercicio el valor razonable de los bienes o servicios recibidos o el valor razonable de los instrumentos de patrimonio concedidos.

   Se deberá indicar el efecto que hayan tenido las transacciones con pagos basados en instrumentos de patrimonio sobre la situación financiera y el resultado de la empresa.

4. Cuando no se pueda estimar con fiabilidad el valor razonable de los bienes y servicios recibidos, según se establece en la norma de registro y valoración, se informará sobre este hecho, explicando los motivos de dicha imposibilidad.

18. SUBVENCIONES, DONACIONES Y LEGADOS

Se informará sobre:

1. El importe y características de las subvenciones, donaciones y legados recibidos que aparecen en el balance, así como los imputados en la cuenta de pérdidas y ganancias.
2. Análisis del movimiento del contenido de la subagrupación correspondiente del balance, indicando el saldo inicial y final así como los aumentos y disminuciones. En particular se informará sobre los importes recibidos y, en su caso, devueltos.
3. Información sobre el origen de las subvenciones, donaciones y legados, indicando, para las primeras, el Ente público que las concede, precisando si la otorgante de las mismas es la Administración local, autonómica, estatal o internacional.
4. Información sobre el cumplimiento o no de las condiciones asociadas a las subvenciones, donaciones y legados.

19. COMBINACIONES DE NEGOCIOS

1. La empresa adquirente indicará, para cada una de las combinaciones de negocios que haya efectuado durante el ejercicio, la siguiente información:

   a) Los nombres y descripciones de las empresas o negocios que se combinen.

   b) La fecha de adquisición.

   c) La forma jurídica empleada para llevar a cabo la combinación.

   d) Los motivos por los que se realiza la operación, así como una descripción de los factores que dan lugar al reconocimiento del fondo de comercio.

   e) El coste de la combinación y una descripción de los componentes del mismo, desagregando por categorías de elementos tales como:

   — Efectivo.
   — Otros activos materiales o intangibles, tales como un negocio o empresa dependiente de la adquirente.
   — Pagos contingentes.
   — Instrumentos de deuda.
   — Participación en el patrimonio del adquirente, incluyendo el número de instrumentos de patrimonio emitidos o a emitir y el método para estimar su valor razonable.
   — Las participaciones previas en el patrimonio de la empresa adquirida que no hayan dado lugar al control de la misma, en las combinaciones de negocio por etapas.

   f) Los importes reconocidos, en la fecha de adquisición, para cada clase de activos y pasivos de la empresa adquirida, indicando aquellos que de acuerdo con la norma de registro y valoración no se recogen por su valor razonable.

g) El importe máximo potencial de los pagos futuros que la adquirente pudiera estar obligada a realizar conforme a las condiciones de la adquisición, o la circunstancia de que tal importe no existe, si así fuera.

h) Respecto al fondo de comercio que pueda haber surgido en las combinaciones de negocio, la empresa deberá suministrar la información solicitada en el apartado 2 de la nota 7.

i) En las combinaciones de negocios en las que el coste de la combinación resulte inferior al valor de los activos identificables adquiridos menos el de los pasivos asumidos, el importe y la naturaleza de cualquier exceso que se reconozca en la cuenta de pérdidas y ganancias de acuerdo con lo establecido en la norma de registro y valoración y la partida en la que figure. Asimismo, en su caso, se describirán los activos intangibles que no hayan podido ser registrados por no poder calcularse su valoración por referencia a un mercado activo.

j) En las combinaciones de negocio en las cuales existiese una relación previa entre adquirente y adquirido, en la fecha de adquisición, se señalará la naturaleza de dicha relación y, en su caso, la valoración del importe para liquidar dicha relación previa, el método utilizado para su determinación y cualquier resultado reconocido como consecuencia de dicha liquidación así como la partida en la que figure.

2. La información requerida en el apartado anterior se revelará de forma agregada para las combinaciones de negocios, efectuadas durante el ejercicio económico, que individualmente carezcan de importancia relativa.

   Adicionalmente, la empresa adquirente proporcionará la información contenida en el apartado anterior para cada una de las combinaciones de negocios efectuadas o en curso entre la fecha de cierre de las cuentas anuales y la de su formulación, a menos que esto no sea posible. En este caso se señalarán las razones por las que esta información no puede ser proporcionada.

3. La empresa adquirente revelará, de forma separada para cada combinación de negocios efectuada durante el ejercicio, o agregadamente para las que carezcan individualmente de importancia relativa, la parte de los ingresos y el resultado imputable a la combinación desde la fecha de adquisición. También indicará los ingresos y el resultado del ejercicio que hubiera obtenido la empresa resultante de la combinación de negocios bajo el supuesto de que todas las combinaciones de negocio realizadas en el ejercicio se hubiesen efectuado en la fecha de inicio del mismo.

   En el caso de que esta información no pudiese ser suministrada, se señalará este hecho y se motivará.

4. Se indicará la siguiente información en relación con las combinaciones de negocios efectuadas durante el ejercicio o en los ejercicios anteriores:

   a) Si el importe reconocido en cuentas se ha determinado provisionalmente, se señalarán los motivos por los que el reconocimiento inicial no es completo, los activos adquiridos y compromisos asumidos para los que el periodo de valoración está abierto y el importe y naturaleza de cualquier ajuste en la valoración efectuado durante el ejercicio.

b) Una descripción de los hechos o circunstancias posteriores a la adquisición que han dado lugar al reconocimiento durante el ejercicio de impuestos diferidos adquiridos como parte de la combinación de negocios.

c) El importe y una justificación de cualquier ganancia o pérdida reconocida en el ejercicio que esté relacionada con los activos adquiridos o pasivos asumidos y sea de tal importe, naturaleza o incidencia que esta información sea relevante para comprender las cuentas anuales de la empresa resultante de la combinación de negocios.

20. NEGOCIOS CONJUNTOS

1. La empresa indicará y describirá los intereses significativos en negocios conjuntos realizando un detalle de la forma que adopta el negocio, distinguiendo entre:

   a) Explotaciones controladas conjuntamente, y

   b) Activos controlados conjuntamente.

2. Sin perjuicio de la información requerida en el apartado 2 de la nota 14, se deberá informar de forma separada sobre el importe agregado de las contingencias siguientes, a menos que la probabilidad de pérdida sea remota:

   a) Cualquier contingencia en que la empresa como partícipe haya incurrido en relación con las inversiones en negocios conjuntos y su parte en cada una de las contingencias que hayan sido incurridas conjuntamente con otros partícipes.

   b) Su parte de las contingencias de los negocios conjuntos en los que puede ser responsable, y

   c) Aquellas contingencias que surgen debido a que la empresa como partícipe puede ser responsable de los pasivos de otros partícipes de un negocio conjunto.

3. La empresa informará separadamente del importe total de los siguientes compromisos:

   a) Cualquier compromiso de inversión de capital, que haya asumido en relación con su participación en negocios conjuntos, así como su parte de los compromisos de inversión de capital asumidos conjuntamente con otros partícipes, y

   b) Su participación en los compromisos de inversión de capital asumidos por los propios negocios conjuntos.

4. Se desglosará para cada partida significativa del balance, de la cuenta de pérdidas y ganancias, del estado de flujos de efectivo y del estado de cambios en el patrimonio neto, los importes correspondientes a cada negocio conjunto.

21. ACTIVOS NO CORRIENTES MANTENIDOS PARA LA VENTA Y OPERACIONES INTERRUMPIDAS

1. Para cada actividad que deba ser clasificada como interrumpida, deberá indicarse:

   a) Los ingresos, los gastos y el resultado antes de impuestos de las actividades interrumpidas, reconocidos en la cuenta de pérdidas y ganancias.

   b) El gasto por impuesto sobre beneficios relativo al anterior resultado.

c) Los flujos netos de efectivo atribuibles a las actividades de explotación, de inversión y financiación de las actividades interrumpidas.

d) Una descripción detallada de los elementos patrimoniales afectos a la citada actividad, indicando su importe y las circunstancias que han motivado dicha clasificación.

e) Los ajustes que se efectúen en el ejercicio corriente a los importes presentados previamente que se refieran a las actividades interrumpidas y que estén directamente relacionados con la enajenación o disposición por otra vía de las mismas en un ejercicio anterior. O, en su caso, los originados por no haberse producido dicha enajenación.

f) Los resultados relativos a la actividad que se hayan presentado previamente como actividades interrumpidas, y que sin embargo finalmente no hayan sido enajenadas.

2. Para cada activo no corriente o grupo enajenable de elementos que deba calificarse como mantenido para la venta, incluyendo los de actividades interrumpidas, deberá indicarse:

   a) Una descripción detallada de los elementos patrimoniales, indicando su importe y las circunstancias que han motivado dicha clasificación.

   b) El resultado reconocido en la cuenta de pérdidas y ganancias o en el estado de cambios en el patrimonio neto, para cada elemento significativo.

   c) Los ajustes que se efectúen en el ejercicio corriente a los importes presentados previamente que se refieran a los activos no corrientes o grupos enajenables de elementos mantenidos para la venta y que estén directamente relacionados con la enajenación o disposición por otra vía de los mismos en un ejercicio anterior. O, en su caso, los originados por no haberse producido dicha enajenación.

3. Cuando los requisitos para calificar un activo no corriente o un grupo enajenable de elementos como mantenidos para la venta se cumplan después de la fecha de cierre del ejercicio, pero antes de la formulación de las cuentas anuales, la empresa no los calificará como mantenidos para la venta en las cuentas anuales que formule. No obstante deberá suministrar en relación con los mismos la información descrita en la letra *a)* del apartado anterior.

22. HECHOS POSTERIORES AL CIERRE

La empresa informará de:

1. Los hechos posteriores que pongan de manifiesto circunstancias que ya existían en la fecha de cierre del ejercicio que no hayan supuesto, de acuerdo con su naturaleza, la inclusión de un ajuste en las cifras contenidas en las cuentas anuales, pero la información contenida en la memoria debe ser modificada de acuerdo con dicho hecho posterior.
2. Los hechos posteriores que muestren condiciones que no existían al cierre del ejercicio y que sean de tal importancia que, si no se suministra información al respecto, podría afectar a la capacidad de evaluación de los usuarios de las cuentas anuales. En particular se describirá el hecho posterior y se incluirá la estimación de sus efectos. En el supuesto de que no sea posible estimar los efectos del citado hecho, se incluirá una manifestación

expresa sobre este extremo, conjuntamente con los motivos y condiciones que provocan dicha imposibilidad de estimación.

3. Hechos acaecidos con posterioridad al cierre de las cuentas anuales que afecten a la aplicación del principio de empresa en funcionamiento, informando de:

   a) Descripción del hecho posterior y su naturaleza (factor que genera duda respecto a la aplicación del principio de empresa en funcionamiento).

   b) Potencial impacto del hecho posterior sobre la situación de la empresa.

   c) Factores mitigantes relacionados, en su caso, con el hecho posterior.

23. OPERACIONES CON PARTES VINCULADAS

1. La información sobre operaciones con partes vinculadas se suministrará separadamente para cada una de las siguientes categorías:

   a) Entidad dominante.

   b) Otras empresas del grupo.

   c) Negocios conjuntos en los que la empresa sea uno de los partícipes.

   d) Empresas asociadas.

   e) Empresas con control conjunto o influencia significativa sobre la empresa.

   f) Personal clave de la dirección de la empresa o de la entidad dominante.

   g) Otras partes vinculadas.

2. La empresa facilitará información suficiente para comprender las operaciones con partes vinculadas que haya efectuado y los efectos de las mismas sobre sus estados financieros, incluyendo, entre otros, los siguientes aspectos:

   a) Identificación de las personas o empresas con las que se han realizado las operaciones vinculadas, expresando la naturaleza de la relación con cada parte implicada.

   b) Detalle de la operación y su cuantificación, expresando la política de precios seguida, poniéndola en relación con las que la empresa utiliza respecto a operaciones análogas realizadas con partes que no tengan la consideración de vinculadas. Cuando no existan operaciones análogas realizadas con partes que no tengan la consideración de vinculadas, los criterios o métodos seguidos para determinar la cuantificación de la operación.

   c) Beneficio o pérdida que la operación haya originado en la empresa y descripción de las funciones y riesgos asumidos por cada parte vinculada respecto de la operación.

   d) Importe de los saldos pendientes, tanto activos como pasivos, sus plazos y condiciones, naturaleza de la contraprestación establecida para su liquidación, agrupando los activos y pasivos por tipo de instrumento financiero (con la estructura que aparece en el balance de la empresa) y garantías otorgadas o recibidas.

   e) Correcciones valorativas por deudas de dudoso cobro relacionadas con los saldos pendientes anteriores.

   f) Gastos reconocidos en el ejercicio como consecuencia de deudas incobrables o de dudoso cobro de partes vinculadas.

3. En todo caso, deberá informarse de los siguientes tipos de operaciones con partes vinculadas:

   a) Ventas y compras de activos corrientes y no corrientes.

   b) Prestación y recepción de servicios.

   c) Contratos de arrendamiento financiero.

   d) Transferencias de investigación y desarrollo.

   e) Acuerdos sobre licencias.

   f) Acuerdos de financiación, incluyendo préstamos y aportaciones de capital, ya sean en efectivo o en especie. En las operaciones de adquisición y enajenación de instrumentos de patrimonio, se especificará el número, valor nominal, precio medio y resultado de las mismas, especificando el destino final previsto en el caso de adquisición.

   g) Intereses abonados y cargados; así como aquellos devengados pero no pagados o cobrados.

   h) Dividendos y otros beneficios distribuidos.

   i) Garantías y avales.

   j) Remuneraciones e indemnizaciones.

   k) Aportaciones a planes de pensiones y seguros de vida.

   l) Prestaciones a compensar con instrumentos financieros propios.

   m) Compromisos en firme por opciones de compra o de venta u otros instrumentos que puedan implicar una transmisión de recursos o de obligaciones entre la empresa y la parte vinculada.

   n) Acuerdo de reparto de costes en relación con la producción de bienes y servicios que serán utilizados por varias partes vinculadas.

   o) Acuerdos de gestión de tesorería, y

   p) Acuerdos de condonación de deuda y prescripción de las mismas.

4. La información anterior podrá presentarse de forma agregada cuando se refiera a partidas de naturaleza similar. En todo caso, se facilitará información de carácter individualizado sobre las operaciones vinculadas que fueran significativas por su cuantía o relevantes para una adecuada comprensión de las cuentas anuales.
5. No será necesario informar en el caso de operaciones que, perteneciendo al tráfico ordinario de la empresa, se efectúen en condiciones normales de mercado, sean de escasa importancia cuantitativa y carezcan de relevancia para expresar la imagen fiel del patrimonio, de la situación financiera y de los resultados de la empresa.
6. No obstante, en todo caso deberá informarse sobre el importe de los sueldos, dietas y remuneraciones de cualquier clase devengados en el curso del ejercicio por el personal de alta dirección y los miembros del órgano de administración, cualquiera que sea su causa, así como de las obligaciones contraídas en materia de pensiones o de pago de primas de seguros de vida respecto de los miembros antiguos y actuales del órgano

de administración y personal de alta dirección. Asimismo, se incluirá información sobre indemnizaciones por cese y pagos basados en instrumentos de patrimonio. Cuando los miembros del órgano de administración sean personas jurídicas, los requerimientos anteriores se referirán a las personas físicas que los representen. Estas informaciones se podrán dar de forma global por concepto retributivo, recogiendo separadamente los correspondientes al personal de alta dirección de los relativos a los miembros del órgano de administración.

También deberá informarse sobre el importe de los anticipos y créditos concedidos al personal de alta dirección y a los miembros de los órganos de administración, con indicación del tipo de interés, sus características esenciales y los importes eventualmente devueltos, así como las obligaciones asumidas por cuenta de ellos a título de garantía. Cuando los miembros del órgano de administración sean personas jurídicas, los requerimientos anteriores se referirán a las personas físicas que los representen. Estas informaciones se podrán dar de forma global por cada categoría, recogiendo separadamente los correspondientes al personal de alta dirección de los relativos a los miembros del órgano de administración.

7. Las empresas que se organicen bajo la forma jurídica de sociedad anónima, deberán especificar la participación de los administradores en el capital de otra sociedad con el mismo, análogo o complementario género de actividad al que constituya el objeto social, así como los cargos o las funciones que en ella ejerzan, así como la realización por cuenta propia o ajena, del mismo, análogo o complementario género de actividad del que constituya el objeto social de la empresa.
8. En el caso de pertenecer a un grupo de empresas, se describirá la estructura financiera del grupo.

24. OTRA INFORMACIÓN

Se incluirá información sobre:

1. El número medio de personas empleadas en el curso del ejercicio, expresado por categorías.

   La distribución por sexos al término del ejercicio del personal de la sociedad, desglosado en un número suficiente de categorías y niveles, entre los que figurarán el de altos directivos y el de consejeros.
2. Las sociedades que hayan emitido valores admitidos a cotización en un mercado regulado de cualquier Estado miembro de la Unión Europea, y que de acuerdo con la normativa en vigor, únicamente publiquen cuentas anuales individuales, vendrán obligadas a informar sobre las principales variaciones que se originarían en el patrimonio neto y en la cuenta de pérdidas y ganancias si se hubieran aplicado las normas internacionales de información financiera adoptadas por los Reglamentos de la Unión Europea, indicando los criterios de valoración que hayan aplicado.
3. El importe desglosado por conceptos de los honorarios por auditoría de cuentas y otros servicios prestados por los auditores de cuentas; en particular, se detallará el total de los honorarios cargados por otros servicios de verificación así como el total de los honora-

rios cargados por servicios de asesoramiento fiscal. El mismo desglose de información se dará de los honorarios correspondientes a cualquier empresa del mismo grupo a que perteneciese el auditor de cuentas, o a cualquier otra empresa con la que el auditor esté vinculado por control, propiedad común o gestión.

4. La naturaleza y el propósito de negocio de los acuerdos de la empresa que no figuren en balance y sobre los que no se haya incorporado información en otra nota de la memoria, así como su posible impacto financiero, siempre que esta información sea significativa y de ayuda para la determinación de la posición financiera de la empresa.
5. Cuando la sociedad sea la de mayor activo del conjunto de sociedades domiciliadas en España, sometidas a una misma unidad de decisión, porque estén controladas por cualquier medio por una o varias personas físicas o jurídicas, no obligadas a consolidar, que actúen conjuntamente, o porque se hallen bajo dirección única por acuerdos o cláusulas estatutarias, deberá incluir una descripción de las citadas sociedades, señalando el motivo por el que se encuentran bajo una misma unidad de decisión, e informará sobre el importe agregado de los activos, pasivos, patrimonio neto, cifra de negocios y resultado del conjunto de las citadas sociedades.

   Se entiende por sociedad de mayor activo aquella que en el momento de su incorporación a la unidad de decisión, presente una cifra mayor en el total activo del modelo del balance.
6. Cuando la sociedad no sea la de mayor activo del conjunto de sociedades sometidas a una unidad de decisión en los términos señalados en el punto anterior, indicará la unidad de decisión a la que pertenece y el Registro Mercantil donde estén depositadas las cuentas anuales de la sociedad que contiene la información exigida en el punto anterior.

25. INFORMACIÓN SEGMENTADA

La empresa informará de la distribución del importe neto de la cifra de negocios correspondiente a sus actividades ordinarias, por categorías de actividades, así como por mercados geográficos, en la medida en que, desde el punto de vista de la organización de la venta de productos y de la prestación de servicios u otros ingresos correspondientes a las actividades ordinarias de la empresa, esas categorías y mercados difieran entre sí de una forma considerable.

Las empresas que puedan formular cuenta de pérdidas y ganancias abreviada podrán omitir esta información.

MODELOS ABREVIADOS DE CUENTAS ANUALES

BALANCE ABREVIADO AL CIERRE DEL EJERCICIO 200X

N.º CUENTAS	ACTIVO	NOTAS DE LA MEMORIA	200X	200X-1
	A) ACTIVO NO CORRIENTE			
20, (280), (290)	**I. Inmovilizado intangible.**			
21, (281), (291), 23	**II. Inmovilizado material.**			
22, (282), (292)	**III. Inversiones inmobiliarias.**			
2403, 2404, 2413, 2414, 2423, 2424, (2493), (2494), (293), (2943), (2944), (2953), (2954)	**IV. Inversiones en empresas del grupo y asociadas a largo plazo.**			
2405, 2415, 2425, (2495), 250, 251, 252, 253, 254, 255, 257, 258, (259), 26, (2945), (2955), (297), (298)	**V. Inversiones financieras a largo plazo.**			
474	**VI. Activos por impuesto diferido.**			
	B) ACTIVO CORRIENTE			
580, 581, 582, 583, 584, (599)	**I. Activos no corrientes mantenidos para la venta.**			
30, 31, 32, 33, 34, 35, 36, (39), 407	**II. Existencias.**			
	III. Deudores comerciales y otras cuentas a cobrar.			
430, 431, 432, 433, 434, 435, 436, (437), (490), (493)	1. Clientes por ventas y prestaciones de servicios.			
5580	2. Accionistas (socios) por desembolsos exigidos.			
44, 460, 470, 471, 472, 5531, 5533, 544	3. Otros deudores.			
5303, 5304, 5313, 5314, 5323, 5324, 5333, 5334, 5343, 5344, 5353, 5354, (5393), (5394), 5523, 5524, (593), (5943), (5944), (5953), (5954)	**IV. Inversiones en empresas del grupo y asociadas a corto plazo.**			
5305, 5315, 5325, 5335, 5345, 5355, (5395), 540, 541, 542, 543, 545, 546, 548, (549), 551, 5525, 5590, 5593, 565, 566, (5945), (5955), (597), (598)	**V. Inversiones financieras a corto plazo.**			
480, 567	**VI. Periodificaciones a corto plazo.**			
57	**VII. Efectivo y otros activos líquidos equivalentes.**			
	TOTAL ACTIVO (A + B)			

N.º CUENTAS	PATRIMONIO NETO Y PASIVO	NOTAS DE LA MEMORIA	200X	200X-1
	A) PATRIMONIO NETO			
	A-1) Fondos propios.			
	I. Capital.			
100, 101, 102	1. Capital escriturado.			
(1030), (1040)	2. (Capital no exigido).			
110	**II. Prima de emisión.**			
112, 113, 114, 115, 119	**III. Reservas.**			
(108), (109)	**IV. (Acciones y participaciones en patrimonio propias).**			
120, (121)	**V. Resultados del ejercicios anteriores.**			
118	**VI. Otras aportaciones de socios.**			
129	**VII. Resultado del ejercicio.**			
(557)	**VIII. (Dividendo a cuenta).**			
111	**IX. Otros instrumentos de patrimonio neto.**			
133, 1340, 137	**A-2) Ajustes por cambio de valor.**			
130, 131, 132	**A-3) Subvenciones, donaciones y legados recibidos.**			
	B) PASIVO NO CORRIENTE			
14	**I. Provisiones a largo plazo.**			
	II. Deudas a largo plazo.			
1605, 170	1. Deudas con entidades de crédito.			
1625, 174	2. Acreedores por arrendamiento financiero.			
1615, 1635, 171, 172, 173, 175, 176, 17, 178, 179, 180, 185, 189	3. Otras deudas a largo plazo.			
1603, 1604, 1613, 1614, 1623, 1624, 1633, 1634	**III. Deudas con empresas del grupo y asociadas a largo plazo.**			
479	**IV. Pasivos por impuesto diferido.**			
181	**V. Periodificaciones a largo plazo.**			

N.º CUENTAS	PATRIMONIO NETO Y PASIVO	NOTAS DE LA MEMORIA	200X	200X-1
	C) PASIVO CORRIENTE			
585, 586, 587, 588, 589	**I. Pasivos vinculados con activos no corrientes mantenidos para la venta.**			
499, 529	**II. Provisiones a corto plazo.**			
	III. Deudas a corto plazo.			
5105, 520, 527	1. Deudas con entidades de crédito.			
5125, 524	2. Acreedores por arrendamiento financiero.			
(1034), (1044), (190), (192), 194, 500, 501, 505, 506, 509, 5115, 5135, 5145, 521, 522, 523, 525, 526, 528, 551, 5525, 5530, 5532, 555, 5565, 5566, 5595, 5598, 560, 561, 569	3. Otras deudas a largo plazo.			
5103, 5104, 5113, 5114, 5123, 5124, 5133, 5134, 5143, 5144, 5523, 5524, 5563, 5564	**IV. Deudas con empresas del grupo y asociadas a corto plazo.**			
	V. Acreedores comerciales y otras cuentas a pagar.			
400, 401, 403, 404, 405, (406)	1. Proveedores.			
41, 438, 465, 466, 475, 476, 477	2. Otros acreedores.			
485, 568	**VI. Periodificaciones a corto plazo.**			
	TOTAL PATRIMONIO NETO Y PASIVO (A + B + C)			

CUENTA DE PÉRDIDAS Y GANANCIAS ABREVIADA CORRESPONDIENTE AL EJERCICIO TERMINADO EL... DE 200X

N.º CUENTAS		NOTA	(Debe) Haber 200X	200X-1
700, 701, 702, 703, 704, (706), (708), (709)	1. Importe neto de la cifra de negocios.			
(6930), 71*, 7930	2. Variación de existencias de productos terminados y en curso de fabricación.			
73	3. Trabajos realizados por la empresa para su activo.			
(600), (601), (602), 606, (607), 608, 609, 61*, (6931), (6932), (6933), 7931, 7932, 7933	4. Aprovisionamientos.			
740, 747, 75	5. Otros ingresos de explotación.			
64, 7950, 7957	6. Gastos de personal.			
(62), (631), (634), 636, 639, (65), (694), (695), 794, 7954	7. Otros gastos de explotación.			
(68)	8. Amortización del inmovilizado.			
746	9. Imputación de subvenciones de inmovilizado no financiero y otras.			
7951, 7952, 7955, 7956	10. Exceso de provisiones.			
(670), (671), (672), (690), (691), (692), 770 771, 772, 790, 791, 792	11. Deterioro y resultado por enajenaciones del inmovilizado.			
	A) RESULTADO DE EXPLOTACIÓN (1+2+3+4+5+6+7+8+9+10+11)			
760, 761, 762, 767, 769	12. Ingresos financieros.			
(660), (661), (662), (664), (665), (669)	13. Gastos financieros.			
(663), 763	14. Variación de valor razonable en instrumentos financieros.			
(668), 768	15. Diferencias de cambio.			
(666), (667), (673), (675), (696), (697), (698), (699), 766, 773, 775, 796, 797, 798, 799	16. Deterioro y resultado por enajenaciones de instrumentos financieros.			
	B) RESULTADO FINANCIERO (12+13+14+15+16)			
	C) RESULTADO ANTES DE IMPUESTOS (A+B)			
6300*, 6301*, (633), 638	17. Impuestos sobre beneficios.			
	D) RESULTADO DEL EJERCICIO (C + 17)			

* Su signo puede ser positivo o negativo

A) ESTADO ABREVIADO DE INGRESOS Y GASTOS RECONOCIDOS CORRESPONDIENTE AL EJERCICIO TERMINADO EL ... DE 200X

N.º CUENTAS		NOTAS EN LA MEMORIA	Ejercicio terminado 200X	Ejercicio terminado 200X-1
	A) Resultado de la cuenta de pérdidas y ganancias			
	Ingresos y gastos imputados directamente al patrimonio neto.			
(800), (89), 900, 991, 992	**I. Por valoración de activos y pasivos.**			
(810), 910	**II. Por coberturas de flujos de efectivo.**			
94	**III. Subvenciones, donaciones y legados recibidos.**			
(85), 95	**IV. Por ganancias y pérdidas actuariales y otros ajustes.**			
8300*, 8301*, (833), 834, 835, 838	**V. Efecto impositivo.**			
	B) Total ingresos y gastos imputados directamente en el patrimonio neto (I+II+III+IV+V)			
	Transferencias a la cuenta de pérdidas y ganancias			
(802), 902, 993, 994	**VI. Por valoración de instrumentos financieros.**			
(812), 912	**VII. Por coberturas de flujos de efectivo.**			
(84)	**VIII. Subvenciones, donaciones y legados recibidos.**			
8301*, (836), (837)	**IX. Efecto impositivo.**			
	C) Total transferencias a la cuenta de pérdidas y ganancias (VI+VII+VII+IX)			
	TOTAL DE INGRESOS Y GASTOS RECONOCIDOS (A + B + C)			

* Su signo puede ser positivo o negativo

B) ESTADO ABREVIADO TOTAL DE CAMBIOS EN EL PATRIMONIO NETO CORRESPONDIENTE AL EJERCICIO TERMINADO EL ... DE 200X

	Capital		Prima de emisión	Reservas	(Acciones y participaciones en patrimonio propias)	Resultados de ejercicios anteriores	Otras aportaciones de socios	Resultado del ejercicio	(Dividendo a cuenta)	Otros instrumentos de patrimonio neto	Ajuste por cambios de valor	Subvenciones donaciones y legados recibidos	TOTAL
	Escriturado	No exigido											
A. SALDO, FINAL DEL AÑO 200X - 2													
I. Ajustes por cambios de criterio 200X-2 y anteriores.													
II. Ajustes por errores 200X-2 y anteriores.													
B. SALDO AJUSTADO, INICIO DEL AÑO 200X - 1													
I. Total ingresos y gastos reconocidos.													
II. Operaciones con socios o propietarios.													
1. Aumentos de capital. 2. (-) Reducciones de capital. 3. Oras operaciones con socios o propietarios.													
III. Otras variaciones del patrimonio neto.													
C. SALDO, FINAL DEL AÑO N - 1													
I. Ajustes por cambios de criterio 200X-1.													
II. Ajustes por errores 200X-1.													
D. SALDO AJUSTADO, INICIO DEL AÑO 200X													
I. Total ingresos y gastos reconocidos.													
II. Operaciones con socios o propietarios.													
1. Aumentos de capital. 2. (-) Reducciones de capital. 3. Otras operaciones con socios o propietarios.													
III. Otras variaciones del patrimonio neto.													
E. SALDO, FINAL DEL AÑO 200X													

CONTENIDO DE LA MEMORIA ABREVIADA

1. ACTIVIDAD DE LA EMPRESA

En este apartado se describirá el objeto social de la empresa y la actividad o actividades a que se dedique. En particular:

1. Domicilio y forma legal de la empresa, así como el lugar donde desarrolle las actividades, si fuese diferente de la sede social.
2. Una descripción de la naturaleza de la explotación de la empresa, así como de sus principales actividades.
3. En el caso de pertenecer a un grupo de sociedades, en los términos previstos en el artículo 42 del Código de Comercio incluso cuando la sociedad dominante esté domiciliada fuera de territorio español, se informará sobre su nombre así como el de la sociedad dominante directa y de la dominante última del grupo, la residencia de estas sociedades y el Registro Mercantil donde estén depositadas las cuentas anuales consolidadas, la fecha de formulación de las mismas o, si procediera, las circunstancias que eximan de la obligación de consolidar.
4. Cuando exista una moneda funcional distinta del euro, se pondrá claramente de manifiesto esta circunstancia, indicando los criterios tenidos en cuenta para su determinación.

2. BASES DE PRESENTACIÓN DE LAS CUENTAS ANUALES

1. Imagen fiel:

   a) La empresa deberá hacer una declaración explícita de que las cuentas anuales reflejan la imagen fiel del patrimonio, de la situación financiera y de los resultados de la empresa, así como en el caso de confeccionar el estado de flujos de efectivo, la veracidad de los flujos incorporados.

   b) Razones excepcionales por las que, para mostrar la imagen fiel, no se han aplicado disposiciones legales en materia contable con indicación de la disposición legal no aplicada, e influencia cualitativa y cuantitativa para cada ejercicio para el que se presenta información de tal proceder sobre el patrimonio, la situación financiera y los resultados de la empresa.

   c) Informaciones complementarias, indicando su ubicación en la memoria, que resulte necesario incluir cuando la aplicación de las disposiciones legales no sea suficiente para mostrar la imagen fiel.
2. Principios contables no obligatorios aplicados.
3. Aspectos críticos de la valoración y estimación de la incertidumbre.

   a) Sin perjuicio de lo indicado en cada nota específica, en este apartado se informará sobre los supuestos clave acerca del futuro, así como de otros datos relevantes sobre la estimación de la incertidumbre en la fecha de cierre del ejercicio, siempre que lleven asociado un riesgo importante que pueda suponer cambios significativos en el valor de los activos o pasivos en el ejercicio siguiente. Respecto de tales activos y pasivos, se incluirá información sobre su naturaleza y su valor contable en la fecha de cierre.

b) Se indicará la naturaleza y el importe de cualquier cambio en una estimación contable que sea significativo y que afecte al ejercicio actual o que se espera que pueda afectar a los ejercicios futuros. Cuando sea impracticable realizar una estimación del efecto en ejercicios futuros, se revelará este hecho.

c) Cuando la dirección sea consciente de la existencia de incertidumbres importantes, relativas a eventos o condiciones que puedan aportar dudas significativas sobre la posibilidad de que la empresa siga funcionando normalmente, procederá a revelarlas en este apartado. En el caso de que las cuentas anuales no se elaboren bajo el principio de empresa en funcionamiento, tal hecho será objeto de revelación explícita, junto con las hipótesis alternativas sobre las que hayan sido elaboradas, así como las razones por las que la empresa no pueda ser considerada como una empresa en funcionamiento.

4. Comparación de la información.

Sin perjuicio de lo indicado en los apartados siguientes respecto a los cambios en criterios contables y corrección de errores, en este apartado se incorporará la siguiente información:

a) Razones excepcionales que justifican la modificación de la estructura del balance, de la cuenta de pérdidas y ganancias, del estado de cambios en el patrimonio neto y, en caso de confeccionarse, del estado de flujos de efectivo del ejercicio anterior.

b) Explicación de las causas que impiden la comparación de las cuentas anuales del ejercicio con las del precedente.

c) Explicación de la adaptación de los importes del ejercicio precedente para facilitar la comparación y, en caso contrario, las razones excepcionales que han hecho impracticable la reexpresión de las cifras comparativas.

5. Elementos recogidos en varias partidas.

Identificación de los elementos patrimoniales, con su importe, que estén registrados en dos o más partidas del balance, con indicación de éstas y del importe incluido en cada una de ellas.

6. Cambios en criterios contables.

Explicación detallada de los ajustes por cambios en criterios contables realizados en el ejercicio, señalándose las razones por las cuales el cambio permite una información más fiable y relevante.

Si la aplicación retroactiva fuera impracticable, se informará sobre tal hecho, las circunstancias que lo explican y desde cuándo se ha aplicado el cambio en el criterio contable.

No será necesario incluir información comparativa en este apartado.

7. Corrección de errores.

Explicación detallada de los ajustes por corrección de errores realizados en el ejercicio, indicándose la naturaleza del error.

Si la aplicación retroactiva fuera impracticable, se informará sobre tal hecho, las circunstancias que lo explican y desde cuándo se ha corregido el error.

No será necesario incluir información comparativa en este apartado.

3. APLICACIÓN DE RESULTADOS

1. Información sobre la propuesta de aplicación del resultado del ejercicio, de acuerdo con el siguiente esquema:

Base de reparto	Importe
Saldo de la cuenta de pérdidas y ganancias .... Remanente .... Reservas voluntarias....................................... Otras reservas de libre disposición.................	 -------
Total.............	-------

Aplicación	Importe
A reserva legal.. A reserva por fondo de comercio .... A reservas especiales...................................... A reservas voluntarias .... A .... A dividendos.. A .... A compensación de pérdidas de ejercicios anteriores	 -------
Total.............	-------

2. En el caso de distribución de dividendos a cuenta en el ejercicio, se deberá indicar el importe de los mismos e incorporar el estado contable previsional formulado preceptivamente para poner de manifiesto la existencia de liquidez suficiente. Dicho estado contable deberá abarcar un periodo de un año desde que se acuerde la distribución del dividendo a cuenta.
3. Limitaciones para la distribución de dividendos.

4. NORMAS DE REGISTRO Y VALORACIÓN

Se indicarán los criterios contables aplicados en relación con las siguientes partidas:

1. Inmovilizado intangible; indicando los criterios utilizados de capitalización o activación, amortización y correcciones valorativas por deterioro.

   Justificación de las circunstancias que han llevado a calificar como indefinida la vida útil de un inmovilizado intangible.

   En particular, deberá indicarse de forma detallada el criterio de valoración seguido para calcular el valor recuperable del fondo de comercio, así como del resto de inmovilizados intangibles con vida útil indefinida.

2. Inmovilizado material; indicando los criterios sobre amortización, correcciones valorativas por deterioro y reversión de las mismas, capitalización de gastos financieros, costes de ampliación, modernización y mejoras, costes de desmantelamiento o retiro, así como los costes de rehabilitación del lugar donde se asiente un activo y los criterios sobre la determinación del coste de los trabajos efectuados por la empresa para su inmovilizado.

   Además se precisarán los criterios de contabilización de contratos de arrendamiento financiero y otras operaciones de naturaleza similar.
3. Se señalará el criterio para calificar los terrenos y construcciones como inversiones inmobiliarias, especificando para éstas los criterios señalados en el apartado anterior.

   Además se precisarán los criterios de contabilización de contratos de arrendamiento financiero y otras operaciones de naturaleza similar.
4. Permutas; indicando el criterio seguido y la justificación de su aplicación, en particular, las circunstancias que han llevado a calificar una permuta de carácter comercial.
5. Instrumentos financieros; se indicará:

   a) Criterios empleados para la calificación y valoración de las diferentes categorías de activos financieros y pasivos financieros, así como para el reconocimiento de cambios de valor razonable; en particular, las razones por las que los valores emitidos por la empresa que, de acuerdo con el instrumento jurídico empleado, en principio debieran haberse clasificado como instrumentos de patrimonio, han sido contabilizados como pasivos financieros.

   b) La naturaleza de los activos financieros y pasivos financieros designados inicialmente como a valor razonable con cambios en la cuenta de pérdidas y ganancias, así como los criterios aplicados en dicha designación y una explicación de cómo la empresa ha cumplido con los requerimientos señalados en la norma de registro y valoración relativa a instrumentos financieros.

   c) Los criterios aplicados para determinar la existencia de evidencia objetiva de deterioro, así como el registro de la corrección de valor y su reversión y la baja definitiva de activos financieros deteriorados. En particular, se destacarán los criterios utilizados para calcular las correcciones valorativas relativas a los deudores comerciales y otras cuentas a cobrar. Asimismo, se indicarán los criterios contables aplicados a los activos financieros cuyas condiciones hayan sido renegociadas y que, de otro modo, estarían vencidos o deteriorados.

   d) Criterios empleados para el registro de la baja de activos financieros y pasivos financieros.

   e) Inversiones en empresas del grupo, multigrupo y asociadas; se informará sobre el criterio seguido en la valoración de estas inversiones, así como el aplicado para registrar las correcciones valorativas por deterioro.

   f) Los criterios empleados en la determinación de los ingresos o gastos procedentes de las distintas categorías de instrumentos financieros: intereses, primas o descuentos, dividendos, etc.

g) Instrumentos de patrimonio propio en poder de la empresa; indicando los criterios de valoración y registro empleados.

6. Existencias; indicando los criterios de valoración y, en particular, precisando los seguidos sobre correcciones valorativas por deterioro y capitalización de gastos financieros.
7. Transacciones en moneda extranjera; indicando:

   a) Criterios de valoración de las transacciones en moneda extranjera y criterios de imputación de las diferencias de cambio.

   b) Cuando se haya producido un cambio en la moneda funcional, se pondrá de manifiesto, así como la razón de dicho cambio.

   c) Para los elementos contenidos en las cuentas anuales que en la actualidad o en su origen hubieran sido expresados en moneda extranjera, se indicará el procedimiento empleado para calcular el tipo de cambio a euros.
8. Impuestos sobre beneficios; indicando los criterios utilizados para el registro y valoración de activos y pasivos por impuesto diferido.
9. Ingresos y gastos; indicando los criterios generales aplicados. En particular, en relación con las prestaciones de servicios realizadas por la empresa se indicarán los criterios utilizados para la determinación de los ingresos; en concreto, se señalarán los métodos empleados para determinar el porcentaje de realización en la prestación de servicios y se informará en caso de que su aplicación hubiera sido impracticable.
10. Provisiones y contingencias; indicando el criterio de valoración, así como, en su caso, el tratamiento de las compensaciones a recibir de un tercero en el momento de liquidar la obligación. En particular, en relación con las provisiones deberá realizarse una descripción general del método de estimación y cálculo de cada uno de los riesgos.
11. Criterios empleados para el registro de los gastos de personal; en particular, el referido a los compromisos por pensiones.
12. Subvenciones, donaciones y legados; indicando el criterio empleado para su clasificación y, en su caso, su imputación a resultados.
13. Combinaciones de negocios; indicando los criterios de registro y valoración empleados.
14. Negocios conjuntos; indicando los criterios seguidos por la empresa para integrar en sus cuentas anuales los saldos correspondientes al negocio conjunto en que participe.
15. Criterios empleados en transacciones entre partes vinculadas.

5. INMOVILIZADO MATERIAL, INTANGIBLE E INVERSIONES INMOBILIARIAS

1. Análisis del movimiento durante el ejercicio de cada uno de estos epígrafes del balance y de sus correspondientes amortizaciones acumuladas y correcciones valorativas por deterioro de valor acumuladas; indicando lo siguiente:

   a) Saldo inicial.

   b) Entradas.

   c) Salidas.

   d) Saldo final.

En particular, se detallarán los inmovilizados intangibles con vida útil indefinida y las razones sobre las que se apoya la estimación de dicha vida útil indefinida.

También se especificará la información relativa a inversiones inmobiliarias, incluyéndose además una descripción de las mismas.

Si hubiera algún epígrafe significativo, por su naturaleza o por su importe, se facilitará la pertinente información adicional.

2. Arrendamientos financieros y otras operaciones de naturaleza similar sobre activos no corrientes. En particular, precisando de acuerdo con las condiciones del contrato: coste del bien en origen, duración del contrato, años transcurridos, cuotas satisfechas en años anteriores y en el ejercicio, cuotas pendientes y, en su caso, valor de la opción de compra.

6. INVERSIONES FINANCIERAS

1. Se revelará el valor en libros de cada una de las categorías de activos financieros señalados en la norma de registro y valoración novena, salvo inversiones en el patrimonio de empresas del grupo, multigrupo y asociadas.

A estos efectos se desglosará cada epígrafe atendiendo a las categorías establecidas en la norma de registro y valoración novena. Se deberá informar sobre las clases definidas por la empresa.

Clases / Categorías	Instrumentos financieros a largo plazo						Instrumentos financieros a corto plazo						TOTAL	
	Instrumentos de patrimonio		Valores representativos de deuda		Créditos Derivados Otros		Instrumentos de patrimonio		Valores representativos de deuda		Créditos Derivados Otros			
	Ej x	Ej x - 1	Ej x	Ej x - 1	Ej x	Ej x - 1	Ej x	Ej x - 1	Ej x	Ej x - 1	Ej x	Ej x - 1	Ej x	Ej x - 1
Activos a valor razonable con cambios en pérdidas y ganancias														
Inversiones mantenidas hasta el vencimiento														
Préstamos y partidas a cobrar														
Activos disponibles para la venta:														
Derivados de cobertura														
Total														

En cualquier caso deberá suministrarse toda la información acerca de los traspasos o reclasificaciones entre las diferentes categorías de activos financieros que se hayan producido en el ejercicio. En particular, se informará sobre los importes de dicha reclasificación por cada categoría de activos financieros y se incluirá una justificación de la misma.

2. Se presentará para cada clase de activos financieros, un análisis del movimiento de las cuentas correctoras representativas de las pérdidas por deterioro originadas por el riesgo de crédito.

3. Cuando las inversiones financieras se hayan valorado por su valor razonable, se indicará:

a) Si el valor razonable se determina, en su totalidad o en parte, tomando como referencia los precios cotizados en mercados activos o se estiman utilizando modelos y técnicas de valoración. En este último caso, se señalarán los principales supuestos en que se basan los citados modelos y técnicas de valoración.

b) Por categoría de activos financieros, el valor razonable, las variaciones en el valor registradas, en su caso, en la cuenta de pérdidas y ganancias, así como las consignadas directamente en el patrimonio neto.

c) Con respecto a los instrumentos financieros derivados, distintos de los que se califiquen como instrumentos de cobertura, se informará sobre la naturaleza de los instrumentos y las condiciones importantes que puedan afectar al importe, al calendario y a la certidumbre de los futuros flujos de efectivo.

4. Empresas del grupo, multigrupo y asociadas.
Se detallará información sobre las empresas del grupo, multigrupo y asociadas, incluyendo:

a) Denominación, domicilio y forma jurídica de las empresas del grupo, especificando para cada una de ellas:

- — Actividades que ejercen.
- — Fracción de capital y de los derechos de voto que se posee directa e indirectamente, distinguiendo entre ambos.
- — Importe del capital, reservas, otras partidas del patrimonio neto y resultado del último ejercicio, diferenciando el resultado de explotación.
- — Valor según libros de la participación en capital.
- — Dividendos recibidos en el ejercicio.
- — Indicación de si las acciones cotizan o no en Bolsa y, en su caso, cotización media del último trimestre del ejercicio y cotización al cierre del ejercicio.

b) La misma información que la del punto anterior respecto de las empresas multigrupo, asociadas, aquellas en las que aun poseyendo más del 20% del capital la empresa no se ejerza influencia significativa y aquellas en las que la sociedad sea socio colectivo. Asimismo, se informará sobre las contingencias en las que se haya incurrido en relación con dichas empresas. Si la empresa ejerce influencia significativa sobre otra poseyendo un porcentaje inferior al 20% del capital o si poseyendo más del 20% del capital no se ejerce influencia significativa, se explicarán las circunstancias que afectan a dichas relaciones.

c) Se detallarán las adquisiciones realizadas durante el ejercicio que hayan llevado a calificar a una empresa como dependiente, indicándose la fracción de capital y el porcentaje de derechos de voto adquiridos.

d) Notificaciones efectuadas, en cumplimiento de lo dispuesto en el artículo 86 del Texto Refundido de la Ley de Sociedades Anónimas, a las sociedades participadas, directa o indirectamente, en más de un 10%.

e) Importe de las correcciones valorativas por deterioro registradas en las distintas participaciones, diferenciando las reconocidas en el ejercicio de las acumuladas. Asimismo se informará, en su caso, sobre las dotaciones y reversiones de las correcciones valorativas por deterioro cargadas y abonadas, respectivamente, contra la partida del patrimonio neto que recoja los ajustes valorativos, en los términos indicados en la norma de registro y valoración.

7. PASIVOS FINANCIEROS

1. Se revelará el valor en libros de cada una de las categorías de pasivos financieros señalados en la norma de registro y valoración novena.
   A estos efectos se desglosará cada epígrafe atendiendo a las categorías establecidas en la norma de registro y valoración novena. Se deberá informar sobre las clases definidas por la empresa.

Clases / Categorías	Instrumentos financieros a largo plazo						Instrumentos financieros a corto plazo						TOTAL	
	Deudas con entidades de crédito		Obligaciones y otros valores negociables		Derivados Otros		Deudas con entidades de crédito		Obligaciones y otros valores negociables		Derivados Otros			
	Ej x	Ej x - 1	Ej x	Ej x - 1	Ej x	Ej x - 1	Ej x	Ej x - 1	Ej x	Ej x - 1	Ej x	Ej x - 1	Ej x	Ej x - 1
Débitos y partidas a pagar														
Pasivos a valor razonable con cambios en pérdidas y ganancias														
Otros														
Total														

2. Información sobre:

   a) El importe de las deudas que venzan en cada uno de los cinco años siguientes al cierre del ejercicio y del resto hasta su último vencimiento. Estas indicaciones figurarán separadamente para cada uno de los epígrafes y partidas relativos a deudas, conforme al modelo de balance abreviado.

   b) El importe de las deudas con garantía real, con indicación de su forma y naturaleza.

   c) El importe disponible en las líneas de descuento, así como las pólizas de crédito con- cedidas a la empresa con sus límites respectivos, precisando la parte dispuesta.

3. En relación con los préstamos pendientes de pago al cierre del ejercicio, se informará de:
   - Los detalles de cualquier impago del principal o intereses que se haya producido durante el ejercicio.
   - El valor en libros en la fecha de cierre del ejercicio de aquellos préstamos en los que se hubiese producido un incumplimiento por impago, y
   - Si el impago ha sido subsanado o se han renegociado las condiciones del préstamo, antes de la fecha de formulación de las cuentas anuales.

8. FONDOS PROPIOS

1. Cuando existan varias clases de acciones o participaciones en el capital, se indicará el número y el valor nominal de cada una de ellas, distinguiendo por clases, así como los derechos otorgados a las mismas y las restricciones que puedan tener. También, en su caso, se indicará para cada clase los desembolsos pendientes, así como la fecha de exigibilidad. Esta misma información se requerirá respecto a otros instrumentos de patrimonio distintos del capital.
2. Circunstancias específicas que restringen la disponibilidad de las reservas.
3. Número, valor nominal y precio medio de adquisición de las acciones o participaciones propias en poder de la sociedad o de un tercero que obre por cuenta de ésta, especificando su destino final previsto e importe de la reserva por adquisición de acciones de la sociedad dominante. También se informará sobre el número, valor nominal e importe de la reserva correspondiente a las acciones propias aceptadas en garantía. En su caso, se informará igualmente en lo que corresponda, respecto a otros instrumentos de patrimonio distintos del capital.

9. SITUACIÓN FISCAL

1. Impuestos sobre beneficios

   a) Información relativa a las diferencias temporarias deducibles e imponibles registradas en el balance al cierre del ejercicio.

   b) Antigüedad y plazo previsto de recuperación fiscal de los créditos por bases imponibles negativas.

   c) Incentivos fiscales aplicados en el ejercicio y compromisos asumidos en relación con los mismos.

   d) Provisiones derivadas del impuesto sobre beneficios así como sobre las contingencias de carácter fiscal y sobre acontecimientos posteriores al cierre que supongan una modificación de la normativa fiscal que afecta a los activos y pasivos fiscales registrados. En particular se informará de los ejercicios pendientes de comprobación.

   e) Cualquier otra circunstancia de carácter sustantivo en relación con la situación fiscal.
2. Otros tributos

   Se informará sobre cualquier circunstancia de carácter significativo en relación con otros tributos, en particular cualquier contingencia de carácter fiscal, así como los ejercicios pendientes de comprobación.

10. INGRESOS Y GASTOS

1. Se desglosarán las compras y variación de existencias, de mercaderías y de materias primas y otras materias consumibles, dentro de la partida 4 «Aprovisionamientos», del modelo abreviado de la cuenta de pérdidas y ganancias. Asimismo, se diferenciarán las compras nacionales, las adquisiciones intracomunitarias y las importaciones.

Se desglosarán las cargas sociales distinguiendo, en su caso, entre aportaciones y dotaciones para pensiones y otras cargas sociales, dentro de la partida 6 «Gastos de personal», del modelo abreviado de la cuenta de pérdidas y ganancias.

Desglose de la partida 7 «Otros gastos de explotación» del modelo de la cuenta de pérdidas y ganancias, especificando el importe de las correcciones valorativas por deterioro de créditos comerciales y los fallidos.

2. El importe de la venta de bienes y prestación de servicios producidos por permuta de bienes no monetarios y servicios.
3. Los resultados originados fuera de la actividad normal de la empresa incluidos en la partida 12 «Otros resultados».

11. SUBVENCIONES, DONACIONES Y LEGADOS

Se informará sobre:

1. El importe y características de las subvenciones, donaciones y legados recibidos que aparecen en el balance, así como los imputados en la cuenta de pérdidas y ganancias.
2. Análisis del movimiento del contenido de la subagrupación correspondiente del balance, indicando el saldo inicial y final así como los aumentos y disminuciones. En particular, se informará sobre los importes recibidos y, en su caso, devueltos.
3. Información sobre el origen de las subvenciones, donaciones y legados, indicando, para las primeras, el Ente público que las concede, precisando si la otorgante de las mismas es la Administración local, autonómica, estatal o internacional.
4. Información sobre el cumplimiento o no de las condiciones asociadas a las subvenciones, donaciones y legados.

12. OPERACIONES CON PARTES VINCULADAS

1. La información sobre operaciones con partes vinculadas se suministrará separadamente para cada una de las siguientes categorías:

   a) Entidad dominante.

   b) Otras empresas del grupo.

   c) Negocios conjuntos en los que la empresa sea uno de los partícipes.

   d) Empresas asociadas.

   e) Empresas con control conjunto o influencia significativa sobre la empresa.

   f) Personal clave de la dirección de la empresa o de la entidad dominante.

   g) Otras partes vinculadas.

2. La empresa facilitará información suficiente para comprender las operaciones con partes vinculadas que haya efectuado y los efectos de las mismas sobre sus estados financieros, incluyendo, entre otros, los siguientes aspectos:

   a) Identificación de las personas o empresas con las que se han realizado las operaciones vinculadas, expresando la naturaleza de la relación con cada parte implicada.

b) Detalle de la operación y su cuantificación, expresando la política de precios seguida, poniéndola en relación con las que la empresa utiliza respecto a operaciones análogas realizadas con partes que no tengan la consideración de vinculadas. Cuando no existan operaciones análogas realizadas con partes que no tengan la consideración de vinculadas, los criterios o métodos seguidos para determinar la cuantificación de la operación.

c) Beneficio o pérdida que la operación haya originado en la empresa y descripción de las funciones y riesgos asumidos por cada parte vinculada respecto de la operación.

d) Importe de los saldos pendientes, tanto activos como pasivos, sus plazos y condiciones, naturaleza de la contraprestación establecida para su liquidación, agrupando los activos y pasivos en los epígrafes que aparecen en el balance de la empresa y garantías otorgadas o recibidas.

e) Correcciones valorativas por deudas de dudoso cobro relacionadas con los saldos pendientes anteriores.

f) Gastos reconocidos en el ejercicio como consecuencia de deudas incobrables o de dudoso cobro de partes vinculadas.

3. La información anterior podrá presentarse de forma agregada cuando se refiera a partidas de naturaleza similar. En todo caso, se facilitará información de carácter individualizado sobre las operaciones vinculadas que fueran significativas por su cuantía o relevantes para una adecuada comprensión de las cuentas anuales.
4. No será necesario informar en el caso de operaciones que, perteneciendo al tráfico ordinario de la empresa, se efectúen en condiciones normales de mercado, sean de escasa importancia cuantitativa y carezcan de relevancia para expresar la imagen fiel del patrimonio, de la situación financiera y de los resultados de la empresa.
5. No obstante, en todo caso deberá informarse sobre el importe de los sueldos, dietas y remuneraciones de cualquier clase devengados en el curso del ejercicio por el personal de alta dirección y los miembros del órgano de administración, cualquiera que sea su causa, así como de las obligaciones contraídas en materia de pensiones o de pago de primas de seguros de vida respecto de los miembros antiguos y actuales del órgano de administración y personal de alta dirección. Asimismo, se incluirá información sobre indemnizaciones por cese y pagos basados en instrumentos de patrimonio. Cuando los miembros del órgano de administración sean personas jurídicas, los requerimientos anteriores se referirán a las personas físicas que los representen. Estas informaciones se podrán dar de forma global por concepto retributivo recogiendo separadamente los correspondientes al personal de alta dirección de los relativos a los miembros del órgano de administración.

   También deberá informarse sobre el importe de los anticipos y créditos concedidos al personal de alta dirección y a los miembros de los órganos de administración, con indicación del tipo de interés, sus características esenciales y los importes eventualmente devueltos, así como las obligaciones asumidas por cuenta de ellos a título de garantía. Cuando los miembros del órgano de administración sean personas jurídicas, los requerimientos anteriores se referirán a las personas físicas que los representen. Estas informaciones se podrán dar de forma global por cada categoría, recogiendo separadamente los correspondientes al personal de alta dirección de los relativos a los miembros del órgano de administración.

6. Las empresas que se organicen bajo la forma jurídica de sociedad anónima, deberán especificar la participación de los administradores en el capital de otra sociedad con el mismo, análogo o complementario género de actividad al que constituya el objeto social, así como los cargos o las funciones que en ella ejerzan, así como la realización por cuenta propia o ajena, del mismo, análogo o complementario género de actividad del que constituya el objeto social de la empresa.

13. OTRA INFORMACIÓN

Se incluirá información sobre:

1. El número medio de personas empleadas en el curso del ejercicio, expresado por categorías.
2. La naturaleza y el propósito de negocio de los acuerdos de la empresa que no figuren en balance y sobre los que no se haya incorporado información en otra nota de la memoria, así como su posible impacto financiero, siempre que esta información sea significativa y de ayuda para la determinación de la posición financiera de la empresa.

CUARTA PARTE

CUADRO DE CUENTAS

GRUPO 1
FINANCIACIÓN BÁSICA

10. CAPITAL
    100. **Capital social**
    101. **Fondo social**
    102. **Capital**
    103. **Socios por desembolsos no exigidos**
        1030. *Socios por desembolsos no exigidos, capital social*
        1034. *Socios por desembolsos no exigidos, capital pendiente de inscripción*
    104. **Socios por aportaciones no dinerarias pendientes**
        1040. *Socios por aportaciones no dinerarias pendientes, capital social*
        1044. *Socios por aportaciones no dinerarias pendientes, capital pendiente de inscripción*
    108. **Acciones o participaciones propias en situaciones especiales**
    109. **Acciones o participaciones propias para reducción de capital**
11. RESERVAS Y OTROS INSTRUMENTOS DE PATRIMONIO
    110. **Prima de emisión o asunción**
    111. **Otros instrumentos de patrimonio neto**
        1110. *Patrimonio neto por emisión de instrumentos financieros compuestos*
        1111. *Resto de instrumentos de patrimonio neto*
    112. **Reserva legal**
    113. **Reservas voluntarias**

114. **Reservas especiales**
 1140. *Reservas para acciones o participaciones de la sociedad dominante*
 1141. *Reservas estatutarias*
 1142. *Reserva por capital amortizado*
 1143. *Reserva por fondo de comercio*
 1144. *Reservas por acciones propias aceptadas en garantía*
115. **Reservas por pérdidas y ganancias actuariales y otros ajustes**
118. **Aportaciones de socios o propietarios**
119. **Diferencias por ajuste del capital a euros**

12. RESULTADOS PENDIENTES DE APLICACIÓN

120. **Remanente**
121. **Resultados negativos de ejercicios anteriores**
129. **Resultado del ejercicio**

13. SUBVENCIONES, DONACIONES Y AJUSTES POR CAMBIOS DE VALOR

130. **Subvenciones oficiales de capital**
131. **Donaciones y legados de capital**
132. **Otras subvenciones, donaciones y legados**
133. **Ajustes por valoración en activos financieros disponibles para la venta**
134. **Operaciones de cobertura**
 1340. *Cobertura de flujos de efectivo*
 1341. *Cobertura de una inversión neta en un negocio en el extranjero*
135. **Diferencias de conversión**
136. **Ajustes por valoración en activos no corrientes y grupos enajenables de elementos, mantenidos para la venta**
137. **Ingresos fiscales a distribuir en varios ejercicios**
 1370. *Ingresos fiscales por diferencias permanentes a distribuir en varios ejercicios*
 1371. *Ingresos fiscales por deducciones y bonificaciones a distribuir en varios ejercicios*

14. PROVISIONES

140. **Provisión por retribuciones a largo plazo al personal**
141. **Provisión para impuestos**
142. **Provisión para otras responsabilidades**
143. **Provisión por desmantelamiento, retiro o rehabilitación del inmovilizado**
145. **Provisión para actuaciones medioambientales**
146. **Provisión para reestructuraciones**
147. **Provisión por transacciones con pagos basados en instrumentos de patrimonio**

15. DEUDAS A LARGO PLAZO CON CARACTERÍSTICAS ESPECIALES

150. **Acciones o participaciones a largo plazo consideradas como pasivos financieros**

153. **Desembolsos no exigidos por acciones o participaciones consideradas como pasivos financieros**
   1533. *Desembolsos no exigidos, empresas del grupo*
   1534. *Desembolsos no exigidos, empresas asociadas*
   1535. *Desembolsos no exigidos, otras partes vinculadas*
   1536. *Otros desembolsos no exigidos*

154. **Aportaciones no dinerarias pendientes por acciones o participaciones consideradas como pasivos financieros**
   1543. *Aportaciones no dinerarias pendientes, empresas del grupo*
   1544. *Aportaciones no dinerarias pendientes, empresas asociadas*
   1545. *Aportaciones no dinerarias pendientes, otras partes vinculadas*
   1546. *Otras aportaciones no dinerarias pendientes*

16. DEUDAS A LARGO PLAZO CON PARTES VINCULADAS

160. **Deudas a largo plazo con entidades de crédito vinculadas**
   1603. *Deudas a largo plazo con entidades de crédito, empresas del grupo*
   1604. *Deudas a largo plazo con entidades de crédito, empresas asociadas*
   1605. *Deudas a largo plazo con otras entidades de crédito vinculadas*

161. **Proveedores de inmovilizado a largo plazo, partes vinculadas**
   1613. *Proveedores de inmovilizado a largo plazo, empresas del grupo*
   1614. *Proveedores de inmovilizado a largo plazo, empresas asociadas*
   1615. *Proveedores de inmovilizado a largo plazo, otras partes vinculadas*

162. **Acreedores por arrendamiento financiero a largo plazo, partes vinculadas**
   1623. *Acreedores por arrendamiento financiero a largo plazo, empresas de grupo*
   1624. *Acreedores por arrendamiento financiero a largo plazo, empresas asociadas*
   1625. *Acreedores por arrendamiento financiero a largo plazo, otras partes vinculadas*

163. **Otras deudas a largo plazo con partes vinculadas**
   1633. *Otras deudas a largo plazo, empresas del grupo*
   1634. *Otras deudas a largo plazo, empresas asociadas*
   1635. *Otras deudas a largo plazo, con otras partes vinculadas*

17. DEUDAS A LARGO PLAZO POR PRÉSTAMOS RECIBIDOS, EMPRÉSTITOS Y OTROS CONCEPTOS

170. **Deudas a largo plazo con entidades de crédito**

171. **Deudas a largo plazo**

172. **Deudas a largo plazo transformables en subvenciones, donaciones y legados**

173. **Proveedores de inmovilizado a largo plazo**

174. **Acreedores por arrendamiento financiero a largo plazo**

175. **Efectos a pagar a largo plazo**

176. **Pasivos por derivados financieros a largo plazo**
   1765. *Pasivos por derivados financieros a largo plazo, cartera de negociación*
   1768. *Pasivos por derivados financieros a largo plazo, instrumentos de cobertura*

177. **Obligaciones y bonos**
178. **Obligaciones y bonos convertibles**
179. **Deudas representadas en otros valores negociables**

18. PASIVOS POR FIANZAS, GARANTÍAS Y OTROS CONCEPTOS A LARGO PLAZO

180. **Fianzas recibidas a largo plazo**
181. **Anticipos recibidos por ventas o prestaciones de servicios a largo plazo**
185. **Depósitos recibidos a largo plazo**
189. **Garantías financieras a largo plazo**

19. SITUACIONES TRANSITORIAS DE FINANCIACIÓN

190. **Acciones o participaciones emitidas**
192. **Suscriptores de acciones**
194. **Capital emitido pendiente de inscripción**
195. **Acciones o participaciones emitidas consideradas como pasivos financieros**
197. **Suscriptores de acciones consideradas como pasivos financieros**
199. **Acciones o participaciones emitidas consideradas como pasivos financieros pendientes de inscripción**

GRUPO 2
ACTIVO NO CORRIENTE

---

20. INMOVILIZACIONES INTANGIBLES

200. **Investigación**
201. **Desarrollo**
202. **Concesiones administrativas**
203. **Propiedad industrial**
204. **Fondo de comercio**
205. **Derechos de traspaso**
206. **Aplicaciones informáticas**
209. **Anticipos para inmovilizaciones intangibles**

21. INMOVILIZACIONES MATERIALES

210. **Terrenos y bienes naturales**
211. **Construcciones**
212. **Instalaciones técnicas**
213. **Maquinaria**
214. **Utillaje**
215. **Otras instalaciones**

216. **Mobiliario**
217. **Equipos para procesos de información**
218. **Elementos de transporte**
219. **Otro inmovilizado material**

22. INVERSIONES INMOBILIARIAS

220. **Inversiones en terrenos y bienes naturales**
221. **Inversiones en construcciones**

23. INMOVILIZACIONES MATERIALES EN CURSO

230. **Adaptación de terrenos y bienes naturales**
231. **Construcciones en curso**
232. **Instalaciones técnicas en montaje**
233. **Maquinaria en montaje**
237. **Equipos para procesos de información en montaje**
239. **Anticipos para inmovilizaciones materiales**

24. INVERSIONES FINANCIERAS A LARGO PLAZO EN PARTES VINCULADAS

240. **Participaciones a largo plazo en partes vinculadas**
    2403. *Participaciones a largo plazo en empresas del grupo*
    2404. *Participaciones a largo plazo en empresas asociadas*
    2405. *Participaciones a largo plazo en otras partes vinculadas*
241. **Valores representativos de deuda a largo plazo de partes vinculadas**
    2413. *Valores representativos de deuda a largo plazo de empresas del grupo*
    2414. *Valores representativos de deuda a largo plazo de empresas asociadas*
    2415. *Valores representativos de deuda a largo plazo de otras partes vinculadas*
242. **Créditos a largo plazo a partes vinculadas**
    2423. *Créditos a largo plazo a empresas del grupo*
    2424. *Créditos a largo plazo a empresas asociadas*
    2425. *Créditos a largo plazo a otras partes vinculadas*
249. **Desembolsos pendientes sobre participaciones a largo plazo en partes vinculadas**
    2493. *Desembolsos pendientes sobre participaciones a largo plazo en empresas del grupo*
    2494. *Desembolsos pendientes sobre participaciones a largo plazo en empresas asociadas*
    2495. *Desembolsos pendientes sobre participaciones a largo plazo en otras partes vinculadas*

25. OTRAS INVERSIONES FINANCIERAS A LARGO PLAZO

250. **Inversiones financieras a largo plazo en instrumentos de patrimonio**
251. **Valores representativos de deuda a largo plazo**
252. **Créditos a largo plazo**
253. **Créditos a largo plazo por enajenación de inmovilizado**

254. **Créditos a largo plazo al personal**
255. **Activos por derivados financieros a largo plazo**
2550. *Activos por derivados financieros a largo plazo, cartera de negociación*
2553. *Activos por derivados financieros a largo plazo, instrumentos de cobertura*
257. **Derechos de reembolso derivados de contratos de seguro relativos a retribuciones a largo plazo al personal**
258. **Imposiciones a largo plazo**
259. **Desembolsos pendientes sobre participaciones en el patrimonio neto a largo plazo**

26. FIANZAS Y DEPÓSITOS CONSTITUIDOS A LARGO PLAZO
260. **Fianzas constituidas a largo plazo**
265. **Depósitos constituidos a largo plazo**

28. AMORTIZACIÓN ACUMULADA DEL INMOVILIZADO
280. **Amortización acumulada del inmovilizado intangible**
2800. *Amortización acumulada de investigación*
2801. *Amortización acumulada de desarrollo*
2802. *Amortización acumulada de concesiones administrativas*
2803. *Amortización acumulada de propiedad industrial*
2805. *Amortización acumulada de derechos de traspaso*
2806. *Amortización acumulada de aplicaciones informáticas*
281. **Amortización acumulada del inmovilizado material**
2811. *Amortización acumulada de construcciones*
2812. *Amortización acumulada de instalaciones técnicas*
2813. *Amortización acumulada de maquinaria*
2814. *Amortización acumulada de utillaje*
2815. *Amortización acumulada de otras instalaciones*
2816. *Amortización acumulada de mobiliario*
2817. *Amortización acumulada de equipos para procesos de información*
2818. *Amortización acumulada de elementos de transporte*
2819. *Amortización acumulada de otro inmovilizado material*
282. **Amortización acumulada de las inversiones inmobiliarias**

29. DETERIORO DE VALOR DE ACTIVOS NO CORRIENTES
290. **Deterioro de valor del inmovilizado intangible**
2900. *Deterioro de valor de investigación*
2901. *Deterioro del valor de desarrollo*
2902. *Deterioro de valor de concesiones administrativas*
2903. *Deterioro de valor de propiedad industrial*
2905. *Deterioro de valor de derechos de traspaso*
2906. *Deterioro de valor de aplicaciones informáticas*
291. **Deterioro de valor del inmovilizado material**
2910. *Deterioro de valor de terrenos y bienes naturales*

2911. *Deterioro de valor de construcciones*
2912. *Deterioro de valor de instalaciones técnicas*
2913. *Deterioro de valor de maquinaria*
2914. *Deterioro de valor de utillaje*
2915. *Deterioro de valor de otras instalaciones*
2916. *Deterioro de valor de mobiliario*
2917. *Deterioro de valor de equipos para procesos de información*
2918. *Deterioro de valor de elementos de transporte*
2919. *Deterioro de valor de otro inmovilizado material*

292. **Deterioro de valor de las inversiones inmobiliarias**
2920. *Deterioro de valor de los terrenos y bienes naturales*
2921. *Deterioro de valor de construcciones*

293. **Deterioro de valor de participaciones a largo plazo en partes vinculadas**
2933. *Deterioro de valor de participaciones a largo plazo en empresas del grupo*
2934. *Deterioro de valor de participaciones a largo plazo en empresas asociadas*

294. **Deterioro de valor de valores representativos de deuda a largo plazo de partes vinculadas**
2943. *Deterioro de valor de valores representativos de deuda a largo plazo de empresas del grupo*
2944. *Deterioro de valor de valores representativos de deuda a largo plazo de empresas asociadas*
2945. *Deterioro de valor de valores representativos de deuda a largo plazo de otras partes vinculadas*

295. **Deterioro de valor de créditos a largo plazo a partes vinculadas**
2953. *Deterioro de valor de créditos a largo plazo a empresas del grupo*
2954. *Deterioro de valor de créditos a largo plazo a empresas asociadas*
2955. *Deterioro de valor de créditos a largo plazo a otras partes vinculadas*

297. **Deterioro de valor de valores representativos de deuda a largo plazo**

298. **Deterioro de valor de créditos a largo plazo**

GRUPO 3
EXISTENCIAS

---

30. COMERCIALES

300. **Mercaderías A**
301. **Mercaderías B**

31. MATERIAS PRIMAS

   310. **Materias primas A**
   311. **Materias primas B**

32. OTROS APROVISIONAMIENTOS

   320. **Elementos y conjuntos incorporables**
   321. **Combustibles**
   322. **Repuestos**
   325. **Materiales diversos**
   326. **Embalajes**
   327. **Envases**
   328. **Material de oficina**

33. PRODUCTOS EN CURSO

   330. **Productos en curso A**
   331. **Productos en curso B**

34. PRODUCTOS SEMITERMINADOS

   340. **Productos semiterminados A**
   341. **Productos semiterminados B**

35. PRODUCTOS TERMINADOS

   350. **Productos terminados A**
   351. **Productos terminados B**

36. SUBPRODUCTOS, RESIDUOS Y MATERIALES RECUPERADOS

   360. **Subproductos A**
   361. **Subproductos B**
   365. **Residuos A**
   366. **Residuos B**
   368. **Materiales recuperados A**
   369. **Materiales recuperados B**

39. DETERIORO DE VALOR DE LAS EXISTENCIAS

   390. **Deterioro de valor de las mercaderías**
   391. **Deterioro de valor de las materias primas**
   392. **Deterioro de valor de otros aprovisionamientos**
   393. **Deterioro de valor de los productos en curso**
   394. **Deterioro de valor de los productos semiterminados**
   395. **Deterioro de valor de los productos terminados**
   396. **Deterioro de valor de los subproductos, residuos y materiales recuperados**

GRUPO 4
ACREEDORES Y DEUDORES POR OPERACIONES COMERCIALES

40. PROVEEDORES
   400. **Proveedores**
      4000. *Proveedores (euros)*
      4004. *Proveedores (moneda extranjera)*
      4009. *Proveedores, facturas pendientes de recibir o de formalizar*
   401. **Proveedores, efectos comerciales a pagar**
   403. **Proveedores, empresas del grupo**
      4030. *Proveedores, empresas del grupo (euros)*
      4031. *Efectos comerciales a pagar, empresas del grupo*
      4034. *Proveedores, empresas del grupo (moneda extranjera)*
      4036. *Envases y embalajes a devolver a proveedores, empresas del grupo*
      4039. *Proveedores, empresas del grupo, facturas pendientes de recibir o de formalizar*
   404. **Proveedores, empresas asociadas**
   405. **Proveedores, otras partes vinculadas**
   406. **Envases y embalajes a devolver a proveedores**
   407. **Anticipos a proveedores**

41. ACREEDORES VARIOS
   410. **Acreedores por prestaciones de servicios**
      4100. *Acreedores por prestaciones de servicios (euros)*
      4104. *Acreedores por prestaciones de servicios (moneda extranjera)*
      4109. *Acreedores por prestaciones de servicios, facturas pendientes de recibir o de formalizar*
   411. **Acreedores, efectos comerciales a pagar**
   419. **Acreedores por operaciones en común**

43. CLIENTES
   430. **Clientes**
      4300. *Clientes (euros)*
      4304. *Clientes (moneda extranjera)*
      4309. *Clientes, facturas pendientes de formalizar*
   431. **Clientes, efectos comerciales a cobrar**
      4310. *Efectos comerciales en cartera*
      4311. *Efectos comerciales descontados*

4312. *Efectos comerciales en gestión de cobro*
4315. *Efectos comerciales impagados*

432. **Clientes, operaciones de «factoring»**
433. **Clientes, empresas del grupo**

4330. *Clientes empresas del grupo (euros)*
4331. *Efectos comerciales a cobrar, empresas del grupo*
4332. *Clientes empresas del grupo, operaciones de «factoring»*
4334. *Clientes empresas del grupo (moneda extranjera)*
4336. *Clientes empresas del grupo de dudoso cobro*
4337. *Envases y embalajes a devolver a clientes, empresas del grupo*
4339. *Clientes empresas del grupo, facturas pendientes de formalizar*

434. **Clientes, empresas asociadas**
435. **Clientes, otras partes vinculadas**
436. **Clientes de dudoso cobro**
437. **Envases y embalajes a devolver por clientes**
438. **Anticipos de clientes**

44. DEUDORES VARIOS

440. **Deudores**

4400. *Deudores (euros)*
4404. *Deudores (moneda extranjera)*
4409. *Deudores, facturas pendientes de formalizar*

441. **Deudores, efectos comerciales a cobrar**

4410. *Deudores, efectos comerciales en cartera*
4411. *Deudores, efectos comerciales descontados*
4412. *Deudores, efectos comerciales en gestión de cobro*
4415. *Deudores, efectos comerciales impagados*

446. **Deudores de dudoso cobro**
449. **Deudores por operaciones en común**

46. PERSONAL

460. **Anticipos de remuneraciones**
465. **Remuneraciones pendientes de pago**
466. **Remuneraciones mediante sistemas de aportación definida pendientes de pago**

47. ADMINISTRACIONES PÚBLICAS

470. **Hacienda Pública, deudora por diversos conceptos**

4700. *Hacienda Pública, deudora por IVA*
4708. *Hacienda Pública, deudora por subvenciones concedidas*
4709. *Hacienda Pública, deudora por devolución de impuestos*

471. **Organismos de la Seguridad Social, deudores**
472. **Hacienda Pública, IVA soportado**
473. **Hacienda Pública, retenciones y pagos a cuenta**

474. **Activos por impuesto diferido**
4740. *Activos por diferencias temporarias deducibles*
4742. *Derechos por deducciones y bonificaciones pendientes de aplicar*
4745. *Crédito por pérdidas a compensar del ejercicio*
475. **Hacienda Pública, acreedora por conceptos fiscales**
4750. *Hacienda Pública, acreedora por IVA*
4751. *Hacienda Pública, acreedora por retenciones practicadas*
4752. *Hacienda Pública, acreedora por impuesto sobre sociedades*
4758. *Hacienda Pública, acreedora por subvenciones a reintegrar*
476. **Organismos de la Seguridad Social, acreedores**
477. **Hacienda Pública, IVA repercutido**
479. **Pasivos por diferencias temporarias imponibles**

48. AJUSTES POR PERIODIFICACIÓN

480. **Gastos anticipados**
485. **Ingresos anticipados**

49. DETERIORO DE VALOR DE CRÉDITOS COMERCIALES Y PROVISIONES A CORTO PLAZO

490. **Deterioro de valor de créditos por operaciones comerciales**
493. **Deterioro de valor de créditos por operaciones comerciales con partes vinculadas**
4933. *Deterioro de valor de créditos por operaciones comerciales con empresas del grupo*
4934. *Deterioro de valor de créditos por operaciones comerciales con empresas asociadas*
4935. *Deterioro de valor de créditos por operaciones comerciales con otras partes vinculadas*
499. **Provisiones por operaciones comerciales**
4994. *Provisión por contratos onerosos*
4999. *Provisión para otras operaciones comerciales*

GRUPO 5
CUENTAS FINANCIERAS

50. EMPRÉSTITOS, DEUDAS CON CARÁCTERÍSTICAS ESPECIALES Y OTRAS EMISIONES ANÁLOGAS A CORTO PLAZO

500. **Obligaciones y bonos a corto plazo**

501. **Obligaciones y bonos convertibles a corto plazo**
502. **Acciones o participaciones a corto plazo consideradas como pasivos financieros**
505. **Deudas representadas en otros valores negociables a corto plazo**
506. **Intereses a corto plazo de empréstitos y otras emisiones análogas**
507. **Dividendos de acciones o participaciones consideradas como pasivos financieros**
509. **Valores negociables amortizados**
    5090. *Obligaciones y bonos amortizados*
    5091. *Obligaciones y bonos convertibles amortizados*
    5095. *Otros valores negociables amortizados*

51. DEUDAS A CORTO PLAZO CON PARTES VINCULADAS

510. **Deudas a corto plazo con entidades de crédito vinculadas**
    5103. *Deudas a corto plazo con entidades de crédito, empresas del grupo*
    5104. *Deudas a corto plazo con entidades de crédito, empresas asociadas*
    5105. *Deudas a corto plazo con otras entidades de crédito vinculadas*
511. **Proveedores de inmovilizado a corto plazo, partes vinculadas**
    5113. *Proveedores de inmovilizado a corto plazo, empresas del grupo*
    5114. *Proveedores de inmovilizado a corto plazo, empresas asociadas*
    5115. *Proveedores de inmovilizado a corto plazo, otras partes vinculadas*
512. **Acreedores por arrendamiento financiero a corto plazo, partes vinculadas**
    5123. *Acreedores por arrendamiento financiero a corto plazo, empresas del grupo*
    5124. *Acreedores por arrendamiento financiero a corto plazo, empresas asociadas*
    5125. *Acreedores por arrendamiento financiero a corto plazo, otras partes vinculadas*
513. **Otras deudas a corto plazo con partes vinculadas**
    5133. *Otras deudas a corto plazo con empresas del grupo*
    5134. *Otras deudas a corto plazo con empresas asociadas*
    5135. *Otras deudas a corto plazo con otras partes vinculadas*
514. **Intereses a corto plazo de deudas con partes vinculadas**
    5143. *Intereses a corto plazo de deudas, empresas del grupo*
    5144. *Intereses a corto plazo de deudas, empresas asociadas*
    5145. *Intereses a corto plazo de deudas, otras partes vinculadas*

52. DEUDAS A CORTO PLAZO POR PRÉSTAMOS RECIBIDOS Y OTROS CONCEPTOS

520. **Deudas a corto plazo con entidades de crédito**
    5200. *Préstamos a corto plazo de entidades de crédito*
    5201. *Deudas a corto plazo por crédito dispuesto*
    5208. *Deudas por efectos descontados*
    5209. *Deudas por operaciones de «factoring»*
521. **Deudas a corto plazo**
522. **Deudas a corto plazo transformables en subvenciones, donaciones y legados**
523. **Proveedores de inmovilizado a corto plazo**
524. **Acreedores por arrendamiento financiero a corto plazo**
525. **Efectos a pagar a corto plazo**

526. **Dividendo activo a pagar**
527. **Intereses a corto plazo de deudas con entidades de crédito**
528. **Intereses a corto plazo de deudas**
529. **Provisiones a corto plazo**
  5290. *Provisión a corto plazo por retribuciones al personal*
  5291. *Provisión a corto plazo para impuestos*
  5292. *Provisión a corto plazo para otras responsabilidades*
  5293. *Provisión a corto plazo por desmantelamiento, retiro o rehabilitación del inmovilizado*
  5295. *Provisión a corto plazo para actuaciones medioambientales*
  5296. *Provisión a corto plazo para reestructuraciones*
  5297. *Provisión a corto plazo por transacciones con pagos basados en instrumentos de patrimonio*

53. INVERSIONES FINANCIERAS A CORTO PLAZO EN PARTES VINCULADAS

530. **Participaciones a corto plazo en partes vinculadas**
  5303. *Participaciones a corto plazo, en empresas del grupo*
  5304. *Participaciones a corto plazo, en empresas asociadas*
  5305. *Participaciones a corto plazo, en otras partes vinculadas*
531. **Valores representativos de deuda a corto plazo de partes vinculadas**
  5313. *Valores representativos de deuda a corto plazo de empresas del grupo*
  5314. *Valores representativos de deuda a corto plazo de empresas asociadas*
  5315. *Valores representativos de deuda a corto plazo de otras partes vinculadas*
532. **Créditos a corto plazo a partes vinculadas**
  5323. *Créditos a corto plazo a empresas del grupo*
  5324. *Créditos a corto plazo a empresas asociadas*
  5325. *Créditos a corto plazo a otras partes vinculadas*
533. **Intereses a corto plazo de valores representativos de deuda de partes vinculadas**
  5333. *Intereses a corto plazo de valores representativos de deuda de empresas del grupo*
  5334. *Intereses a corto plazo de valores representativos de deuda de empresas asociadas*
  5335. *Intereses a corto plazo de valores representativos de deuda de otras partes vinculadas*
534. **Intereses a corto plazo de créditos a partes vinculadas**
  5343. *Intereses a corto plazo de créditos a empresas del grupo*
  5344. *Intereses a corto plazo de créditos a empresas asociadas*
  5345. *Intereses a corto plazo de créditos a otras partes vinculadas*
535. **Dividendo a cobrar de inversiones financieras en partes vinculadas**
  5353. *Dividendo a cobrar de empresas de grupo*
  5354. *Dividendo a cobrar de empresas asociadas*
  5355. *Dividendo a cobrar de otras partes vinculadas*

539. **Desembolsos pendientes sobre participaciones a corto plazo en partes vinculadas**
   5393. *Desembolsos pendientes sobre participaciones a corto plazo en empresas del grupo*
   5394. *Desembolsos pendientes sobre participaciones a corto plazo en empresas asociadas*
   5395. *Desembolsos pendientes sobre participaciones a corto plazo en otras partes vinculadas*

54. OTRAS INVERSIONES FINANCIERAS A CORTO PLAZO
   540. **Inversiones financieras a corto plazo en instrumentos de patrimonio**
   541. **Valores representativos de deuda a corto plazo**
   542. **Créditos a corto plazo**
   543. **Créditos a corto plazo por enajenación de inmovilizado**
   544. **Créditos a corto plazo al personal**
   545. **Dividendo a cobrar**
   546. **Intereses a corto plazo de valores representativos de deudas**
   547. **Intereses a corto plazo de créditos**
   548. **Imposiciones a corto plazo**
   549. **Desembolsos pendientes sobre participaciones en el patrimonio neto a corto plazo**

55. OTRAS CUENTAS NO BANCARIAS
   550. **Titular de la explotación**
   551. **Cuenta corriente con socios y administradores**
   552. **Cuenta corriente con otras personas y entidades vinculadas**
      5523. *Cuenta corriente con empresas del grupo*
      5524. *Cuenta corriente con empresas asociadas*
      5525. *Cuenta corriente con otras partes vinculadas*
   553. **Cuentas corrientes en fusiones y escisiones**
      5530. *Socios de sociedad disuelta*
      5531. *Socios, cuenta de fusión*
      5532. *Socios de sociedad escindida*
      5533. *Socios, cuenta de escisión*
   554. **Cuenta corriente con uniones temporales de empresas y comunidades de bienes**
   555. **Partidas pendientes de aplicación**
   556. **Desembolsos exigidos sobre participaciones en el patrimonio neto**
      5563. *Desembolsos exigidos sobre participaciones, empresas del grupo*
      5564. *Desembolsos exigidos sobre participaciones, empresas asociadas*
      5565. *Desembolsos exigidos sobre participaciones, otras partes vinculadas*
      5566. *Desembolsos exigidos sobre participaciones de otras empresas*
   557. **Dividendo activo a cuenta**
   558. **Socios por desembolsos exigidos**
      5580. *Socios por desembolsos exigidos sobre acciones o participaciones ordinarias*

5585. *Socios por desembolsos exigidos sobre acciones o participaciones consideradas como pasivos financieros*

559. **Derivados financieros a corto plazo**

5590. *Activos por derivados financieros a corto plazo, cartera de negociación*
5593. *Activos por derivados financieros a corto plazo, instrumentos de cobertura*
5595. *Pasivos por derivados financieros a corto plazo, cartera de negociación*
5598. *Pasivos por derivados financieros a corto plazo, instrumentos de cobertura*

56. FIANZAS Y DEPÓSITOS RECIBIDOS Y CONSTITUIDOS A CORTO PLAZO Y AJUSTES POR PERIODIFICACIÓN

560. **Fianzas recibidas a corto plazo**
561. **Depósitos recibidos a corto plazo**
565. **Fianzas constituidas a corto plazo**
566. **Depósitos constituidos a corto plazo**
567. **Intereses pagados por anticipado**
568. **Intereses cobrados por anticipado**
569. **Garantías financieras a corto plazo**

57. TESORERÍA

570. **Caja, euros**
571. **Caja, moneda extranjera**
572. **Bancos e instituciones de crédito c/c vista, euros**
573. **Bancos e instituciones de crédito c/c vista, moneda extranjera**
574. **Bancos e instituciones de crédito, cuentas de ahorro, euros**
575. **Bancos e instituciones de crédito, cuentas de ahorro, moneda extranjera**
576. **Inversiones a corto plazo de gran liquidez**

58. ACTIVOS NO CORRIENTES MANTENIDOS PARA LA VENTA Y ACTIVOS Y PASIVOS ASOCIADOS

580. **Inmovilizado**
581. **Inversiones con personas y entidades vinculadas**
582. **Inversiones financieras**
583. **Existencias, deudores comerciales y otras cuentas a cobrar**
584. **Otros activos**
585. **Provisiones**
586. **Deudas con características especiales**
587. **Deudas con personas y entidades vinculadas**
588. **Acreedores comerciales y otras cuentas a pagar**
589. **Otros pasivos**

59. DETERIORO DEL VALOR DE INVERSIONES FINANCIERAS A CORTO PLAZO Y DE ACTIVOS NO CORRIENTES MANTENIDOS PARA LA VENTA

593. **Deterioro de valor de participaciones a corto plazo en partes vinculadas**

5933. *Deterioro de valor de participaciones a corto plazo en empresas del grupo*
5934. *Deterioro de valor de participaciones a corto plazo en empresas asociadas*

594. **Deterioro de valor de valores representativos de deuda a corto plazo de partes vinculadas**
   - 5943. *Deterioro de valor de valores representativos de deuda a corto plazo de empresas del grupo*
   - 5944. *Deterioro de valor de valores representativos de deuda a corto plazo de empresas asociadas*
   - 5945. *Deterioro de valor de valores representativos de deuda a corto plazo de otras partes vinculadas*

595. **Deterioro de valor de créditos a corto plazo a partes vinculadas**
   - 5953. *Deterioro de valor de créditos a corto plazo a empresas del grupo*
   - 5954. *Deterioro de valor de créditos a corto plazo a empresas asociadas*
   - 5955. *Deterioro de valor de créditos a corto plazo a otras partes vinculadas*

597. **Deterioro de valor de valores representativos de deuda a corto plazo**

598. **Deterioro de valor de créditos a corto plazo**

599. **Deterioro de valor de activos no corrientes mantenidos para la venta**
   - 5990. *Deterioro de valor de inmovilizado no corriente mantenido para la venta*
   - 5991. *Deterioro de valor de inversiones con personas y entidades vinculadas no corrientes mantenidas para la venta*
   - 5992. *Deterioro de valor de inversiones financieras no corrientes mantenidas para la venta*
   - 5993. *Deterioro de valor de existencias, deudores comerciales y otras cuentas a cobrar integrados en un grupo enajenable mantenido para la venta*
   - 5994. *Deterioro de valor de otros activos mantenidos para la venta*

GRUPO 6
COMPRAS Y GASTOS

60. COMPRAS

600. **Compras de mercaderías**

601. **Compras de materias primas**

602. **Compras de otros aprovisionamientos**

606. **Descuentos sobre compras por pronto pago**
   - 6060. *Descuentos sobre compras por pronto pago de mercaderías*
   - 6061. *Descuentos sobre compras por pronto pago de materias primas*
   - 6062. *Descuentos sobre compras por pronto pago de otros aprovisionamientos*

607. **Trabajos realizados por otras empresas**

608. **Devoluciones de compras y operaciones similares**
   - 6080. *Devoluciones de compras de mercaderías*

6081. *Devoluciones de compras de materias primas*
6082. *Devoluciones de compras de otros aprovisionamientos*

609. **«Rappels» por compras**

6090. *«Rappels» por compras de mercaderías*
6091. *«Rappels» por compras de materias primas*
6092. *«Rappels» por compras de otros aprovisionamientos*

61. VARIACIÓN DE EXISTENCIAS

610. **Variación de existencias de mercaderías**
611. **Variación de existencias de materias primas**
612. **Variación de existencias de otros aprovisionamientos**

62. SERVICIOS EXTERIORES

620. **Gastos en investigación y desarrollo del ejercicio**
621. **Arrendamientos y cánones**
622. **Reparaciones y conservación**
623. **Servicios de profesionales independientes**
624. **Transportes**
625. **Primas de seguros**
626. **Servicios bancarios y similares**
627. **Publicidad, propaganda y relaciones públicas**
628. **Suministros**
629. **Otros servicios**

63. TRIBUTOS

630. **Impuesto sobre beneficios**

6300. *Impuesto corriente*
6301. *Impuesto diferido*

631. **Otros tributos**
633. **Ajustes negativos en la imposición sobre beneficios**
634. **Ajustes negativos en la imposición indirecta**

6341. *Ajustes negativos en IVA de activo corriente*
6342. *Ajustes negativos en IVA de inversiones*

636. **Devolución de impuestos**
638. **Ajustes positivos en la imposición sobre beneficios**
639. **Ajustes positivos en la imposición indirecta**

6391. *Ajustes positivos en IVA de activo corriente*
6392. *Ajustes positivos en IVA de inversiones*

64. GASTOS DE PERSONAL

640. **Sueldos y salarios**
641. **Indemnizaciones**
642. **Seguridad Social a cargo de la empresa**
643. **Retribuciones a largo plazo mediante sistemas de aportación definida**

644. **Retribuciones a largo plazo mediante sistemas de prestación definida**
6440. *Contribuciones anuales*
6442. *Otros costes*
645. **Retribuciones al personal mediante instrumentos de patrimonio**
6450. *Retribuciones al personal liquidados con instrumentos de patrimonio*
6457. *Retribuciones al personal liquidados en efectivo basado en instrumentos de patrimonio*
649. **Otros gastos sociales**

65. OTROS GASTOS DE GESTIÓN

650. **Pérdidas de créditos comerciales incobrables**
651. **Resultados de operaciones en común**
6510. *Beneficio transferido (gestor)*
6511. *Pérdida soportada (partícipe o asociado no gestor)*
659. **Otras pérdidas en gestión corriente**

66. GASTOS FINANCIEROS

660. **Gastos financieros por actualización de provisiones**
661. **Intereses de obligaciones y bonos**
6610. *Intereses de obligaciones y bonos a largo plazo, empresas del grupo*
6611. *Intereses de obligaciones y bonos a largo plazo, empresas asociadas*
6612. *Intereses de obligaciones y bonos a largo plazo, otras partes vinculadas*
6613. *Intereses de obligaciones y bonos a largo plazo, otras empresas*
6615. *Intereses de obligaciones y bonos a corto plazo, empresas del grupo*
6616. *Intereses de obligaciones y bonos a corto plazo, empresas asociadas*
6617. *Intereses de obligaciones y bonos a corto plazo, otras partes vinculadas*
6618. *Intereses de obligaciones y bonos a corto plazo, otras empresas*
662. **Intereses de deudas**
6620. *Intereses de deudas, empresas del grupo*
6621. *Intereses de deudas, empresas asociadas*
6622. *Intereses de deudas, otras partes vinculadas*
6623. *Intereses de deudas con entidades de crédito*
6624. *Intereses de deudas, otras empresas*
663. **Pérdidas por valoración de instrumentos financieros por su valor razonable**
6630. *Pérdidas de cartera de negociación*
6631. *Pérdidas de designados por la empresa*
6632. *Pérdidas de disponibles para la venta*
6633. *Pérdidas de instrumentos de cobertura*
664. **Dividendos de acciones o participaciones consideradas como pasivos financieros**
6640. *Dividendos de pasivos, empresas del grupo*
6641. *Dividendos de pasivos, empresas asociadas*
6642. *Dividendos de pasivos, otras partes vinculadas*
6643. *Dividendos de pasivos, otras empresas*

665. **Intereses por descuento de efectos y operaciones de «factoring»**
6650. *Intereses por descuento de efectos en entidades de crédito del grupo*
6651. *Intereses por descuento de efectos en entidades de crédito asociadas*
6652. *Intereses por descuento de efectos en otras entidades de crédito vinculadas*
6653. *Intereses por descuento de efectos en otras entidades de crédito*
6654. *Intereses por operaciones de «factoring» con entidades de crédito del grupo*
6655. *Intereses por operaciones de «factoring» con entidades de crédito asociadas*
6656. *Intereses por operaciones de «factoring» con otras entidades de crédito vinculadas*
6657. *Intereses por operaciones de «factoring» con otras entidades de crédito*
666. **Pérdidas en participaciones y valores representativos de deuda**
6660. *Pérdidas en valores representativos de deuda a largo plazo, empresas del grupo*
6661. *Pérdidas en valores representativos de deuda a largo plazo, empresas asociadas*
6662. *Pérdidas en valores representativos de deuda a largo plazo, otras partes vinculadas*
6663. *Pérdidas en participaciones y valores representativos de deuda a largo plazo, otras empresas*
6665. *Pérdidas en participaciones y valores representativos de deuda a corto plazo, empresas del grupo*
6666. *Pérdidas en participaciones y valores representativos de deuda a corto plazo, empresas asociadas*
6667. *Pérdidas en valores representativos de deuda a corto plazo, otras partes vinculadas*
6668. *Pérdidas en valores representativos de deuda a corto plazo, otras empresas*
667. **Pérdidas de créditos no comerciales**
6670. *Pérdidas de créditos a largo plazo, empresas del grupo*
6671. *Pérdidas de créditos a largo plazo, empresas asociadas*
6672. *Pérdidas de créditos a largo plazo, otras partes vinculadas*
6673. *Pérdidas de créditos a largo plazo, otras empresas*
6675. *Pérdidas de créditos a corto plazo, empresas del grupo*
6676. *Pérdidas de créditos a corto plazo, empresas asociadas*
6677. *Pérdidas de créditos a corto plazo, otras partes vinculadas*
6678. *Pérdidas de créditos a corto plazo, otras empresas*
668. **Diferencias negativas de cambio**
669. **Otros gastos financieros**

67. PÉRDIDAS PROCEDENTES DE ACTIVOS NO CORRIENTES Y GASTOS EXCEPCIONALES

670. **Pérdidas procedentes del inmovilizado intangible**
671. **Pérdidas procedentes del inmovilizado material**
672. **Pérdidas procedentes de las inversiones inmobiliarias**

673. **Pérdidas procedentes de participaciones a largo plazo en partes vinculadas**
6733. *Pérdidas procedentes de participaciones a largo plazo, empresas del grupo*
6734. *Pérdidas procedentes de participaciones a largo plazo, empresas asociadas*
6735. *Pérdidas procedentes de participaciones a largo plazo, otras partes vinculadas*
675. **Pérdidas por operaciones con obligaciones propias**
678. **Gastos excepcionales**

68. DOTACIONES PARA AMORTIZACIONES
680. **Amortización del inmovilizado intangible**
681. **Amortización del inmovilizado material**
682. **Amortización de las inversiones inmobiliarias**

69. PÉRDIDAS POR DETERIORO Y OTRAS DOTACIONES
690. **Pérdidas por deterioro del inmovilizado intangible**
691. **Pérdidas por deterioro del inmovilizado material**
692. **Pérdidas por deterioro de las inversiones inmobiliarias**
693. **Pérdidas por deterioro de existencias**
6930. *Pérdidas por deterioro de productos terminados y en curso de fabricación*
6931. *Pérdidas por deterioro de mercaderías*
6932. *Pérdidas por deterioro de materias primas*
6933. *Pérdidas por deterioro de otros aprovisionamientos*
694. **Pérdidas por deterioro de créditos por operaciones comerciales**
695. **Dotación a la provisión por operaciones comerciales**
6954. *Dotación a la provisión por contratos onerosos*
6959. *Dotación a la provisión para otras operaciones comerciales*
696. **Pérdidas por deterioro de participaciones y valores representativos de deuda a largo plazo**
6960. *Pérdidas por deterioro de participaciones en instrumentos de patrimonio neto a largo plazo, empresas del grupo*
6961. *Pérdidas por deterioro de participaciones en instrumentos de patrimonio neto a largo plazo, empresas asociadas*
6962. *Pérdidas por deterioro de participaciones en instrumentos de patrimonio neto a largo plazo, otras partes vinculadas*
6963. *Pérdidas por deterioro de participaciones en instrumentos de patrimonio neto a largo plazo, otras empresas*
6965. *Pérdidas por deterioro en valores representativos de deuda a largo plazo, empresas del grupo*
6966. *Pérdidas por deterioro en valores representativos de deuda a largo plazo, empresas asociadas*
6967. *Pérdidas por deterioro en valores representativos de deuda a largo plazo, otras partes vinculadas*
6968. *Pérdidas por deterioro en valores representativos de deuda a largo plazo, de otras empresas*

697. **Pérdidas por deterioro de créditos a largo plazo**
   6970. *Pérdidas por deterioro de créditos a largo plazo, empresas del grupo*
   6971. *Pérdidas por deterioro de créditos a largo plazo, empresas asociadas*
   6972. *Pérdidas por deterioro de créditos a largo plazo, otras partes vinculadas*
   6973. *Pérdidas por deterioro de créditos a largo plazo, otras empresas*

698. **Pérdidas por deterioro de participaciones y valores representativos de deuda a corto plazo**
   6980. *Pérdidas por deterioro de participaciones en instrumentos de patrimonio neto a corto plazo, empresas del grupo*
   6981. *Pérdidas por deterioro de participaciones en instrumentos de patrimonio neto a corto plazo, empresas asociadas*
   6985. *Pérdidas por deterioro en valores representativos de deuda a corto plazo, empresas del grupo*
   6986. *Pérdidas por deterioro en valores representativos de deuda a corto plazo, empresas asociadas*
   6987. *Pérdidas por deterioro en valores representativos de deuda a corto plazo, otras partes vinculadas*
   6988. *Pérdidas por deterioro en valores representativos de deuda a corto plazo, de otras empresas*

699. **Pérdidas por deterioro de créditos a corto plazo**
   6990. *Pérdidas por deterioro de créditos a corto plazo, empresas del grupo*
   6991. *Pérdidas por deterioro de créditos a corto plazo, empresas asociadas*
   6992. *Pérdidas por deterioro de créditos a corto plazo, otras partes vinculadas*
   6993. *Pérdidas por deterioro de créditos a corto plazo, otras empresas*

GRUPO 7
VENTAS E INGRESOS

---

70. VENTAS DE MERCADERÍAS, DE PRODUCCIÓN PROPIA, DE SERVICIOS, ETC.

   700. **Ventas de mercaderías**
   701. **Ventas de productos terminados**
   702. **Ventas de productos semiterminados**
   703. **Ventas de subproductos y residuos**
   704. **Ventas de envases y embalajes**
   705. **Prestaciones de servicios**

706. **Descuentos sobre ventas por pronto pago**
7060. *Descuentos sobre ventas por pronto pago de mercaderías*
7061. *Descuentos sobre ventas por pronto pago de productos terminados*
7062. *Descuentos sobre ventas por pronto pago de productos semiterminados*
7063. *Descuentos sobre ventas por pronto pago de subproductos y residuos*
708. **Devoluciones de ventas y operaciones similares**
7080. *Devoluciones de ventas de mercaderías*
7081. *Devoluciones de ventas de productos terminados*
7082. *Devoluciones de ventas de productos semiterminados*
7083. *Devoluciones de ventas de subproductos y residuos*
7084. *Devoluciones de ventas de envases y embalajes*
709. **«Rappels» sobre ventas**
7090. *«Rappels» sobre ventas de mercaderías*
7091. *«Rappels» sobre ventas de productos terminados*
7092. *«Rappels» sobre ventas de productos semiterminados*
7093. *«Rappels» sobre ventas de subproductos y residuos*
7094. *«Rappels» sobre ventas de envases y embalajes*

71. VARIACIÓN DE EXISTENCIAS
710. **Variación de existencias de productos en curso**
711. **Variación de existencias de productos semiterminados**
712. **Variación de existencias de productos terminados**
713. **Variación de existencias de subproductos, residuos y materiales recuperados**

73. TRABAJOS REALIZADOS PARA LA EMPRESA
730. **Trabajos realizados para el inmovilizado intangible**
731. **Trabajos realizados para el inmovilizado material**
732. **Trabajos realizados en inversiones inmobiliarias**
733. **Trabajos realizados para el inmovilizado material en curso**

74. SUBVENCIONES, DONACIONES Y LEGADOS
740. **Subvenciones, donaciones y legados a la explotación**
746. **Subvenciones, donaciones y legados de capital transferidos al resultado del ejercicio**
747. **Otras subvenciones, donaciones y legados transferidos al resultado del ejercicio**

75. OTROS INGRESOS DE GESTIÓN
751. **Resultados de operaciones en común**
7510. *Pérdida transferida (gestor)*
7511. *Beneficio atribuido (partícipe o asociado no gestor)*
752. **Ingresos por arrendamientos**
753. **Ingresos de propiedad industrial cedida en explotación**
754. **Ingresos por comisiones**
755. **Ingresos por servicios al personal**
759. **Ingresos por servicios diversos**

76. INGRESOS FINANCIEROS

760. **Ingresos de participaciones en instrumentos de patrimonio**

7600. *Ingresos de participaciones en instrumentos de patrimonio, empresas del grupo*

7601. *Ingresos de participaciones en instrumentos de patrimonio, empresas asociadas*

7602. *Ingresos de participaciones en instrumentos de patrimonio, otras partes vinculadas*

7603. *Ingresos de participaciones en instrumentos de patrimonio, otras empresas*

761. **Ingresos de valores representativos de deuda**

7610. *Ingresos de valores representativos de deuda, empresas del grupo*

7611. *Ingresos de valores representativos de deuda, empresas asociadas*

7612. *Ingresos de valores representativos de deuda, otras partes vinculadas*

7613. *Ingresos de valores representativos de deuda, otras empresas*

762. **Ingresos de créditos**

7620. *Ingresos de créditos a largo plazo*

76200. Ingresos de créditos a largo plazo, empresas del grupo

76201. Ingresos de créditos a largo plazo, empresas asociadas

76202. Ingresos de créditos a largo plazo, otras partes vinculadas

76203. Ingresos de créditos a largo plazo, otras empresas

7621. *Ingresos de créditos a corto plazo*

76210. Ingresos de créditos a corto plazo, empresas del grupo

76211. Ingresos de créditos a corto plazo, empresas asociadas

76212. Ingresos de créditos a corto plazo, otras partes vinculadas

76213. Ingresos de créditos a corto plazo, otras empresas

763. **Beneficios por valoración de instrumentos financieros por su valor razonable**

7630. *Beneficios de cartera de negociación*

7631. *Beneficios de designados por la empresa*

7632. *Beneficios de disponibles para la venta*

7633. *Beneficios de instrumentos de cobertura*

766. **Beneficios en participaciones y valores representativos de deuda**

7660. *Beneficios en valores representativos de deuda a largo plazo, empresas del grupo*

7661. *Beneficios en valores representativos de deuda a largo plazo, empresas asociadas*

7662. *Beneficios en valores representativos de deuda a largo plazo, otras partes vinculadas*

7663. *Beneficios en participaciones y valores representativos de deuda a largo plazo, otras empresas*

7665. *Beneficios en participaciones y valores representativos de deuda a corto plazo, empresas del grupo*

7666. *Beneficios en participaciones y valores representativos de deuda a corto plazo, empresas asociadas*

7667. *Beneficios en valores representativos de deuda a corto plazo, otras partes vinculadas*
7668. *Beneficios en valores representativos de deuda a corto plazo, otras empresas*
767. **Ingresos de activos afectos y de derechos de reembolso relativos a retribuciones a largo plazo**
768. **Diferencias positivas de cambio**
769. **Otros ingresos financieros**

77. BENEFICIOS PROCEDENTES DE ACTIVOS NO CORRIENTES E INGRESOS EXCEPCIONALES
770. **Beneficios procedentes del inmovilizado intangible**
771. **Beneficios procedentes del inmovilizado material**
772. **Beneficios procedentes de las inversiones inmobiliarias**
773. **Beneficios procedentes de participaciones a largo plazo en partes vinculadas**
7733. *Beneficios procedentes de participaciones a largo plazo, empresas del grupo*
7734. *Beneficios procedentes de participaciones a largo plazo, empresas asociadas*
7735. *Beneficios procedentes de participaciones a largo plazo, otras partes vinculadas*
774. **Diferencia negativa en combinaciones de negocios**
775. **Beneficios por operaciones con obligaciones propias**
778. **Ingresos excepcionales**

79. EXCESOS Y APLICACIONES DE PROVISIONES Y DE PÉRDIDAS POR DETERIORO
790. **Reversión del deterioro del inmovilizado intangible**
791. **Reversión del deterioro del inmovilizado material**
792. **Reversión del deterioro de las inversiones inmobiliarias**
793. **Reversión del deterioro de existencias**
7930. *Reversión del deterioro de productos terminados y en curso de fabricación*
7931. *Reversión del deterioro de mercaderías*
7932. *Reversión del deterioro de materias primas*
7933. *Reversión del deterioro de otros aprovisionamientos*
794. **Reversión del deterioro de créditos por operaciones comerciales**
795. **Exceso de provisiones**
7950. *Exceso de provisión por retribuciones al personal*
7951. *Exceso de provisión para impuestos*
7952. *Exceso de provisión para otras responsabilidades*
7954. *Exceso de provisión por operaciones comerciales*
79544. Exceso de provisión por contratos onerosos
79549. Exceso de provisión para otras operaciones comerciales
7955. *Exceso de provisión para actuaciones medioambientales*
7956. *Exceso de provisión para reestructuraciones*
7957. *Exceso de provisión por transacciones con pagos basados en instrumentos de patrimonio*

796. **Reversión del deterioro de participaciones y valores representativos de deuda a largo plazo**

7960. *Reversión del deterioro de participaciones en instrumentos de patrimonio neto a largo plazo, empresas del grupo*

7961. *Reversión del deterioro de participaciones en instrumentos de patrimonio neto a largo plazo, empresas asociadas*

7965. *Reversión del deterioro de valores representativos de deuda a largo plazo, empresas del grupo*

7966. *Reversión del deterioro de valores representativos de deuda a largo plazo, empresas asociadas*

7967. *Reversión del deterioro de valores representativos de deuda a largo plazo, otras partes vinculadas*

7968. *Reversión del deterioro de valores representativos de deuda a largo plazo, otras empresas*

797. **Reversión del deterioro de créditos a largo plazo**

7970. *Reversión del deterioro de créditos a largo plazo, empresas del grupo*

7971. *Reversión del deterioro de créditos a largo plazo, empresas asociadas*

7972. *Reversión del deterioro de créditos a largo plazo, otras partes vinculadas*

7973. *Reversión del deterioro de créditos a largo plazo, otras empresas*

798. **Reversión del deterioro de participaciones y valores representativos de deuda a corto plazo**

7980. *Reversión del deterioro de participaciones en instrumentos de patrimonio neto a corto plazo, empresas del grupo*

7981. *Reversión del deterioro de participaciones en instrumentos de patrimonio neto a corto plazo, empresas asociadas*

7985. *Reversión del deterioro en valores representativos de deuda a corto plazo, empresas del grupo*

7986. *Reversión del deterioro en valores representativos de deuda a corto plazo, empresas asociadas*

7987. *Reversión del deterioro en valores representativos de deuda a corto plazo, otras partes vinculadas*

7988. *Reversión del deterioro en valores representativos de deuda a corto plazo, otras empresas*

799. **Reversión del deterioro de créditos a corto plazo**

7990. *Reversión del deterioro de créditos a corto plazo, empresas del grupo*

7991. *Reversión del deterioro de créditos a corto plazo, empresas asociadas*

7992. *Reversión del deterioro de créditos a corto plazo, otras partes vinculadas*

7993. *Reversión del deterioro de créditos a corto plazo, otras empresas*

GRUPO 8
GASTOS IMPUTADOS AL PATRIMONIO NETO

80. GASTOS FINANCIEROS POR VALORACIÓN DE ACTIVOS Y PASIVOS

800. **Pérdidas en activos financieros disponibles para la venta**

802. **Transferencia de beneficios en activos financieros disponibles para la venta**

81. GASTOS EN OPERACIONES DE COBERTURA

810. **Pérdidas por coberturas de flujos de efectivo**

811. **Pérdidas por coberturas de inversiones netas en un negocio en el extranjero**

812. **Transferencia de beneficios por coberturas de flujos de efectivo**

813. **Transferencia de beneficios por coberturas de inversiones netas en un negocio en el extranjero**

82. GASTOS POR DIFERENCIAS DE CONVERSIÓN

820. **Diferencias de conversión negativas**

821. **Transferencia de diferencias de conversión positivas**

83. IMPUESTO SOBRE BENEFICIOS

830. **Impuesto sobre beneficios**

8300. *Impuesto corriente*

8301. *Impuesto diferido*

833. **Ajustes negativos en la imposición sobre beneficios**

834. **Ingresos fiscales por diferencias permanentes**

835. **Ingresos fiscales por deducciones y bonificaciones**

836. **Transferencia de diferencias permanentes**

837. **Transferencia de deducciones y bonificaciones**

838. **Ajustes positivos en la imposición sobre beneficios**

84. TRANSFERENCIAS DE SUBVENCIONES, DONACIONES Y LEGADOS

840. **Transferencia de subvenciones oficiales de capital**

841. **Transferencia de donaciones y legados de capital**

842. **Transferencia de otras subvenciones, donaciones y legados**

85. GASTOS POR PÉRDIDAS ACTUARIALES Y AJUSTES EN LOS ACTIVOS POR RETRIBUCIONES A LARGO PLAZO DE PRESTACIÓN DEFINIDA

850. **Pérdidas actuariales**

851. **Ajustes negativos en activos por retribuciones a largo plazo de prestación definida**

86. GASTOS POR ACTIVOS NO CORRIENTES EN VENTA

860. **Pérdidas en activos no corrientes y grupos enajenables de elementos mantenidos para la venta**

862. **Transferencia de beneficios en activos no corrientes y grupos enajenables de elementos mantenidos para la venta**

89. GASTOS DE PARTICIPACIONES EN EMPRESAS DEL GRUPO O ASOCIADAS CON AJUSTES VALORATIVOS POSITIVOS PREVIOS

891. **Deterioro de participaciones en el patrimonio, empresas del grupo**

892. **Deterioro de participaciones en el patrimonio, empresas asociadas**

GRUPO 9
INGRESOS IMPUTADOS AL PATRIMONIO NETO

90. INGRESOS FINANCIEROS POR VALORACIÓN DE ACTIVOS Y PASIVOS

900. **Beneficios en activos financieros disponibles para la venta**

902. **Transferencia de pérdidas de activos financieros disponibles para la venta**

91. INGRESOS EN OPERACIONES DE COBERTURA

910. **Beneficios por coberturas de flujos de efectivo**

911. **Beneficios por coberturas de una inversión neta en un negocio en el extranjero**

912. **Transferencia de pérdidas por coberturas de flujos de efectivo**

913. **Transferencia de pérdidas por coberturas de una inversión neta en un negocio en el extranjero**

92. INGRESOS POR DIFERENCIAS DE CONVERSIÓN

920. **Diferencias de conversión positivas**

921. **Transferencia de diferencias de conversión negativas**

94. INGRESOS POR SUBVENCIONES, DONACIONES Y LEGADOS

940. **Ingresos de subvenciones oficiales de capital**

941. **Ingresos de donaciones y legados de capital**

942. **Ingresos de otras subvenciones, donaciones y legados**

95. INGRESOS POR GANANCIAS ACTUARIALES Y AJUSTES EN LOS ACTIVOS POR RETRIBUCIONES A LARGO PLAZO DE PRESTACIÓN DEFINIDA

950. **Ganancias actuariales**

951. **Ajustes positivos en activos por retribuciones a largo plazo de prestación definida**

96. INGRESOS POR ACTIVOS NO CORRIENTES EN VENTA

960. **Beneficios en activos no corrientes y grupos enajenables de elementos mantenidos para la venta**

962. **Transferencia de pérdidas en activos no corrientes y grupos enajenables de elementos mantenidos para la venta**

99. INGRESOS DE PARTICIPACIONES EN EMPRESAS DEL GRUPO O ASOCIADAS CON AJUSTES VALORATIVOS NEGATIVOS PREVIOS

991. **Recuperación de ajustes valorativos negativos previos, empresas del grupo**

992. **Recuperación de ajustes valorativos negativos previos, empresas asociadas**

993. **Transferencia por deterioro de ajustes valorativos negativos previos, empresas del grupo**

994. **Transferencia por deterioro de ajustes valorativos negativos previos, empresas asociadas**

QUINTA PARTE

DEFINICIONES Y RELACIONES CONTABLES

GRUPO 1
FINANCIACIÓN BÁSICA

Comprende el patrimonio neto y la financiación ajena a largo plazo de la empresa destinados, en general, a financiar el activo no corriente y a cubrir un margen razonable del corriente; incluye también situaciones transitorias de financiación.

En particular, se aplicarán las siguientes reglas:

a) Los pasivos financieros incluidos en este grupo se clasificarán, con carácter general, a efectos de su valoración, en la categoría de «Débitos y partidas a pagar». No obstante, también pueden incluirse en la categoría de «Otros pasivos financieros a valor razonable con cambios en la cuenta de pérdidas y ganancias» en los términos establecidos en las normas de registro y valoración. En este grupo también se incluyen los derivados financieros tanto de cobertura como de negociación cuando su liquidación sea superior a un año.

b) De acuerdo con lo dispuesto en las normas de elaboración de las cuentas anuales, en este grupo no se pueden incluir los pasivos financieros a largo plazo que, excepcionalmente, se tengan que clasificar en el momento de su reconocimiento inicial en la categoría de «Pasivos financieros mantenidos para negociar» por cumplir los requisitos establecidos en las normas de registro y valoración, salvo los derivados financieros cuyo plazo de liquidación sea superior a un año.

c) Si los pasivos financieros se clasifican a efectos de su valoración en más de una categoría, se desarrollarán las cuentas de cuatro o más cifras que sean necesarias para diferenciar la categoría en la que se hayan incluido.

d) Si se emiten o asumen pasivos financieros híbridos que de acuerdo con lo establecido en las normas de registro y valoración se valoren en su conjunto por su valor razonable, se incluirán en la cuenta que corresponda a la naturaleza del contrato principal, para lo que se crearán con el debido desglose, cuentas de cuatro o más cifras que identifiquen que se trata de un pasivo financiero híbrido a largo plazo valorado conjuntamente. Cuando se reconozcan separadamente el contrato principal y el derivado implícito, este último se tratará como si se hubiese contratado de forma independiente, por lo que se incluirá en la cuenta de los grupos 1, 2 ó 5 que proceda y el contrato principal se recogerá en la cuenta que corresponda a su naturaleza, desarrollándose con el debido desglose cuentas de cuatro o más cifras que identifiquen que se trata de un contrato principal financiero híbrido a largo plazo.

e) Una cuenta que recoja pasivos financieros clasificados en la categoría de «Otros pasivos financieros a valor razonable con cambios en la cuenta de pérdidas y ganancias», se abonará o cargará, por las variaciones en su valor razonable, con cargo o abono, respectivamente, a las cuentas 663 y 763.

f) Una cuenta que recoja pasivos financieros que, de acuerdo con lo establecido en las normas de registro y valoración, formen parte de un grupo enajenable de elementos mantenidos para la venta, se cargará en el momento en que se cumplan las condiciones para su clasificación con abono a la respectiva cuenta del subgrupo 58.

g) La diferencia entre el valor por el que se reconocen inicialmente los pasivos financieros y su valor de reembolso, se registrará como un abono (o, cuando proceda, como un cargo) en la cuenta donde esté registrado el pasivo financiero con cargo (o abono) a la cuenta del subgrupo 66 que corresponda según la naturaleza del instrumento.

10. CAPITAL

100. **Capital social**
101. **Fondo social**
102. **Capital**
103. **Socios por desembolsos no exigidos**
    1030. *Socios por desembolsos no exigidos, capital social*
    1034. *Socios por desembolsos no exigidos, capital pendiente de inscripción*
104. **Socios por aportaciones no dinerarias pendientes**
    1040. *Socios por aportaciones no dinerarias pendientes, capital social*
    1044. *Socios por aportaciones no dinerarias pendientes, capital pendiente de inscripción*
108. **Acciones o participaciones propias en situaciones especiales**
109. **Acciones o participaciones propias para reducción de capital**

Las cuentas de este subgrupo figurarán en el patrimonio neto del balance, formando parte de los fondos propios, con las excepciones establecidas en las cuentas 103 y 104.

100. **Capital social**

Capital escriturado en las sociedades que revistan forma mercantil, salvo cuando atendiendo a las características económicas de la emisión deba contabilizarse como pasivo financiero.

Hasta el momento de su inscripción registral y tratándose de sociedades anónimas, sociedades de responsabilidad limitada y comanditarias por acciones, la emisión y suscripción o asunción, de acciones o participaciones, respectivamente, se registrará de conformidad con lo dispuesto en el subgrupo 19.

Su movimiento es el siguiente:

a) Se abonará por el capital inicial y las sucesivas ampliaciones, en el momento de su inscripción en el Registro Mercantil, con cargo a la cuenta 194.

b) Se cargará por las reducciones del mismo y a la extinción de la sociedad.

101. **Fondo social**

Capital de las entidades sin forma mercantil.

Su movimiento es análogo al señalado para la cuenta 100.

102. **Capital**

Corresponde a las empresas individuales.

Su movimiento es el siguiente:

a) Se abonará:

a_1) Por el capital inicial.

a_2) Por los resultados positivos capitalizados, con cargo a la cuenta 129.

b) Se cargará:

b_1) Por la cesión de los negocios o el cese de los mismos.

b_2) Por los resultados negativos que no se carguen para su saneamiento en la cuenta 121, con abono a la cuenta 129.

c) Se abonará o cargará, al final del ejercicio, por el saldo de la cuenta 550, con cargo o abono a dicha cuenta.

103. **Socios por desembolsos no exigidos**

Capital social escriturado pendiente de desembolso no exigido a los socios o accionistas, excepto los desembolsos no exigidos correspondientes a los instrumentos financieros cuya calificación contable sea la de pasivo financiero.

Figurarán en el patrimonio neto, con signo negativo, minorando la partida de capital social, excepto las cantidades que correspondan a capital emitido pendiente de inscripción que figurarán minorando la partida del pasivo corriente en la que éste se incluye.

1030. *Socios por desembolsos no exigidos, capital social*

Su movimiento es el siguiente:

a) Se cargará por el valor nominal no desembolsado de las acciones suscritas o participaciones en el momento de su inscripción en el Registro Mercantil, con abono a la cuenta 1034.

b) Se abonará a medida que se vayan exigiendo los desembolsos, con cargo a la cuenta 5580.

1034. *Socios por desembolsos no exigidos, capital pendiente de inscripción*

Su movimiento es el siguiente:

a) Se cargará por el valor nominal no desembolsado de las acciones suscritas o participaciones asumidas, con abono, generalmente, a la cuenta 190 ó 192.

b) Se abonará en el momento de la inscripción en el Registro Mercantil, con cargo a la cuenta 1030.

104. **Socios por aportaciones no dinerarias pendientes**

Capital social escriturado pendiente de desembolso que corresponde a aportaciones no dinerarias, excepto las aportaciones pendientes que correspondan a instrumentos financieros cuya calificación contable sea la de pasivo financiero.

Figurarán en el patrimonio neto, con signo negativo, minorando la partida de capital social, excepto las cantidades que correspondan a capital emitido pendiente de inscripción que figurarán minorando la partida del pasivo corriente en la que éste se incluye.

1040. *Socios por aportaciones no dinerarias pendientes, capital social*

Su movimiento es el siguiente:

a) Se cargará por el valor nominal no desembolsado de las acciones suscritas o participaciones en el momento de su inscripción en el Registro Mercantil, con abono a la cuenta 1044.

b) Se abonará cuando se realicen los desembolsos, con cargo a las cuentas representativas de los bienes no dinerarios aportados.

1044. *Socios por aportaciones no dinerarias pendientes, capital pendiente de inscripción*

Su movimiento es el siguiente:

a) Se cargará por el valor nominal no desembolsado de las acciones suscritas o participaciones asumidas, con abono, generalmente, a la cuenta 190 ó 192.

b) Se abonará en el momento de la inscripción en el Registro Mercantil, con cargo a la cuenta 1040.

108. Acciones o participaciones propias en situaciones especiales

Acciones o participaciones propias adquiridas por la empresa (sección cuarta del capítulo IV del Texto Refundido de la Ley de Sociedades Anónimas y de la Ley de Sociedades de Responsabilidad Limitada).

Figurarán en el patrimonio neto, con signo negativo.

Su movimiento es el siguiente:

a) Se cargará por el importe de la adquisición de las acciones o participaciones, con abono, generalmente, a cuentas del subgrupo 57.

b) Se abonará:

b_1) Por la enajenación de las acciones o participaciones, con cargo, generalmente, a cuentas del subgrupo 57. La diferencia entre la cantidad obtenida en la enajenación de las acciones o participaciones propias y su valor contable se cargará o abonará, según proceda, a cuentas del subgrupo 11.

b_2) Por la reducción de capital, con cargo a la cuenta 100 por el importe del nominal de las acciones o participaciones. La diferencia entre el importe de adquisición de las acciones o participaciones y su valor nominal se cargará o abonará, según proceda, a cuentas del subgrupo 11.

109. Acciones o participaciones propias para reducción de capital

Acciones o participaciones propias adquiridas por la empresa en ejecución de un acuerdo de reducción de capital adoptado por la Junta General (artículo 170 del Texto Refundido de la Ley de Sociedades Anónimas y artículo 40 de la Ley de Sociedades de Responsabilidad Limitada).

Figurarán en el patrimonio neto, con signo negativo.

Su movimiento es el siguiente:

a) Se cargará por el importe de la adquisición de las acciones, con abono, generalmente, a cuentas del subgrupo 57.

b) Se abonará por la reducción de capital, con cargo a la cuenta 100 por el importe del nominal de las acciones o participaciones. La diferencia entre el importe de adquisición de las acciones o participaciones y su valor nominal se cargará o abonará, según proceda, a cuentas del subgrupo 11.

11. RESERVAS Y OTROS INSTRUMENTOS DE PATRIMONIO NETO

110. **Prima de emisión o asunción**

111. **Otros instrumentos de patrimonio neto**

1110. *Patrimonio neto por emisión de instrumentos financieros compuestos*

1111. *Resto de instrumentos de patrimonio neto*

112. **Reserva legal**

113. **Reservas voluntarias**

114. **Reservas especiales**

1140. *Reservas para acciones o participaciones de la sociedad dominante*

1141. *Reservas estatutarias*

1142. *Reserva por capital amortizado*

1143. *Reserva por fondo de comercio*

1144. *Reservas por acciones propias aceptadas en garantía*

115. **Reservas por pérdidas y ganancias actuariales y otros ajustes**

118. **Aportaciones de socios o propietarios**

119. **Diferencias por ajuste del capital a euros**

Las cuentas de este subgrupo figurarán en el patrimonio neto del balance, formando parte de los fondos propios.

110. **Prima de emisión o asunción**

Aportación realizada por los accionistas o socios en el caso de emisión y colocación de acciones o participaciones a un precio superior a su valor nominal. En particular, incluye las diferencias que pudieran surgir entre los valores de escritura y los valores por los que deben registrarse los bienes recibidos en concepto de aportación no dineraria, de acuerdo con lo dispuesto en las normas de registro y valoración.

Su movimiento es el siguiente:

a) Se abonará, con cargo, generalmente, a la cuenta 111 ó 194.

b) Se cargará por la disposición que de la prima pueda realizarse.

111. **Otros instrumentos de patrimonio neto**

1110. *Patrimonio neto por emisión de instrumentos financieros compuestos*

Componente del patrimonio neto que surge por la emisión de un instrumento financiero compuesto. En particular, por la emisión de obligaciones convertibles en acciones.

Su movimiento es el siguiente:

a) Se abonará por el componente de patrimonio neto del instrumento financiero, con cargo, generalmente, a cuentas del subgrupo 57.

b) Se cargará con abono a las cuentas 100 ó 110, cuando se produzca la conversión.

1111. *Resto de instrumentos de patrimonio neto*

Esta cuenta recoge el resto de instrumentos de patrimonio neto que no tienen cabida en otras, tales como las opciones sobre acciones propias.

Su movimiento es el siguiente:

a) Se abonará por el importe del instrumento calificado como patrimonio neto con cargo, generalmente, a cuentas del grupo 6 o del subgrupo 57.

b) Se cargará cuando se entreguen otros instrumentos de patrimonio neto, con abono a la cuenta de patrimonio neto que corresponda.

112. **Reserva legal**

Esta cuenta registrará la reserva establecida por el artículo 214 del Texto Refundido de la Ley de Sociedades Anónimas.

Su movimiento es el siguiente:

a) Se abonará, generalmente, con cargo a la cuenta 129.

b) Se cargará por la disposición que se haga de esta reserva.

113. **Reservas voluntarias**

Son las constituidas libremente por la empresa.

Su movimiento es análogo al señalado para la cuenta 112, sin perjuicio de lo indicado en los siguientes párrafos:

Cuando se produzca un cambio de criterio contable o la subsanación de un error, el ajuste por el efecto acumulado calculado al inicio del ejercicio, de las variaciones de los elementos patrimoniales afectados por la aplicación retroactiva del nuevo criterio o la corrección del error, se imputará a reservas de libre disposición. Con carácter general, se imputará a las reservas voluntarias, registrándose del modo siguiente:

a) Se abonará por el importe resultante del efecto neto acreedor de los cambios experimentados por la aplicación de un nuevo criterio contable comparado con el antiguo o por la corrección del error, con cargo y abono, en su caso, a las respectivas cuentas representativas de los elementos patrimoniales afectados por este hecho, incluyendo las relacionadas con la contabilización del efecto impositivo del ajuste.

b) Se cargará por el importe resultante del efecto neto deudor de los cambios experimentados por la aplicación de un nuevo criterio contable comparado con el antiguo o por la corrección de un error contable, con abono o cargo, en su caso, a las respectivas cuentas representativas de los elementos patrimoniales afectados por este hecho, incluyendo las relacionadas con la contabilización del efecto impositivo del ajuste.

Cuando se produzca una combinación de negocios por etapas, de acuerdo con lo dispuesto en las normas de registro y valoración, la diferencia entre el valor razonable de la participación de la adquirente en los elementos identificables de la empresa adquirida en cada una de las fechas de las transacciones individuales y su valor razonable en la fecha de adquisición, se imputará a reservas de libre disposición. Con carácter general, se abonará esta cuenta de reservas voluntarias, con cargo a las correspondientes cuentas representativas de los elementos patrimoniales, incluyendo las relacionadas con la contabilización del efecto impositivo.

En particular, en el caso de que con carácter previo a una combinación de negocios por etapas en la que deba aplicarse el método de adquisición, la inversión en la adquirida se hubiera clasificado como un activo financiero mantenido para negociar o activos financieros a valor razonable con cambios en la cuenta de pérdidas y ganancias, se abonará o cargará la cuenta de reservas voluntarias con cargo o abono a las cuentas en las que estuviese registrada la participación.

Los gastos de transacción de instrumentos de patrimonio propio se imputarán a reservas de libre disposición. Con carácter general, se imputarán a las reservas voluntarias, registrándose del modo siguiente:

a) Se cargará por el importe de los gastos, con abono a cuentas del subgrupo 57.

b) Se abonará por el gasto por impuesto sobre beneficios relacionado con los gastos de transacción, con cargo a la correspondiente cuenta del subgrupo 47.

114. **Reservas especiales**

Las establecidas por cualquier disposición legal con carácter obligatorio, distintas de las incluidas en otras cuentas de este subgrupo.

En particular, se incluye la reserva por participaciones recíprocas establecida en el artículo 84 del Texto Refundido de la Ley de Sociedades Anónimas.

Con carácter general, el contenido y movimiento de las cuentas citadas de cuatro cifras es el siguiente:

1140. *Reservas para acciones o participaciones de la sociedad dominante*

Las constituidas obligatoriamente en caso de adquisición de acciones o participaciones de la sociedad dominante y en tanto éstas no sean enajenadas (artículo 79.3.ª del Texto Refundido de la Ley de Sociedades Anónimas y artículo 40.bis de la Ley de Sociedades de

Responsabilidad Limitada). Esta cuenta también recogerá, con el debido desglose en cuentas de cinco cifras, las reservas que deban ser constituidas en caso de aceptación de las acciones de la sociedad dominante en garantía (artículo 80.1 del Texto Refundido de la Ley de Sociedades Anónimas). Mientras duren estas situaciones dichas reservas serán indisponibles.

Su movimiento es el siguiente:

a) Se abonará por el importe de adquisición de las acciones o participaciones de la sociedad dominante o por el importe a que ascienda la cantidad garantizada mediante sus acciones, con cargo a cualesquiera de las cuentas de reservas disponibles, o a la cuenta 129.

b) Se cargará, por el mismo importe, cuando dichas acciones o participaciones se enajenen o cuando cese la garantía, con abono a la cuenta 113.

1141. *Reservas estatutarias*

Son las establecidas en los estatutos de la sociedad.

Su movimiento es análogo al señalado para la cuenta 112.

1142. *Reserva por capital amortizado*

Nominal de las acciones o participaciones de la propia empresa adquiridas por ésta y amortizadas con cargo a beneficios o a reservas disponibles. También se incluirá el nominal de las acciones o participaciones de la propia empresa amortizadas, si han sido adquiridas por ésta a título gratuito. La dotación y disponibilidad de esta cuenta se regirá por lo establecido en el artículo 167.3 del Texto Refundido de la Ley de Sociedades Anónimas y 80.4 de la Ley de Sociedades de Responsabilidad Limitada, respectivamente.

Su movimiento es el siguiente:

a) Se abonará con cargo a cualesquiera de las cuentas de reservas disponibles, o a la cuenta 129.

b) Se cargará por las reducciones que de la misma se realicen.

1143. *Reserva por fondo de comercio*

La constituida obligatoriamente en caso de que exista fondo de comercio en el activo del balance (artículo 213.4 del Texto Refundido de la Ley de Sociedades Anónimas). Mientras dure esta situación esta reserva será indisponible.

Su movimiento es el siguiente:

a) Se abonará con cargo a cualesquiera de las cuentas de reservas disponibles, o a la cuenta 129.

b) Se cargará por la disposición que pueda hacerse de esta reserva.

1144. *Reservas por acciones propias aceptadas en garantía*

Reservas que deban ser constituidas en caso de aceptación de acciones propias en garantía (artículo 80.1 del Texto Refundido de la Ley de Sociedades Anónimas). Mientras dure esta situación, estas reservas serán indisponibles.

Su movimiento es el siguiente:

a) Se abonará por el importe al que ascienda la cantidad garantizada mediante acciones propias, con cargo a cualesquiera de las cuentas de reservas disponibles, o a la cuenta 129.

b) Se cargará, por el mismo importe, cuando cese la garantía, con abono a la cuenta 113.

115. **Reservas por pérdidas y ganancias actuariales y otros ajustes**

Componente del patrimonio neto que surge del reconocimiento de pérdidas y ganancias actuariales y de los ajustes en el valor de los activos por retribuciones post-empleo al personal de prestación definida, de acuerdo con lo dispuesto en las normas de registro y valoración.

Su movimiento es el siguiente:

a) Se abonará:

a_1) Al cierre del ejercicio, por el importe de la ganancia reconocida, con cargo a cuentas del subgrupo 95.

a_2) Por el gasto por impuesto sobre beneficios relacionado con estos aspectos, con cargo a las cuentas del subgrupo 83.

b) Se cargará:

b_1) Al cierre del ejercicio, por el importe de la pérdida reconocida, con abono a cuentas del subgrupo 85.

b_2) Por el gasto por impuesto sobre beneficios relacionado con estos aspectos, con abono a las cuentas del subgrupo 83.

118. **Aportaciones de socios o propietarios**

Elementos patrimoniales entregados por los socios o propietarios de la empresa cuando actúen como tales, en virtud de operaciones no descritas en otras cuentas. Es decir, siempre que no constituyan contraprestación por la entrega de bienes o la prestación de servicios realizados por la empresa, ni tengan la naturaleza de pasivo. En particular, incluye las cantidades entregadas por los socios o propietarios para compensación de pérdidas.

Su movimiento es el siguiente:

a) Se abonará con cargo, generalmente, a cuentas del subgrupo 57 o a las cuentas representativas de los bienes no dinerarios aportados.

b) Se cargará:

b_1) Generalmente, con abono a la cuenta 121.

b_2) Por la disposición que de la aportación pueda realizarse.

119. **Diferencias por ajuste del capital a euros**

Diferencias originadas como consecuencia de la conversión a euros de la cifra de capital de acuerdo con el contenido de la Ley 46/1998, de 17 de diciembre, sobre Introducción del Euro.

12. RESULTADOS PENDIENTES DE APLICACIÓN

120. **Remanente**
121. **Resultados negativos de ejercicios anteriores**
129. **Resultado del ejercicio**

Las cuentas de este subgrupo figurarán en el patrimonio neto del balance, formando parte de los fondos propios, con signo positivo o negativo, según corresponda.

120. Remanente

Beneficios no repartidos ni aplicados específicamente a ninguna otra cuenta, tras la aprobación de las cuentas anuales y de la distribución de resultados.

Su movimiento es el siguiente:

a) Se abonará con cargo a la cuenta 129.

b) Se cargará:

b_1) Por su aplicación o disposición, con abono, generalmente, a cuentas del subgrupo 57.

b_2) Por su traspaso, con abono, a cuentas del subgrupo 11.

121. Resultados negativos de ejercicios anteriores

Resultados negativos de ejercicios anteriores.

Su movimiento es el siguiente:

a) Se cargará con abono a la cuenta 129.

b) Se abonará con cargo a la cuenta o cuentas con las que se cancele su saldo.

La empresa desarrollará en cuentas de cuatro cifras el resultado negativo de cada ejercicio.

129. Resultado del ejercicio

Resultado, positivo o negativo, del último ejercicio cerrado, pendiente de aplicación.

Su movimiento es el siguiente:

a) Se abonará:

a_1) Para determinar el resultado del ejercicio, con cargo a las cuentas de los grupos 6 y 7 que presenten al final del ejercicio saldo acreedor.

a_2) Por el traspaso del resultado negativo, con cargo a la cuenta 121.

b) Se cargará:

b_1) Para determinar el resultado del ejercicio, con abono a las cuentas de los grupos 6 y 7 que presenten al final del ejercicio saldo deudor.

b_2) Cuando se aplique el resultado positivo conforme al acuerdo de distribución del resultado, con abono a las cuentas que correspondan.

13. SUBVENCIONES, DONACIONES Y AJUSTES POR CAMBIOS DE VALOR

130. **Subvenciones oficiales de capital**
131. **Donaciones y legados de capital**
132. **Otras subvenciones, donaciones y legados**
133. **Ajustes por valoración en activos financieros disponibles para la venta**
134. **Operaciones de cobertura**
    1340. *Cobertura de flujos de efectivo*
    1341. *Cobertura de una inversión neta en un negocio en el extranjero*
135. **Diferencias de conversión**
136. **Ajustes por valoración en activos no corrientes y grupos enajenables de elementos, mantenidos para la venta**
137. **Ingresos fiscales a distribuir en varios ejercicios**
    1370. *Ingresos fiscales por diferencias permanentes a distribuir en varios ejercicios*
    1371. *Ingresos fiscales por deducciones y bonificaciones a distribuir en varios ejercicios*

Subvenciones donaciones y legados, no reintegrables, otorgados por terceros distintos a los socios o propietarios, recibidos por la empresa y otros ingresos y gastos contabilizados directamente en el patrimonio neto, hasta que de conformidad con lo previsto en las normas de registro y valoración, se produzca, en su caso, su transferencia o imputación a la cuenta de pérdidas y ganancias.

Las cuentas de este subgrupo figurarán en el patrimonio neto.

130. Subvenciones oficiales de capital

Las concedidas por las Administraciones Públicas, tanto nacionales como internacionales, para el establecimiento o estructura fija de la empresa (activos no corrientes) cuando no sean reintegrables, de acuerdo con los criterios establecidos en las normas de registro y valoración.

Su movimiento es el siguiente:

a) Se abonará:

a_1) Al cierre del ejercicio, por la subvención concedida, con cargo a la correspondiente cuenta del subgrupo 94.

a_2) Por el gasto por impuesto sobre beneficios vinculado a la subvención imputada o transferida a la cuenta de pérdidas y ganancias, con cargo a las cuentas del subgrupo 83.

b) Se cargará:

b_1) Al cierre del ejercicio, por la imputación a la cuenta de pérdidas y ganancias de la subvención recibida, con abono a la correspondiente cuenta del subgrupo 84.

b_2) Por el gasto por impuesto sobre beneficios vinculado a la subvención imputada directamente en el patrimonio neto, con abono a las cuentas del subgrupo 83.

131. Donaciones y legados de capital

Las donaciones y legados concedidos por empresas o particulares, para el establecimiento o estructura fija de la empresa (activos no corrientes) cuando no sean reintegrables, de acuerdo con los criterios establecidos en las normas de registro y valoración.

Su movimiento es análogo al señalado para la cuenta 130.

132. Otras subvenciones, donaciones y legados

Las subvenciones, donaciones y legados concedidos que no figuran en las cuentas anteriores, cuando no sean reintegrables, y se encuentren pendientes de imputar al resultado de acuerdo con los criterios establecidos en las normas de registro y valoración. Es el caso de las subvenciones concedidas para financiar programas que generarán gastos futuros.

Su movimiento es análogo al señalado para la cuenta 130.

133. Ajustes por valoración en activos financieros disponibles para la venta

Ajustes producidos por la valoración a valor razonable de los activos financieros clasificados en la categoría de disponibles para la venta, de acuerdo con la norma de registro y valoración relativa a los instrumentos financieros.

Con carácter general, su movimiento es el siguiente:

a) Se abonará:

a_1) Al cierre del ejercicio, por las variaciones positivas en el valor razonable de los activos financieros disponibles para la venta, con cargo a la cuenta 900.

a_2) Al cierre del ejercicio, por las transferencias de pérdidas de activos financieros disponibles para la venta, con cargo a la cuenta 902.

a_3) Al cierre del ejercicio, cuando se hubieran realizado inversiones previas a la consideración de participaciones en el patrimonio como de empresas del grupo, multigrupo o asociadas, por la recuperación o la transferencia a la cuenta de pérdidas y ganancias por deterioro de los ajustes valorativos por reducciones de valor imputados directamente en el patrimonio neto, con cargo a las correspondientes cuentas del subgrupo 99.

a_4) Por el gasto por impuesto sobre beneficios originado por estos ajustes, con cargo a las cuentas del subgrupo 83.

a_5) Por las variaciones de valor negativas imputadas directamente al patrimonio neto en activos financieros disponibles para la venta, cuando se haya producido una combinación de negocios por etapas, con cargo a la cuenta en la que esté registrada la participación.

b) Se cargarán:

b_1) Al cierre del ejercicio, por las variaciones negativas en el valor razonable de los activos financieros disponibles para la venta, con abono a la cuenta 800.

b_2) Al cierre del ejercicio, por la transferencia de beneficios en activos financieros disponibles para la venta, con abono a la cuenta 802.

b_3) Al cierre del ejercicio, por el deterioro en inversiones en patrimonio de empresas del grupo, multigrupo y asociadas que previamente hubieran ocasionado ajustes valorativos por aumento de valor, con abono a las correspondientes cuentas del subgrupo 89.

b_4) Por el gasto por impuesto sobre beneficios originado por estos ajustes, con abono a las cuentas del subgrupo 83.

b_5) Por las variaciones de valor positivas imputadas directamente al patrimonio neto en activos financieros disponibles para la venta, cuando se haya producido una combinación de negocios por etapas, con abono a la cuenta en la que esté registrada la participación.

134. **Operaciones de cobertura**

Importe de la pérdida o ganancia del instrumento de cobertura que se haya determinado como cobertura eficaz, en el caso de coberturas de flujos de efectivo o de cobertura de una inversión neta en un negocio en el extranjero.

1340. *Cobertura de flujos de efectivo*

Con carácter general, su movimiento es el siguiente:

a) Se abonará:

a_1) Al cierre del ejercicio, por los beneficios por coberturas de flujos de efectivo, con cargo a la cuenta 910.

a_2) Al cierre del ejercicio, por las pérdidas transferidas en coberturas de flujos de efectivo con cargo a la cuenta 912.

a_3) Por el gasto por impuesto sobre beneficios que surja en estas operaciones, con cargo a las cuentas del subgrupo 83.

b) Se cargará:

b_1) Al cierre del ejercicio, por las pérdidas por coberturas de flujos de efectivo, con abono a la cuenta 810.

b_2) Al cierre del ejercicio, por los beneficios transferidos en coberturas de flujos de efectivo, con abono a la cuenta 812.

b_3) Por el gasto por impuesto sobre beneficios que surja en estas operaciones, con abono a las cuentas del subgrupo 83.

1341. *Cobertura de una inversión neta en un negocio en el extranjero*

La cobertura de una inversión neta en un negocio en el extranjero, incluye la cobertura de una partida monetaria que se considere como parte de la citada inversión neta, por no contemplarse ni ser probable la liquidación de dicha partida en un futuro previsible en los términos previstos en la norma de registro y valoración.

Su movimiento es análogo al señalado para la cuenta 1340.

135. **Diferencias de conversión**

Diferencia que surge al convertir a la moneda de presentación, euro, las partidas del balance y de la cuenta de pérdidas y ganancias en el caso de que la moneda funcional sea distinta de la moneda de presentación.

Con carácter general, su movimiento es el siguiente:

a) Se abonará:

a_1) Al cierre del ejercicio, por los ingresos por diferencias de conversión, con cargo a la cuenta 920.

a_2) Al cierre del ejercicio, por la transferencia de diferencias de conversión negativas, con cargo a la cuenta 921.

a_3) Por el gasto por impuesto sobre beneficios vinculado a la diferencia de conversión, con cargo a las cuentas del subgrupo 83.

b) Se cargará:

b_1) Al cierre del ejercicio, por los gastos por diferencias de conversión, con abono a la cuenta 820.

b_2) Al cierre del ejercicio, por la transferencia de diferencias de conversión positivas, con abono a la cuenta 821.

b_3) Por el gasto por impuesto sobre beneficios vinculado a la diferencia de conversión, con abono a las cuentas del subgrupo 83.

136. **Ajustes por valoración en activos no corrientes y grupos enajenables de elementos, mantenidos para la venta**

Ajustes por valor razonable de activos no corrientes clasificados como mantenidos para la venta, y de activos y pasivos directamente asociados, clasificados como grupos enajenables de elementos mantenidos para la venta, cuyas variaciones de valor, previamente a su clasificación en esta categoría, ya se imputaban a otra cuenta del subgrupo 13.

Con carácter general, su movimiento es el siguiente:

a) En el momento de su clasificación en esta categoría, se abonará o cargará, por la variación de valor imputada directamente al patrimonio neto hasta dicho momento, con cargo o abono, a las correspondientes cuentas de este subgrupo 13.

b) Posteriormente, se abonará o cargará, por la variación en el valor de los activos no corrientes mantenidos para la venta y de activos y pasivos directamente asociados clasificados como grupos enajenables de elementos mantenidos para la venta, con cargo o abono, respectivamente, a las cuentas de los grupos 96 y 86.

c) Los motivos de cargo y abono correspondientes al efecto impositivo, son análogos a los señalados para la cuenta 133.

137. **Ingresos fiscales a distribuir en varios ejercicios**

Ventajas fiscales materializadas en diferencias permanentes y deducciones y bonificaciones que, por tener una naturaleza económica asimilable a las subvenciones, son objeto de imputación a la cuenta de pérdidas y ganancias en varios ejercicios.

A estos efectos, las diferencias permanentes se materializan, con carácter general, en ingresos que no se incorporan en la determinación de la base imponible del impuesto sobre beneficios y que no revierten en periodos posteriores.

El movimiento de las cuentas citadas de cuatro cifras es el siguiente:

1370. *Ingresos fiscales por diferencias permanentes a distribuir en varios ejercicios*

a) Se abonará, al cierre del ejercicio, por el importe del efecto impositivo de las diferencias permanentes a imputar en varios ejercicios, con cargo a la cuenta 834.

b) Se cargará, al cierre del ejercicio, por la parte imputada en el ejercicio del efecto impositivo de la diferencia permanente, con abono a la cuenta 836.

1371. *Ingresos fiscales por deducciones y bonificaciones a distribuir en varios ejercicios*

Su movimiento es análogo al señalado para la cuenta 1370.

14. PROVISIONES

140. **Provisión por retribuciones a largo plazo al personal**
141. **Provisión para impuestos**
142. **Provisión para otras responsabilidades**
143. **Provisión por desmantelamiento, retiro o rehabilitación del inmovilizado**
145. **Provisión para actuaciones medioambientales**
146. **Provisión para reestructuraciones**
147. **Provisión por transacciones con pagos basados en instrumentos de patrimonio**

Obligaciones expresas o tácitas a largo plazo, claramente especificadas en cuanto a su naturaleza, pero que, en la fecha de cierre del ejercicio, son indeterminadas en cuanto a su importe exacto o a la fecha en que se producirán.

Las cuentas de este subgrupo figurarán en el pasivo no corriente del balance.

La parte de las provisiones cuya cancelación se prevea en el corto plazo deberá figurar en el pasivo corriente del balance, en el epígrafe «Provisiones a corto plazo»; a estos efectos se traspasará el importe que representen las provisiones con vencimiento a corto a las cuentas de cuatro cifras correspondientes de la cuenta 529.

140. **Provisión por retribuciones a largo plazo al personal**

Obligaciones legales, contractuales o implícitas con el personal de la empresa, distintas de las recogidas en las cuentas 146 y 147, sobre las que existe incertidumbre acerca de su cuantía o vencimiento, tales como retribuciones post-empleo de prestación definida o prestaciones por incapacidad.

La provisión correspondiente a retribuciones a largo plazo de prestación definida se cuantificará teniendo en cuenta los eventuales activos afectos, en los términos recogidos en la norma de registro y valoración.

Si de la aplicación de lo dispuesto en esta norma surgiese un activo, la empresa creará la correspondiente cuenta en el grupo 2 que figurará en el activo no corriente del balance, en la partida «Otras inversiones».

Los motivos de cargo y abono de este activo serán análogos a los señaladas para la presente cuenta 140.

Su movimiento es el siguiente:

a) Se abonará:

a_1) Por las estimaciones de los devengos anuales, con cargo a cuentas del subgrupo 64.

a_2) Por el reconocimiento de pérdidas actuariales, con cargo a la cuenta 850, en caso de tratarse de retribuciones post-empleo, debiendo cargarse a una cuenta del subgrupo 64 en las restantes retribuciones a largo plazo al personal.

a_3) Por el importe de los ajustes que surjan por la actualización de valores, con cargo a la cuenta 660.

a_4) Por el importe imputado a la cuenta de pérdidas y ganancias de los costes por servicios pasados, con cargo a la cuenta 6442.

b) Se cargará:

b_1) Por la disposición que se realice de la provisión, con abono, generalmente, a cuentas del subgrupo 57.

b_2) Por el reconocimiento de ganancias actuariales, con abono a la cuenta 950, en caso de tratarse de retribuciones post-empleo, debiendo abonarse a una cuenta del subgrupo 64 en las restantes retribuciones a largo plazo al personal.

b_3) Por el rendimiento esperado de los activos afectos, con abono a la cuenta 767.

b_4) Por el exceso de provisión, con abono a la cuenta 7950.

141. **Provisión para impuestos**

Importe estimado de deudas tributarias cuyo pago está indeterminado en cuanto a su importe exacto o a la fecha en que se producirá, dependiendo del cumplimiento o no de determinadas condiciones.

Su movimiento es el siguiente:

a) Se abonará por la estimación del devengo anual, con cargo a las cuentas de gasto correspondientes a los distintos componentes que las integren. En particular:

a_1) A cuentas del subgrupo 63 por la parte de la provisión correspondiente a la cuota del ejercicio.

a_2) A cuentas del subgrupo 66 por los intereses de demora correspondientes al ejercicio.

a_3) A la cuenta 678, en su caso, por la sanción asociada.

a_4) A la cuenta 113 por la cuota y los intereses correspondientes a ejercicios anteriores.

b) Se cargará:

b_1) Cuando se aplique la provisión, con abono a cuentas del subgrupo 47.

b_2) Por el exceso de provisión, con abono a la cuenta 7951.

142. **Provisión para otras responsabilidades**

Pasivos no financieros surgidos por obligaciones de cuantía indeterminada no incluidas en ninguna de las restantes cuentas de este subgrupo; entre otras, las procedentes de litigios en curso, indemnizaciones u obligaciones derivados de avales y otras garantías similares a cargo de la empresa.

Su movimiento es el siguiente:

a) Se abonará:

a_1) Al nacimiento de la obligación que determina la indemnización o pago, o por cambios posteriores en su importe que supongan un incremento de la provisión, con cargo, a las cuentas del grupo 6 que correspondan.

a_2) Por el importe de los ajustes que surjan por la actualización de valores, con cargo a la cuenta 660.

b) Se cargará:

b_1) A la resolución firme del litigio, o cuando se conozca el importe definitivo de la indemnización o el pago, con abono, generalmente, a cuentas del subgrupo 57.

b_2) Por el exceso de provisión, con abono a la cuenta 7952.

143. **Provisión por desmantelamiento, retiro o rehabilitación del inmovilizado**

Importe estimado de los costes de desmantelamiento o retiro del inmovilizado, así como la rehabilitación del lugar sobre el que se asienta. La empresa puede incurrir en estas obligaciones en el momento de adquirir el inmovilizado o para poder utilizar el mismo durante un determinado periodo de tiempo.

Cuando se incurra en esta obligación en el momento de adquirir el inmovilizado o surja como consecuencia de utilizar el inmovilizado con propósito distinto a la producción de existencias, su movimiento es el siguiente:

a) Se abonará:

a_1) Al nacimiento de la obligación, o por cambios posteriores en su importe que supongan un incremento de la provisión, con cargo, generalmente, a cuentas del subgrupo 21.

a_2) Por el importe de los ajustes que surjan por la actualización de valores, con cargo a la cuenta 660.

b) Se cargará:

b_1) Al cierre del ejercicio, por las disminuciones en el importe de la provisión originadas por una nueva estimación de su importe, con abono, generalmente, a cuentas del subgrupo 21.

b_2) Cuando se aplique la provisión, con abono, generalmente, a cuentas del subgrupo 57.

Cuando se incurra en la obligación como consecuencia de haber utilizado el inmovilizado para producir existencias, su movimiento es análogo al señalado para la cuenta 142.

145. **Provisión para actuaciones medioambientales**

Obligaciones legales, contractuales o implícitas de la empresa o compromisos adquiridos por la misma, de cuantía indeterminada, para prevenir o reparar daños sobre el medio ambiente, salvo las que tengan su origen en el desmantelamiento, retiro o rehabilitación del inmovilizado, que se contabilizarán según lo establecido en la cuenta 143.

Su movimiento es el siguiente:

a) Se abonará:

a_1) Al nacimiento de la obligación o por cambios posteriores en su importe que supongan un incremento de la provisión, con cargo a la cuenta 622 ó 623.

a_2) Por el importe de los ajustes que surjan por la actualización de valores, con cargo a la cuenta 660.

b) Se cargará:

b_1) Cuando se aplique la provisión, con abono, generalmente, a cuentas del subgrupo 57.

b_2) Por el exceso de provisión, con abono a la cuenta 7955.

146. **Provisión para reestructuraciones**

Importe estimado de los costes que surjan directamente de una reestructuración, siempre y cuando se cumplan las dos condiciones siguientes:

— Estén necesariamente impuestos por la reestructuración.

— No estén asociados con las actividades que continúan en la empresa.

A estos efectos, se entiende por reestructuración un programa de actuación planificado y controlado por la empresa, que produzca un cambio significativo en:

— El alcance de la actividad llevado a cabo por la empresa, o

— La manera de llevar la gestión de su actividad.

Con carácter general, su movimiento es el siguiente:

a) Se abonará:

a_1) Al nacimiento de la obligación o por cambios posteriores en su importe que supongan un incremento de la provisión, con cargo, generalmente, a cuentas de los subgrupos 62 y 64.

a_2) Por el importe de los ajustes que surjan por la actualización de valores, con cargo a la cuenta 660.

b) Se cargará:

b_1) Cuando se aplique la provisión, con abono, generalmente, a cuentas del subgrupo 57.

b_2) Por el exceso de la provisión, con abono a la cuenta 7956.

147. **Provisión por transacciones con pagos basados en instrumentos de patrimonio**

Importe estimado de la obligación asumida por la empresa como consecuencia de una transacción con pagos basados en instrumentos de patrimonio que se liquiden con un importe efectivo que esté basado en el valor de dichos instrumentos.

Su movimiento es el siguiente:

a) Se abonará:

a_1) Al nacimiento de la obligación o por cambios posteriores en su importe que supongan un incremento de la provisión, con cargo, generalmente, a cuentas de los subgrupos 62 ó 64.

a_2) Por el importe de los ajustes que surjan por la actualización de valores, con cargo a la cuenta 660.

b) Se cargará:

b_1) Cuando se aplique la provisión, con abono, generalmente, a cuentas del subgrupo 57.

b_2) Por el exceso de provisión, con abono a la cuenta 7957.

15. DEUDAS A LARGO PLAZO CON CARACTERÍSTICAS ESPECIALES

150. **Acciones o participaciones a largo plazo consideradas como pasivos financieros**

153. **Desembolsos no exigidos por acciones o participaciones consideradas como pasivos financieros**

1533. *Desembolsos no exigidos, empresas del grupo*

1534. *Desembolsos no exigidos, empresas asociadas*

1535. *Desembolsos no exigidos, otras partes vinculadas*

1536. *Otros desembolsos no exigidos*

154. **Aportaciones no dinerarias pendientes por acciones o participaciones consideradas como pasivos financieros**

1543. *Aportaciones no dinerarias pendientes, empresas del grupo*

1544. *Aportaciones no dinerarias pendientes, empresas asociadas*

1545. *Aportaciones no dinerarias pendientes, otras partes vinculadas*

1546. *Otras aportaciones no dinerarias pendientes*

Acciones u otras participaciones en el capital de la empresa que, atendiendo a las características económicas de la emisión, deban considerarse como pasivo financiero.

La parte de las deudas a largo plazo con características especiales que tenga vencimiento a corto deberá figurar en el pasivo corriente del balance, en el epígrafe «Deudas con características especiales a corto plazo»; a estos efectos se traspasará el importe que representen estas deudas a largo plazo con vencimiento a corto a la cuenta 502.

150. **Acciones o participaciones a largo plazo consideradas como pasivos financieros**

Capital social escriturado y, en su caso, prima de emisión o asunción en las sociedades que revistan forma mercantil que, atendiendo a las características de la emisión, deba contabilizarse como pasivo financiero. En particular, determinadas acciones rescatables y acciones o participaciones sin voto.

Figurarán en el pasivo no corriente del balance en el epígrafe «Deudas con características especiales a largo plazo».

Su movimiento es el siguiente:

a) Se abonará por el capital inicial y las sucesivas ampliaciones, en el momento de su inscripción en el Registro Mercantil, con cargo a la cuenta 199.

b) Se cargará por la cancelación o reducciones del mismo y a la extinción de la sociedad, una vez transcurrido el periodo de liquidación.

153. **Desembolsos no exigidos por acciones o participaciones consideradas como pasivos financieros**

Capital social escriturado no exigido correspondiente a los instrumentos financieros cuya calificación contable sea la de pasivo financiero.

Figurarán en el pasivo no corriente del balance con signo negativo, minorando el epígrafe «Deudas con características especiales a largo plazo».

El movimiento de las cuentas citadas de cuatro cifras es el siguiente:

1533/1534/1535/1536

a) Se cargarán por el valor nominal no desembolsado de las acciones suscritas o participaciones asumidas, con abono, generalmente, a las cuentas 195 ó 197.

b) Se abonarán por los desembolsos exigidos, con cargo a la cuenta 5585.

154. **Aportaciones no dinerarias pendientes por acciones o participaciones consideradas como pasivos financieros**

Capital social escriturado pendiente de desembolso por aportaciones no dinerarias, correspondiente a los instrumentos financieros cuya calificación contable sea la de pasivo financiero.

Figurarán en el pasivo no corriente del balance, con signo negativo, minorando el epígrafe «Deudas con características especiales a largo plazo».

El movimiento de las cuentas citadas de cuatro cifras es el siguiente:

1543/1544/1545/1546

a) Se cargarán por el valor nominal no desembolsado de las acciones suscritas o participaciones asumidas, con abono, generalmente, a las cuentas 195 ó 197.

b) Se abonarán cuando se realicen los desembolsos, con cargo a las cuentas representativas de los bienes no dinerarios aportados.

16. DEUDAS A LARGO PLAZO CON PARTES VINCULADAS

160. **Deudas a largo plazo con entidades de crédito vinculadas**

1603. *Deudas a largo plazo con entidades de crédito, empresas del grupo*

1604. *Deudas a largo plazo con entidades de crédito, empresas asociadas*
1605. *Deudas a largo plazo con otras entidades de crédito vinculadas*

161. **Proveedores de inmovilizado a largo plazo, partes vinculadas**
1613. *Proveedores de inmovilizado a largo plazo, empresas del grupo*
1614. *Proveedores de inmovilizado a largo plazo, empresas asociadas*
1615. *Proveedores de inmovilizado a largo plazo, otras partes vinculadas*

162. **Acreedores por arrendamiento financiero a largo plazo, partes vinculadas**
1623. *Acreedores por arrendamiento financiero a largo plazo, empresas de grupo*
1624. *Acreedores por arrendamiento financiero a largo plazo, empresas asociadas*
1625. *Acreedores por arrendamiento financiero a largo plazo, otras partes vinculadas.*

163. **Otras deudas a largo plazo con partes vinculadas**
1633. *Otras deudas a largo plazo, empresas del grupo*
1634. *Otras deudas a largo plazo, empresas asociadas*
1635. *Otras deudas a largo plazo, con otras partes vinculadas*

Deudas cuyo vencimiento vaya a producirse en un plazo superior a un año, contraídas con empresas del grupo, multigrupo, asociadas y otras partes vinculadas, incluidos los intereses devengados con vencimiento superior a un año. En este subgrupo se recogerán, en las cuentas de tres o más cifras que se desarrollen, las deudas que por su naturaleza debieran figurar en los subgrupos 17 ó 18.

En caso de que las deudas devenguen intereses explícitos con vencimiento superior a un año, se crearán las cuentas necesarias para identificarlos, debiendo figurar en el balance en la misma partida en la que se incluya el pasivo que los genera.

Las cuentas de este subgrupo figurarán en el pasivo no corriente del balance.

La parte de las deudas a largo plazo que tenga vencimiento a corto deberá figurar en el pasivo corriente del balance, en el epígrafe «Deudas con empresas del grupo y asociadas a corto plazo»; a estos efectos se traspasará el importe que representen las deudas a largo plazo con vencimiento a corto a las cuentas correspondientes del subgrupo 51.

160. Deudas a largo plazo con entidades de crédito vinculadas

Las contraídas con entidades de crédito vinculadas por préstamos recibidos y otros débitos, con vencimiento superior a un año.

El movimiento de las cuentas citadas de cuatro cifras es el siguiente:

1603/1604/1605

a) Se abonarán:

a_1) A la formalización de la deuda o préstamo, por el importe recibido, minorado en los costes de la transacción, con cargo, generalmente, a cuentas del subgrupo 57.

a_2) Por el gasto financiero devengado hasta alcanzar el valor de reembolso de la deuda, con cargo, generalmente, a la cuenta 662.

b) Se cargarán por el reintegro anticipado, total o parcial, con abono, a cuentas del subgrupo 57.

Se incluirá con el debido desarrollo en cuentas de cinco o más cifras, el importe de las deudas a largo plazo por efectos descontados.

161. **Proveedores de inmovilizado a largo plazo, partes vinculadas**

Deudas con partes vinculadas en calidad de suministradores de bienes definidos en el grupo 2, incluidas las formalizadas en efectos de giro, con vencimiento superior a un año.

El movimiento de las cuentas citadas de cuatro cifras es el siguiente:

1613/1614/1615

a) Se abonarán:

a_1) Por la recepción a conformidad de los bienes suministrados, con cargo a cuentas del grupo 2.

a_2) Por el gasto financiero devengado hasta alcanzar el valor de reembolso de la deuda, con cargo, generalmente, a la cuenta 662.

b) Se cargarán por la cancelación anticipada, total o parcial, de las deudas, con abono, generalmente, a cuentas del subgrupo 57.

162. **Acreedores por arrendamiento financiero a largo plazo, partes vinculadas**

Deudas con vencimiento superior a un año con partes vinculadas en calidad de cedentes del uso de bienes en acuerdos que deban calificarse como arrendamientos financieros en los términos recogidos en las normas de registro y valoración.

El movimiento de las cuentas citadas de cuatro cifras es el siguiente:

1623/1624/1625

a) Se abonarán:

a_1) Por la recepción a conformidad del derecho de uso sobre los bienes suministrados, con cargo a cuentas del grupo 2.

a_2) Por el gasto financiero devengado hasta alcanzar el valor de reembolso de la deuda, con cargo, generalmente, a la cuenta 662.

b) Se cargarán por la cancelación anticipada, total o parcial, de las deudas, con abono, generalmente, a cuentas del subgrupo 57.

163. **Otras deudas a largo plazo con partes vinculadas**

Las contraídas con partes vinculadas por préstamos recibidos y otros débitos no incluidos en otras cuentas de este subgrupo, con vencimiento superior a un año.

1633/1634/1635

El movimiento de las cuentas citadas de cuatro cifras es análogo al señalado para la cuenta 160.

17. DEUDAS A LARGO PLAZO POR PRÉSTAMOS RECIBIDOS, EMPRÉSTITOS Y OTROS CONCEPTOS

170. **Deudas a largo plazo con entidades de crédito**
171. **Deudas a largo plazo**
172. **Deudas a largo plazo transformables en subvenciones, donaciones y legados**
173. **Proveedores de inmovilizado a largo plazo**
174. **Acreedores por arrendamiento financiero a largo plazo**
175. **Efectos a pagar a largo plazo**
176. **Pasivos por derivados financieros a largo plazo**
    1765. *Pasivos por derivados financieros a largo plazo, cartera de negociación*
    1768. *Pasivos por derivados financieros a largo plazo, instrumentos de cobertura*
177. **Obligaciones y bonos**
178. **Obligaciones y bonos convertibles**
179. **Deudas representadas en otros valores negociables**

Financiación ajena a largo plazo contraída con terceros que no tengan la calificación de partes vinculadas, incluyendo los intereses devengados con vencimiento superior a un año. La emisión y suscripción de los valores negociables se registrarán en la forma que las empresas tengan por conveniente mientras se encuentran los valores en periodo de suscripción.

En caso de que las deudas devenguen intereses explícitos con vencimiento superior a un año, se crearán las cuentas necesarias para identificarlos, debiendo figurar en el balance en la misma partida en la que se incluya el pasivo que los genera.

Las cuentas de este subgrupo figurarán en el pasivo no corriente del balance.

La parte de las deudas a largo plazo que tenga vencimiento a corto deberá figurar en el pasivo corriente del balance, en el epígrafe «Deudas a corto plazo»; a estos efectos se traspasará el importe que representen las deudas a largo plazo con vencimiento a corto a las cuentas correspondientes de los subgrupos 50 y 52.

170. **Deudas a largo plazo con entidades de crédito**

Las contraídas con entidades de crédito por préstamos recibidos y otros débitos, con vencimiento superior a un año.

Su movimiento es el siguiente:

a) Se abonará:

a_1) A la formalización de la deuda o préstamo, por el importe recibido, minorado en los costes de la transacción, con cargo, generalmente, a cuentas del subgrupo 57.

a_2) Por el gasto financiero devengado hasta alcanzar el valor de reembolso de la deuda, con cargo, generalmente, a la cuenta 662.

b) Se cargará por el reintegro anticipado, total o parcial, con abono, generalmente, a cuentas del subgrupo 57.

Se incluirá, con el debido desarrollo en cuentas de cuatro o más cifras, el importe de las deudas por efectos descontados.

171. **Deudas a largo plazo**

Las contraídas con terceros por préstamos recibidos y otros débitos no incluidos en otras cuentas de este subgrupo, con vencimiento superior a un año.

Su movimiento es el siguiente:

a) Se abonará:

a_1) A la formalización de la deuda o préstamo, por el importe recibido, minorado en los costes de la transacción, con cargo, generalmente, a cuentas del subgrupo 57.

a_2) Por el gasto financiero devengado hasta alcanzar el valor de reembolso de la deuda, con cargo, generalmente, a la cuenta 662.

b) Se cargará:

b_1) Por la aceptación de efectos a pagar, con abono a la cuenta 175.

b_2) Por la cancelación anticipada, total o parcial, de las deudas, con abono, generalmente, a cuentas del subgrupo 57.

172. **Deudas a largo plazo transformables en subvenciones, donaciones y legados**

Cantidades concedidas por las Administraciones Públicas, tanto nacionales como internacionales, empresas o particulares con carácter de subvención, donación o legado reintegrable, con vencimiento superior a un año.

Su movimiento es el siguiente:

a) Se abonará por las cantidades concedidas a la empresa con cargo, generalmente, a cuentas de los subgrupos 47 ó 57.

b) Se cargará:

b_1) Por cualquier circunstancia que determine la reducción total o parcial de las mismas, con arreglo a los términos de su concesión, con abono, generalmente, a la cuenta 4758.

b_2) Si pierde su carácter de reintegrable, con abono de su saldo a las cuentas 940, 941 ó 942 o a cuentas del subgrupo 74.

173. **Proveedores de inmovilizado a largo plazo**

Deudas con suministradores de bienes definidos en el grupo 2, con vencimiento superior a un año.

Su movimiento es el siguiente:

a) Se abonará:

a_1) Por la recepción a conformidad de los bienes suministrados, con cargo a cuentas del grupo 2.

a_2) Por el gasto financiero devengado hasta alcanzar el valor de reembolso de la deuda, con cargo, generalmente, a la cuenta 662.

b) Se cargará:

b_1) Por la aceptación de efectos a pagar, con abono a la cuenta 175.

b_2) Por la cancelación anticipada, total o parcial, de las deudas, con abono, generalmente, a cuentas del subgrupo 57.

174. Acreedores por arrendamiento financiero a largo plazo

Deudas con vencimiento superior a un año con otras entidades en calidad de cedentes del uso de bienes, en acuerdos que deban calificarse como arrendamientos financieros en los términos recogidos en las normas de registro y valoración.

a) Se abonará:

a_1) Por la recepción a conformidad del derecho de uso sobre los bienes suministrados, con cargo a cuentas del grupo 2.

a_2) Por el gasto financiero devengado hasta alcanzar el valor de reembolso de la deuda, con cargo, generalmente, a la cuenta 662.

b) Se cargará por la cancelación anticipada, total o parcial, de las deudas, con abono, generalmente, a cuentas del subgrupo 57.

175. Efectos a pagar a largo plazo

Deudas contraídas por préstamos recibidos y otros débitos con vencimiento superior a un año, instrumentadas mediante efectos de giro, incluidas aquellas que tengan su origen en suministros de bienes de inmovilizado.

Su movimiento es el siguiente:

a) Se abonará:

a_1) Cuando la empresa acepte los efectos, con cargo, generalmente, a cuentas de este subgrupo.

a_2) Por el gasto financiero devengado hasta alcanzar el valor de reembolso de la deuda, con cargo, generalmente, a la cuenta 662.

b) Se cargará por el pago anticipado de los efectos, con abono, generalmente, a cuentas del subgrupo 57.

176. Pasivos por derivados financieros a largo plazo

Importe correspondiente a las operaciones con derivados financieros con valoración desfavorable para la empresa cuyo plazo de liquidación sea superior a un año. También se incluyen los derivados implícitos de instrumentos financieros híbridos adquiridos, emitidos o asumidos, que cumplan los criterios para su inclusión en esta cuenta, creándose en caso necesario cuentas de cuatro o más cifras que identifiquen que se trata de un derivado implícito.

En particular, se recogerán en esta cuenta las primas cobradas en operaciones con opciones, así como, con carácter general, las variaciones en el valor razonable de los pasivos por derivados financieros con los que opere la empresa: opciones, futuros, permutas financieras, compraventa a plazo de moneda extranjera, etc.

1765. *Pasivos por derivados financieros a largo plazo, cartera de negociación*

Su movimiento es el siguiente:

a) Se abonará:

a_1) Por el importe recibido en el momento de la contratación, con cargo, generalmente, a cuentas del subgrupo 57.

a_2) Por las pérdidas que se generen en el ejercicio, con cargo a la cuenta 6630.

b) Se cargará:

b_1) Por las ganancias que se generen en el ejercicio hasta el límite del importe por el que figurara registrado el derivado en el pasivo en el ejercicio anterior, con abono a la cuenta 7630.

b_2) Por las cantidades satisfechas en el momento de la liquidación, con abono, generalmente, a cuentas del subgrupo 57.

1768. *Pasivos por derivados financieros a largo plazo, instrumentos de cobertura*

Su movimiento es el siguiente:

a) Se abonará por el importe recibido en el momento de la contratación, con cargo, generalmente, a cuentas del subgrupo 57.

b) Cuando el derivado se utilice como instrumento de cobertura, en una cobertura de valor razonable:

b_1) Se cargará:

i) Por las ganancias que se generen en el ejercicio al aplicar las reglas que rigen la contabilidad de coberturas, hasta el límite del importe por el que figurara registrado el derivado en el pasivo en el ejercicio anterior, con abono a una cuenta que se imputará a la cuenta de pérdidas y ganancias en la misma partida en la que se incluyan las pérdidas que se generen en las partidas cubiertas al valorar el riesgo cubierto por su valor razonable.

ii) En el momento en que se adquiera el activo o se asuma el pasivo cubiertos, con abono a las cuentas en que se contabilicen dichos elementos patrimoniales.

b_2) Se abonará por las pérdidas que se generen en el ejercicio al aplicar las reglas que rigen la contabilidad de coberturas, con cargo a una cuenta que se imputará a la cuenta de pérdidas y ganancias en la misma partida en la que se incluyan las ganancias que se generen en las partidas cubiertas al valorar el riesgo cubierto por su valor razonable.

c) Cuando el derivado se utilice como instrumento de cobertura, en otras operaciones de cobertura, por la parte eficaz, se cargará o abonará, por la ganancia o pérdida que se generen en el ejercicio al aplicar las reglas que rigen la contabilidad de coberturas, con abono o cargo, a las cuentas del subgrupo 91 y 81, respectivamente, y por la parte ineficaz, a las cuentas 7633 y 6633.

d) Se cargará por las cantidades satisfechas en el momento de la liquidación, con abono, generalmente, a cuentas del subgrupo 57.

177. **Obligaciones y bonos**

Obligaciones y bonos en circulación no convertibles en acciones.

Su movimiento es el siguiente:

a) Se abonará:

a_1) En el momento de la emisión, por el importe recibido, minorado en los costes de la transacción, con cargo a cuentas del subgrupo 57.

a_2) Por el gasto financiero devengado hasta alcanzar el valor de reembolso de la deuda, con cargo, generalmente, a la cuenta 661.

b) Se cargará por el importe a rembolsar de los valores a la amortización anticipada, total o parcial, de los mismos, con abono, generalmente, a la cuenta 509 y, en su caso, a la cuenta 775.

178. **Obligaciones y bonos convertibles**

Componente de pasivo financiero de las obligaciones y bonos convertibles en acciones, que se califican como instrumentos financieros compuestos.

Su movimiento es análogo al señalado para la cuenta 177.

179. **Deudas representadas en otros valores negociables**

Otros pasivos financieros representados en valores negociables, ofrecidos al ahorro público, distintos de los anteriores.

Su contenido y movimiento es análogo al señalado para la cuenta 178 ó 177, dependiendo de si se trata de un instrumento financiero compuesto o no.

18. PASIVOS POR FIANZAS, GARANTÍAS Y OTROS CONCEPTOS A LARGO PLAZO

180. **Fianzas recibidas a largo plazo**
181. **Anticipos recibidos por ventas o prestaciones de servicios a largo plazo**
185. **Depósitos recibidos a largo plazo**
189. **Garantías financieras a largo plazo**

Las cuentas de este subgrupo figurarán en el pasivo no corriente del balance.

La parte de fianzas, anticipos y depósitos recibidos y garantías financieras concedidas a largo plazo cuyo vencimiento o extinción se espere a corto plazo deberá figurar en el pasivo corriente del balance, en el epígrafe «Deudas a corto plazo» o «Periodificaciones a corto plazo», según corresponda; a estos efectos se traspasará el importe que representen las fianzas, anticipos, depósitos recibidos y garantías financieras concedidas a largo plazo con vencimiento a corto a las cuentas correspondientes del subgrupo 48 ó 56.

180. **Fianzas recibidas a largo plazo**

Efectivo recibido como garantía del cumplimiento de una obligación, a plazo superior a un año.

Con carácter general, su movimiento es el siguiente:

a) Se abonará:

a_1) A la constitución, por el valor razonable del pasivo financiero, con cargo a cuentas del subgrupo 57.

a_2) Por el gasto financiero devengado hasta alcanzar el valor de reembolso de la fianza, con cargo, generalmente, a la cuenta 662.

b) Se cargará:

b_1) A la cancelación anticipada, con abono a cuentas del subgrupo 57.

b_2) Por incumplimiento de la obligación afianzada que determine pérdidas en la fianza, con abono a la cuenta 759.

181. Anticipos recibidos por ventas o prestaciones de servicios a largo plazo

Importe recibido «a cuenta» de futuras ventas o prestaciones de servicios.

Con carácter general, su movimiento es el siguiente:

a) Se abonará:

a_1) Por el importe recibido con cargo a cuentas del subgrupo 57.

a_2) Por el importe de los ajustes que surjan por la actualización de su valor, con cargo, generalmente, a la cuenta 662.

b) Se cargará cuando se devengue el ingreso, con abono a cuentas del subgrupo 70.

185. Depósitos recibidos a largo plazo

Efectivo recibido en concepto de depósito irregular, a plazo superior a un año.

Con carácter general, su movimiento es el siguiente:

a) Se abonará:

a_1) A la constitución, por el valor razonable del pasivo financiero, con cargo a cuentas del subgrupo 57.

a_2) Por el gasto financiero devengado hasta alcanzar el valor de reembolso del depósito, con cargo, generalmente, a la cuenta 662.

b) Se cargará a la cancelación anticipada, con abono a cuentas del subgrupo 57.

189. Garantías financieras a largo plazo

Garantías financieras concedidas por la empresa a plazo superior a un año. En particular, avales otorgados, siempre y cuando no proceda su registro en el subgrupo 14.

Con carácter general, su movimiento es el siguiente:

a) Se abonará:

a_1) A la constitución, por el valor razonable del pasivo financiero, con cargo a cuentas del subgrupo 57.

a_2) Por el gasto financiero devengado, con cargo, generalmente, a la cuenta 662.

a_3) Por el aumento de la obligación, con cargo a la cuenta 669.

b) Se cargará:

b_1) Por la disminución de la obligación y por los ingresos devengados, con abono a la cuenta 769.

b_2) A la cancelación anticipada, con abono a cuentas del subgrupo 57.

19. SITUACIONES TRANSITORIAS DE FINANCIACIÓN

190. **Acciones o participaciones emitidas**
192. **Suscriptores de acciones**
194. **Capital emitido pendiente de inscripción**
195. **Acciones o participaciones emitidas consideradas como pasivos financieros**
197. **Suscriptores de acciones consideradas como pasivos financieros**
199. **Acciones o participaciones emitidas consideradas como pasivos financieros pendientes de inscripción**

190. Acciones o participaciones emitidas

Capital social y, en su caso, prima de emisión o asunción de acciones o participaciones con naturaleza de patrimonio neto emitidas y pendientes de suscripción.

Figurará en el pasivo corriente del balance, con signo negativo, dentro del epígrafe «Deudas a corto plazo».

Su movimiento es el siguiente:

a) Se cargará por el valor nominal y, en su caso, la prima de emisión o asunción de las acciones o participaciones emitidas y pendientes de suscripción, con abono a la cuenta 194.

b) Se abonará a medida que se suscriban o asuman las acciones o participaciones:

b_1) En los supuestos de fundación simultánea, con cargo, generalmente, a cuentas del subgrupo 57, o a las cuentas 1034 y 1044.

b_2) En los supuestos de fundación sucesiva, con cargo a la cuenta 192.

b_3) En los supuestos en que no se suscriban acciones o participaciones emitidas, con cargo a la cuenta 194.

192. Suscriptores de acciones

Derecho de la sociedad a exigir de los suscriptores el importe de las acciones suscritas que tengan naturaleza de patrimonio neto.

Figurará en el pasivo corriente del balance, con signo negativo, dentro del epígrafe «Deudas a corto plazo».

Su movimiento es el siguiente:

a) Se cargará por el valor nominal y, en su caso, la prima de emisión de las acciones suscritas, con abono a la cuenta 190.

b) Se abonará cuando se dé conformidad a la suscripción de las acciones, con cargo, generalmente, a cuentas del subgrupo 57, o a las cuentas 1034 y 1044.

194. **Capital emitido pendiente de inscripción**

Capital social y, en su caso, prima de emisión o asunción de acciones o participaciones con naturaleza de patrimonio neto emitidas y pendientes de inscripción en el Registro Mercantil.

Figurará en el pasivo corriente del balance si en la fecha de formulación de las cuentas anuales no se hubiera producido la inscripción en el Registro Mercantil.

Su movimiento es el siguiente:

a) Se abonará por el valor nominal y, en su caso, la prima de emisión o asunción de las acciones o participaciones emitidas y pendientes de inscripción, con cargo, a la cuenta 190.

b) Se cargará;

b_1) En el momento de la inscripción del capital en el Registro Mercantil, con abono a las cuentas 100 y 110.

b_2) En los supuestos en que no se suscriban acciones o participaciones emitidas, con abono a la cuenta 190.

195. **Acciones o participaciones emitidas consideradas como pasivos financieros**

Capital social y, en su caso, prima de emisión o asunción de acciones o participaciones emitidas consideradas como pasivo financiero y pendientes de suscripción.

Figurará en el pasivo corriente del balance, con signo negativo, dentro del epígrafe «Deudas a corto plazo con características especiales».

Su movimiento es el siguiente:

a) Se cargará por el valor nominal y, en su caso, la prima de emisión o asunción de las acciones o participaciones emitidas y pendientes de suscripción, con abono a la cuenta 199.

b) Se abonará a medida que se suscriban o asuman las acciones o participaciones:

b_1) En los supuestos de fundación simultánea, con cargo, generalmente, a cuentas del subgrupo 57 o a las cuentas 153 y 154.

b_2) En los supuestos de fundación sucesiva, con cargo a la cuenta 197.

b_3) En los supuestos en que no se suscriban acciones o participaciones emitidas, con cargo a la cuenta 199.

197. **Suscriptores de acciones consideradas como pasivos financieros**

Derecho de la sociedad a exigir a los suscriptores el importe de las acciones suscritas consideradas como pasivo financiero.

Figurará en el pasivo corriente del balance, con signo negativo, dentro del epígrafe «Deudas a corto plazo con características especiales».

Su movimiento es el siguiente:

a) Se cargará por el valor nominal y, en su caso, la prima de emisión de las acciones suscritas, con abono a la cuenta 195.

b) Se abonará cuando se dé conformidad a la suscripción de las acciones, con cargo, generalmente, a cuentas del subgrupo 57, o a las cuentas 153 y 154.

199. **Acciones o participaciones emitidas consideradas como pasivos financieros pendientes de inscripción**

Capital social y, en su caso, prima de emisión o asunción de acciones o participaciones consideradas como pasivo financiero emitidas y pendientes de inscripción en el Registro Mercantil.

Figurará en el pasivo corriente del balance, dentro del epígrafe «Deudas a corto plazo con características especiales».

Su movimiento es el siguiente:

a) Se abonará por el valor nominal y, en su caso, la prima de emisión o asunción de las acciones o participaciones emitidas y pendientes de inscripción, con cargo, a la cuenta 195.

b) Se cargará:

b_1) En el momento de la inscripción del capital en el Registro Mercantil, con abono, a las cuentas 150 y 502.

b_2) En los supuestos en que no se suscriban acciones o participaciones emitidas, con abono a la cuenta 195.

GRUPO 2
ACTIVO NO CORRIENTE

Comprende los activos destinados a servir de forma duradera en las actividades de la empresa, incluidas las inversiones financieras cuyo vencimiento, enajenación o realización se espera habrá de producirse en un plazo superior a un año.

En particular, se aplicarán las siguientes reglas:

a) En este grupo también se incluyen los derivados financieros con valoración favorable para la empresa tanto de cobertura como de negociación cuando su liquidación sea superior a un año.

b) De acuerdo con lo dispuesto en las normas de elaboración de las cuentas anuales, en este grupo no se pueden incluir los activos financieros a largo plazo que se tengan que clasificar en el momento de su reconocimiento inicial en la categoría de «Activos financieros mantenidos para negociar» por cumplir los requisitos establecidos en las normas de registro y valoración, salvo los derivados financieros cuyo plazo de liquidación sea superior a un año.

c) Se desarrollarán las cuentas de cuatro o más cifras que sean necesarias para diferenciar las distintas categorías en las que se hayan incluido los activos financieros de acuerdo con lo establecido en las normas de registro y valoración.

d) Si se adquieren activos financieros híbridos que de acuerdo con lo establecido en las normas de registro y valoración se valoren en su conjunto por su valor razonable, se incluirán en la cuenta que corresponda a la naturaleza del contrato principal, para lo que se crearán con el debido desglose, cuentas de cuatro o más cifras que identifiquen que se trata de un activo financiero híbrido a largo plazo valorado conjuntamente. Cuando se reconozcan separadamente el contrato principal y el derivado implícito, este último se tratará como si se hubiese contratado de forma independiente, por lo que se incluirá en la cuenta de los grupos 1, 2 ó 5 que proceda y el contrato principal se incluirá en la cuenta que corresponda a su naturaleza, desarrollándose con el debido desglose cuentas de cuatro o más cifras que identifiquen que se trata de un contrato principal financiero híbrido a largo plazo.

e) Una cuenta que recoja activos financieros clasificados en la categoría de «Otros activos financieros a valor razonable con cambios en la cuenta de pérdidas y ganancias», se cargará o abonará, por las variaciones en su valor razonable, con abono o cargo, respectivamente, a las cuentas 763 y 663.

f) Una cuenta que recoja un activo no corriente que, de acuerdo con lo establecido en las normas de registro y valoración, deba clasificarse como mantenido para la venta o forme parte de un grupo enajenable de elementos mantenidos para la venta, se abonará en el momento en que se cumplan las condiciones para su clasificación, con cargo a la respectiva cuenta del subgrupo 58.

g) La diferencia entre el valor por el que se reconocen inicialmente los activos financieros y su valor de reembolso, se registrará como un cargo (o, cuando proceda, como un abono) en la cuenta donde esté registrado el activo financiero con abono (o cargo) a la cuenta del subgrupo 76 que corresponda según la naturaleza del instrumento.

20. INMOVILIZACIONES INTANGIBLES

200. **Investigación**
201. **Desarrollo**
202. **Concesiones administrativas**
203. **Propiedad industrial**
204. **Fondo de comercio**
205. **Derechos de traspaso**
206. **Aplicaciones informáticas**
209. **Anticipos para inmovilizaciones intangibles**

Las inmovilizaciones intangibles son activos no monetarios sin apariencia física susceptibles de valoración económica, así como los anticipos a cuenta entregados a proveedores de estos inmovilizados.

Además de los elementos intangibles mencionados, existen otros elementos de esta naturaleza que serán reconocidos como tales en balance, siempre y cuando cumplan las condiciones señaladas en el Marco Conceptual de la Contabilidad, así como los requisitos especificados en las normas de registro y valoración. Entre otros, los siguientes: derechos comerciales, propiedad intelectual o licencias. Para su registro se abrirá una cuenta en este subgrupo cuyo movimiento será similar al descrito a continuación para las restantes cuentas del inmovilizado intangible.

Las cuentas de este subgrupo figurarán en el activo no corriente del balance.

200. **Investigación**

Es la indagación original y planificada que persigue descubrir nuevos conocimientos y superior comprensión de los existentes en los terrenos científico o técnico. Contiene los gastos de investigación activados por la empresa, de acuerdo con lo establecido en las normas de registro y valoración de este texto.

Su movimiento es el siguiente:

a) Se cargará por el importe de los gastos que deban figurar en esta cuenta, con abono a la cuenta 730.

b) Se abonará por la baja del activo, en su caso, con cargo a la cuenta 670.

Cuando se trate de investigación por encargo a otras empresas o a Universidades u otras Instituciones dedicadas a la investigación científica o tecnológica, el movimiento de la cuenta 200, es también el que se ha indicado.

201. **Desarrollo**

Es la aplicación concreta de los logros obtenidos de la investigación o de cualquier otro tipo de conocimiento científico, a un plan o diseño en particular para la producción de materiales, productos, métodos, procesos o sistemas nuevos, o sustancialmente mejorados, hasta que se inicia la producción comercial.

Contiene los gastos de desarrollo activados por la empresa de acuerdo con lo establecido en las normas de registro y valoración de este texto.

Su movimiento es el siguiente:

a) Se cargará por el importe de los gastos que deban figurar en esta cuenta, con abono a la cuenta 730.

b) Se abonará:

b_1) Por la baja del activo, en su caso, con cargo a la cuenta 670.

b_2) Por los resultados positivos y, en su caso, inscritos en el correspondiente Registro Público, con cargo a la cuenta 203 ó 206, según proceda.

Cuando se trate de desarrollo por encargo a otras empresas o a Universidades u otras Instituciones dedicadas a la investigación científica o tecnológica, el movimiento de la cuenta 201, es también el que se ha indicado.

202. **Concesiones administrativas**

Gastos efectuados para la obtención de derechos de investigación o de explotación otorgados por el Estado u otras Administraciones Públicas, o el precio de adquisición de aquellas concesiones susceptibles de transmisión.

Su movimiento es el siguiente:

a) Se cargará por los gastos originados para obtener la concesión, o por el precio de adquisición, con abono, generalmente, a cuentas del subgrupo 57.

b) Se abonará por las enajenaciones y en general por su baja del activo, con cargo, generalmente, a cuentas del subgrupo 57 y en caso de pérdidas a la cuenta 670.

203. **Propiedad industrial**

Importe satisfecho por la propiedad o por el derecho al uso o a la concesión del uso de las distintas manifestaciones de la propiedad industrial, en los casos en que, por las estipulaciones del contrato, deban inventariarse por la empresa adquirente. Este concepto incluye, entre otras, las patentes de invención, los certificados de protección de modelos de utilidad pública y las patentes de introducción.

Esta cuenta comprenderá también los gastos realizados en desarrollo cuando los resultados de los respectivos proyectos emprendidos por la empresa fuesen positivos y, cumpliendo los necesarios requisitos legales, se inscriban en el correspondiente Registro.

Su movimiento es el siguiente:

a) Se cargará:

a_1) Por la adquisición a otras empresas, con abono, generalmente, a cuentas del subgrupo 57.

a_2) Por ser positivos e inscritos en el correspondiente Registro Público, los resultados de desarrollo, con abono a la cuenta 201.

a_3) Por los desembolsos exigidos para la inscripción en el correspondiente Registro, con abono, generalmente, a cuentas del subgrupo 57.

b) Se abonará por las enajenaciones y en general por la baja del activo, con cargo, generalmente, a cuentas del subgrupo 57 y en caso de pérdidas a la cuenta 670.

204. **Fondo de comercio**

Es el exceso, en la fecha de adquisición, del coste de la combinación de negocios sobre el correspondiente valor de los activos identificables adquiridos menos el de los pasivos asumidos. En consecuencia, el fondo de comercio sólo se reconocerá cuando haya sido adquirido a título oneroso, y corresponda a los beneficios económicos futuros procedentes de activos que no han podido ser identificados individualmente y reconocidos por separado.

Su movimiento es el siguiente:

a) Se cargará por el importe resultante de la aplicación del método de la adquisición, con abono, generalmente, a cuentas del subgrupo 57, o a la cuenta 553.

b) Se abonará:

b_1) Por el importe del deterioro estimado, con cargo a la cuenta 690.

b_2) Por las enajenaciones y en general por la baja del activo, con cargo, generalmente, a cuentas del subgrupo 57 y en caso de pérdidas a la cuenta 670.

205. **Derechos de traspaso**

Importe satisfecho por los derechos de arrendamiento de locales, en los que el adquirente y nuevo arrendatario, se subroga en los derechos y obligaciones del transmitente y antiguo arrendatario derivados de un contrato anterior.

Su movimiento es el siguiente:

a) Se cargará por el importe de su adquisición, con abono, generalmente, a cuentas del subgrupo 57.

b) Se abonará por las enajenaciones y en general por su baja del activo, con cargo, generalmente, a cuentas del subgrupo 57 y en caso de pérdidas a la cuenta 670.

206. **Aplicaciones informáticas**

Importe satisfecho por la propiedad o por el derecho al uso de programas informáticos tanto adquiridos a terceros como elaborados por la propia empresa. También incluye los gastos de desarrollo de las páginas web, siempre que su utilización esté prevista durante varios ejercicios.

Su movimiento es el siguiente:

a) Se cargará:

a_1) Por la adquisición a otras empresas, con abono, generalmente, a cuentas del subgrupo 57.

a_2) Por la elaboración propia, con abono a la cuenta 730 y, en su caso, a la cuenta 201.

b) Se abonará por las enajenaciones y en general por su baja del activo, con cargo, generalmente, a cuentas del subgrupo 57 y en caso de pérdidas a la cuenta 670.

209. **Anticipos para inmovilizaciones intangibles**

Entregas a proveedores y otros suministradores de elementos de inmovilizado intangible, normalmente en efectivo, en concepto de «a cuenta» de suministros o de trabajos futuros.

Con carácter general, su movimiento es el siguiente:

a) Se cargará por las entregas de efectivo a los proveedores, con abono a cuentas del subgrupo 57.

b) Se abonará por las correspondientes entregas a conformidad, con cargo, generalmente, a cuentas de este subgrupo.

21. INMOVILIZACIONES MATERIALES

210. **Terrenos y bienes naturales**
211. **Construcciones**
212. **Instalaciones técnicas**
213. **Maquinaria**
214. **Utillaje**
215. **Otras instalaciones**
216. **Mobiliario**
217. **Equipos para procesos de información**
218. **Elementos de transporte**
219. **Otro inmovilizado material**

Elementos del activo tangibles representados por bienes, muebles o inmuebles, excepto los que deban ser clasificados en otros subgrupos, en particular en el subgrupo 22.

Las cuentas de este subgrupo figurarán en el activo no corriente del balance.

Su movimiento es el siguiente:

a) Se cargarán por el precio de adquisición o coste de producción o por su cambio de uso, con abono, generalmente, a cuentas de los subgrupos 22 ó 57, a la cuenta 731 o, en su caso, a cuentas del subgrupo 23.

b) Se abonarán por las enajenaciones, por su cambio de uso y en general por su baja del activo, con cargo, generalmente, a cuentas de los subgrupos 22 ó 57 y en caso de pérdidas a la cuenta 671.

210. **Terrenos y bienes naturales**

Solares de naturaleza urbana, fincas rústicas, otros terrenos no urbanos, minas y canteras.

211. **Construcciones**

Edificaciones en general cualquiera que sea su destino dentro de la actividad productiva de la empresa.

212. **Instalaciones técnicas**

Unidades complejas de uso especializado en el proceso productivo, que comprenden: edificaciones, maquinaria, material, piezas o elementos, incluidos los sistemas informáticos que, aun siendo separables por naturaleza, están ligados de forma definitiva para su funcionamiento y sometidos al mismo ritmo de amortización; se incluirán asimismo, los repuestos o recambios válidos exclusivamente para este tipo de instalaciones.

213. **Maquinaria**

Conjunto de máquinas o bienes de equipo mediante las cuales se realiza la extracción o elaboración de los productos.

En esta cuenta figurarán todos aquellos elementos de transporte interno que se destinen al traslado de personal, animales, materiales y mercaderías dentro de factorías, talleres, etc. sin salir al exterior.

214. **Utillaje**

Conjunto de utensilios o herramientas que se pueden utilizar autónomamente o conjuntamente con la maquinaria, incluidos los moldes y plantillas.

La regularización anual (por recuento físico) a la que se refieren las normas de registro y valoración exigirá el abono de esta cuenta, con cargo a la cuenta 659.

215. **Otras instalaciones**

Conjunto de elementos ligados de forma definitiva, para su funcionamiento y sometidos al mismo ritmo de amortización, distintos de los señalados en la cuenta 212; incluirá asimismo, los repuestos o recambios cuya validez es exclusiva para este tipo de instalaciones.

216. **Mobiliario**

Mobiliario, material y equipos de oficina, con excepción de los que deban figurar en la cuenta 217.

217. **Equipos para procesos de información**

Ordenadores y demás conjuntos electrónicos.

218. **Elementos de transporte**

Vehículos de todas clases utilizables para el transporte terrestre, marítimo o aéreo de personas, animales, materiales o mercaderías, excepto los que se deban registrar en la cuenta 213.

219. **Otro inmovilizado material**

Cualesquiera otras inmovilizaciones materiales no incluidas en las demás cuentas del subgrupo 21. Se incluirán en esta cuenta los envases y embalajes que por sus características deban considerase como inmovilizado y los repuestos para inmovilizado cuyo ciclo de almacenamiento sea superior a un año.

22. INVERSIONES INMOBILIARIAS

220. **Inversiones en terrenos y bienes naturales**

221. **Inversiones en construcciones**

Activos no corrientes que sean inmuebles y que se posean para obtener rentas, plusvalías o ambas, en lugar de para:

— Su uso en la producción o suministro de bienes o servicios, o bien para fines administrativos; o

— Su venta en el curso ordinario de las operaciones.

Las cuentas de este subgrupo figurarán en el activo no corriente del balance.

Su movimiento es el siguiente:

a) Se cargarán por el precio de adquisición o coste de producción o por su cambio de uso, con abono, generalmente, a cuentas de los subgrupos 21 ó 57 o a la cuenta 732.

b) Se abonarán por las enajenaciones, por su cambio de uso y en general por su baja del activo, con cargo, generalmente, a cuentas de los subgrupos 21 ó 57 y en caso de pérdidas a la cuenta 672.

23. INMOVILIZACIONES MATERIALES EN CURSO

230. **Adaptación de terrenos y bienes naturales**

231. **Construcciones en curso**

232. **Instalaciones técnicas en montaje**

233. **Maquinaria en montaje**

237. **Equipos para procesos de información en montaje**

239. **Anticipos para inmovilizaciones materiales**

Las cuentas de este subgrupo figurarán en el activo no corriente del balance.

230/237

Trabajos de adaptación, construcción o montaje al cierre del ejercicio realizados con anterioridad a la puesta en condiciones de funcionamiento de los distintos elementos del inmovilizado material, incluidos los realizados en inmuebles.

Su movimiento es el siguiente:

a) Se cargarán:

a_1) Por la recepción de obras y trabajos que corresponden a las inmovilizaciones en curso.

a_2) Por las obras y trabajos que la empresa lleve a cabo para sí misma, con abono a la cuenta 733.

b) Se abonarán una vez terminadas dichas obras y trabajos, con cargo a cuentas del subgrupo 21.

239. **Anticipos para inmovilizaciones materiales**

Entregas a proveedores y otros suministradores de elementos de inmovilizado material, normalmente en efectivo, en concepto de «a cuenta» de suministros o de trabajos futuros.

Con carácter general, su movimiento es el siguiente:

a) Se cargará por las entregas de efectivo a los proveedores, con abono, generalmente, a cuentas del subgrupo 57.

b) Se abonará por las correspondientes entregas a conformidad, con cargo, generalmente, a las cuentas de este subgrupo y del subgrupo 21.

24. INVERSIONES FINANCIERAS A LARGO PLAZO EN PARTES VINCULADAS

240. **Participaciones a largo plazo en partes vinculadas**

2403. *Participaciones a largo plazo en empresas del grupo*

2404. *Participaciones a largo plazo en empresas asociadas*

2405. *Participaciones a largo plazo en otras partes vinculadas*

241. **Valores representativos de deuda a largo plazo de partes vinculadas**

2413. *Valores representativos de deuda a largo plazo de empresas del grupo*

2414. *Valores representativos de deuda a largo plazo de empresas asociadas*

2415. *Valores representativos de deuda a largo plazo de otras partes vinculadas*

242. **Créditos a largo plazo a partes vinculadas**

2423. *Créditos a largo plazo a empresas del grupo*

2424. *Créditos a largo plazo a empresas asociadas*

2425. *Créditos a largo plazo a otras partes vinculadas*

249. **Desembolsos pendientes sobre participaciones a largo plazo en partes vinculadas**

2493. *Desembolsos pendientes sobre participaciones a largo plazo en empresas del grupo*

2494. *Desembolsos pendientes sobre participaciones a largo plazo en empresas asociadas*

2495. *Desembolsos pendientes sobre participaciones a largo plazo en otras partes vinculadas*

Inversiones financieras a largo plazo en empresas del grupo, multigrupo, asociadas y otras partes vinculadas, cualquiera que sea su forma de instrumentación, incluidos los intereses devengados, con vencimiento superior a un año o sin vencimiento (como los instrumentos de patrimonio), cuando la empresa no tenga la intención de venderlos en el corto plazo. También se incluirán en este subgrupo las fianzas y depósitos a largo plazo constituidos y demás tipos de activos financieros e inversiones a largo plazo con estas personas o entidades. Estas inversiones se recogerán en las cuentas de tres o más cifras que se desarrollen.

En caso de que los valores representativos de deuda o los créditos devenguen intereses explícitos con vencimiento superior a un año, se crearán las cuentas necesarias para identificarlos, debiendo figurar en el balance en la misma partida en la que se incluya el activo que los genera.

La parte de las inversiones a largo plazo, con personas o entidades vinculadas, que tenga vencimiento a corto deberá figurar en el activo corriente del balance, en el epígrafe «Inversiones en empresas del grupo y asociadas a corto plazo»; a estos efectos se traspasará el importe que represente la inversión a largo plazo con vencimiento a corto plazo, incluidos en su caso los intereses devengados, a las cuentas correspondientes del subgrupo 53.

240. **Participaciones a largo plazo en partes vinculadas**

Inversiones a largo plazo en derechos sobre el patrimonio neto —con o sin cotización en un mercado regulado— de partes vinculadas, generalmente, acciones emitidas por una sociedad anónima o participaciones en sociedades de responsabilidad limitada.

Figurará en el activo no corriente del balance.

2403/2404. *Participaciones a largo plazo en empresas del grupo/en empresas asociadas*

El movimiento de las cuentas citadas de cuatro cifras es el siguiente:

a) Se cargarán:

a_1) A la suscripción o compra, con abono, generalmente, a cuentas del subgrupo 57 y, en su caso, a la cuenta 249.

a_2) En su caso, en el momento en que el importe recuperable sea superior al valor contable de las inversiones, hasta el límite de los ajustes valorativos negativos previos imputados directamente a patrimonio neto, con abono a las cuentas 991 ó 992.

b) Se abonarán:

b_1) En su caso, por el importe del deterioro estimado, hasta el límite de los ajustes valorativos positivos previos imputados directamente a patrimonio neto, con cargo a las cuentas 891 u 892.

b_2) Por las enajenaciones y en general por su baja del activo, con cargo, generalmente, a cuentas del subgrupo 57, si existen desembolsos pendientes a la cuenta 249 o, en su caso, a la cuenta 539 y en caso de pérdidas a la cuenta 673.

2405. *Participaciones a largo plazo en otras partes vinculadas*

El movimiento de la cuenta citada es el siguiente:

a) Se cargará a la suscripción o compra, con abono, generalmente, a cuentas del subgrupo 57 y, en su caso, a la cuenta 249.

b) Se abonará:

b_1) Por el importe del deterioro estimado, con cargo a la cuenta 696.

b_2) Por las enajenaciones y en general por su baja del activo, con cargo, generalmente, a cuentas del subgrupo 57, si existen desembolsos pendientes a la cuenta 249 o en su caso, a la cuenta 539 y en caso de pérdidas a la cuenta 673.

c) Si las participaciones se clasifican en la categoría de «Activos financieros disponibles para la venta», se cargará o abonará, por las variaciones en su valor razonable, con abono o cargo, respectivamente, a las cuentas 900 y 800.

241. Valores representativos de deuda a largo plazo de partes vinculadas

Inversiones a largo plazo en obligaciones, bonos u otros valores representativos de deuda, incluidos aquellos que fijan su rendimiento en función de índices o sistemas análogos, emitidos por partes vinculadas, con vencimiento superior a un año.

Figurará en el activo no corriente del balance.

2413/2414/2415

Con carácter general, el movimiento de las cuentas citadas de cuatro cifras es el siguiente:

a) Se cargarán:

a_1) A la suscripción o compra, por el precio de adquisición, excluidos los intereses explícitos devengados y no vencidos, con abono, a cuentas del subgrupo 57.

a_2) Por el ingreso financiero devengado hasta alcanzar el valor de reembolso del valor, con abono, generalmente, a la cuenta 761.

b) Se abonarán por las enajenaciones, amortizaciones anticipadas o baja del activo de los valores, con cargo, a cuentas del subgrupo 57 y en caso de pérdidas a la cuenta 666.

c) Si los valores se clasifican en la categoría de «Activos financieros disponibles para la venta», se cargarán o abonarán, por las variaciones en su valor razonable, con abono o cargo, respectivamente, a las cuentas 900 y 800, salvo la parte correspondiente a diferencias de cambio que se registrará con abono o cargo a las cuentas 768 y 668. También se cargarán cuando se produzca el deterioro del valor por el saldo negativo acumulado en el patrimonio neto, con abono a la cuenta 902.

242. Créditos a largo plazo a partes vinculadas

Inversiones a largo plazo en préstamos y otros créditos no comerciales, incluidos los derivados de enajenaciones de inmovilizado, los originados por operaciones de arrendamiento financiero y las imposiciones a largo plazo, estén o no formalizados mediante efectos de giro, concedidos a partes vinculadas, con vencimiento superior a un año. Los diferentes créditos mencionados figurarán en cuentas de cinco cifras.

Figurará en el activo no corriente del balance.

2423/2424/2425

El movimiento de las cuentas citadas de cuatro cifras es el siguiente:

a) Se cargarán:

a_1) A la formalización del crédito, por el importe de éste, con abono, generalmente, a cuentas del subgrupo 57.

a_2) Por el ingreso financiero devengado hasta alcanzar el valor de reembolso del crédito, con abono, generalmente, a la cuenta 762.

b) Se abonarán por el reintegro anticipado, total o parcial o baja del activo, con cargo, generalmente, a cuentas del subgrupo 57 y en caso de pérdidas a la cuenta 667.

249. **Desembolsos pendientes sobre participaciones a largo plazo en partes vinculadas**

Desembolsos pendientes, no exigidos, sobre instrumentos de patrimonio en partes vinculadas.

Figurará en el activo no corriente del balance, minorando la partida en la que se contabilicen las correspondientes participaciones.

2493/2494/2495

El movimiento de las cuentas citadas de cuatro cifras es el siguiente:

a) Se abonarán a la adquisición o suscripción de los instrumentos de patrimonio, por el importe pendiente de desembolsar, con cargo a la cuenta 240.

b) Se cargarán por los desembolsos que se vayan exigiendo, con abono a la cuenta 556 o a la cuenta 240 por los saldos pendientes cuando se enajenen instrumentos de patrimonio no desembolsados totalmente.

25. OTRAS INVERSIONES FINANCIERAS A LARGO PLAZO

250. **Inversiones financieras a largo plazo en instrumentos de patrimonio**
251. **Valores representativos de deuda a largo plazo**
252. **Créditos a largo plazo**
253. **Créditos a largo plazo por enajenación de inmovilizado**
254. **Créditos a largo plazo al personal**
255. **Activos por derivados financieros a largo plazo**
    2550. *Activos por derivados financieros a largo plazo, cartera de negociación*
    2553. *Activos por derivados financieros a largo plazo, instrumentos de cobertura*
257. **Derechos de reembolso derivados de contratos de seguro relativos a retribuciones a largo plazo al personal**
258. **Imposiciones a largo plazo**
259. **Desembolsos pendientes sobre participaciones en el patrimonio neto a largo plazo**

Inversiones financieras a largo plazo no relacionadas con partes vinculadas, cualquiera que sea su forma de instrumentación, incluidos los intereses devengados, con vencimiento superior a un año o sin vencimiento (como los instrumentos de patrimonio), cuando la empresa no tenga la intención de venderlos en el corto plazo.

En caso de que los valores representativos de deuda o los créditos devenguen intereses explícitos con vencimiento superior a un año, se crearán las cuentas necesarias para identificarlos, debiendo figurar en el balance en la misma partida en la que se incluya el activo que los genera.

La parte de las inversiones a largo plazo que tenga vencimiento a corto deberá figurar en el activo corriente del balance, en el epígrafe «Inversiones financieras a corto plazo»; a estos efectos se traspasará el importe que represente la inversión a largo plazo con vencimiento a corto, incluidos en su caso los intereses devengados, a las cuentas correspondientes del subgrupo 54.

250. **Inversiones financieras a largo plazo en instrumentos de patrimonio**

Inversiones a largo plazo en derechos sobre el patrimonio neto —acciones con o sin cotización en un mercado regulado u otros valores, tales como, participaciones en instituciones de inversión colectiva, o participaciones en sociedades de responsabilidad limitada— de entidades que no tengan la consideración de partes vinculadas.

Figurará en el activo no corriente del balance.

Su movimiento es el siguiente:

a) Se cargará a la suscripción o compra, con abono, generalmente, a cuentas del subgrupo 57 y, en su caso, a la cuenta 259.

b) Se abonará:

b_1) Por el importe del deterioro estimado, con cargo a la cuenta 696.

b_2) Por las enajenaciones y en general por su baja del activo, con cargo, generalmente, a cuentas del subgrupo 57, si existen desembolsos pendientes a la cuenta 259 o, en su caso, a la cuenta 549 y en caso de pérdidas a la cuenta 666.

c) Si la inversión se clasifica en la categoría de «Activos financieros disponibles para la venta», se cargará o abonará, por las variaciones en su valor razonable, con abono o cargo, respectivamente, a las cuentas 900 y 800.

251. **Valores representativos de deuda a largo plazo**

Inversiones a largo plazo en obligaciones, bonos u otros valores representativos de deuda, incluidos aquellos que fijan su rendimiento en función de índices o sistemas análogos.

Cuando los valores suscritos o adquiridos hayan sido emitidos por partes vinculadas, la inversión se reflejará en la cuenta 241.

Figurará en el activo no corriente del balance.

Con carácter general, su movimiento es el siguiente:

a) Se cargará:

a_1) A la suscripción o compra, por el precio de adquisición, excluidos los intereses explícitos devengados y no vencidos, con abono, a cuentas del subgrupo 57.

a_2) Por el ingreso financiero devengado hasta alcanzar el valor de reembolso del valor, con abono, generalmente, a la cuenta 761.

b) Se abonará por las enajenaciones, amortizaciones anticipadas o baja del activo de los valores, con cargo, a cuentas del subgrupo 57 y en caso de pérdidas a la cuenta 666.

c) Si los valores se clasifican en la categoría de «Activos financieros disponibles para la venta», se cargará o abonará, por las variaciones en su valor razonable, con abono o cargo, respectivamente, a las cuentas 900 y 800, salvo la parte correspondiente a diferencias de cambio que se registrará con abono o cargo a las cuentas 768 y 668. También se cargará cuando se produzca el deterioro del valor por el saldo negativo acumulado en el patrimonio neto, con abono a la cuenta 902.

252. **Créditos a largo plazo**

Los préstamos y otros créditos no comerciales concedidos a terceros, incluidos los formalizados mediante efectos de giro, con vencimiento superior a un año.

Cuando los créditos hayan sido concertados con partes vinculadas, la inversión se reflejará en la cuenta 242.

Figurará en el activo no corriente del balance.

Su movimiento es el siguiente:

a) Se cargará:

a_1) A la formalización del crédito, por el importe de éste, con abono, generalmente, a cuentas del subgrupo 57.

a_2) Por el ingreso financiero devengado hasta alcanzar el valor de reembolso del crédito, con abono, generalmente, a la cuenta 762.

b) Se abonará por el reintegro anticipado, total o parcial o baja del activo, con cargo, generalmente, a cuentas del subgrupo 57 y en caso de pérdidas a la cuenta 667.

253. **Créditos a largo plazo por enajenación de inmovilizado**

Créditos a terceros cuyo vencimiento sea superior a un año, con origen en operaciones de enajenación de inmovilizado.

Cuando los créditos por enajenación de inmovilizado hayan sido concertados con partes vinculadas, la inversión se reflejará en la cuenta 242.

Figurará en el activo no corriente del balance.

Su movimiento es el siguiente:

a) Se cargará:

a_1) Por el importe de dichos créditos, excluidos los intereses que en su caso se hubieran acordado, con abono a cuentas del grupo 2.

a_2) Por el ingreso financiero devengado hasta alcanzar el valor de reembolso del crédito, con abono, generalmente, a la cuenta 762.

b) Se abonará a la cancelación anticipada, total o parcial o baja del activo, con cargo, generalmente, a cuentas del subgrupo 57 y en caso de pérdidas a la cuenta 667.

254. **Créditos a largo plazo al personal**

Créditos concedidos al personal de la empresa, que no tenga la calificación de parte vinculada, cuyo vencimiento sea superior a un año.

Figurará en el activo no corriente del balance.

Su movimiento es análogo al señalado para la cuenta 252.

255. **Activos por derivados financieros a largo plazo**

Importe correspondiente a las operaciones con derivados financieros con valoración favorable para la empresa cuyo plazo de liquidación sea superior a un año. También se incluyen los derivados implícitos de instrumentos financieros híbridos adquiridos, emitidos o asumidos, que cumplan los criterios para su inclusión en esta cuenta, creándose en caso necesario cuentas de cuatro o más cifras que identifiquen que se trata de un derivado implícito.

En particular, se recogerán en esta cuenta las primas pagadas en operaciones con opciones, así como, con carácter general, las variaciones en el valor razonable de los activos por derivados financieros con los que opere la empresa: opciones, futuros, permutas financieras, compraventa a plazo de moneda extranjera, etc.

Figurará en el activo no corriente del balance.

2550. *Activos por derivados financieros a largo plazo, cartera de negociación*

Su movimiento es el siguiente:

a) Se cargará:

a_1) Por las cantidades satisfechas en el momento de la contratación, con abono, generalmente, a cuentas del subgrupo 57.

a_2) Por las ganancias que se generen en el ejercicio, con abono a la cuenta 7630.

b) Se abonará:

b_1) Por las pérdidas que se generen en el ejercicio hasta el límite del importe por el que figurara registrado el derivado en el activo en el ejercicio anterior, con cargo a la cuenta 6630.

b_2) Por el importe recibido en el momento de la liquidación, con cargo, generalmente, a cuentas del subgrupo 57.

2553. *Activos por derivados financieros a largo plazo, instrumentos de cobertura*

Su movimiento es el siguiente:

a) Se cargará por las cantidades satisfechas en el momento de la contratación, con abono, generalmente a cuentas del subgrupo 57.

b) Cuando el derivado se utilice como instrumento de cobertura, en una cobertura de valor razonable:

b_1) Se cargará por las ganancias que se generen en el ejercicio al aplicar las reglas que rigen la contabilidad de coberturas, con abono a una cuenta que se imputará a la cuenta de pérdidas y ganancias en la misma partida en la que se incluyan las pérdidas que se generen en las partidas cubiertas al valorar el riesgo cubierto por su valor razonable.

b_2) Se abonará:

i) Por las pérdidas que se generen en el ejercicio al aplicar las reglas que rigen la contabilidad de coberturas, hasta el límite del importe por el que figurara registrado el derivado en el activo en el ejercicio anterior, con cargo a una cuenta que se imputará en la cuenta de pérdidas y ganancias en la misma partida en la que se incluyan las ganancias que se generen en las partidas cubiertas al valorar el riesgo cubierto por su valor razonable.

ii) En el momento en que se adquiera el activo o asuma el pasivo cubiertos, con cargo a las cuentas en que se contabilicen dichos elementos patrimoniales.

c) Cuando el derivado se utilice como instrumento de cobertura, en otras operaciones de cobertura, por la parte eficaz, se cargará o abonará, por la ganancia o pérdida que se generen en el ejercicio al aplicar las reglas que rigen la contabilidad de coberturas, con abono o cargo, a las cuentas del subgrupo 91 y 81, respectivamente, y por la parte ineficaz, a las cuentas 7633 y 6633.

d) Se abonará por el importe recibido en el momento de la liquidación, con cargo generalmente a cuentas del subgrupo 57.

257. **Derechos de reembolso derivados de contratos de seguro relativos a retribuciones a largo plazo al personal**

Derechos de reembolso exigibles a una entidad aseguradora, que no cumpliendo los requisitos para ser calificados como activos afectos de acuerdo con lo dispuesto en las normas de registro y valoración deba reconocerse en el activo del balance.

Su movimiento es el siguiente:

a) Se cargará:

a_1) Por las cantidades satisfechas en concepto de primas, con abono, generalmente, a cuentas del subgrupo 57.

a_2) Por el reconocimiento de ganancias actuariales, con abono a la cuenta 950, en caso de tratarse de retribuciones post-empleo, debiendo abonarse a una cuenta del subgrupo 64 en las restantes retribuciones a largo plazo al personal.

a_3) Por el rendimiento esperado de los derechos de reembolso, con abono a la cuenta 767.

b) Se abonará:

b_1) Por la disposición que se realice del derecho de reembolso, con cargo a la cuenta 140, o con cargo a cuentas del subgrupo 57.

b_2) Por el reconocimiento de pérdidas actuariales, con cargo a la cuenta 850, en caso de tratarse de retribuciones post-empleo, debiendo cargarse a una cuenta del subgrupo 64 en las restantes retribuciones a largo plazo al personal.

b_3) Por el exceso de valor del derecho de reembolso que suponga un reembolso directo, con cargo a cuentas del subgrupo 57.

258. **Imposiciones a largo plazo**

Saldos favorables en Bancos e Instituciones de Crédito formalizados por medio de «cuenta de plazo» o similares, con vencimiento superior a un año y de acuerdo con las condiciones que rigen para el sistema financiero.

Cuando las imposiciones a plazo hayan sido concertadas con entidades de crédito vinculadas, la inversión se reflejará en la cuenta 242.

Figurará en el activo no corriente del balance.

Su movimiento es el siguiente:

a) Se cargará a la formalización, por el importe entregado.

b) Se abonará a la recuperación o traspaso anticipado de los fondos.

259. **Desembolsos pendientes sobre participaciones en el patrimonio neto a largo plazo**

Desembolsos pendientes, no exigidos, sobre instrumentos de patrimonio de entidades que no tengan la consideración de partes vinculadas.

Figurará en el activo no corriente del balance, minorando la partida en la que se contabilicen las correspondientes participaciones.

Su movimiento es el siguiente:

a) Se abonará a la adquisición o suscripción de los instrumentos de patrimonio, por el importe pendiente de desembolsar, con cargo a la cuenta 250.

b) Se cargará por los desembolsos que se vayan exigiendo, con abono a la cuenta 556 o a la cuenta 250 por los saldos pendientes cuando se enajenen instrumentos de patrimonio no desembolsados totalmente.

26. FIANZAS Y DEPÓSITOS CONSTITUIDOS A LARGO PLAZO

260. **Fianzas constituidas a largo plazo**
265. **Depósitos constituidos a largo plazo**

Las cuentas de este subgrupo figurarán en el activo no corriente del balance.

La parte de fianzas y depósitos a largo plazo que tenga ven cimiento a corto deberá figurar en el activo corriente del balance, en el epígrafe «Inversiones financieras corto plazo»; a estos efectos se traspasará el importe que representen las fianzas y depósitos constituidos a largo plazo con vencimiento a corto a las cuentas correspondientes del subgrupo 56.

260. **Fianzas constituidas a largo plazo**

Efectivo entregado como garantía del cumplimiento de una obligación, a plazo superior a un año.

Con carácter general, su movimiento es el siguiente:

a) Se cargará:

a_1) A la constitución, por el valor razonable del activo financiero, con abono a cuentas del subgrupo 57.

a_2) Por el ingreso financiero devengado hasta alcanzar el valor de reembolso de las fianzas con abono, generalmente, a la cuenta 762.

b) Se abonará:

b_1) Por la cancelación anticipada, con cargo a cuentas del subgrupo 57.

b_2) Por incumplimiento de la obligación afianzada que determine pérdidas en la fianza, con cargo a la cuenta 659.

265. **Depósitos constituidos a largo plazo**

Efectivo entregado en concepto de depósito irregular a plazo superior a un año.

Con carácter general, su movimiento es el siguiente:

a) Se cargará:

a_1) A la constitución, por el efectivo entregado, con abono a cuentas del subgrupo 57.

a_2) Por el ingreso financiero devengado hasta alcanzar el valor de reembolso de los depósitos con abono, generalmente, a la cuenta 762.

b) Se abonará a la cancelación anticipada, con cargo a cuentas del subgrupo 57.

28. AMORTIZACIÓN ACUMULADA DEL INMOVILIZADO

280. **Amortización acumulada del inmovilizado intangible**
281. **Amortización acumulada del inmovilizado material**
282. **Amortización acumulada de las inversiones inmobiliarias**

Expresión contable de la distribución en el tiempo de las inversiones en inmovilizado por su utilización prevista en el proceso productivo y de las inversiones inmobiliarias.

Las amortizaciones acumuladas registradas en este subgrupo, figurarán en el activo del balance minorando la partida en la que se contabilice el correspondiente elemento patrimonial.

280. **Amortización acumulada del inmovilizado intangible**

Corrección de valor por la depreciación del inmovilizado intangible realizada de acuerdo con un plan sistemático.

Su movimiento es el siguiente:

a) Se abonará por la dotación anual, con cargo a la cuenta 680.

b) Se cargará cuando se enajene el inmovilizado intangible o se dé de baja del activo por cualquier otro motivo, con abono a cuentas del subgrupo 20.

281. **Amortización acumulada del inmovilizado material**

Corrección de valor por la depreciación del inmovilizado material realizada de acuerdo con un plan sistemático.

Su movimiento es el siguiente:

a) Se abonará por la dotación anual, con cargo a la cuenta 681.

b) Se cargará cuando se enajene el inmovilizado material o se dé de baja del activo por cualquier otro motivo, con abono a cuentas del subgrupo 21.

282. **Amortización acumulada de las inversiones inmobiliarias**

Corrección de valor por la depreciación de las inversiones inmobiliarias realizada de acuerdo con un plan sistemático.

Su movimiento es el siguiente:

a) Se abonará por la dotación anual, con cargo a la cuenta 682.

b) Se cargará cuando se enajene la inversión inmobiliaria o se dé de baja del activo por cualquier otro motivo, con abono a cuentas del subgrupo 22.

29. DETERIORO DE VALOR DE ACTIVOS NO CORRIENTES

290. **Deterioro de valor del inmovilizado intangible**
291. **Deterioro de valor del inmovilizado materia l**

292. **Deterioro de valor de las inversiones inmobiliarias**
293. **Deterioro de valor de participaciones a largo plazo en partes vinculadas**
   2933. *Deterioro de valor de participaciones a largo plazo en empresas del grupo*
   2934. *Deterioro de valor de participaciones a largo plazo en empresas asociadas*
294. **Deterioro de valor de valores representativos de deuda a largo plazo de partes vinculadas**
   2943. *Deterioro de valor de valores representativos de deuda a largo plazo de empresas del grupo*
   2944. *Deterioro de valor de valores representativos de deuda a largo plazo de empresas asociadas*
   2945. *Deterioro de valor de valores representativos de deuda a largo plazo de otras partes vinculadas*
295. **Deterioro de valor de créditos a largo plazo a partes vinculadas**
   2953. *Deterioro de valor de créditos a largo plazo a empresas del grupo*
   2954. *Deterioro de valor de créditos a largo plazo a empresas asociadas*
   2955. *Deterioro de valor de créditos a largo plazo a otras partes vinculadas*
297. **Deterioro de valor de valores representativos de deuda a largo plazo**
298. **Deterioro de valor de créditos a largo plazo**

Expresión contable de las correcciones de valor motivadas por pérdidas debidas a deterioros de valor de los elementos del activo no corriente.

La estimación de tales pérdidas deberá realizarse de forma sistemática en el tiempo. En el supuesto de posteriores recuperaciones de valor, en los términos establecidos en las correspondientes normas de registro y valoración, las correcciones de valor por deterioro reconocidas deberán reducirse hasta su total recuperación, cuando así proceda de acuerdo con lo dispuesto en dichas normas.

Las cuentas de este subgrupo figurarán en el activo no corriente del balance minorando la partida en la que figure el correspondiente elemento patrimonial.

290/291/292. **Deterioro de valor del inmovilizado...**

Importe de las correcciones valorativas por deterioro del valor que corresponda al inmovilizado intangible, inmovilizado material e inversiones inmobiliarias.

Su movimiento es el siguiente:

a) Se abonarán por el importe del deterioro estimado, con cargo a la cuenta 690, 691 ó 692.

b) Se cargarán:

b_1) Cuando desaparezcan las causas que determinaron el reconocimiento de la corrección valorativa por deterioro, con abono a la cuenta 790, 791 ó 792.

b_2) Cuando se enajene el inmovilizado o se dé de baja del activo por cualquier otro motivo, con abono a cuentas del subgrupo 20, 21 ó 22.

293. **Deterioro de valor de participaciones a largo plazo en partes vinculadas**

Importe de las correcciones valorativas por deterioro del valor que corresponda a las participaciones a largo plazo en empresas del grupo y asociadas.

2933/2934

El movimiento de las cuentas citadas de cuatro cifras es el siguiente:

a) Se abonarán por el importe del deterioro estimado que deba imputarse a la cuenta de pérdidas y ganancias de acuerdo con lo dispuesto en las normas de registro y valoración, con cargo a la cuenta 696.

b) Se cargarán:

b_1) Cuando desaparezcan las causas que determinaron el reconocimiento de la corrección valorativa por deterioro, con abono a la cuenta 796.

b_2) Cuando se enajene el inmovilizado financiero o se dé de baja del activo por cualquier otro motivo, con abono a cuentas del subgrupo 24.

294. **Deterioro de valor de valores representativos de deuda a largo plazo de partes vinculadas**

Importe de las correcciones valorativas por deterioro del valor que corresponda a las inversiones a largo plazo en valores representativos de deuda emitidos por personas o entidades que tengan la calificación de partes vinculadas.

2943/2944/2945

El movimiento de las cuentas citadas de cuatro cifras es el siguiente:

a) Se abonarán por el importe del deterioro estimado, con cargo a la cuenta 696.

b) Se cargarán:

b_1) Cuando desaparezcan las causas que determinaron el reconocimiento de la corrección valorativa por deterioro, con abono a la cuenta 796.

b_2) Cuando se enajene el inmovilizado financiero o se dé de baja del activo por cualquier otro motivo, con abono a cuentas del subgrupo 24.

295. **Deterioro de valor de créditos a largo plazo a partes vinculadas**

Importe de las correcciones valorativas por deterioro del valor correspondientes a créditos a largo plazo, concedidos a partes vinculadas.

2953/2954/2955

El movimiento de las cuentas citadas de cuatro cifras es el siguiente:

a) Se abonarán por el importe del deterioro estimado, con cargo a la cuenta 697.

b) Se cargarán:

b_1) Cuando desaparezcan las causas que determinaron el reconocimiento de la corrección valorativa por deterioro, con abono a la cuenta 797.

b_2) Por la parte de crédito que resulte incobrable, con abono a la cuenta 242.

297. **Deterioro de valor de valores representativos de deuda a largo plazo**

Importe de las correcciones valorativas por deterioro del valor que corresponda a las inversiones a largo plazo en valores representativos de deuda emitidos por personas o entidades que no tengan la calificación de partes vinculadas.

Su movimiento es análogo al señalado para la cuenta 294.

298. **Deterioro de valor de créditos a largo plazo**

Importe de las correcciones valorativas por deterioro del valor en créditos del subgrupo 25.

Su movimiento es análogo al señalado para la cuenta 295.

GRUPO 3
EXISTENCIAS

Son activos poseídos para ser vendidos en el curso normal de la explotación, en proceso de producción o en forma de materiales o suministros para ser consumidos en el proceso de producción o en la prestación de servicios.

Mercaderías, materias primas, otros aprovisionamientos, productos en curso, productos semiterminados, productos terminados y subproductos, residuos y materiales recuperados.

Una cuenta que recoja existencias que, de acuerdo con lo establecido en las normas de registro y valoración, formen parte de un grupo enajenable de elementos mantenidos para la venta, se abonará en el momento en que se cumplan las condiciones para su clasificación con cargo a la respectiva cuenta del subgrupo 58.

30. COMERCIALES

300. **Mercaderías A**
301. **Mercaderías B**

Bienes adquiridos por la empresa y destinados a la venta sin transformación.

Las cuentas 300/309 figurarán en el activo corriente del balance; solamente funcionarán con motivo del cierre del ejercicio.

Su movimiento es el siguiente:

a) Se abonarán, al cierre del ejercicio, por el importe del inventario de existencias iniciales, con cargo a la cuenta 610.

b) Se cargarán por el importe del inventario de existencias de final del ejercicio que se cierra, con abono a la cuenta 610.

Si las mercaderías en camino son propiedad de la empresa, según las condiciones del contrato, figurarán como existencias al cierre del ejercicio en las respectivas cuentas del subgrupo 30. Esta regla se aplicará igualmente cuando se encuentren en camino productos, materias, etc., incluidos en los subgrupos siguientes.

31. MATERIAS PRIMAS

310. **Materias primas A**
311. **Materias primas B**

Las que, mediante elaboración o transformación, se destinan a formar parte de los productos fabricados.

Las cuentas 310/319 figurarán en el activo corriente del balance y su movimiento es análogo al señalado para las cuentas 300/309.

32. OTROS APROVISIONAMIENTOS

320. **Elementos y conjuntos incorporables**
321. **Combustibles**
322. **Repuestos**
325. **Materiales diversos**
326. **Embalajes**
327. **Envases**
328. **Material de oficina**

320. **Elementos y conjuntos incorporables**

Los fabricados normalmente fuera de la empresa y adquiridos por ésta para incorporarlos a su producción sin someterlos a transformación.

321. **Combustibles**

Materias energéticas susceptibles de almacenamiento.

322. **Repuestos**

Piezas destinadas a ser montadas en instalaciones, equipos o máquinas en sustitución de otras semejantes. Se incluirán en esta cuenta las que tengan un ciclo de almacenamiento inferior a un año.

325. **Materiales diversos**

Otras materias de consumo que no han de incorporarse al producto fabricado.

326. **Embalajes**

Cubiertas o envolturas, generalmente irrecuperables, destinadas a resguardar productos o mercaderías que han de transportarse.

327. **Envases**

Recipientes o vasijas, normalmente destinadas a la venta juntamente con el producto que contienen.

328. **Material de oficina**

El destinado a la finalidad que indica su denominación, salvo que la empresa opte por considerar que el material de oficina adquirido durante el ejercicio es objeto de consumo en el mismo.

Las cuentas 320/329 figurarán en el activo corriente del balance y su movimiento es análogo al señalado para las cuentas 300/309.

33. PRODUCTOS EN CURSO

330. **Productos en curso A**

331. **Productos en curso B**

Bienes o servicios que se encuentran en fase de formación o transformación en un centro de actividad al cierre del ejercicio y que no deban registrarse en las cuentas de los subgrupos 34 ó 36.

Las cuentas 330/339 figurarán en el activo corriente del balance; solamente funcionarán con motivo del cierre del ejercicio.

Su movimiento es el siguiente:

a) Se abonarán, al cierre del ejercicio, por el importe del inventario de existencias iniciales, con cargo a la cuenta 710.

b) Se cargarán por el importe del inventario de existencias de final del ejercicio que se cierra, con abono a la cuenta 710.

34. PRODUCTOS SEMITERMINADOS

340. **Productos semiterminados A**

341. **Productos semiterminados B**

Los fabricados por la empresa y no destinados normalmente a su venta hasta tanto sean objeto de elaboración, incorporación o transformación posterior.

Las cuentas 340/349 figurarán en el activo corriente del balance y su movimiento es análogo al señalado para las cuentas 330/339.

35. PRODUCTOS TERMINADOS

350. **Productos terminados A**

351. **Productos terminados B**

Los fabricados por la empresa y destinados al consumo final o a su utilización por otras empresas.

Las cuentas 350/359 figurarán en el activo corriente del balance y su movimiento es análogo al señalado para las cuentas 330/339.

36. SUBPRODUCTOS, RESIDUOS Y MATERIALES RECUPERADOS

360. **Subproductos A**

361. **Subproductos B**

365. **Residuos A**

366. **Residuos B**
368. **Materiales recuperados A**
369. **Materiales recuperados B**

Subproductos: Los de carácter secundario o accesorio de la fabricación principal.

Residuos: Los obtenidos inevitablemente y al mismo tiempo que los productos o subproductos, siempre que tengan valor intrínseco y puedan ser utilizados o vendidos.

Materiales recuperados: Los que, por tener valor intrínseco entran nuevamente en almacén después de haber sido utilizados en el proceso productivo.

Las cuentas 360/369 figurarán en el activo corriente del balance y su movimiento es análogo al señalado para las cuentas 330/339.

39. DETERIORO DE VALOR DE LAS EXISTENCIAS

390. **Deterioro de valor de las mercaderías**
391. **Deterioro de valor de las materias primas**
392. **Deterioro de valor de otros aprovisionamientos**
393. **Deterioro de valor de los productos en curso**
394. **Deterioro de valor de los productos semiterminados**
395. **Deterioro de valor de los productos terminados**
396. **Deterioro de valor de los subproductos, residuos y materiales recuperados**

Expresión contable de pérdidas reversibles que se ponen de manifiesto con motivo del inventario de existencias de cierre de ejercicio.

Las cuentas de este subgrupo figurarán en el activo corriente del balance minorando la partida en la que figure el correspondiente elemento patrimonial.

Su movimiento es el siguiente:

a) Se abonarán por la estimación del deterioro que se realice en el ejercicio que se cierra, con cargo a la cuenta 693.

b) Se cargarán por la estimación del deterioro efectuado al cierre del ejercicio precedente, con abono a la cuenta 793.

GRUPO 4
ACREEDORES Y DEUDORES POR OPERACIONES COMERCIALES

Instrumentos financieros y cuentas que tengan su origen en el tráfico de la empresa, así como las cuentas con las Administraciones Públicas, incluso las que correspondan a saldos con vencimiento superior a un año. Para estas últimas y a efectos de su clasificación, se podrán utilizar los subgrupos 42 y 45 o proceder a dicha reclasificación en las propias cuentas.

En particular, se aplicarán las siguientes reglas:

a) Los activos financieros y los pasivos financieros incluidos en este grupo se clasificarán, con carácter general, a efectos de su valoración, en las categorías de «Préstamos y partidas a cobrar» y «Débitos y partidas a pagar», respectivamente.

b) Si los activos financieros y pasivos financieros se clasifican a efectos de su valoración en más de una categoría, se desarrollarán las cuentas de cuatro o más cifras que sean necesarias para diferenciar la categoría en la que se hayan incluido.

c) Una cuenta que recoja activos financieros o pasivos financieros clasificados en las categorías de «Activos financieros mantenidos para negociar» u «Otros activos financieros a valor razonable con cambios en la cuenta de pérdidas y ganancias», así como en la de «Pasivos financieros mantenidos para negociar» u «Otros pasivos financieros a valor razonable con cambios en la cuenta de pérdidas y ganancias» respectivamente, se abonará o cargará, por las variaciones en su valor razonable, con cargo o abono, respectivamente, a las cuentas 663 y 763.

d) Una cuenta que recoja acreedores o deudores por operaciones comerciales que, de acuerdo con lo establecido en las normas de registro y valoración, formen parte de un grupo enajenable de elementos mantenidos para la venta, se cargará o abonará, respectivamente, en el momento en que se cumplan las condiciones para su clasificación, con abono o cargo a la respectiva cuenta del subgrupo 58.

40. PROVEEDORES

400. **Proveedores**
401. **Proveedores, efectos comerciales a pagar**
403. **Proveedores, empresas del grupo**
404. **Proveedores, empresas asociadas**
405. **Proveedores, otras partes vinculadas**
406. **Envases y embalajes a devolver a proveedores**
407. **Anticipos a proveedores**

400. **Proveedores**

Deudas con suministradores de mercancías y de los demás bienes definidos en el grupo 3.

En esta cuenta se incluirán las deudas con suministradores de servicios utilizados en el proceso productivo.

Figurará en el pasivo corriente del balance.

Su movimiento es el siguiente:

a) Se abonará:

a_1) Por la recepción «a conformidad» de las remesas de los proveedores, con cargo a cuentas del subgrupo 60.

a_2) Por los envases y embalajes cargados en factura por los proveedores con facultad de su devolución a éstos, con cargo a la cuenta 406.

a_3) En su caso, por el gasto financiero devengado, con cargo, generalmente, a la cuenta 662.

b) Se cargará:

b_1) Por la formalización de la deuda en efectos de giro aceptados, con abono a la cuenta 401.

b_2) Por la cancelación total o parcial de las deudas de la empresa con los proveedores, con abono a cuentas del subgrupo 57.

b_3) Por los «rappels» que correspondan a la empresa, concedidos por los proveedores, con abono a la cuenta 609.

b_4) Por los descuentos, no incluidos en factura, que le concedan a la empresa por pronto pago sus proveedores, con abono a la cuenta 606.

b_5) Por las devoluciones de compras efectuadas, con abono a la cuenta 608.

b_6) Por los envases y embalajes devueltos a proveedores que fueron cargados en factura por éstos y recibidos con facultad de devolución, con abono a la cuenta 406.

401. **Proveedores, efectos comerciales a pagar**

Deudas con proveedores, formalizadas en efectos de giro aceptados.

Figurará en el pasivo corriente del balance.

Con carácter general, su movimiento es el siguiente:

a) Se abonará:

a₁) Por la recepción «a conformidad» de las remesas de los proveedores, con cargo a cuentas del subgrupo 60, mediante aceptación de los efectos de giro.

a₂) Cuando la empresa acepte formalizar la obligación con los proveedores aceptando efectos de giro, con cargo, generalmente, a la cuenta 400.

b) Se cargará por el pago de los efectos al llegar su vencimiento, con abono a las cuentas que correspondan del subgrupo 57.

403. **Proveedores, empresas del grupo**

Deudas con las empresas del grupo en su calidad de proveedores, incluso si las deudas se han formalizado en efectos de giro.

Figurará en el pasivo corriente del balance.

Su movimiento es análogo al señalado para la cuenta 400.

404. **Proveedores, empresas asociadas**

Deudas con las empresas multigrupo o asociadas en su calidad de proveedores, incluso si las deudas se han formalizado en efectos de giro.

Figurará en el pasivo corriente del balance.

Su movimiento es análogo al señalado para la cuenta 400.

405. **Proveedores, otras partes vinculadas**

Deudas con otras personas o entidades vinculadas en su calidad de proveedores, incluso si las deudas se han formalizado en efectos de giro.

Figurará en el pasivo corriente del balance.

Su movimiento es análogo al señalado para la cuenta 400.

406. **Envases y embalajes a devolver a proveedores**

Importe de los envases y embalajes cargados en factura por los proveedores, con facultad de devolución a éstos.

Figurará en el pasivo corriente del balance minorando la cuenta 400.

Su movimiento es el siguiente:

a) Se cargará por el importe de los envases y embalajes, a la recepción de las mercaderías contenidas en ellos, con abono a la cuenta 400.

b) Se abonará:

b₁) Por el importe de los envases y embalajes devueltos, con cargo a la cuenta 400.

b₂) Por el importe de los envases y embalajes que la empresa decida reservarse para su uso así como los extraviados y deteriorados, con cargo a la cuenta 602.

407. Anticipos a proveedores

Entregas a proveedores, normalmente en efectivo, en concepto de «a cuenta» de suministros futuros.

Cuando estas entregas se efectúen a empresas del grupo, multigrupo, asociadas u otras partes vinculadas deberán desarrollarse las cuentas de tres cifras correspondientes.

Figurará en el activo corriente del balance en el epígrafe «Existencias».

Con carácter general, su movimiento es el siguiente:

a) Se cargará por las entregas de efectivo a los proveedores, con abono a cuentas del subgrupo 57.

b) Se abonará por las remesas de mercaderías u otros bienes recibidos de proveedores «a conformidad», con cargo, generalmente, a cuentas del subgrupo 60.

41. ACREEDORES VARIOS

410. **Acreedores por prestaciones de servicios**
411. **Acreedores, efectos comerciales a pagar**
419. **Acreedores por operaciones en común**

Cuando los acreedores sean empresas del grupo, multigrupo o asociadas, u otras partes vinculadas se abrirán cuentas de tres cifras que específicamente recojan los débitos con las mismas, incluidos los formalizados en efectos de giro.

410. Acreedores por prestaciones de servicios

Deudas con suministradores de servicios que no tienen la condición estricta de proveedores.

Figurará en el pasivo corriente del balance.

Su movimiento es el siguiente:

a) Se abonará:

a_1) Por la recepción «a conformidad» de los servicios, con cargo, generalmente, a cuentas del subgrupo 62.

a_2) En su caso, para reflejar el gasto financiero devengado, con cargo, generalmente, a la cuenta 662.

b) Se cargará:

b_1) Por la formalización de la deuda en efectos de giro aceptados, con abono a la cuenta 411.

b_2) Por la cancelación total o parcial de las deudas de la empresa con los acreedores, con abono a las cuentas que correspondan del subgrupo 57.

411. Acreedores, efectos comerciales a pagar

Deudas con suministradores de servicios que no tienen la condición estricta de proveedores, formalizadas en efectos de giro aceptados.

Figurará en el pasivo corriente del balance.

Con carácter general, su movimiento es el siguiente:

a) Se abonará:

a_1) Por la recepción «a conformidad» de los servicios, con cargo, generalmente, a cuentas del subgrupo 62, mediante aceptación de los efectos de giro.

a_2) Cuando la empresa acepte formalizar la obligación con los acreedores aceptando efectos de giro, con cargo, generalmente, a la cuenta 410.

b) Se cargará por el pago de los efectos al llegar su vencimiento, con abono a las cuentas que correspondan del subgrupo 57.

419. **Acreedores por operaciones en común**

Deudas con partícipes en las operaciones reguladas por los artículos 239 a 243 del Código de Comercio y en otras operaciones en común de análogas características.

Figurará en el pasivo del balance.

Su movimiento es el siguiente:

a) Se abonará:

a_1) Por las aportaciones recibidas por la empresa como partícipe gestor, con cargo, generalmente, a cuentas del subgrupo 57.

a_2) Siendo la empresa partícipe gestor, por el beneficio que deba atribuirse a los partícipes no gestores, con cargo a la cuenta 6510.

a_3) Por la pérdida que corresponde a la empresa como partícipe no gestor, cuando su saldo en la operación en común pase a ser acreedor, con cargo a la cuenta 6511.

b) Se cargará:

b_1) Al pago de las deudas, con abono a cuentas del subgrupo 57.

b_2) Siendo la empresa partícipe gestor, por la pérdida que deba atribuirse a los partícipes no gestores mientras su saldo en la operación en común sea acreedor, con abono a la cuenta 7510.

b_3) Por el beneficio que corresponde a la empresa como partícipe no gestor, con abono a la cuenta 7511.

43. CLIENTES

430. **Clientes**
431. **Clientes, efectos comerciales a cobrar**
432. **Clientes, operaciones de «factoring»**
433. **Clientes, empresas del grupo**
434. **Clientes, empresas asociadas**
435. **Clientes, otras partes vinculadas**
436. **Clientes de dudoso cobro**
437. **Envases y embalajes a devolver por clientes**
438. **Anticipos de clientes**

430. **Clientes**

Créditos con compradores de mercaderías y demás bienes definidos en el grupo 3, así como con los usuarios de los servicios prestados por la empresa, siempre que constituyan una actividad principal.

Figurará en el activo corriente del balance.

Su movimiento es el siguiente:

a) Se cargará:

a_1) Por las ventas realizadas, con abono a cuentas del subgrupo 70.

a_2) Por los envases y embalajes cargados en factura a los clientes con facultad de su devolución por éstos, con abono a la cuenta 437.

a_3) En su caso, para reflejar el ingreso financiero devengado, con abono, generalmente, a la cuenta 762.

b) Se abonará:

b_1) Por la formalización del crédito en efectos de giro aceptados por el cliente, con cargo a la cuenta 431.

b_2) Por la cancelación total o parcial de las deudas de los clientes o la cesión en firme de los derechos de cobro a terceros, con cargo, generalmente, a cuentas del subgrupo 57.

b_3) Por su clasificación como clientes de dudoso cobro, con cargo a la cuenta 436.

b_4) Por la parte que resultara definitivamente incobrable, con cargo a la cuenta 650.

b_5) Por los «rappels» que correspondan a clientes, con cargo a la cuenta 709.

b_6) Por los descuentos, no incluidos en factura, que se concedan a los clientes por pronto pago, con cargo a la cuenta 706.

b_7) Por las devoluciones de ventas, con cargo a la cuenta 708.

b_8) Por los envases devueltos por clientes que fueron cargados a éstos en factura y enviados con facultad de devolución, con cargo a la cuenta 437.

b_9) Por la cesión, de los derechos de cobro en operaciones de «factoring» en las que la empresa continúa reteniendo sustancialmente los riesgos y beneficios, con cargo a la cuenta 432.

431. **Clientes, efectos comerciales a cobrar**

Créditos con clientes, formalizados en efectos de giro aceptados.

Se incluirán en esta cuenta los efectos en cartera, los descontados, los entregados en gestión de cobro y los impagados; en este último caso sólo cuando no deban reflejarse en la cuenta 436.

Figurará en el activo corriente del balance.

Con carácter general, su movimiento es el siguiente:

a) Se cargará:

a_1) Por las ventas o prestación de servicios derivados de la actividad principal aceptando los clientes los efectos de giro, con abono a cuentas del subgrupo 70.

a_2) Por la formalización del derecho de cobro en efectos de giro aceptados por el cliente, con abono, generalmente, a la cuenta 430.

b) Se abonará:

b_1) Por el cobro de los efectos al vencimiento, con cargo a cuentas del subgrupo 57.

b_2) Por su clasificación como de dudoso cobro, con cargo a la cuenta 436.

b_3) Por la parte que resultara definitivamente incobrable, con cargo a la cuenta 650.

La financiación obtenida por el descuento de efectos constituye una deuda que deberá recogerse, generalmente, en las cuentas correspondientes del subgrupo 52. En consecuencia, al vencimiento de los efectos atendidos, se abonará la cuenta 4311, con cargo a la cuenta 5208.

432. **Clientes, operaciones de «factoring»**

Créditos con clientes que se han cedido en operaciones de «factoring» en las que la empresa retiene sustancialmente los riesgos y beneficios de los derechos de cobro.

Se incluirán en esta cuenta los derechos de cobro sobre clientes cedidos en operaciones de «factoring», salvo cuando deban reflejarse en la cuenta 436.

Figurará en el activo corriente del balance.

Con carácter general, su movimiento es el siguiente:

a) Se cargará a la cesión de los derechos, con abono, generalmente, a la cuenta 430.

b) Se abonará:

b_1) Por su clasificación como de dudoso cobro, con cargo a la cuenta 436.

b_2) Por la parte que resultara definitivamente incobrable, con cargo a la cuenta 650.

La financiación obtenida en esta operación constituye una deuda que deberá recogerse, generalmente, en las cuentas correspondientes del subgrupo 52. En consecuencia, al vencimiento de los derechos de cobro atendidos, se abonará esta cuenta con cargo a la cuenta 5209.

433. **Clientes, empresas del grupo**

Créditos con las empresas del grupo en su calidad de clientes, incluso si se han formalizado en efectos de giro o son créditos cedidos en operaciones de «factoring» en los que la empresa retiene sustancialmente los riesgos y beneficios de los derechos de cobro.

Figurará en el activo corriente del balance.

Su movimiento es análogo al señalado para la cuenta 430.

434. **Clientes, empresas asociadas**

Créditos con las empresas multigrupo y asociadas en su calidad de clientes, incluso si se han formalizado en efectos de giro o son créditos cedidos en operaciones de «factoring» en los que la empresa retiene sustancialmente los riesgos y beneficios de los derechos de cobro.

Figurará en el activo corriente del balance.

Su movimiento es análogo al señalado para la cuenta 430.

435. Clientes, otras partes vinculadas

Créditos con otras personas o entidades vinculadas en su calidad de clientes, incluso si se han formalizado en efectos de giro o son créditos cedidos en operaciones de «factoring» en los que la empresa retiene sustancialmente los riesgos y beneficios de los derechos de cobro.

Figurará en el activo corriente del balance.

Su movimiento es análogo al señalado para la cuenta 430.

436. Clientes de dudoso cobro

Saldos de clientes, incluidos los formalizados en efectos de giro o los cedidos en operaciones de «factoring» en los que la empresa retiene sustancialmente los riesgos y beneficios de los derechos de cobro, en los que concurran circunstancias que permitan razonablemente su calificación como de dudoso cobro.

Figurará en el activo corriente del balance.

Su movimiento es el siguiente:

a) Se cargará por el importe de los saldos de dudoso cobro, con abono a la cuenta 430, 431 ó 432.

b) Se abonará:

b_1) Por las insolvencias firmes, con cargo a la cuenta 650.

b_2) Por el cobro total de los saldos, con cargo a cuentas del subgrupo 57.

b_3) Al cobro parcial, con cargo a cuentas del subgrupo 57 en la parte cobrada, y a la cuenta 650 por lo que resultara incobrable.

437. Envases y embalajes a devolver por clientes

Importe de los envases y embalajes cargados en factura a los clientes, con facultad de devolución por éstos.

Figurará en el activo corriente del balance minorando la cuenta 430.

Su movimiento es el siguiente:

a) Se abonará por el importe de los envases y embalajes al envío de las mercaderías contenidas en ellos, con cargo a la cuenta 430.

b) Se cargará:

b_1) A la recepción de los envases y embalajes devueltos, con abono a la cuenta 430.

b_2) Cuando transcurrido el plazo de devolución, ésta no se hubiera efectuado, con abono a la cuenta 704.

438. Anticipos de clientes

Entregas de clientes, normalmente en efectivo, en concepto de «a cuenta» de suministros futuros.

Cuando estas entregas se efectúen por empresas del grupo, multigrupo, asociadas u otras partes vinculadas deberán desarrollarse las cuentas de tres cifras correspondientes.

Figurará en el pasivo corriente del balance.

Su movimiento es el siguiente:

a) Se abonará por las recepciones en efectivo, con cargo a la cuenta que corresponda del subgrupo 57.

b) Se cargará por las remesas de mercaderías u otros bienes a los clientes, con abono, generalmente, a cuentas del subgrupo 70.

44. DEUDORES VARIOS

440. **Deudores**
441. **Deudores, efectos comerciales a cobrar**
446. **Deudores de dudoso cobro**
449. **Deudores por operaciones en común**

Cuando los deudores sean empresas del grupo, multigrupo o asociadas u otras partes vinculadas, se abrirán cuentas de tres cifras que específicamente recojan los créditos con las mismas, incluidos los formalizados en efectos de giro.

440. **Deudores**

Créditos con compradores de servicios que no tienen la condición estricta de clientes y con otros deudores de tráfico no incluidos en otras cuentas de este grupo.

En esta cuenta se contabilizará también el importe de las donaciones y legados a la explotación concedidos a la empresa, que se liquiden mediante la entrega de efectivo u otros activos financieros, excluidas las subvenciones que deben registrarse en cuentas del subgrupo 47.

Figurará en el activo corriente del balance.

Su movimiento es el siguiente:

a) Se cargará:

a_1) Por la prestación de servicios, con abono a cuentas del subgrupo 75.

a2) Por la donación o legado de explotación concedido, con abono a cuentas del subgrupo 74.

a_3) En su caso, para reflejar el ingreso financiero devengado, con abono, generalmente, a la cuenta 762.

b) Se abonará:

b_1) Por la formalización del crédito en efectos de giro aceptados por el deudor, con cargo a la cuenta 441.

b_2) Por la cancelación total o parcial de las deudas, con cargo, generalmente, a cuentas del subgrupo 57.

b_3) Por su clasificación como deudores de dudoso cobro, con cargo a la cuenta 446.

b_4) Por la parte que resultara definitivamente incobrable, con cargo a la cuenta 650.

441. **Deudores, efectos comerciales a cobrar**

Créditos con deudores, formalizados en efectos de giro aceptados.

Se incluirán en esta cuenta los efectos en cartera, los descontados, los entregados en gestión de cobro y los impagados; en este último caso sólo cuando no deban reflejarse en la cuenta 446.

Figurará en el activo corriente del balance.

Con carácter general, su movimiento es el siguiente:

a) Se cargará:

a_1) Por la prestación de servicios, aceptando los perceptores efectos de giro, con abono a cuentas del subgrupo 75.

a_2) Por la formalización del derecho de cobro en efectos de giro aceptado por el perceptor del servicio o deudor, con abono, generalmente, a la cuenta 440.

b) Se abonará:

b_1) Por el cobro de los efectos al vencimiento, con cargo a cuentas del subgrupo 57.

b_2) Por su clasificación como de dudoso cobro, con cargo a la cuenta 446.

b_3) Por la parte que resultara definitivamente incobrable, con cargo a la cuenta 650.

La financiación obtenida por el descuento de efectos constituye una deuda que deberá recogerse, generalmente, en las cuentas correspondientes del subgrupo 52. En consecuencia, al vencimiento de los efectos atendidos, se abonará la cuenta 4411, con cargo a la cuenta 5208.

446. **Deudores de dudoso cobro**

Saldos de deudores comprendidos en este subgrupo, incluidos los formalizados en efecto de giro, en los que concurran circunstancias que permitan razonablemente su calificación como de dudoso cobro.

Figurará en el activo corriente del balance.

Su movimiento es análogo al señalado para la cuenta 436.

449. **Deudores por operaciones en común**

Créditos con partícipes en las operaciones reguladas por los artículos 239 a 243 del Código de Comercio y en otras operaciones en común de análogas características.

Figurará en el activo del balance.

Su movimiento es el siguiente:

a) Se cargará:

a_1) Por las aportaciones realizadas por la empresa como partícipe no gestor, con abono, generalmente, a cuentas del subgrupo 57.

a_2) Siendo la empresa partícipe gestor, por la pérdida que deba atribuirse a los partícipes no gestores cuando su saldo en la operación en común pase a ser deudor, con abono a la cuenta 7510.

a_3) Por el beneficio que corresponde a la empresa como partícipe no gestor, con abono a la cuenta 7511.

b) Se abonará:

b_1) Por el cobro de los créditos, con cargo a cuentas del subgrupo 57.

b_2) Siendo la empresa partícipe gestor, por el beneficio que debe atribuirse a los partícipes no gestores mientras su saldo en la operación en común sea deudor, con cargo a la cuenta 6510.

b_3) Por la pérdida que corresponda a la empresa como partícipe no gestor, con cargo a la cuenta 6511.

46. PERSONAL

460. **Anticipos de remuneraciones**
465. **Remuneraciones pendientes de pago**
466. **Remuneraciones mediante sistemas de aportación definida pendientes de pago**

Saldos con personas que prestan sus servicios a la empresa o con las entidades con las que se instrumentan los compromisos de retribución post-empleo, y cuyas remuneraciones se contabilizan en el subgrupo 64.

460. Anticipos de remuneraciones

Entregas a cuenta de remuneraciones al personal de la empresa.

Cualesquiera otros anticipos que tengan la consideración de préstamos al personal se incluirán en la cuenta 544 o en la cuenta 254, según el plazo de vencimiento.

Figurará en el activo corriente del balance.

Con carácter general, su movimiento es el siguiente:

a) Se cargará al efectuarse las entregas antes citadas, con abono a cuentas del subgrupo 57.

b) Se abonará al compensar los anticipos con las remuneraciones devengadas, con cargo a cuentas del subgrupo 64.

465. Remuneraciones pendientes de pago

Débitos de la empresa al personal por los conceptos citados en las cuentas 640 y 641.

Figurará en el pasivo corriente del balance.

Con carácter general, su movimiento es el siguiente:

a) Se abonará por las remuneraciones devengadas y no pagadas, con cargo a las cuentas 640 y 641.

b) Se cargará cuando se paguen las remuneraciones, con abono a cuentas del subgrupo 57.

466. **Remuneraciones mediante sistemas de aportación definida pendientes de pago**

Importes pendientes de pago a una entidad separada por retribuciones a largo plazo al personal, tales como pensiones y otras prestaciones por jubilación o retiro, que tengan el carácter de aportación definida, de acuerdo con los términos establecidos en las normas de registro y valoración.

Figurará en el pasivo corriente del balance.

Con carácter general, su movimiento es el siguiente:

a) Se abonará por los importes devengados y no pagados, con cargo a la cuenta 643.

b) Se cargará cuando se paguen las contribuciones pendientes con abono a cuentas del subgrupo 57.

47. ADMINISTRACIONES PÚBLICAS

470. **Hacienda Pública, deudora por diversos conceptos**
4700. *Hacienda Pública, deudora por IVA*
4708. *Hacienda Pública, deudora por subvenciones concedidas*
4709. *Hacienda Pública, deudora por devolución de impuestos*
471. **Organismos de la Seguridad Social, deudores**
472. **Hacienda Pública, IVA soportado**
473. **Hacienda Pública, retenciones y pagos a cuenta**
474. **Activos por impuesto diferido**
4740. *Activos por diferencias temporarias deducibles*
4742. *Derechos por deducciones y bonificaciones pendientes de aplicar*
4745. *Crédito por pérdidas a compensar del ejercicio*
475. **Hacienda Pública, acreedora por conceptos fiscales**
4750. *Hacienda Pública, acreedora por IVA*
4751. *Hacienda Pública, acreedora por retenciones practicadas*
4752. *Hacienda Pública, acreedora por impuesto sobre sociedades*
4758. *Hacienda Pública, acreedora por subvenciones a reintegrar*
476. **Organismos de la Seguridad Social, acreedores**
477. **Hacienda Pública, IVA repercutido**
479. **Pasivos por diferencias temporarias imponibles**

470. **Hacienda Pública, deudora por diversos conceptos**

Subvenciones, compensaciones, desgravaciones, devoluciones de impuestos y, en general, cuantas percepciones sean debidas por motivos fiscales o de fomento realizadas por las Administraciones Públicas, excluida la Seguridad Social.

Figurará en el activo del balance.

El contenido y movimiento de las cuentas citadas de cuatro cifras es el siguiente:

4700. *Hacienda Pública, deudora por IVA*

Exceso, en cada periodo impositivo, del IVA soportado deducible sobre el IVA repercutido.

a) Se cargará al terminar cada periodo de liquidación, por el importe del mencionado exceso, con abono a la cuenta 472.

b) Se abonará:

b_1) En caso de compensación en declaración-liquidación posterior, con cargo a la cuenta 477.

b_2) En los casos de devolución por la Hacienda Pública, con cargo a cuentas del subgrupo 57.

4708. *Hacienda Pública, deudora por subvenciones concedidas*

Créditos con la Hacienda Pública por razón de subvenciones concedidas.

a) Se cargará cuando sean concedidas las subvenciones, con abono, generalmente, a las cuentas 172, 740 o cuentas del subgrupo 94.

b) Se abonará al cobro, con cargo, generalmente, a cuentas de subgrupo 57.

4709. *Hacienda Pública, deudora por devolución de impuestos*

Créditos con la Hacienda Pública por razón de devolución de impuestos.

a) Se cargará:

a_1) Por las retenciones y pagos a cuenta a devolver, con abono a la cuenta 473.

a_2) Por la cuota de ejercicios anteriores que recupera la empresa como consecuencia de las liquidaciones fiscales del impuesto o impuestos sobre el beneficio, con abono, a la cuenta 6300 o, en su caso, a la cuenta 8300.

a_3) Tratándose de devoluciones de otros impuestos que hubieran sido contabilizados en cuentas de gastos, con abono a la cuenta 636. Si hubieran sido cargados en cuentas del grupo 2, serán éstas las cuentas abonadas por el importe de la devolución.

b) Se abonará al cobro, con cargo a cuentas del subgrupo 57.

471. **Organismos de la Seguridad Social, deudores**

Créditos a favor de la empresa, de los diversos Organismos de la Seguridad Social, relacionados con las prestaciones sociales que ellos efectúan.

Figurará en el activo del balance.

Su movimiento es el siguiente:

a) Se cargará por las prestaciones a cargo de la Seguridad Social, con abono, generalmente, a cuentas del subgrupo 57.

b) Se abonará al cancelar el crédito.

472. **Hacienda Pública, IVA soportado**

IVA devengado con motivo de la adquisición de bienes y servicios y de otras operaciones comprendidas en el texto legal, que tenga carácter deducible.

Su movimiento es el siguiente:

a) Se cargará:

a_1) Por el importe del IVA deducible cuando se devengue el impuesto, con abono a cuentas de acreedores o proveedores de los grupos 1, 4 ó 5 o a cuentas del subgrupo 57. En los casos de cambio de afectación de bienes, con abono a la cuenta 477.

a_2) Por las diferencias positivas que resulten en el IVA deducible correspondiente a operaciones de bienes o servicios del activo corriente o de bienes de inversión al practicarse las regularizaciones previstas en la Regla de Prorrata, con abono a la cuenta 639.

b) Se abonará:

b_1) Por el importe del IVA deducible que se compensa en la declaración-liquidación del periodo de liquidación, con cargo a la cuenta 477. Si después de formulado este asiento subsistiera saldo en la cuenta 472, el importe del mismo se cargará a la cuenta 4700.

b_2) Por las diferencias negativas que resulten en el IVA deducible correspondiente a operaciones de bienes o servicios del activo corriente o de bienes de inversión al practicarse las regularizaciones previstas en la Regla de Prorrata, con cargo a la cuenta 634.

c) Se cargará o se abonará, con abono o cargo a cuentas de los grupos 1, 2, 4 ó 5, por el importe del IVA deducible que corresponda en los casos de alteraciones de precios posteriores al momento en que se hubieren realizado las operaciones gravadas, o cuando éstas quedaren sin efecto total o parcialmente, o cuando deba reducirse la base imponible en virtud de descuentos y bonificaciones otorgadas después del devengo del impuesto.

473. **Hacienda Pública, retenciones y pagos a cuenta**

Cantidades retenidas a la empresa y pagos realizados por la misma a cuenta de impuestos.

Con carácter general, su movimiento es el siguiente:

a) Se cargará por el importe de la retención o pago a cuenta, con abono, generalmente, a cuentas del grupo 5 y a cuentas del subgrupo 76.

b) Se abonará:

b_1) Por el importe de las retenciones soportadas y los ingresos a cuenta del impuesto sobre sociedades realizados, hasta el importe de la cuota líquida del periodo, con cargo a la cuenta 6300 o, en su caso, a la cuenta 8300.

b_2) Por el importe de las retenciones soportadas e ingresos a cuenta del impuesto sobre sociedades que deban ser objeto de devolución a la empresa, con cargo a la cuenta 4709.

474. **Activos por impuesto diferido**

Activos por diferencias temporarias deducibles, créditos por el derecho a compensar en ejercicios posteriores las bases imponibles negativas pendientes de compensación y deducciones y otras ventajas fiscales no utilizadas, que queden pendientes de aplicar en la liquidación de los impuestos sobre beneficios.

En esta cuenta figurará el importe íntegro de los activos por impuesto diferido correspondiente a los impuestos sobre beneficios, no siendo admisible su compensación con los pasivos por impuesto diferido, ni aun dentro de un mismo ejercicio. Todo ello, sin perjuicio de lo dispuesto en la tercera parte del presente Plan, a los efectos de su presentación en las cuentas anuales.

Figurará en el activo no corriente del balance.

El contenido y movimiento de las cuentas citadas de cuatro cifras es el siguiente:

4740. *Activos por diferencias temporarias deducibles*

Activos fiscales por diferencias que darán lugar a menores cantidades a pagar o mayores cantidades a devolver por impuestos sobre beneficios en ejercicios futuros, normalmente a medida que se recuperen los activos o se liquiden los pasivos de los que se derivan.

a) Se cargará:

a_1) Por el importe del activo por diferencias temporarias deducibles originado en el ejercicio, con abono, generalmente, a la cuenta 6301.

a_2) Por el importe de los activos por diferencias temporarias deducibles que surja en una transacción o suceso que se hubiese reconocido directamente en una partida del patrimonio neto, con abono a la cuenta 8301.

a_3) Por el aumento de los activos por diferencias temporarias deducibles, con abono, generalmente, a la cuenta 638.

a_4) Por el aumento de los activos por diferencias temporarias deducibles originados en una transacción o suceso que se hubiese reconocido directamente en una partida del patrimonio neto, con abono, a la cuenta 838.

b) Se abonará:

b_1) Por las reducciones de los activos por diferencias temporarias deducibles, con cargo, generalmente, a la cuenta 633.

b_2) Por las reducciones de los activos por diferencias temporarias deducibles originadas en una transacción o suceso que se hubiese reconocido directamente en una partida del patrimonio neto, con cargo a la cuenta 833.

b_3) Cuando se imputen los activos por diferencias temporarias deducibles, generalmente, con cargo a la cuenta 6301.

b_4) Cuando se imputen los activos por diferencias temporarias deducibles originados en una transacción o suceso que se hubiese reconocido directamente en una partida del patrimonio neto, con cargo a la cuenta 8301.

4742. *Derechos por deducciones y bonificaciones pendientes de aplicar*

Importe de la disminución del impuesto sobre beneficios a pagar en el futuro derivada de la existencia de deducciones o bonificaciones de dicho impuesto pendientes de aplicación.

a) Se cargará:

a_1) Por el crédito impositivo derivado de la deducción o bonificación en el impuesto sobre beneficios obtenida en el ejercicio, con abono, generalmente, a la cuenta 6301.

a_2) Por el aumento del crédito impositivo, con abono, generalmente, a la cuenta 638.

b) Se abonará:

b_1) Por la disminución del crédito impositivo, con cargo, generalmente, a la cuenta 633.

b_2) Por la aplicación fiscal de las deducciones o bonificaciones de ejercicios anteriores, con cargo, generalmente, a la cuenta 6301.

4745. *Crédito por pérdidas a compensar del ejercicio*

Importe de la reducción del impuesto sobre beneficios a pagar en el futuro derivada de la existencia de bases imponibles negativas de dicho impuesto pendientes de compensación.

a) Se cargará:

a_1) Por el crédito impositivo derivado de la base imponible negativa en los impuestos sobre beneficios obtenida en el ejercicio, con abono, generalmente, a la cuenta 6301.

a_2) Por el aumento del crédito impositivo, con abono, generalmente, a la cuenta 638.

b) Se abonará:

b_1) Por las reducciones del crédito impositivo, con cargo, generalmente, a la cuenta 633.

b_2) Cuando se compensen las bases imponibles negativas de ejercicios anteriores, con cargo, generalmente, a la cuenta 6301.

475. **Hacienda Pública, acreedora por conceptos fiscales**

Tributos a favor de las Administraciones Públicas, pendientes de pago, tanto si la empresa es contribuyente como si es sustituto del mismo o retenedor.

Figurará en el pasivo del balance.

El contenido y movimiento de las cuentas citadas de cuatro cifras es el siguiente:

4750. *Hacienda Pública, acreedora por IVA*

Exceso, en cada periodo impositivo, del IVA repercutido sobre el IVA soportado deducible.

a) Se abonará al terminar cada periodo de liquidación por el importe del mencionado exceso, con cargo a la cuenta 477.

b) Se cargará por el importe del mencionado exceso, cuando se efectúe su pago, con abono a cuentas del subgrupo 57.

4751. *Hacienda Pública, acreedora por retenciones practicadas*

Importe de las retenciones tributarias efectuadas pendientes de pago a la Hacienda Pública.

a) Se abonará al devengo del tributo, cuando la empresa sea sustituto del contribuyente o retenedor, con cargo a cuentas de los grupos 4, 5 ó 6.

b) Se cargará cuando se efectúe su pago, con abono a cuentas del subgrupo 57.

4752. *Hacienda Pública, acreedora por impuesto sobre sociedades*

Importe pendiente del impuesto sobre sociedades a pagar.

a) Se abonará por la cuota a ingresar, con cargo, generalmente, a la cuenta 6300 y, en su caso, a la cuenta 8300.

b) Se cargará cuando se efectúe su pago, con abono a cuentas del subgrupo 57.

4758. *Hacienda Pública, acreedora por subvenciones a reintegrar*

Deudas con la Hacienda Pública por subvenciones a devolver.

a) Se abonará por el importe de la subvención que deba ser reintegrada, con cargo, generalmente, a las cuentas 172 ó 522.

b) Se cargará al reintegro, con abono a cuentas del subgrupo 57.

476. Organismos de la Seguridad Social, acreedores

Deudas pendientes con Organismos de la Seguridad Social como consecuencia de las prestaciones que éstos realizan.

Figurará en el pasivo del balance.

Su movimiento es el siguiente:

a) Se abonará:

a_1) Por las cuotas que le corresponden a la empresa, con cargo a la cuenta 642.

a_2) Por las retenciones de cuotas que corresponden al personal de la empresa, con cargo a la cuenta 465 ó 640.

b) Se cargará cuando se cancele la deuda, con abono a cuentas del subgrupo 57.

477. Hacienda Pública, IVA repercutido

IVA devengado con motivo de la entrega de bienes o de la prestación de servicios y de otras operaciones comprendidas en el texto legal.

Su movimiento es el siguiente:

a) Se abonará:

a_1) Por el importe del IVA repercutido cuando se devengue el impuesto, con cargo a cuentas de deudores o clientes de los grupos 2, 4 ó 5 o a cuentas del subgrupo 57. En los casos de cambio de afectación de bienes, con cargo a la cuenta 472 y a la cuenta del activo de que se trate.

a_2) Por el importe del IVA repercutido cuando se devengue el impuesto, en el caso de retirada de bienes de inversión o de bienes del activo corriente con destino al patrimonio personal del titular de la explotación o al consumo final del mismo, con cargo a la cuenta 550.

b) Se cargará por el importe del IVA soportado deducible que se compense en la declaración liquidación del periodo de liquidación, con abono a la cuenta 472. Si después de formulado este asiento subsistiera saldo en la cuenta 477, el importe del mismo se abonará a la cuenta 4750.

c) Se abonará o se cargará, con cargo o abono a cuentas de los grupos 2, 4 ó 5, por el importe del IVA repercutido que corresponda en los casos de alteraciones de precios posteriores al momento en que se hubieren realizado las operaciones gravadas o cuando éstas quedaren sin efecto total o parcialmente o cuando deba reducirse la base imponible en virtud de descuentos y bonificaciones otorgados después del devengo del impuesto.

479. **Pasivos por diferencias temporarias imponibles**

Diferencias que darán lugar a mayores cantidades a pagar o menores cantidades a devolver por impuestos sobre beneficios en ejercicios futuros, normalmente a medida que se recuperen los activos o se liquiden los pasivos de los que se derivan.

En esta cuenta figurará el importe íntegro de los pasivos por impuesto diferido, no siendo admisible su compensación con los activos por impuesto diferido del impuesto sobre beneficios. Todo ello, sin perjuicio de lo dispuesto en la tercera parte del presente Plan, a los efectos de su presentación en las cuentas anuales.

Figurará en el pasivo no corriente del balance.

Su movimiento es el siguiente:

a) Se abonará:

a_1) Por el importe de los pasivos por diferencias temporarias imponibles originados en el ejercicio, con cargo, generalmente, a la cuenta 6301.

a_2) Por el importe de los pasivos por diferencias temporarias imponibles que surjan en una transacción o suceso que se hubiese reconocido directamente en una partida del patrimonio neto, con cargo a la cuenta 8301.

a_3) Por el aumento de los pasivos por diferencias temporarias imponibles, con cargo, generalmente, a la cuenta 633.

a_4) Por el aumento de los pasivos por diferencias temporarias imponibles originados en una transacción o suceso que se hubiese reconocido directamente en una partida del patrimonio neto, con cargo a la cuenta 833.

b) Se cargará:

b_1) Por las reducciones de los pasivos por diferencias temporarias imponibles, con abono, generalmente, a la cuenta 638.

b_2) Por las reducciones de los pasivos por diferencias temporarias imponibles originados en una transacción o suceso que se hubiese reconocido directamente en una partida del patrimonio neto, con abono, a la cuenta 838.

b_3) Cuando se cancelen los pasivos por diferencias temporarias imponibles con abono, generalmente, a la cuenta 6301.

b_4) Cuando se cancelen los pasivos por diferencias temporarias imponibles originado en una transacción o suceso que se hubiese reconocido directamente en una partida del patrimonio neto, con abono a la cuenta 8301.

48. AJUSTES POR PERIODIFICACIÓN

480. **Gastos anticipados**
485. **Ingresos anticipados**

480. **Gastos anticipados**

Gastos contabilizados en el ejercicio que se cierra y que corresponden al siguiente.

Figurará en el activo corriente del balance.

Su movimiento es el siguiente:

a) Se cargará, al cierre del ejercicio, con abono a las cuentas del grupo 6 que hayan registrado los gastos a imputar al ejercicio posterior.

b) Se abonará, al principio del ejercicio siguiente, con cargo a cuentas del grupo 6.

485. **Ingresos anticipados**

Ingresos contabilizados en el ejercicio que se cierra y que corresponden al siguiente.

Figurará en el pasivo corriente del balance.

Su movimiento es el siguiente:

a) Se abonará, al cierre del ejercicio, con cargo a las cuentas del grupo 7 que hayan registrado los ingresos correspondientes al posterior.

b) Se cargará, al principio del ejercicio siguiente, con abono a cuentas del grupo 7.

49. DETERIORO DE VALOR DE CRÉDITOS COMERCIALES Y PROVISIONES A CORTO PLAZO

490. **Deterioro de valor de créditos por operaciones comerciales**
493. **Deterioro de valor de créditos por operaciones comerciales con partes vinculadas**
    4933. *Deterioro de valor de créditos por operaciones comerciales con empresas del grupo*
    4934. *Deterioro de valor de créditos por operaciones comerciales con empresas asociadas*
    4935. *Deterioro de valor de créditos por operaciones comerciales con otras partes vinculadas*
499. **Provisiones por operaciones comerciales**
    4994. *Provisión por contratos onerosos*
    4999. *Provisión para otras operaciones comerciales*

Correcciones por deterioro del valor de los activos financieros por operaciones comerciales debido a situaciones latentes de insolvencia de clientes y de otros deudores incluidos en los subgrupos 43 y 44 y obligaciones actuales, al cierre del ejercicio, por los gastos a incurrir tras la entrega de los bienes o la prestación de servicios, como, por ejemplo, la cobertura de gastos por devoluciones de ventas, garantías sobre productos vendidos y otros conceptos análogos.

Las cuentas de este subgrupo, salvo la 499. Provisión por operaciones comerciales, figurarán en el activo del balance minorando la partida en la que figure el correspondiente elemento patrimonial.

490. **Deterioro de valor de créditos por operaciones comerciales**

Importe de las correcciones valorativas por deterioro de créditos incobrables, con origen en operaciones de tráfico.

Su movimiento es el siguiente, según la alternativa adoptada por la empresa:

1. Cuando la empresa cifre el importe del deterioro al final del ejercicio mediante una estimación global del riesgo de fallidos existentes en los saldos de clientes y deudores, siempre y cuando su importe, individualmente considerados, no sea significativo:
   a) Se abonará, al final del ejercicio, por la estimación realizada, con cargo a la cuenta 694.
   b) Se cargará, igualmente al final del ejercicio, por la corrección realizada al cierre del ejercicio precedente, con abono a la cuenta 794.
2. Cuando la empresa cifre el importe del deterioro mediante un sistema individualizado de seguimiento de saldos de clientes y deudores:
   a) Se abonará, a lo largo del ejercicio, por el importe de la pérdida que se vaya estimando, con cargo a la cuenta 694.
   b) Se cargará a medida que se vayan dando de baja los saldos de clientes y deudores para los que se dotó la cuenta correctora de forma individualizada o cuando la pérdida estimada disminuya como consecuencia de un evento posterior, con abono a la cuenta 794.

493. **Deterioro de valor de créditos por operaciones comerciales con partes vinculadas**

Importe de las correcciones valorativas por deterioro de créditos incobrables, con origen en operaciones de tráfico efectuadas con partes vinculadas.

4933/4934/4935

El movimiento de las cuentas citadas de cuatro cifras, es análogo al señalado para la cuenta 490.

499. **Provisiones por operaciones comerciales**

Provisiones para el reconocimiento de obligaciones presentes derivadas del tráfico comercial de la empresa.

Figurarán en el pasivo del balance.

Las provisiones para operaciones comerciales cuya cancelación se prevea en el largo plazo deberán figurar en el pasivo no corriente del balance en el epígrafe «Provisiones largo plazo».

4994. *Provisión por contratos onerosos*

Provisión que surge cuando los costes que conlleva el cumplimiento de un contrato exceden a los beneficios económicos que se esperan recibir del mismo.

Su movimiento es el siguiente:

a) Se abonará, al cierre del ejercicio, por el importe de la estimación realizada, con cargo a la cuenta 6954.

b) Se cargará:

b_1) Al cierre del ejercicio, si la empresa opta por cumplir el contrato, por el exceso de provisión contabilizada, con abono a la cuenta 79544.

b_2) Si la empresa opta por la cancelación del contrato, con abono, generalmente, a cuentas del subgrupo 57.

4999. *Provisión para otras operaciones comerciales*

Provisión para cobertura de gastos por devoluciones de ventas, garantías de reparación, revisiones y otros conceptos análogos.

Su movimiento es el siguiente:

a) Se abonará, al cierre del ejercicio, por el importe de la estimación realizada, con cargo a la cuenta 6959.

b) Se cargará, al cierre del ejercicio, por la dotación efectuada en el año anterior, con abono a la cuenta 79549.

GRUPO 5
CUENTAS FINANCIERAS

Instrumentos financieros por operaciones no comerciales, es decir, por operaciones ajenas al tráfico cuyo vencimiento, enajenación o realización se espera habrá de producirse en un plazo no superior a un año y medios líquidos disponibles.

En particular, se aplicarán las siguientes reglas:

a) En este grupo se incluyen los derivados financieros tanto de cobertura como de negociación cuando su liquidación no sea superior a un año.

b) Los activos financieros y los pasivos financieros que de acuerdo con lo dispuesto en las normas de registro y valoración de las cuentas anuales, se clasifiquen, respectivamente, en las categorías de «Activos financieros mantenidos para negociar» y «Pasivos financieros mantenidos para negociar», con carácter general estarán incluidos en este grupo. En particular, se incluirán en esta categoría las inversiones financieras en instrumentos de patrimonio de empresas que no tengan la consideración de empresas del grupo, multigrupo o asociadas, que se hayan adquirido con la intención de ser vendidas en el corto plazo.

c) Se desarrollarán las cuentas de cuatro o más cifras que sean necesarias para diferenciar las categorías en las que se hayan incluido los activos financieros y pasivos financieros de acuerdo con lo establecido en las normas de registro y valoración.

d) Si se adquieren activos financieros híbridos o se emiten o asumen pasivos financieros híbridos que de acuerdo con lo establecido en las normas de registro y valoración se valoren en su conjunto por su valor razonable, se incluirán en la cuenta que corresponda a la naturaleza del contrato principal, para lo que se crearán con el debido desglose, cuentas de cuatro o más cifras que identifiquen que se trata de un activo o pasivo financiero híbrido a corto plazo valorado conjuntamente. Cuando se reconozcan separadamente el contrato principal y el derivado implícito, este último se tratará como si se hubiese contratado de forma independiente, por lo que se incluirá en la cuenta del grupo 5 que proceda y el contrato principal se recogerá en la cuenta que corresponda a su naturaleza, desarrollándose con el debido desglose cuentas de cuatro o más cifras que identifiquen que se trata de un contrato principal financiero híbrido a corto plazo.

e) Una cuenta que recoja activos financieros o pasivos financieros clasificados en las categorías de «Activos financieros mantenidos para negociar» u «Otros activos financieros a valor razonable con cambios en la cuenta de pérdidas y ganancias», así como en la de «Pasivos financieros mantenidos para negociar» u «Otros pasivos financieros a valor razonable con cambios en la cuenta de pérdidas y ganancias» respectivamente, se abonará o cargará, por las variaciones en su valor razonable, con cargo o abono, respectivamente a las cuentas 663 y 763.

f) Una cuenta que recoja pasivos o activos incluidos en este grupo que, de acuerdo con lo establecido en las normas de registro y valoración, formen parte de un grupo enajenable de elementos mantenidos para la venta, se cargará o abonará, respectivamente, en el momento en que se cumplan las condiciones para su clasificación, con abono o cargo a la respectiva cuenta del subgrupo 58.

g) La diferencia entre el valor por el que se reconocen inicialmente los activos financieros o pasivos financieros y su valor de reembolso, se registrará como un cargo o abono (o cuando proceda, un abono o cargo), en la cuenta donde esté registrado el activo financiero o el pasivo financiero, teniendo como contrapartida la cuenta del subgrupo 76 ó 66, que corresponda según la naturaleza del instrumento.

50. EMPRÉSTITOS, DEUDAS CON CARÁCTERÍSTICAS ESPECIALES Y OTRAS EMISIONES ANÁLOGAS A CORTO PLAZO

500. **Obligaciones y bonos a corto plazo**
501. **Obligaciones y bonos convertibles a corto plazo**
502. **Acciones o participaciones a corto plazo consideradas como pasivos financieros**
505. **Deudas representadas en otros valores negociables a corto plazo**
506. **Intereses a corto plazo de empréstitos y otras emisiones análogas**
507. **Dividendos de acciones o participaciones consideradas como pasivos financieros**
509. **Valores negociables amortizados**

Financiación ajena instrumentada en valores negociables y acciones u otras participaciones en el capital de la empresa que atendiendo a las características económicas de la emisión, deban considerarse como pasivo financiero, cuyo vencimiento vaya a producirse en un plazo no superior a un año.

Las cuentas de este subgrupo figurarán en el pasivo corriente del balance.

La parte de las deudas a largo plazo que tenga vencimiento a corto deberá figurar en el pasivo corriente del balance; a estos efectos se traspasará a este subgrupo el importe que representen las deudas a largo plazo con vencimiento a corto de las cuentas correspondientes de los subgrupos 15 y 17.

500. **Obligaciones y bonos a corto plazo**

Obligaciones y bonos en circulación no convertibles en acciones cuyo vencimiento vaya a producirse en un plazo no superior a un año.

Con carácter general, su movimiento es el siguiente:

a) Se abonará:

a_1) En el momento de la emisión, por el importe recibido, minorado en los costes de la transacción, con cargo a cuentas del subgrupo 57.

a_2) Por el gasto financiero devengado hasta alcanzar el valor de reembolso de la deuda, con cargo, generalmente, a la cuenta 661.

b) Se cargará por el importe a rembolsar de los valores, a la amortización de los mismos, con abono a la cuenta 509.

501. **Obligaciones y bonos convertibles a corto plazo**

Componente de pasivo financiero de las obligaciones y bonos convertibles en acciones cuyo vencimiento vaya a producirse en un plazo no superior a un año, que se califican como instrumentos financieros compuestos.

Su movimiento es análogo al señalado para la cuenta 500.

502. **Acciones o participaciones a corto plazo consideradas como pasivos financieros**

Capital social escriturado y, en su caso, prima de emisión o asunción en las sociedades que revistan forma mercantil que, atendiendo a las características de la emisión, deba contabilizarse como pasivo financiero y cuyo rescate se prevea en el corto plazo. En particular, determinadas acciones rescatables y acciones o participaciones sin voto.

Su movimiento es el siguiente:

a) Se abonará por el capital inicial y las sucesivas ampliaciones, en el momento de su inscripción en el Registro Mercantil, con cargo a la cuenta 199.

b) Se cargará por la cancelación o reducciones del mismo y a la extinción de la sociedad, una vez transcurrido el periodo de liquidación.

505. **Deudas representadas en otros valores negociables a corto plazo**

Otros pasivos financieros cuyo vencimiento vaya a producirse en un plazo no superior a un año, representados en valores negociables, ofrecidos al ahorro público, distintos de los anteriores.

Su contenido y movimiento es análogo al señalado para la cuenta 501 ó 500, dependiendo de si se trata de un instrumento financiero compuesto o no.

506. **Intereses a corto plazo de empréstitos y otras emisiones análogas**

Intereses a pagar, con vencimiento a corto plazo, de empréstitos y otras emisiones análogas.

Su movimiento es el siguiente:

a) Se abonará por el importe de los intereses explícitos devengados durante el ejercicio, incluidos los no vencidos, con cargo a la cuenta 661.

b) Se cargará:

b_1) Por la retención a cuenta de impuestos, cuando proceda, con abono a la cuenta 475.

b_2) Al pago, con abono a cuentas del subgrupo 57.

507. **Dividendos de acciones o participaciones consideradas como pasivos financieros**

Dividendos a pagar, con vencimiento a corto plazo, de acciones o participaciones consideradas como pasivo.

Su movimiento es el siguiente:

a) Se abonará por el importe de los dividendos devengados durante el ejercicio, con cargo a la cuenta 664.

b) Se cargará:

b_1) Por la retención a cuenta de impuestos, cuando proceda, con abono a la cuenta 475.

b_2) Al pago, con abono a cuentas del subgrupo 57.

509. **Valores negociables amortizados**

Deudas por valores negociables amortizados.

Con carácter general, su movimiento es el siguiente:

a) Se abonará por el valor de reembolso de los valores amortizados, con cargo a cuentas de este subgrupo o del subgrupo 17.

b) Se cargará por el valor de reembolso de los valores amortizados, con abono a cuentas del subgrupo 57.

51. DEUDAS A CORTO PLAZO CON PARTES VINCULADAS

510. **Deudas a corto plazo con entidades de crédito vinculadas**

5103. *Deudas a corto plazo con entidades de crédito, empresas del grupo*

5104. *Deudas a corto plazo con entidades de crédito, empresas asociadas*

5105. *Deudas a corto plazo con otras entidades de crédito vinculadas*

511. **Proveedores de inmovilizado a corto plazo, partes vinculadas**

5113. *Proveedores de inmovilizado a corto plazo, empresas del grupo*

5114. *Proveedores de inmovilizado a corto plazo, empresas asociadas*

5115. *Proveedores de inmovilizado a corto plazo, otras partes vinculadas*

512. **Acreedores por arrendamiento financiero a corto plazo, partes vinculadas**

5123. *Acreedores por arrendamiento financiero a corto plazo, empresas del grupo*

5124. *Acreedores por arrendamiento financiero a corto plazo, empresas asociadas*

5125. *Acreedores por arrendamiento financiero a corto plazo, otras partes vinculadas*

513. **Otras deudas a corto plazo con partes vinculadas**

5133. *Otras deudas a corto plazo con empresas del grupo*

5134. *Otras deudas a corto plazo con empresas asociadas*

5135. *Otras deudas a corto plazo con otras partes vinculadas*

514. **Intereses a corto plazo de deudas con partes vinculadas**

5143. *Intereses a corto plazo de deudas, empresas del grupo*

5144. *Intereses a corto plazo de deudas, empresas asociadas*

5145. *Intereses a corto plazo de deudas, otras partes vinculadas*

Deudas cuyo vencimiento vaya a producirse en un plazo no superior a un año, contraídas con empresas de grupo, multigrupo, asociadas y otras partes vinculadas, incluidas aquellas que por su naturaleza debieran figurar en los subgrupos 50 ó 52, las fianzas y depósitos recibidos a corto plazo del subgrupo 56 y los derivados financieros que debieran figurar en la cuenta 559. Estas deudas se recogerán en las cuentas de tres o más cifras que se desarrollen.

Las cuentas de este subgrupo figurarán en el pasivo corriente del balance.

La parte de las deudas a largo plazo, con personas o entidades vinculadas, que tenga vencimiento a corto deberá figurar en el pasivo corriente del balance, en el epígrafe «Deudas con empresas del grupo y asociadas a corto plazo»; a estos efectos se traspasará a este subgrupo el importe que representen las deudas a largo plazo con vencimiento a corto de las cuentas correspondientes del subgrupo 16.

510. **Deudas a corto plazo con entidades de crédito vinculadas**

Las contraídas con entidades de crédito vinculadas por préstamos recibidos y otros débitos, con vencimiento no superior a un año.

5103/5104/5105

El movimiento de las cuentas citadas de cuatro cifras es el siguiente:

a) Se abonarán:

a_1) A la formalización de la deuda o préstamo, por el importe recibido, minorado en los costes de la transacción, con cargo, generalmente, a cuentas del subgrupo 57.

a_2) Por el gasto financiero devengado hasta alcanzar el valor de reembolso de la deuda, con cargo, generalmente, a la cuenta 662.

b) Se cargarán por el reintegro, total o parcial, al vencimiento, con abono a cuentas del subgrupo 57.

Se incluirá, con el debido desarrollo en cuentas de cinco o más cifras, el importe de las deudas a corto plazo por efectos descontados.

511. **Proveedores de inmovilizado a corto plazo, partes vinculadas**

Deudas con partes vinculadas en calidad de suministradores de bienes definidos en el grupo 2, incluidas las formalizadas en efectos de giro, con vencimiento no superior a un año.

5113/5114/5115

El movimiento de las cuentas citadas de cuatro cifras es el siguiente:

a) Se abonarán:

a_1) Por la recepción a conformidad de los bienes suministrados, con cargo a cuentas del grupo 2.

a_2) Por el gasto financiero devengado hasta alcanzar el valor de reembolso de la deuda, con cargo, generalmente, a la cuenta 662.

b) Se cargarán por la cancelación, total o parcial, de las deudas, con abono, generalmente, a cuentas del subgrupo 57.

512. **Acreedores por arrendamiento financiero a corto plazo, partes vinculadas**

Deudas con vencimiento inferior a un año con partes vinculadas en calidad de cedentes del uso de bienes en acuerdos que deban calificarse como arrendamientos financieros en los términos recogidos en las normas de registro y valoración.

El movimiento de las cuentas citadas de cuatro cifras es el siguiente:

5123/5124/5125

a) Se abonarán:

a_1) Por la recepción a conformidad del derecho de uso sobre los bienes suministrados, con cargo a cuentas del grupo 2.

a2) Por el gasto financiero devengado hasta alcanzar el valor de reembolso de la deuda, con cargo, generalmente, a la cuenta 662.

b) Se cargarán por la cancelación, total o parcial, de las deudas, con abono, generalmente, a cuentas del subgrupo 57.

513. **Otras deudas a corto plazo con partes vinculadas**

Las contraídas con partes vinculadas por préstamos recibidos y otros débitos no incluidos en otras cuentas de este subgrupo, con vencimiento no superior a un año.

5133/5134/5135

El movimiento de las cuentas citadas de cuatro cifras es análogo al descrito para la cuenta 510.

514. **Intereses a corto plazo de deudas con partes vinculadas**

Intereses a pagar, con vencimiento a corto plazo, de deudas con partes vinculadas.

5143/5144/5145

El movimiento de las citadas cuentas de cuatro cifras es el siguiente:

a) Se abonarán por el importe de los intereses explícitos devengados durante el ejercicio, incluidos los no vencidos, con cargo a la cuenta 662.

b) Se cargarán:

b_1) Por la retención a cuenta de impuestos, cuando proceda, con abono a la cuenta 475.

b_2) Al pago, con abono a cuentas del subgrupo 57.

52. DEUDAS A CORTO PLAZO POR PRÉSTAMOS RECIBIDOS Y OTROS CONCEPTOS

520. **Deudas a corto plazo con entidades de crédito**

5200. *Préstamos a corto plazo de entidades de crédito*

5201. *Deudas a corto plazo por crédito dispuesto*

5208. *Deudas por efectos descontados*

5209. *Deudas por operaciones de «factoring»*

521. **Deudas a corto plazo**

522. **Deudas a corto plazo transformables en subvenciones, donaciones y legados**

523. **Proveedores de inmovilizado a corto plazo**
524. **Acreedores por arrendamiento financiero a corto plazo**
525. **Efectos a pagar a corto plazo**
526. **Dividendo activo a pagar**
527. **Intereses a corto plazo de deudas con entidades de crédito**
528. **Intereses a corto plazo de deudas**
529. **Provisiones a corto plazo**
    5290. *Provisión a corto plazo por retribuciones al personal*
    5291. *Provisión a corto plazo para impuestos*
    5292. *Provisión a corto plazo para otras responsabilidades*
    5293. *Provisión a corto plazo por desmantelamiento, retiro o rehabilitación del inmovilizado*
    5295. *Provisión a corto plazo para actuaciones medioambientales*
    5296. *Provisión a corto plazo para reestructuraciones*
    5297. *Provisión a corto plazo por transacciones con pagos basados en instrumentos de patrimonio*

Financiación ajena a corto plazo no instrumentada en valores negociables ni contraída con personas o entidades que tengan la calificación de partes vinculadas, incluyendo los dividendos a pagar. Asimismo, este subgrupo incluye las provisiones cuya cancelación se prevea en el corto plazo.

Las cuentas de este subgrupo figurarán en el pasivo corriente del balance.

La parte de los pasivos a largo plazo que tenga vencimiento a corto deberá figurar en el pasivo corriente del balance; a estos efectos se traspasará a este subgrupo el importe que representen las deudas y provisiones a largo plazo con vencimiento a corto de las cuentas correspondientes de los subgrupos 14 y 17.

520. **Deudas a corto plazo con entidades de crédito**

Las contraídas con entidades de crédito por préstamos recibidos y otros débitos, con vencimiento no superior a un año.

El contenido y movimiento de las cuentas citadas de cuatro cifras es el siguiente:

5200. *Préstamos a corto plazo de entidades de crédito*

Cantidad que corresponde por este concepto de acuerdo con las estipulaciones del contrato.

a) Se abonará:

a_1) A la formalización del préstamo, por el importe recibido, minorado en los costes de la transacción, con cargo, generalmente, a cuentas del subgrupo 57.

a_2) Por el gasto financiero devengado hasta alcanzar el valor de reembolso de la deuda, con cargo, generalmente, a la cuenta 662.

b) Se cargará por el reintegro, total o parcial, con abono a cuentas del subgrupo 57.

5201. *Deudas a corto plazo por crédito dispuesto*

Deudas por cantidades dispuestas en póliza de crédito.

a) Se abonará:

a_1) Por las cantidades dispuestas, con cargo, generalmente, a cuentas del subgrupo 57.

a_2) Por el gasto financiero devengado hasta alcanzar el valor de reembolso de la deuda, con cargo, generalmente, a la cuenta 662.

b) Se cargará por la cancelación, total o parcial, de la deuda, con abono a cuentas del subgrupo 57.

5208. *Deudas por efectos descontados*

Deudas a corto plazo con entidades de crédito consecuencia del descuento de efectos.

a) Se abonará:

a_1) Al descontar los efectos, por el importe percibido, con cargo, generalmente, a cuentas del subgrupo 57 y, por los intereses y gastos soportados, con cargo, generalmente, a la cuenta 665.

a_2) Por el gasto financiero devengado hasta alcanzar el valor de reembolso de la deuda, con cargo, generalmente, a la cuenta 662.

b) Se cargará:

b_1) Al vencimiento de los efectos atendidos, con abono, generalmente, a las cuentas 431 y 441.

b_2) Por el importe de los efectos no atendidos al vencimiento, con abono a cuentas del subgrupo 57.

5209. *Deudas por operaciones de «factoring»*

Deudas a corto plazo con entidades de crédito consecuencia de operaciones de «factoring» en las que la empresa retiene sustancialmente los riesgos y beneficios de los derechos de cobro.

a) Se abonará:

a_1) Por la financiación obtenida, con cargo, generalmente, a cuentas del subgrupo 57 y, por los intereses y gastos soportados, con cargo, generalmente, a la cuenta 665.

a_2) Por el gasto financiero devengado hasta alcanzar el valor de reembolso de la deuda, con cargo, generalmente, a la cuenta 662.

b) Se cargará:

b_1) Al vencimiento de los derechos de cobro atendidos, con abono, generalmente, a la cuenta 432.

b_2) Por el importe de los derechos de cobro no atendidos al vencimiento, con abono a cuentas del subgrupo 57.

521. **Deudas a corto plazo**

Las contraídas con terceros por préstamos recibidos y otros débitos no incluidos en otras cuentas de este subgrupo, con vencimiento no superior a un año.

Su movimiento es el siguiente:

a) Se abonará:

a_1) A la formalización de la deuda o del préstamo, por el importe recibido, minorado en los costes de la transacción, con cargo, generalmente, a cuentas del subgrupo 57.

a_2) Por el gasto financiero devengado hasta alcanzar el valor de reembolso de la deuda, con cargo, generalmente, a la cuenta 662.

b) Se cargará por el reintegro, total o parcial, con abono a cuentas del subgrupo 57.

522. **Deudas a corto plazo transformables en subvenciones, donaciones y legados**

Cantidades concedidas por las Administraciones Públicas, tanto nacionales como internacionales, empresas o particulares con carácter de subvención, donación o legado reintegrable, con vencimiento no superior a un año.

Su movimiento es el siguiente:

a) Se abonará por las cantidades concedidas a la empresa, con cargo, generalmente, a cuentas de los subgrupos 47 ó 57.

b) Se cargará:

b_1) Por cualquier circunstancia que determine la reducción total o parcial de las mismas, con arreglo a los términos de su concesión, con abono, generalmente, a la cuenta 4758.

b_2) Si pierde su carácter de reintegrable, con abono de su saldo a las cuentas 940, 941 ó 942 o a cuentas del subgrupo 74.

523. **Proveedores de inmovilizado a corto plazo**

Deudas con suministradores de bienes definidos en el grupo 2, con vencimiento no superior a un año.

Su movimiento es el siguiente:

a) Se abonará:

a_1) Por la recepción a conformidad de los bienes suministrados, con cargo a cuentas del grupo 2.

a_2) Por el gasto financiero devengado hasta alcanzar el valor de reembolso de la deuda, con cargo, generalmente, a la cuenta 662.

b) Se cargará:

b_1) Por la instrumentación de las deudas en efectos a pagar, con abono a la cuenta 525.

b_2) Por la cancelación, total o parcial, de las deudas, con abono a cuentas del subgrupo 57.

524. **Acreedores por arrendamiento financiero a corto plazo**

Deudas con vencimiento no superior a un año con otras entidades en calidad de cedentes del uso de bienes, en acuerdos que deban calificarse como arrendamientos financieros en los términos recogidos en las normas de registro y valoración.

Su movimiento es el siguiente:

a) Se abonará:

a_1) Por la recepción a conformidad del derecho de uso sobre los bienes suministrados, con cargo a cuentas del grupo 2.

a_2) Por el gasto financiero devengado hasta alcanzar el valor de reembolso de la deuda, con cargo, generalmente, a la cuenta 662.

b) Se cargará por la cancelación, total o parcial, de las deudas, con abono, generalmente, a cuentas del subgrupo 57.

525. Efectos a pagar a corto plazo

Deudas contraídas por préstamos recibidos y otros débitos con vencimiento no superior a un año, instrumentadas mediante efectos de giro, incluidas aquellas que tengan su origen en suministros de bienes de inmovilizado.

Su movimiento es el siguiente:

a) Se abonará:

a_1) Cuando la empresa acepte los efectos, con cargo, generalmente, a cuentas de este subgrupo.

a_2) Por el gasto financiero devengado hasta alcanzar el valor de reembolso de la deuda, con cargo, generalmente, a la cuenta 662.

b) Se cargará por el pago de los efectos al llegar su vencimiento, con abono a cuentas del subgrupo 57.

526. Dividendo activo a pagar

Deudas con accionistas por dividendos activos, sean definitivos o «a cuenta» de los beneficios del ejercicio.

Su movimiento es el siguiente:

a) Se abonará:

a_1) Por el dividendo «a cuenta» que se acuerde, con cargo a la cuenta 557.

a_2) Por el dividendo definitivo, excluido en su caso el dividendo «a cuenta», al aprobarse la distribución de beneficios, con cargo a la cuenta 129.

a_3) De acordarse el reparto de reservas expresas de libre disposición, con cargo a cuentas del subgrupo 11.

b) Se cargará:

b_1) Por la retención a cuenta de impuestos, con abono a la cuenta 475.

b_2) Al pago, con abono a cuentas del subgrupo 57.

527. Intereses a corto plazo de deudas con entidades de crédito

Intereses a pagar, con vencimiento a corto plazo, de deudas con entidades de crédito.

Su movimiento es el siguiente:

a) Se abonará por el importe de los intereses explícitos devengados durante el ejercicio, incluidos los no vencidos, con cargo a la cuenta 662.

b) Se cargará cuando se produzca el pago, con abono a cuentas del subgrupo 57.

528. **Intereses a corto plazo de deudas**

Intereses a pagar, con vencimiento a corto plazo, de deudas, excluidos los que deban ser registrados en la cuenta 527.

Su movimiento es el siguiente:

a) Se abonará por el importe de los intereses explícitos devengados durante el ejercicio, incluidos los no vencidos, con cargo a la cuenta 662.

b) Se cargará:

b_1) Por la retención a cuenta de impuestos, cuando proceda, con abono a la cuenta 475.

b_2) Al pago, con abono a cuentas del subgrupo 57.

529. **Provisiones a corto plazo**

Las provisiones incluidas en el subgrupo 14 cuya cancelación se prevea en el corto plazo, deberán figurar en el epígrafe del pasivo corriente «Provisiones a corto plazo»; a estos efectos se traspasará a este subgrupo el importe que represente la obligación a largo plazo con vencimiento a corto de las cuentas correspondientes del subgrupo 14.

El movimiento de las cuentas citadas de cuatro cifras incluidas en este subgrupo es análogo al de las correspondientes cuentas del subgrupo 14.

53. INVERSIONES FINANCIERAS A CORTO PLAZO EN PARTES VINCULADAS

530. **Participaciones a corto plazo en partes vinculadas**
  5303. *Participaciones a corto plazo, en empresas del grupo*
  5304. *Participaciones a corto plazo, en empresas asociadas*
  5305. *Participaciones a corto plazo, en otras partes vinculadas*

531. **Valores representativos de deuda a corto plazo de partes vinculadas**
  5313. *Valores representativos de deuda a corto plazo de empresas del grupo*
  5314. *Valores representativos de deuda a corto plazo de empresas asociadas*
  5315. *Valores representativos de deuda a corto plazo de otras partes vinculadas*

532. **Créditos a corto plazo a partes vinculadas**
  5323. *Créditos a corto plazo a empresas del grupo*
  5324. *Créditos a corto plazo a empresas asociadas*
  5325. *Créditos a corto plazo a otras partes vinculadas*

533. **Intereses a corto plazo de valores representativos de deuda de partes vinculadas**
  5333. *Intereses a corto plazo de valores representativos de deuda de empresas del grupo*

5334. *Intereses a corto plazo de valores representativos de deuda de empresas asociadas*

5335. *Intereses a corto plazo de valores representativos de deuda de otras partes vinculadas*

534. **Intereses a corto plazo de créditos a partes vinculadas**

5343. *Intereses a corto plazo de créditos a empresas del grupo*

5344. *Intereses a corto plazo de créditos a empresas asociadas*

5345. *Intereses a corto plazo de créditos a otras partes vinculadas*

535. **Dividendo a cobrar de inversiones financieras en partes vinculadas**

5353. *Dividendo a cobrar de empresas de grupo*

5354. *Dividendo a cobrar de empresas asociadas*

5355. *Dividendo a cobrar de otras partes vinculadas*

539. **Desembolsos pendientes sobre participaciones a corto plazo en partes vinculadas**

5393. *Desembolsos pendientes sobre participaciones a corto plazo en empresas del grupo*

5394. *Desembolsos pendientes sobre participaciones a corto plazo en empresas asociadas*

5395. *Desembolsos pendientes sobre participaciones a corto plazo en otras partes vinculadas*

Inversiones financieras a corto plazo en empresas del grupo, multigrupo, asociadas y otras partes vinculadas, cualquiera que sea su forma de instrumentación, incluidos los dividendos e intereses devengados, con vencimiento no superior a un año, o sin vencimiento (como los instrumentos de patrimonio), cuando la empresa tenga la intención de venderlos en el corto plazo. También se incluirán en este subgrupo las fianzas y depósitos a corto plazo constituidos con estas personas o entidades y demás tipos de activos financieros e inversiones a corto plazo con estas personas o entidades. Estas inversiones se recogerán en las cuentas de tres o más cifras que se desarrollen.

La parte de las inversiones a largo plazo, con personas o entidades vinculadas, que tenga vencimiento a corto deberá figurar en el activo corriente del balance, en el epígrafe «Inversiones en empresas del grupo y asociadas a corto plazo»; a estos efectos se traspasará a este subgrupo el importe que represente la inversión a largo plazo con vencimiento a corto plazo de las cuentas correspondientes del subgrupo 24.

530. **Participaciones a corto plazo en partes vinculadas**

Inversiones a corto plazo en derechos sobre el patrimonio neto —con o sin cotización en un mercado regulado— de partes vinculadas; generalmente, acciones emitidas por una sociedad anónima o participaciones en sociedades de responsabilidad limitada.

Figurará en el activo corriente del balance.

5303/5304. *Participaciones a corto plazo en empresas del grupo/en empresas asociadas*

El movimiento de las cuentas citadas de cuatro cifras es el siguiente:

a) Se cargarán:

a_1) A la suscripción o compra, con abono, generalmente, a cuentas del subgrupo 57 y, en su caso, a la cuenta 539.

a_2) En su caso, en el momento en que el importe recuperable sea superior al valor contable de las inversiones, hasta el límite de los ajustes valorativos negativos previos imputados directamente a patrimonio neto, con abono a las cuentas 991 ó 992.

b) Se abonarán:

b_1) En su caso, por el importe del deterioro estimado, hasta el límite de los ajustes valorativos positivos previos imputados directamente a patrimonio neto, con cargo a las cuentas 891 u 892.

b_2) Por las enajenaciones y en general por su baja del activo, con cargo, generalmente, a cuentas del subgrupo 57, si existen desembolsos pendientes a la cuenta 539 y en caso de pérdidas a la cuenta 666.

5305. *Participaciones a corto plazo en otras partes vinculadas*

El movimiento de la cuenta citada es el siguiente:

a) Se cargará:

a_1) A la suscripción o compra, con abono, generalmente, a cuentas del subgrupo 57 y, en su caso, a la cuenta 539.

a_2) Por las variaciones en su valor razonable, con abono a la cuenta 763.

b) Se abonará:

b_1) Por las variaciones en su valor razonable, con cargo a la cuenta 663.

b_2) Por las enajenaciones y en general por su baja del activo, con cargo, generalmente, a cuentas del subgrupo 57 y si existen desembolsos pendientes a la cuenta 539.

531. **Valores representativos de deuda a corto plazo de partes vinculadas**

Inversiones a corto plazo en obligaciones, bonos u otros valores representativos de deuda, incluidos aquellos que fijan su rendimiento en función de índices o sistemas análogos, emitidos por partes vinculadas, con vencimiento no superior a un año.

Figurará en el activo corriente del balance.

5313/5314/5315

Con carácter general, el movimiento de las cuentas citadas de cuatro cifras es el siguiente:

a) Se cargarán:

a_1) A la suscripción o compra, por el precio de adquisición, excluidos los intereses explícitos devengados y no vencidos, con abono a cuentas del subgrupo 57.

a_2) Por el ingreso financiero devengado hasta alcanzar el valor de reembolso del valor, con abono, generalmente, a la cuenta 761.

b) Se abonarán por las enajenaciones, amortizaciones o baja del activo de los valores, con cargo, generalmente, a cuentas del subgrupo 57 y en caso de pérdidas a la cuenta 666.

c) Si los valores se clasifican en la categoría de «Activos financieros disponibles para la venta», se cargarán o abonarán, por las variaciones en su valor razonable, con abono o cargo, respectivamente, a las cuentas 900 y 800, salvo la parte correspondiente a diferencias de cambio que se registrará con abono o cargo a las cuentas 768 y 668.

También se cargarán cuando se produzca el deterioro del valor por el saldo negativo acumulado en el patrimonio neto, con abono a la cuenta 902.

532. **Créditos a corto plazo a partes vinculadas**

Inversiones a corto plazo en préstamos y otros créditos no comerciales, incluidos los derivados de enajenaciones de inmovilizado, los originados por operaciones de arrendamiento financiero y las imposiciones a corto plazo, estén o no formalizados mediante efectos de giro, concedidos a partes vinculadas, con vencimiento no superior a un año. Los diferentes créditos mencionados figurarán en cuentas de cinco cifras.

Figurará en el activo corriente del balance.

5323/5324/5325

El movimiento de las cuentas citadas de cuatro cifras es el siguiente:

a) Se cargarán:

a_1) A la formalización del crédito, por el importe de éste, con abono a cuentas del subgrupo 57.

a_2) Por el ingreso financiero devengado hasta alcanzar el valor de reembolso del crédito, con abono, generalmente, a la cuenta 762.

b) Se abonarán por el reintegro, total o parcial o baja del activo, con cargo, generalmente, a cuentas del subgrupo 57 y en caso de pérdidas a la cuenta 667.

533. **Intereses a corto plazo de valores representativos de deuda de partes vinculadas**

Intereses a cobrar, con vencimiento no superior a un año, de valores representativos de deuda a partes vinculadas.

Figurará en el activo corriente del balance.

5333/5334/5335

El movimiento de las cuentas citadas de cuatro cifras es el siguiente:

a) Se cargarán:

a_1) A la suscripción o compra de los valores, por el importe de los intereses explícitos devengados y no vencidos cuyo vencimiento no sea superior a un año, con abono, generalmente, a cuentas del subgrupo 57.

a_2) Por los intereses explícitos devengados, cuyo vencimiento no sea superior a un año, con abono a la cuenta 761.

b) Se abonarán:

b_1) Por el importe de los intereses cobrados, con cargo a cuentas del subgrupo 57.

b_2) A la enajenación, amortización o baja del activo de los valores, con cargo, generalmente, a cuentas del subgrupo 57 y en caso de pérdidas a la cuenta 666.

534. **Intereses a corto plazo de créditos a partes vinculadas**

Intereses a cobrar, con vencimiento no superior a un año, de créditos a partes vinculadas.

Figurará en el activo corriente del balance.

5343/5344/5345

El movimiento de las cuentas citadas de cuatro cifras es el siguiente:

a) Se cargarán por los intereses explícitos devengados, cuyo vencimiento no sea superior a un año, con abono a la cuenta 762.

b) Se abonarán:

b_1) Por el importe de los intereses cobrados, con cargo a cuentas del subgrupo 57.

b_2) Por el reintegro, total o parcial, o baja del activo, con cargo, generalmente, a cuentas del subgrupo 57 y en caso de pérdidas a la cuenta 667.

535. **Dividendo a cobrar de inversiones financieras en partes vinculadas**

Créditos por dividendos, sean definitivos o «a cuenta», pendientes de cobro, procedentes de inversiones financieras en empresas vinculadas.

Figurará en el activo corriente del balance.

5353/5354/5355

El movimiento de las cuentas citadas de cuatro cifras es el siguiente:

a) Se cargarán por el importe devengado, con abono a la cuenta 760.

b) Se abonarán por el importe cobrado, con cargo, generalmente, a cuentas del subgrupo 57 y por la retención soportada a la cuenta 473.

539. **Desembolsos pendientes sobre participaciones a corto plazo en partes vinculadas**

Desembolsos pendientes, no exigidos, sobre participaciones en el patrimonio neto de partes vinculadas, cuando tengan la consideración de inversiones financieras a corto plazo.

Figurará en el activo corriente del balance, minorando la partida en la que se contabilicen las correspondientes participaciones.

5393/5394/5395

El movimiento de las cuentas citadas de cuatro cifras es el siguiente:

a) Se abonarán a la adquisición o suscripción de las acciones, por el importe pendiente de desembolsar, con cargo a la cuenta 530.

b) Se cargarán por los desembolsos que se vayan exigiendo, con abono a la cuenta 556, o a la cuenta 530 por los saldos pendientes, cuando se enajenen instrumentos de patrimonio no desembolsados totalmente.

54. OTRAS INVERSIONES FINANCIERAS A CORTO PLAZO

540. **Inversiones financieras a corto plazo en instrumentos de patrimonio**
541. **Valores representativos de deuda a corto plazo**
542. **Créditos a corto plazo**
543. **Créditos a corto plazo por enajenación de inmovilizado**
544. **Créditos a corto plazo al personal**
545. **Dividendo a cobrar**
546. **Intereses a corto plazo de valores representativos de deuda**
547. **Intereses a corto plazo de créditos**
548. **Imposiciones a corto plazo**
549. **Desembolsos pendientes sobre instrumentos de patrimonio a corto plazo**

Inversiones financieras temporales no relacionadas con partes vinculadas, cualquiera que sea su forma de instrumentación, incluidos los intereses devengados, con vencimiento no superior a un año o sin vencimiento (como los instrumentos de patrimonio), cuando la empresa tenga la intención de venderlos en el corto plazo.

La parte de las inversiones a largo plazo que tenga vencimiento a corto deberá figurar en el activo corriente del balance, en el epígrafe «Inversiones financieras a corto plazo»; a estos efectos se traspasará a este subgrupo el importe que represente la inversión a largo plazo con vencimiento a corto plazo de las cuentas correspondientes del subgrupo 25.

540. Inversiones financieras a corto plazo en instrumentos de patrimonio

Inversiones a corto plazo en derechos sobre el patrimonio neto —acciones con o sin cotización en un mercado regulado u otros valores, tales como, participaciones en instituciones de inversión colectiva, o participaciones en sociedades de responsabilidad limitada— de entidades que no tengan la consideración de partes vinculadas.

Figurará en el activo corriente del balance.

Su movimiento es el siguiente:

a) Se cargará:

a_1) A la suscripción o compra, con abono a cuentas del subgrupo 57 y, en su caso, a la cuenta 549.

a_2) Por las variaciones en su valor razonable, con abono a la cuenta 763.

b) Se abonará:

b_1) Por las variaciones en su valor razonable, con cargo a la cuenta 663.

b_2) Por las enajenaciones y en general por la baja del activo, con cargo, generalmente, a cuentas del subgrupo 57 y si existen desembolsos pendientes a la cuenta 549.

541. Valores representativos de deuda a corto plazo

Inversiones a corto plazo, por suscripción o adquisición de obligaciones, bonos u otros valores de renta fija, incluidos aquellos que fijan su rendimiento en función de índices o sistemas análogos.

Cuando los valores suscritos o adquiridos hayan sido emitidos por partes vinculadas, la inversión se reflejará en la cuenta 531.

Figurará en el activo corriente del balance.

Con carácter general, su movimiento es el siguiente:

a) Se cargará:

a_1*)* A la suscripción o compra, por el precio de adquisición, excluidos los intereses explícitos devengados y no vencidos, con abono, a cuentas del subgrupo 57.

a_2*)* Por el ingreso financiero devengado hasta alcanzar el valor de reembolso del valor, con abono, generalmente, a la cuenta 761.

b) Se abonará por la enajenación, amortización o baja del activo de los valores, con cargo, generalmente, a cuentas del subgrupo 57 y en caso de pérdidas a la cuenta 666.

c) Si los valores se clasifican en la categoría de «Activos financieros disponibles para la venta», se cargará o abonará, por las variaciones en su valor razonable, con abono o cargo, respectivamente, a las cuentas 900 y 800, salvo la parte correspondiente a diferencias de cambio que se registrará con abono o cargo a las cuentas 768 y 668. También se cargará cuando se produzca el deterioro del valor por el saldo negativo acumulado en el patrimonio neto, con abono a la cuenta 902.

542. Créditos a corto plazo

Los préstamos y otros créditos no comerciales concedidos a terceros incluidos los formalizados mediante efectos de giro, con vencimiento no superior a un año.

Cuando los créditos hayan sido concertados con partes vinculadas, la inversión se reflejará en la cuenta 532.

En esta cuenta se incluirán también las donaciones y legados de capital, reintegrables o no, concedidas a la empresa, a cobrar a corto plazo, que se liquiden mediante la entrega de efectivo u otros instrumentos financieros, excluidas las subvenciones que deban registrarse en cuentas de los subgrupos 44 ó 47.

Figurará en el activo corriente del balance.

Su movimiento es el siguiente:

a) Se cargará:

a_1*)* A la formalización del crédito por el importe de éste, con abono, generalmente, a cuentas del subgrupo 57.

a_2*)* Por el ingreso financiero devengado hasta alcanzar el valor de reembolso del crédito, con abono, generalmente, a la cuenta 762.

b) Se abonará por el reintegro, total o parcial o baja del activo, con cargo, generalmente, a cuentas del subgrupo 57 y en caso de pérdidas a la cuenta 667.

543. Créditos a corto plazo por enajenación de inmovilizado

Créditos a terceros cuyo vencimiento no sea superior a un año, con origen en operaciones de enajenación de inmovilizado.

Cuando los créditos por enajenación de inmovilizado hayan sido concertados con partes vinculadas, la inversión se reflejará en la cuenta 532.

Figurará en el activo corriente del balance.

Su movimiento es el siguiente:

a) Se cargará:

a_1) Por el importe de dichos créditos, excluidos los intereses que en su caso se hubieran acordado, con abono a cuentas del grupo 2.

a_2) Por el ingreso financiero devengado hasta alcanzar el valor de reembolso del crédito, con abono, generalmente, a la cuenta 762.

b) Se abonará por el reintegro, total o parcial o baja del activo, con cargo, generalmente, a cuentas del subgrupo 57 y en caso de pérdidas a la cuenta 667.

544. **Créditos a corto plazo al personal**

Créditos concedidos al personal de la empresa, que no tenga la calificación de parte vinculada, cuyo vencimiento no sea superior a un año.

Figurará en el activo corriente del balance.

Su movimiento es análogo al señalado para la cuenta 542.

545. **Dividendo a cobrar**

Créditos por dividendos, sean definitivos o «a cuenta», pendientes de cobro.

Figurará en el activo corriente del balance.

Su movimiento es el siguiente:

a) Se cargará por el importe devengado, con abono a la cuenta 760.

b) Se abonará por el importe cobrado, con cargo, generalmente, a cuentas del subgrupo 57 y por la retención soportada a la cuenta 473.

546. **Intereses a corto plazo de valores representativos de deuda**

Intereses a cobrar, con vencimiento no superior a un año, de valores representativos de deuda.

Figurará en el activo corriente del balance.

Su movimiento es el siguiente:

a) Se cargará:

a_1) A la suscripción o compra de los valores, por el importe de los intereses explícitos devengados y no vencidos, cuyo vencimiento no sea superior a un año, con abono, generalmente, a cuentas del subgrupo 57.

a_2) Por los intereses explícitos devengados, cuyo vencimiento no sea superior a un año, con abono a la cuenta 761.

b) Se abonará:

b_1) Por el importe de los intereses cobrados, con cargo a cuentas del subgrupo 57.

b_2) A la enajenación, amortización o baja del activo de los valores, con cargo, generalmente, a cuentas del subgrupo 57 y en caso de pérdidas a la cuenta 666.

547. **Intereses a corto plazo de créditos**

Intereses a cobrar, con vencimiento no superior a un año, de créditos.

Figurará en el activo corriente del balance.

Su movimiento es el siguiente:

a) Se cargará por los intereses explícitos devengados, cuyo vencimiento no sea superior a un año, con abono a la cuenta 762.

b) Se abonará:

b_1) Por el importe de los intereses cobrados, con cargo a cuentas del subgrupo 57.

b_2) Por el reintegro, total o parcial, o baja del activo, con cargo, generalmente a cuentas del subgrupo 57 y en caso de pérdidas a la cuenta 667.

548. **Imposiciones a corto plazo**

Saldos favorables en Bancos e Instituciones de Crédito formalizados por medio de «cuenta a plazo» o similares, con vencimiento no superior a un año y de acuerdo con las condiciones que rigen para el sistema financiero. También se incluirán, con el debido desarrollo en cuentas de cuatro cifras, los intereses a cobrar, con vencimiento no superior a un año, de imposiciones a plazo.

Cuando las imposiciones a plazo hayan sido concertadas con partes vinculadas, la inversión se reflejará en la cuenta 532.

Figurará en el activo corriente del balance.

Su movimiento es el siguiente:

a) Se cargará a la formalización, por el importe entregado.

b) Se abonará a la recuperación o traspaso de los fondos.

549. **Desembolsos pendientes sobre participaciones en el patrimonio neto a corto plazo**

Desembolsos pendientes, no exigidos, sobre participaciones en el patrimonio neto de empresas que no tengan la consideración de partes vinculadas, cuando se trate de inversiones financieras a corto plazo.

Figurará en el activo corriente del balance, minorando la partida en la que se contabilicen las correspondientes participaciones.

Su movimiento es el siguiente:

a) Se abonará a la adquisición o suscripción de las acciones, por el importe pendiente de desembolsar, con cargo a la cuenta 540.

b) Se cargará por los desembolsos que se vayan exigiendo, con abono a la cuenta 556 o a la cuenta 540 por los saldos pendientes, cuando se enajenen instrumentos de patrimonio no desembolsados totalmente.

55. OTRAS CUENTAS NO BANCARIAS

550. **Titular de la explotación**

551. **Cuenta corriente con socios y administradores**

552. **Cuenta corriente con otras personas y entidades vinculadas**

5523. *Cuenta corriente con empresas del grupo*

5524. *Cuenta corriente con empresas asociadas*

5525. *Cuenta corriente con otras partes vinculadas*

553. **Cuentas corrientes en fusiones y escisiones**

5530. *Socios de sociedad disuelta*

5531. *Socios, cuenta de fusión*

5532. *Socios de sociedad escindida*

5533. *Socios, cuenta de escisión*

554. **Cuenta corriente con uniones temporales de empresas y comunidades de bienes**

555. **Partidas pendientes de aplicación**

556. **Desembolsos exigidos sobre participaciones en el patrimonio neto**

557. **Dividendo activo a cuenta**

558. **Socios por desembolsos exigidos**

5580. *Socios por desembolsos exigidos sobre acciones o participaciones ordinarias*

5585. *Socios por desembolsos exigidos por acciones o participaciones consideradas como pasivos financieros*

559. **Derivados financieros a corto plazo**

5590. *Activos por derivados financieros a corto plazo, cartera de negociación*

5593. *Activos por derivados financieros a corto plazo, instrumentos de cobertura*

5595. *Pasivos por derivados financieros a corto plazo, cartera de negociación*

5598. *Pasivos por derivados financieros a corto plazo, instrumentos de cobertura*

550. Titular de la explotación

Cuenta corriente mantenida con el titular de la explotación que expresa la relación existente entre el patrimonio personal del titular y la empresa a lo largo del ejercicio.

Su movimiento es el siguiente:

a) Se abonará:

a_1) Por los bienes y derechos traspasados a la empresa desde el patrimonio personal del titular.

a_2) Por los resultados positivos no capitalizados, con cargo a la cuenta 129.

b) Se cargará por los bienes y derechos retirados de la empresa con destino al patrimonio personal o al consumo final del titular.

c) Al final del ejercicio, se abonará o cargará, dependiendo de su saldo, con cargo o abono a la cuenta 102.

551/552. Cuentas corrientes con...

Cuentas corrientes de efectivo con socios, administradores y cualquiera otra persona natural o jurídica que no sea Banco, banquero o Institución de Crédito, ni cliente o proveedor de la empresa, y que no correspondan a cuentas en participación.

Figurará en el activo corriente del balance la suma de saldos deudores, y en el pasivo corriente la suma de saldos acreedores.

Con carácter general, su movimiento es el siguiente:

Se cargarán por las remesas o entregas efectuadas por la empresa y se abonarán por las recepciones a favor de la empresa, con abono y cargo, respectivamente, a cuentas del subgrupo 57.

553. **Cuentas corrientes en fusiones y escisiones**

Cuentas corrientes para registrar el traspaso del patrimonio, la entrega de contraprestación y las correspondientes variaciones en patrimonio neto de las sociedades que intervienen en las operaciones de fusión y escisión.

Esta cuenta figurará en el activo o en el pasivo del balance, según corresponda.

Con carácter general, el contenido y movimiento de las cuentas citadas de cuatro cifras es el siguiente:

5530. *Socios de sociedad disuelta*

Cuenta corriente de la sociedad absorbente o la sociedad de nueva creación con los socios de la sociedad disuelta en una fusión.

a) Se abonará en el momento de la recepción del traspaso de los activos adquiridos y pasivos asumidos.

b) Se cargará en el momento de la entrega a los socios de las acciones o participaciones emitidas, con abono a las cuentas 100 y 110 y, en su caso, a las correspondientes cuentas del subgrupo 57.

5531. *Socios, cuenta de fusión*

Cuenta corriente de las sociedades que se extinguen en una fusión.

a) Se cargará en el momento del traspaso a la sociedad absorbente o de nueva creación de los activos adquiridos y pasivos asumidos.

b) Se abonará, en el momento de la entrega a los socios de las acciones o participaciones emitidas, con cargo a las cuentas correspondientes del patrimonio neto de la sociedad que se extingue.

5532. *Socios de sociedad escindida*

Cuenta corriente de la sociedad beneficiaria, absorbente o de nueva creación, creada para recoger el traspaso de los activos adquiridos y pasivos asumidos de la sociedad escindida.

Su movimiento es similar al de la cuenta 5530.

5533. *Socios, cuenta de escisión*

Cuenta corriente de las sociedades que se escinden, creada con la finalidad de traspasar el patrimonio escindido a la sociedad beneficiaria, absorbente o de nueva creación, y cancelar las correspondientes cuentas del patrimonio neto de la sociedad escindida, en el momento de la reducción de capital si se trata de escisión parcial o, en caso de escisión total, a la extinción de la misma.

Su movimiento es similar al de la cuenta 5531.

554. **Cuenta corriente con uniones temporales de empresas y comunidades de bienes**

Recoge los movimientos con las uniones temporales de empresas y comunidades de bienes en las que participe la empresa, derivados de aportaciones dinerarias, incluida la fundacional, devoluciones dinerarias de las uniones temporales de empresas, prestaciones recíprocas de medios, servicios y otros suplidos, y asignaciones de los resultados obtenidos en las mismas.

Su movimiento es el siguiente:

a) Se cargará por las remesas o entregas efectuadas por la empresa, con abono a las cuentas de los grupos 2, 5 y 7 que correspondan.

b) Se abonará por las recepciones a favor de la empresa, con cargo a las cuentas de los grupos 2, 5 y 6 que correspondan.

555. **Partidas pendientes de aplicación**

Remesas de fondos recibidas cuya causa no resulte, en principio, identificable y siempre que no correspondan a operaciones que por su naturaleza deban incluirse en otros subgrupos. Tales remesas permanecerán registradas en esta cuenta el tiempo estrictamente necesario para aclarar su causa.

Figurará en el pasivo corriente del balance.

Su movimiento es el siguiente:

a) Se abonará por los cobros que se produzcan, con cargo a cuentas del subgrupo 57.

b) Se cargará al efectuar la aplicación, con abono a la cuenta a que realmente corresponda.

556. **Desembolsos exigidos sobre participaciones en el patrimonio neto**

Desembolsos exigidos y pendientes de pago correspondientes a participaciones en patrimonio neto.

Figurará en el pasivo corriente del balance.

Su movimiento es el siguiente:

a) Se abonará cuando se exija el desembolso, con cargo a cuentas de los subgrupos 24, 25, 53 ó 54.

b) Se cargará por los desembolsos que se efectúen, con abono a cuentas del subgrupo 57.

557. **Dividendo activo a cuenta**

Importes, con carácter de «a cuenta» de beneficios, cuya distribución se acuerde por el órgano competente.

Figurará en el patrimonio neto, minorando los fondos propios.

Su movimiento es el siguiente:

a) Se cargará al acordarse su distribución, con abono a la cuenta 526.

b) Se abonará por el importe de su saldo cuando se tome la decisión sobre la distribución y aplicación de los beneficios, con cargo a la cuenta 129.

558. **Socios por desembolsos exigidos**

5580. *Socios por desembolsos exigidos sobre acciones o participaciones ordinarias*

Capital social escriturado, pendiente de desembolso, cuyo importe ha sido exigido a los accionistas o partícipes.

Se desglosarán, con el debido desarrollo en cuentas de cinco cifras, los desembolsos pendientes en mora.

Figurará en el activo corriente del balance.

Su movimiento es el siguiente:

a) Se cargará por los desembolsos exigidos, con abono a la cuenta 1030.

b) Se abonará en la medida en que dichos desembolsos se vayan efectuando, con cargo a cuentas del subgrupo 57.

5585. *Socios por desembolsos exigidos sobre acciones o participaciones consideradas como pasivos financieros*

Importe correspondiente a las acciones o participaciones consideradas como pasivos financieros, emitidas y suscritas, pendientes de desembolso, cuyo importe ha sido exigido a los suscriptores.

Se desglosarán, con el debido desarrollo en cuentas de cinco cifras, los desembolsos pendientes en mora.

Figurará en el pasivo no corriente del balance, con signo negativo, minorando el epígrafe «Deudas a largo plazo con características especiales».

Su movimiento es el siguiente:

a) Se cargará por los desembolsos exigidos, con abono a la cuenta 153.

b) Se abonará en la medida en que dichos desembolsos se vayan efectuando, con cargo a las cuentas del subgrupo 57.

559. **Derivados financieros a corto plazo**

Importe correspondiente a las operaciones con derivados financieros cuyo plazo de liquidación no sea superior a un año. En particular, se recogerán en esta cuenta las primas pagadas o cobradas en operaciones con opciones, así como, con carácter general, las variaciones en el valor razonable de los instrumentos financieros derivados con los que opere la empresa: opciones, futuros, permutas financieras, compraventa a plazo de moneda extranjera, etc. También se incluyen los derivados implícitos de instrumentos financieros híbridos adquiridos, emitidos o asumidos, que cumplan los criterios para su inclusión en esta cuenta, creándose en caso necesario cuentas de cuatro o más cifras que identifiquen que se trata de un derivado implícito.

El movimiento de las cuentas citadas de cuatro cifras es el siguiente:

5590. *Activos por derivados financieros a corto plazo, cartera de negociación*

Figurará en el activo corriente del balance.

a) Se cargará:

a_1) Por las cantidades satisfechas en el momento de la contratación, con abono, generalmente, a cuentas del subgrupo 57.

a_2) Por las ganancias que se generen en el ejercicio, con abono a la cuenta 7630.

b) Se abonará:

b_1) Por las pérdidas que se generen en el ejercicio hasta el límite del importe por el que figurara registrado el derivado en el activo en el ejercicio anterior, con cargo a la cuenta 6630.

b_2) Por el importe recibido en el momento de la liquidación, con cargo, generalmente, a cuentas del subgrupo 57.

5593. *Activos por derivados financieros a corto plazo, instrumentos de cobertura*

Figurará en el activo corriente del balance.

a) Se cargará por las cantidades satisfechas en el momento de la contratación, con abono, generalmente a cuentas del subgrupo 57.

b) Cuando el derivado se utilice como instrumento de cobertura, en una cobertura de valor razonable:

b_1) Se cargará por las ganancias que se generen en el ejercicio al aplicar las reglas que rigen la contabilidad de coberturas, con abono a una cuenta que se imputará a la cuenta de pérdidas y ganancias en la misma partida en la que se incluyan las pérdidas que se generen en las partidas cubiertas al valorar el riesgo cubierto por su valor razonable.

b_2) Se abonará:

i) Por las pérdidas que se generen en el ejercicio al aplicar las reglas que rigen la contabilidad de coberturas, hasta el límite del importe por el que figurara registrado el derivado en el activo en el ejercicio anterior, con cargo a una cuenta que se imputará en la cuenta de pérdidas y ganancias en la misma partida en la que se incluyan las ganancias que se generen en las partidas cubiertas al valorar el riesgo cubierto por su valor razonable.

ii) En el momento en que se adquiera el activo o asuma el pasivo cubiertos, con cargo a las cuentas en que se contabilicen dichos elementos patrimoniales.

c) Cuando el derivado se utilice como instrumento de cobertura, en otras operaciones de cobertura, por la parte eficaz, se cargará o abonará, por la ganancia o pérdida que se generen en el ejercicio al aplicar las reglas que rigen la contabilidad de coberturas, con abono o cargo, a las cuentas del subgrupo 91 y 81, respectivamente, y por la parte ineficaz, a las cuentas 7633 y 6633.

d) Se abonará por el importe recibido en el momento de la liquidación, con cargo generalmente a cuentas del subgrupo 57.

5595. *Pasivos por derivados financieros a corto plazo, cartera de negociación*

Figurará en el pasivo corriente del balance.

a) Se abonará:

a_1) Por el importe recibido en el momento de la contratación, con cargo, generalmente, a cuentas del subgrupo 57.

a_2) Por las pérdidas que se generen en el ejercicio, con cargo a la cuenta 6630.

b) Se cargará:

b_1) Por las ganancias que se generen en el ejercicio hasta el límite del importe por el que figurara registrado el derivado en el pasivo en el ejercicio anterior, con abono a la cuenta 7630.

b_2) Por las cantidades satisfechas en el momento de la liquidación, con abono, generalmente, a cuentas del subgrupo 57.

5598. *Pasivos por derivados financieros a corto plazo, instrumentos de cobertura*

Figurará en el pasivo corriente del balance.

a) Se abonará por el importe recibido en el momento de la contratación, con cargo, generalmente, a cuentas del subgrupo 57.

b) Cuando el derivado se utilice como instrumento de cobertura, en una cobertura de valor razonable:

b_1) Se cargará:

i) Por las ganancias que se generen en el ejercicio al aplicar las reglas que rigen la contabilidad de coberturas, hasta el límite del importe por el que figurara registrado el derivado en el pasivo en el ejercicio anterior, con abono a una cuenta que se imputará a la cuenta de pérdidas y ganancias en la misma partida en la que se incluyen las pérdidas que se generen en las partidas cubiertas al valorar el riesgo cubierto por su valor razonable.

ii) En el momento en que se adquiera el activo o se asuma el pasivo cubiertos, con abono a las cuentas en que se contabilicen dichos elementos patrimoniales.

b_2) Se abonará por las pérdidas que se generen en el ejercicio al aplicar las reglas que rigen la contabilidad de coberturas, con cargo a una cuenta que se imputará a la cuenta de pérdidas y ganancias en la misma partida en la que se incluyan las ganancias que se generen en las partidas cubiertas al valorar el riesgo cubierto por su valor razonable.

c) Cuando el derivado se utilice como instrumento de cobertura, en otras operaciones de cobertura, por la parte eficaz, se cargará o abonará, por la ganancia o pérdida que se generen en el ejercicio al aplicar las reglas que rigen la contabilidad de coberturas, con abono o cargo, a las cuentas del subgrupo 91 y 81, respectivamente, y por la parte ineficaz, a las cuentas 7633 y 6633.

d) Se cargará por las cantidades satisfechas en el momento de la liquidación, con abono, generalmente, a cuentas del subgrupo 57.

56. FIANZAS Y DEPÓSITOS RECIBIDOS Y CONSTITUIDOS A CORTO PLAZO Y AJUSTES POR PERIODIFICACIÓN

560. **Fianzas recibidas a corto plazo**
561. **Depósitos recibidos a corto plazo**
565. **Fianzas constituidas a corto plazo**
566. **Depósitos constituidos a corto plazo**
567. **Intereses pagados por anticipado**
568. **Intereses cobrados por anticipado**
569. **Garantías financieras a corto plazo**

La parte de las fianzas y depósitos, recibidos o constituidos y garantías financieras concedidas, a largo plazo que tenga vencimiento a corto deberá figurar en el pasivo o activo corriente del balance; a estos efectos se traspasará a este subgrupo el importe que representen las fianzas, depósitos y garantías financieras a largo plazo con vencimiento a corto de las cuentas correspondientes de los subgrupos 18 y 26.

560. **Fianzas recibidas a corto plazo**

Efectivo recibido como garantía del cumplimiento de una obligación, a plazo no superior a un año.

Figurará en el pasivo corriente del balance.

Su movimiento es el siguiente:

a) Se abonará a la constitución, por el efectivo recibido, con cargo a cuentas del subgrupo 57.

b) Se cargará:

b_1) A la cancelación, con abono a cuentas del subgrupo 57.

b_2) Por incumplimiento de la obligación afianzada que determine pérdidas en la fianza, con abono a la cuenta 759.

561. **Depósitos recibidos a corto plazo**

Efectivo recibido en concepto de depósito irregular, a plazo no superior a un año.

Figurará en el pasivo corriente del balance.

Su movimiento es el siguiente:

a) Se abonará a la constitución, por el efectivo recibido, con cargo a cuentas del subgrupo 57.

b) Se cargará a la cancelación, con abono a cuentas del subgrupo 57.

565. **Fianzas constituidas a corto plazo**

Efectivo entregado como garantía del cumplimiento de una obligación, a plazo no superior a un año.

Figurará en el activo corriente del balance.

Su movimiento es el siguiente:

a) Se cargará a la constitución, por el efectivo entregado, con abono a cuentas del subgrupo 57.

b) Se abonará:

b_1*)* A la cancelación, con cargo a cuentas del subgrupo 57.

b_2*)* Por incumplimiento de la obligación afianzada que determine pérdidas en la fianza, con cargo a la cuenta 659.

566. **Depósitos constituidos a corto plazo**

Efectivo entregado en concepto de depósito irregular, a plazo no superior a un año.

Figurará en el activo corriente del balance.

Su movimiento es el siguiente:

a) Se cargará a la constitución, por el efectivo entregado, con abono a cuentas del subgrupo 57.

b) Se abonará a la cancelación, con cargo a cuentas del subgrupo 57.

567. **Intereses pagados por anticipado**

Intereses pagados por la empresa que corresponden a ejercicios siguientes.

Figurará en el activo corriente del balance.

Su movimiento es el siguiente:

a) Se cargará, al cierre del ejercicio, con abono a las cuentas del subgrupo 66 que hayan registrado los intereses contabilizados.

b) Se abonará, al principio del ejercicio siguiente, con cargo a cuentas del subgrupo 66.

568. **Intereses cobrados por anticipado**

Intereses cobrados por la empresa que corresponden a ejercicios siguientes.

Figurará en el pasivo corriente del balance.

Su movimiento es el siguiente:

a) Se abonará, al cierre del ejercicio, con cargo a las cuentas del subgrupo 76 que hayan registrado los intereses contabilizados.

b) Se cargará, al principio del ejercicio siguiente, con abono a cuentas del subgrupo 76.

569. **Garantías financieras a corto plazo**

Garantías financieras concedidas por la empresa a plazo no superior a un año. En particular, avales otorgados, siempre y cuando no proceda su registro en la cuenta 529.

Figurará en el pasivo corriente del balance.

Su movimiento es el siguiente:

a) Se abonará:

a_1*)* A la constitución, por el efectivo recibido, con cargo a cuentas del subgrupo 57.

a_2*)* Por el aumento de la obligación, con cargo a la cuenta 669.

b) Se cargará:

b_1) Por la disminución de la obligación y por los ingresos devengados, con abono a la cuenta 769.

b_2) A la cancelación, con abono a cuentas del subgrupo 57.

57. TESORERÍA

570. **Caja, euros**
571. **Caja, moneda extranjera**
572. **Bancos e instituciones de crédito c/c vista, euros**
573. **Bancos e instituciones de crédito c/c vista, moneda extranjera**
574. **Bancos e instituciones de crédito, cuentas de ahorro, euros**
575. **Bancos e instituciones de crédito, cuentas de ahorro, moneda extranjera**
576. **Inversiones a corto plazo de gran liquidez**

570/571. **Caja...**

Disponibilidades de medios líquidos en caja.

Figurarán en el activo corriente del balance.

Su movimiento es el siguiente:

Se cargarán a la entrada de los medios líquidos y se abonarán a su salida, con abono y cargo a las cuentas que han de servir de contrapartida, según la naturaleza de la operación que provoca el cobro o el pago.

572/573/574/575. **Bancos e instituciones de crédito ...**

Saldos a favor de la empresa, en cuentas corrientes a la vista y de ahorro de disponibilidad inmediata en Bancos e Instituciones de Crédito, entendiendo por tales Cajas de Ahorros, Cajas Rurales y Cooperativas de Crédito para los saldos situados en España y entidades análogas si se trata de saldos situados en el extranjero.

Se excluirán de contabilizar en este subgrupo los saldos en los Bancos e instituciones citadas cuando no sean de disponibilidad inmediata, así como los saldos de disposición inmediata si no estuvieran en poder de Bancos o de las instituciones referidas. También se excluirán los descubiertos bancarios que figurarán en todo caso en el pasivo corriente del balance.

Figurarán en el activo corriente del balance.

Su movimiento es el siguiente:

a) Se cargarán por las entregas de efectivo y por las transferencias, con abono a la cuenta que ha de servir de contrapartida, según sea la naturaleza de la operación que provoca el cobro.

b) Se abonarán por la disposición, total o parcial, del saldo, con cargo a la cuenta que ha de servir de contrapartida, según sea la naturaleza de la operación que provoca el pago.

576. **Inversiones a corto plazo de gran liquidez**

Inversiones financieras convertibles en efectivo, con un vencimiento no superior a tres meses desde la fecha de adquisición, que no tengan riesgos significativos de cambio de valor y que formen parte de la política de gestión normal de la tesorería de la empresa.

Figurará en el activo corriente del balance.

Su movimiento es el siguiente:

Se cargará a la entrada de las inversiones financieras y se abonará a su salida, con abono y cargo a las cuentas que han de servir de contrapartida.

58. ACTIVOS NO CORRIENTES MANTENIDOS PARA LA VENTA Y ACTIVOS Y PASIVOS ASOCIADOS

580. **Inmovilizado**
581. **Inversiones con personas y entidades vinculadas**
582. **Inversiones financieras**
583. **Existencias, deudores comerciales y otras cuentas a cobrar**
584. **Otros activos**
585. **Provisiones**
586. **Deudas con características especiales**
587. **Deudas con personas y entidades vinculadas**
588. **Acreedores comerciales y otras cuentas a pagar**
589. **Otros pasivos**

Activos no corrientes con carácter individual, así como otros activos y pasivos no corrientes o corrientes incluidos en un grupo enajenable de elementos, cuya recuperación se espera realizar fundamentalmente a través de su venta, en lugar de por su uso continuado, incluidos los que formen parte de una operación interrumpida que se hubiera clasificado como mantenida para la venta.

580/584

Estas cuentas figurarán en el activo corriente del balance.

Su movimiento, generalmente, es el siguiente:

a) Se cargarán:

a_1) En el momento en que se cumplan las condiciones para su clasificación, de acuerdo con lo dispuesto en las normas de registro y valoración contenidas en la segunda parte de este texto, con abono a las respectivas cuentas del activo corriente y no corriente.

a_2) En el caso de activos financieros que, a efectos de su valoración, estuvieran clasificados en la categoría de «Activos financieros mantenidos para negociar» o en la de «Otros activos financieros a valor razonable con cambios en la cuenta de pérdidas y ganancias», por las variaciones en su valor razonable, con abono a la cuenta 763.

a_3) En el caso de activos financieros que, a efectos de su valoración, estuvieran clasificados en la categoría de «Activos financieros disponibles para la venta», por las variaciones en su valor razonable, con abono a la cuenta 960, salvo la parte correspondiente a diferencias de cambio en partidas monetarias que se registrará con abono a la cuenta 768.

a_4) En su caso, por el ingreso financiero devengado, con abono a la cuenta que corresponda del subgrupo 76.

b) Se abonarán:

b_1) En el momento en que se produzca la enajenación o disposición por otra vía del activo no corriente o grupo enajenable de elementos, con cargo, generalmente, a cuentas del subgrupo 57 y en caso de pérdidas a la cuenta del subgrupo 67 que corresponda a la naturaleza del activo.

b_2) En el caso de activos financieros que, a efectos de su valoración, estuvieran clasificados en la categoría de «Activos financieros mantenidos para negociar» o en la de «Otros activos financieros a valor razonable con cambios en la cuenta de pérdidas y ganancias», por las variaciones en su valor razonable, con cargo a la cuenta 663.

b_3) En el caso de activos financieros que, a efectos de su valoración, estuvieran clasificados en la categoría de «Activos financieros disponibles para la venta», por las variaciones en su valor razonable, con cargo a la cuenta 860, salvo la parte correspondiente a diferencias de cambio en partidas monetarias que se registrará con cargo a la cuenta 668.

b_4) Si el activo no corriente o grupo enajenable de elementos dejara de cumplir los requisitos para su clasificación como mantenido para la venta de acuerdo con lo dispuesto en las normas de registro y valoración contenidas en la segunda parte de este texto, con cargo a las respectivas cuentas del activo corriente y no corriente.

585/589

Estas cuentas figurarán en el pasivo corriente del balance.

Su movimiento, generalmente, es el siguiente:

a) Se abonarán:

a_1) En el momento en que se cumplan las condiciones para su clasificación, de acuerdo con lo dispuesto en las normas de registro y valoración contenidas en la segunda parte de este texto, con cargo a las respectivas cuentas del pasivo corriente y no corriente.

a_2) En el caso de pasivos financieros que, a efectos de su valoración, estuvieran clasificados en la categoría de «Pasivos financieros mantenidos para negociar» o en la de «Otros pasivos financieros a valor razonable con cambios en la cuenta de pérdidas y ganancias», por las variaciones en su valor razonable, con cargo a la cuenta 663.

a_3) En su caso, por el gasto financiero devengado, con cargo a la cuenta que corresponda del subgrupo 66.

b) Se cargarán:

b_1) En el momento en que se produzca la enajenación o disposición por otra vía del grupo enajenable de elementos.

b_2) En el caso de pasivos financieros que, a efectos de su valoración, estuvieran clasificados en la categoría de «Pasivos financieros mantenidos para negociar» o en la de «Otros pasivos financieros a valor razonable con cambios en la cuenta de pérdidas y ganancias», por las variaciones en su valor razonable, con abono a la cuenta 763.

b_3) Si el grupo enajenable de elementos dejara de cumplir los requisitos para su clasificación como mantenido para la venta de acuerdo con lo dispuesto en las normas de registro y valoración contenidas en la segunda parte de este texto, con abono a las respectivas cuentas del pasivo corriente y no corriente.

59. DETERIORO DEL VALOR DE INVERSIONES FINANCIERAS A CORTO PLAZO Y DE ACTIVOS NO CORRIENTES MANTENIDOS PARA LA VENTA

593. **Deterioro de valor de participaciones a corto plazo en partes vinculadas**
   5933. *Deterioro de valor de participaciones a corto plazo en empresas del grupo*
   5934. *Deterioro de valor de participaciones a corto plazo en empresas asociadas*

594. **Deterioro de valor de valores representativos de deuda a corto plazo de partes vinculadas**
   5943. *Deterioro de valor de valores representativos de deuda a corto plazo de empresas del grupo*
   5944. *Deterioro de valor de valores representativos de deuda a corto plazo de empresas asociadas*
   5945. *Deterioro de valor de valores representativos de deuda a corto plazo de otras partes vinculadas*

595. **Deterioro de valor de créditos a corto plazo a partes vinculadas**
   5953. *Deterioro de valor de créditos a corto plazo a empresas del grupo*
   5954. *Deterioro de valor de créditos a corto plazo a empresas asociadas*
   5955. *Deterioro de valor de créditos a corto plazo a otras partes vinculadas*

597. **Deterioro de valor de valores representativos de deuda a corto plazo**

598. **Deterioro de valor de créditos a corto plazo**

599. **Deterioro de valor de activos no corrientes mantenidos para la venta**

Expresión contable de correcciones de valor motivadas por pérdidas por deterioro de los activos incluidos en el grupo 5.

En el supuesto de posteriores recuperaciones de valor, de acuerdo con lo que al respecto disponen las correspondientes normas de registro y valoración, las pérdidas por deterioro reconocidas deberán reducirse hasta su total recuperación, cuando así proceda de acuerdo con lo dispuesto en dichas normas.

Las cuentas de este subgrupo figurarán en el activo corriente del balance minorando la partida en la que figure el correspondiente elemento patrimonial.

593. **Deterioro de valor de participaciones a corto plazo en partes vinculadas**

Importe de las correcciones valorativas por deterioro del valor que corresponda a las inversiones a corto plazo en partes vinculadas.

5933/5934

El movimiento de las cuentas citadas de cuatro cifras es el siguiente:

a) Se abonarán por el importe del deterioro estimado, que deba imputarse a la cuenta de pérdidas y ganancias de acuerdo con lo dispuesto en las normas de registro y valoración, con cargo a la cuenta 698.

b) Se cargarán:

b_1) Cuando desaparezcan las causas que determinaron el reconocimiento de la corrección valorativa por deterioro, con abono a la cuenta 798.

b_2) Cuando se enajenen los valores o se den de baja del activo por cualquier otro motivo, con abono a cuentas del subgrupo 53.

594. **Deterioro de valor de valores representativos de deuda a corto plazo de partes vinculadas**

Importe de las correcciones valorativas por deterioro del valor que corresponda a las inversiones a corto plazo en valores representativos de deuda emitidos por personas o entidades que tengan la calificación de partes vinculadas.

5943/5944/5945

El movimiento de las cuentas citadas de cuatro cifras es el siguiente:

a) Se abonarán por el importe del deterioro estimado, con cargo a la cuenta 698.

b) Se cargarán:

b_1) Cuando desaparezcan las causas que determinaron el reconocimiento de la corrección valorativa por deterioro, con abono a la cuenta 798.

b_2) Cuando se enajenen los valores o se den de baja del activo por cualquier otro motivo, con abono a cuentas del subgrupo 53.

595. **Deterioro del valor de créditos a corto plazo a partes vinculadas**

Importe de las correcciones valorativas por deterioro del valor correspondientes a créditos a corto plazo, concedidos a partes vinculadas.

5953/5954/5955

El movimiento de las cuentas citadas de cuatro cifras es el siguiente:

a) Se abonarán por el importe del deterioro estimado, con cargo a la cuenta 699.

b) Se cargarán:

b_1) Cuando desaparezcan las causas que determinaron el reconocimiento de la corrección valorativa por deterioro, con abono a la cuenta 799.

b_2) Por la parte de crédito que resulte incobrable, con abono a cuentas del subgrupo 53.

597. **Deterioro de valor de valores representativos de deuda a corto plazo**

Importe de las correcciones valorativas por deterioro del valor que corresponde a las inversiones a corto plazo en valores representativos de deuda emitidos por personas o entidades que no tengan la calificación de partes vinculadas.

Su movimiento es análogo al señalado para la cuenta 594.

598. **Deterioro de valor de créditos a corto plazo**

Importe de las correcciones valorativas por deterioro del valor en créditos del subgrupo 54.

Su movimiento es análogo al señalado para la cuenta 595.

599. **Deterioro de valor de activos no corrientes mantenidos para la venta**

Importe de las correcciones valorativas por deterioro del valor en activos no corrientes mantenidos para la venta o en activos que formen parte de un grupo enajenable de elementos mantenidos para la venta.

Su movimiento es el siguiente:

a) Se abonará por el importe del deterioro estimado, con cargo a la cuenta que corresponda del subgrupo 69.

b) Se cargará:

b_1) Cuando desaparezcan las causas que determinaron el reconocimiento de la corrección valorativa por deterioro, con abono a la cuenta que corresponda del subgrupo 79.

b_2) Cuando se enajene el activo o se dé de baja del activo por cualquier otro motivo, con abono a cuentas del subgrupo 58.

GRUPO 6
COMPRAS Y GASTOS

Aprovisionamientos de mercaderías y demás bienes adquiridos por la empresa para revenderlos, bien sea sin alterar su forma y sustancia, o previo sometimiento a procesos industriales de adaptación, transformación o construcción. Comprende también todos los gastos del ejercicio, incluidas las adquisiciones de servicios y de materiales consumibles, la variación de existencias adquiridas y otros gastos y pérdidas del ejercicio.

En general todas las cuentas del grupo 6 se abonan, al cierre del ejercicio, con cargo a la cuenta 129; por ello, al exponer los movimientos de las sucesivas cuentas del grupo sólo se hará referencia al cargo. En las excepciones se citarán los motivos de abono y cuentas de contrapartida.

60. COMPRAS

600. **Compras de mercaderías**
601. **Compras de materias primas**
602. **Compras de otros aprovisionamientos**
606. **Descuentos sobre compras por pronto pago**
607. **Trabajos realizados por otras empresas**
608. **Devoluciones de compras y operaciones similares**
609. **«Rappels» por compras**

Las cuentas del subgrupo 60 se adaptarán por las empresas a las características de las operaciones que realizan, con la denominación específica que a éstas corresponda.

600/601/602/607. **Compras de...**

Aprovisionamiento de la empresa de bienes incluidos en los subgrupos 30, 31 y 32.

Comprende también los trabajos que, formando parte del proceso de producción propia, se encarguen a otras empresas.

Estas cuentas se cargarán por el importe de las compras, a la recepción de las remesas de los proveedores o a su puesta en camino si las mercaderías y bienes se transportasen por cuenta de la empresa, con abono a cuentas del subgrupo 40 ó 57.

En particular, la cuenta 607 se cargará a la recepción de los trabajos encargados a otras empresas.

606. **Descuentos sobre compras por pronto pago**

Descuentos y asimilados que le concedan a la empresa sus proveedores, por pronto pago, no incluidos en factura.

Su movimiento es el siguiente:

a) Se abonará por los descuentos y asimilados concedidos, con cargo, generalmente, a cuentas del subgrupo 40.

b) Se cargará por el saldo al cierre del ejercicio, con abono a la cuenta 129.

608. **Devoluciones de compras y operaciones similares**

Remesas devueltas a proveedores, normalmente por incumplimiento de las condiciones del pedido. En esta cuenta se contabilizarán también los descuentos y similares originados por la misma causa, que sean posteriores a la recepción de la factura.

Su movimiento es el siguiente:

a) Se abonará por el importe de las compras que se devuelvan y, en su caso, por los descuentos y similares obtenidos, con cargo a cuentas del subgrupo 40 ó 57.

b) Se cargará por el saldo al cierre de ejercicio, con abono a la cuenta 129.

609. **«Rappels» por compras**

Descuentos y similares que se basen en haber alcanzado un determinado volumen de pedidos.

Con carácter general, su movimiento es el siguiente:

a) Se abonará por los «rappels» que correspondan a la empresa, concedidos por los proveedores, con cargo a cuentas del subgrupo 40 ó 57.

b) Se cargará por el saldo al cierre del ejercicio, con abono a la cuenta 129.

61. VARIACIÓN DE EXISTENCIAS

610. **Variación de existencias de mercaderías**
611. **Variación de existencias de materias primas**
612. **Variación de existencias de otros aprovisionamientos**

610/611/612. **Variación de existencias de...**

Cuentas destinadas a registrar, al cierre de ejercicio, las variaciones entre las existencias finales y las iniciales, correspondientes a los subgrupos 30, 31 y 32 (mercaderías, materias primas y otros aprovisionamientos).

Su movimiento es el siguiente:

Se cargarán por el importe de las existencias iniciales y se abonarán por el de las existencias finales, con abono y cargo, respectivamente, a cuentas de los subgrupos 30, 31 y 32. El saldo que resulte en estas cuentas se cargará o abonará, según los casos, a la cuenta 129.

62. SERVICIOS EXTERIORES

620. **Gastos en investigación y desarrollo del ejercicio**
621. **Arrendamientos y cánones**
622. **Reparaciones y conservación**
623. **Servicios de profesionales independientes**
624. **Transportes**
625. **Primas de seguros**
626. **Servicios bancarios y similares**
627. **Publicidad, propaganda y relaciones públicas**
628. **Suministros**
629. **Otros servicios**

Servicios de naturaleza diversa adquiridos por la empresa, no incluidos en el subgrupo 60 o que no formen parte del precio de adquisición del inmovilizado o de las inversiones financieras a corto plazo.

Los cargos en las cuentas 620/629 se harán normalmente con abono a la cuenta 410, a cuentas del subgrupo 57, a provisiones del subgrupo 14 o de la cuenta 529 o, en su caso, a la cuenta 475.

620. **Gastos en investigación y desarrollo del ejercicio**

Gastos de investigación y desarrollo por servicios encargados a otras empresas.

621. **Arrendamientos y cánones**

Arrendamientos

Los devengados por el alquiler o arrendamiento operativo de bienes muebles e inmuebles en uso o a disposición de la empresa.

Cánones

Cantidades fijas o variables que se satisfacen por el derecho al uso o a la concesión de uso de las distintas manifestaciones de la propiedad industrial.

622. **Reparaciones y conservación**

Los de sostenimiento de los bienes comprendidos en el grupo 2.

623. **Servicios de profesionales independientes**

Importe que se satisface a los profesionales por los servicios prestados a la empresa. Comprende los honorarios de economistas, abogados, auditores, notarios, etc., así como las comisiones de agentes mediadores independientes.

624. **Transportes**

Transportes a cargo de la empresa realizados por terceros, cuando no proceda incluirlos en el precio de adquisición del inmovilizado o de las existencias. En esta cuenta se registrarán, entre otros, los transportes de ventas.

625. **Primas de seguros**

Cantidades satisfechas en concepto de primas de seguros, excepto las que se refieren al personal de la empresa y las de naturaleza financiera.

626. **Servicios bancarios y similares**

Cantidades satisfechas en concepto de servicios bancarios y similares, que no tengan la consideración de gastos financieros.

627. **Publicidad, propaganda y relaciones públicas**

Importe de los gastos satisfechos por los conceptos que indica la denominación de esta cuenta.

628. **Suministros**

Electricidad y cualquier otro abastecimiento que no tuviere la cualidad de almacenaje.

629. **Otros servicios**

Los no comprendidos en las cuentas anteriores.

En esta cuenta se contabilizarán, entre otros, los gastos de viaje del personal de la empresa, incluidos los de transporte, y los gastos de oficina no incluidos en otras cuentas.

63. TRIBUTOS

- 630. **Impuesto sobre beneficios**
  - 6300. *Impuesto corriente*
  - 6301. *Impuesto diferido*
- 631. **Otros tributos**
- 633. **Ajustes negativos en la imposición sobre beneficios**
- 634. **Ajustes negativos en la imposición indirecta**
  - 6341. *Ajustes negativos en IVA de activo corriente*
  - 6342. *Ajustes negativos en IVA de inversiones*
- 636. **Devolución de impuestos**
- 638. **Ajustes positivos en la imposición sobre beneficios**
- 639. **Ajustes positivos en la imposición indirecta**
  - 6391. *Ajustes positivos en IVA de activo corriente*
  - 6392. *Ajustes positivos en IVA de inversiones*

630. **Impuesto sobre beneficios**

Importe del impuesto sobre beneficios devengado en el ejercicio, salvo el originado con motivo de una transacción o suceso que se hubiese reconocido directamente en una partida del patrimonio neto, o a causa de una combinación de negocios.

Con carácter general, el contenido y movimiento de las cuentas citadas de cuatro cifras es el siguiente:

6300. *Impuesto corriente*

a) Se cargará:

a_1) Por la cuota a ingresar, con abono a la cuenta 4752.

a_2) Por las retenciones soportadas y los ingresos a cuenta del impuesto realizados, hasta el importe de la cuota líquida del periodo, con abono a la cuenta 473.

b) Se abonará, por la cuota de ejercicios anteriores que recupera la empresa como consecuencia de las liquidaciones fiscales del impuesto o impuestos sobre el beneficio, con cargo a la cuenta 4709.

c) Se abonará o cargará, con cargo o abono a la cuenta 129.

6301. *Impuesto diferido*

a) Se cargará:

a_1) Por el importe de los pasivos por diferencias temporarias imponibles originados en el ejercicio, con abono a la cuenta 479.

a_2) Por la aplicación de los activos por diferencias temporarias deducibles de ejercicios anteriores, con abono a la cuenta 4740.

a_3) Por la aplicación del crédito impositivo como consecuencia de la compensación en el ejercicio de bases imponibles negativas de ejercicios anteriores, con abono a la cuenta 4745.

a_4) Por el importe del efecto impositivo de las diferencias permanentes a imputar en varios ejercicios, con abono a la cuenta 834.

a_5) Por el importe del efecto impositivo correspondiente a las deducciones y bonificaciones a imputar en varios ejercicios, con abono a la cuenta 835.

a_6) Por la aplicación fiscal de las deducciones o bonificaciones de ejercicios anteriores, con abono a la cuenta 4742.

a_7) Por el importe del efecto impositivo derivado de la transferencia a resultados de ingresos imputados directamente al patrimonio neto que hubieran ocasionado el correspondiente impuesto corriente en ejercicios previos, con abono a la cuenta 8301.

b) Se abonará:

b_1) Por el importe de los activos por diferencias temporarias deducibles originados en el ejercicio, con cargo a la cuenta 4740.

b_2) Por el crédito impositivo generado en el ejercicio como consecuencia de la existencia de base imponible negativa a compensar, con cargo a la cuenta 4745.

b_3) Por la cancelación de pasivos por diferencias temporarias imponibles de ejercicios anteriores, con cargo a la cuenta 479.

b_4) Por las diferencias permanentes periodificadas que se imputan al ejercicio, con cargo a la cuenta 836.

b_5) Por las deducciones y bonificaciones periodificadas que se imputan al ejercicio, con cargo a la cuenta 837.

b_6) Por los activos por deducciones y otras ventajas fiscales no utilizadas, pendientes de aplicar fiscalmente, con cargo a la cuenta 4742.

b_7) Por el importe del efecto impositivo derivado de la transferencia a resultados de gastos imputados directamente al patrimonio neto que hubieran ocasionado el correspondiente impuesto corriente en ejercicios previos, con cargo a la cuenta 8301.

c) Se abonará o cargará, con cargo o abono en la cuenta 129.

631. **Otros tributos**

Importe de los tributos de los que la empresa es contribuyente y no tengan asiento específico en otras cuentas de este subgrupo o en la cuenta 477.

Se exceptúan igualmente los tributos que deban ser cargados en otras cuentas de acuerdo con las definiciones de las mismas, como sucede, entre otros, con los contabilizados en las cuentas 600/602 y en el subgrupo 62.

Esta cuenta se cargará cuando los tributos sean exigibles, con abono a cuentas de los subgrupos 47 y 57. Igualmente se cargará por el importe de la provisión dotada en el ejercicio con abono a las cuentas 141 y 5291.

633. **Ajustes negativos en la imposición sobre beneficios**

Disminución, conocida en el ejercicio, de los activos por impuesto diferido o aumento, igualmente conocido en el ejercicio, de los pasivos por impuesto diferido, respecto de los activos y pasivos por impuesto diferido anteriormente generados, salvo que dichos saldos se hayan originado como consecuencia de una transacción o suceso que se hubiese reconocido directamente en una partida del patrimonio neto.

Se cargará:

a_1) Por el menor importe del activo por diferencias temporarias deducibles, con abono a la cuenta 4740.

a_2) Por el menor importe del crédito impositivo por pérdidas a compensar, con abono a la cuenta 4745.

a_3) Por el menor importe del activo por deducciones y bonificaciones pendientes de aplicar, con abono a la cuenta 4742.

a_4) Por el mayor importe del pasivo por diferencias temporarias imponibles, con abono a la cuenta 479.

634. **Ajustes negativos en la imposición indirecta**

Aumento de los gastos por impuestos indirectos, que se produce como consecuencia de regularizaciones y cambios en la situación tributaria de la empresa.

6341/6342. *Ajustes negativos en IVA*

Importe de las diferencias negativas que resulten, en el IVA soportado deducible correspondiente a operaciones de bienes o servicios del activo corriente o de bienes de inversión, al practicarse las regularizaciones anuales derivadas de la aplicación de la Regla de Prorrata.

Estas cuentas se cargarán por el importe de la regularización anual, con abono a la cuenta 472.

636. **Devolución de impuestos**

Importe de los reintegros de impuestos exigibles por la empresa como consecuencia de pagos indebidamente realizados, excluidos aquellos que hubieran sido cargados en cuentas del grupo 2.

Su movimiento es el siguiente:

a) Se abonará cuando sean exigibles las devoluciones, con cargo a la cuenta 4709.

b) Se cargará por el saldo al cierre del ejercicio, con abono a la cuenta 129.

638. **Ajustes positivos en la imposición sobre beneficios**

Aumento, conocido en el ejercicio, de los activos por impuesto diferido o disminución, igualmente conocida en el ejercicio, de los pasivos por impuesto diferido, respecto de los activos y pasivos por impuesto diferido anteriormente generados, salvo que dichos saldos se hayan originado como consecuencia de una transacción o suceso que se hubiese reconocido directamente en una partida del patrimonio neto.

Con carácter general, su movimiento es el siguiente:

a) Se abonará:

a_1) Por el mayor importe del activo por diferencias temporarias deducibles, con cargo a la cuenta 4740.

a_2) Por el mayor importe del crédito impositivo por pérdidas a compensar, con cargo a la cuenta 4745.

a_3) Por el mayor importe del activo por deducciones y bonificaciones pendientes de aplicar, con cargo a la cuenta 4742.

a_4) Por el menor importe del pasivo por diferencias temporarias imponibles, con cargo a la cuenta 479.

b) Se cargará por el saldo al cierre del ejercicio, con abono a la cuenta 129.

639. **Ajustes positivos en la imposición indirecta**

Disminución de los gastos por impuestos indirectos, que se produce como consecuencia de regularizaciones y cambios en la situación tributaria de la empresa.

6391/6392. *Ajustes positivos en IVA...*

Importe de las diferencias positivas que resulten, en el IVA soportado deducible correspondiente a operaciones de bienes o servicios del activo corriente o de bienes de inversión, al practicarse las regularizaciones anuales derivadas de la aplicación de la Regla de Prorrata.

Su movimiento es el siguiente:

a) Se abonarán por el importe de la regularización anual, con cargo a la cuenta 472.

b) Se cargarán por el saldo al cierre del ejercicio, con abono a la cuenta 129.

64. GASTOS DE PERSONAL

640. **Sueldos y salarios**

641. **Indemnizaciones**

642. **Seguridad Social a cargo de la empresa**
643. **Retribuciones a largo plazo mediante sistemas de aportación definida**
644. **Retribuciones a largo plazo mediante sistemas de prestación definida**
    6440. *Contribuciones anuales*
    6442. *Otros costes*
645. **Retribuciones al personal mediante instrumentos de patrimonio**
    6450. *Retribuciones al personal liquidados con instrumentos de patrimonio*
    6457. *Retribuciones al personal liquidados en efectivo basado en instrumentos de patrimonio*
649. **Otros gastos sociales**

Retribuciones al personal, cualquiera que sea la forma o el concepto por el que se satisfacen; cuotas de la Seguridad Social a cargo de la empresa y los demás gastos de carácter social.

640. Sueldos y salarios

Remuneraciones, fijas y eventuales, al personal de la empresa.

Se cargará por el importe íntegro de las remuneraciones devengadas:

a_1) Por el pago en efectivo, con abono a cuentas del subgrupo 57.

a_2) Por las devengadas y no pagadas, con abono a la cuenta 465.

a_3) Por compensación de deudas pendientes, con abono a las cuentas 254, 460 y 544 según proceda.

a_4) Por las retenciones de tributos y cuotas de la Seguridad Social a cargo del personal, con abono a cuentas del subgrupo 47.

641. Indemnizaciones

Cantidades que se entregan al personal de la empresa para resarcirle de un daño o perjuicio. Se incluyen específicamente en esta cuenta las indemnizaciones por despido y jubilaciones anticipadas.

Se cargará por el importe de las indemnizaciones, con abono, generalmente, a cuentas de los subgrupos 14, 46, 47 ó 57.

642. Seguridad Social a cargo de la empresa

Cuotas de la empresa a favor de los organismos de la Seguridad Social por las diversas prestaciones que éstos realizan.

Se cargará por las cuotas devengadas, con abono a la cuenta 476.

643. Retribuciones a largo plazo mediante sistemas de aportación definida

Importe de las aportaciones devengadas por remuneraciones a largo plazo al personal de la empresa, tales como pensiones u otras prestaciones por jubilación o retiro, que se articulen a través de un sistema de aportación definida.

a) Se cargará:

a_1) Por el importe de las contribuciones anuales a planes de pensiones u otras instituciones similares externas a la empresa satisfechas en efectivo, con abono a cuentas del subgrupo 57.

a_2) Por el importe de las primas devengadas y no pagadas, con abono a la cuenta 466.

644. **Retribuciones a largo plazo mediante sistemas de prestación definida**

Importe de las aportaciones devengadas por remuneraciones a largo plazo al personal de la empresa, tales como pensiones u otras prestaciones por jubilación o retiro, que se articulen a través de un sistema de prestación definida.

6440. *Contribuciones anuales*

Importe de la contribución anual al sistema de prestación definida.

Se cargará por el importe del coste del servicio del ejercicio corriente relacionado con planes de pensiones u otras instituciones similares externas a la empresa, satisfechas en efectivo, con abono, generalmente, a cuentas del subgrupo 57 o a la cuenta 140.

6442. *Otros costes*

Importe de los costes imputados a la cuenta de pérdidas y ganancias por servicios pasados surgidos por el establecimiento de un plan de retribuciones a largo plazo de prestación definida o por una mejora de las condiciones del mismo.

Se cargará por el importe que proceda de acuerdo con lo establecido en la norma de registro y valoración aplicable a estos planes de retribuciones a largo plazo, con abono a la cuenta 140.

645. **Retribuciones al personal mediante instrumentos de patrimonio**

Importes liquidados por la empresa con instrumentos de patrimonio o con importes en efectivo basados en el valor de instrumentos de patrimonio a cambio de los servicios prestados por los empleados.

El movimiento de las cuentas citadas de cuatro cifras es el siguiente:

6450/6457

a) Se cargarán:

a_1) Por el importe de las retribuciones devengadas satisfechas con instrumentos de patrimonio de la propia empresa, con abono a cuentas de los subgrupos 10 y 11.

a_2) Por el importe de las retribuciones devengadas a satisfacer en efectivo, con abono a la cuenta 147.

649. **Otros gastos sociales**

Gastos de naturaleza social realizados en cumplimiento de una disposición legal o voluntariamente por la empresa.

Se citan, a título indicativo, las subvenciones a economatos y comedores; sostenimiento de escuelas e instituciones de formación profesional; becas para estudio; primas por contratos de seguros sobre la vida, accidentes, enfermedad, etc., excepto las cuotas de la Seguridad Social.

Se cargará por el importe de los gastos, con abono a cuentas de los grupos 5 ó 7, según se paguen en efectivo o en mercaderías u otros productos.

65. OTROS GASTOS DE GESTIÓN

650. **Pérdidas de créditos comerciales incobrables**

651. **Resultados de operaciones en común**

6510. *Beneficio transferido (gestor)*

6511. *Pérdida soportada (partícipe o asociado no gestor)*

659. **Otras pérdidas en gestión corriente**

Gastos de gestión no comprendidos en otros subgrupos.

650. **Pérdidas de créditos comerciales incobrables**

Pérdidas por deterioro en insolvencias firmes de clientes y deudores del grupo 4.

Se cargará por el importe de las insolvencias firmes, con abono a cuentas de los subgrupos 43 y 44.

651. **Resultados de operaciones en común**

6510. *Beneficio transferido*

Beneficio que corresponde a los partícipes no gestores en las operaciones reguladas por los artículos 239 a 243 del Código de Comercio y en otras operaciones en común de análogas características.

En la cuenta 6510 la empresa gestora contabilizará dicho beneficio, una vez cumplimentados los requisitos del citado artículo 243, o los que sean procedentes según la legislación aplicable para otras operaciones en común.

La cuenta 6510 se cargará por el beneficio que deba atribuirse a los partícipes no gestores, con abono a la cuenta 419, 449 o a cuentas del subgrupo 57.

6511. *Pérdida soportada*

Pérdida que corresponde a la empresa como partícipe no gestor de las operaciones acabadas de citar.

Se cargará por el importe de la pérdida, con abono a la cuenta 419, 449 o a cuentas del subgrupo 57.

659. **Otras pérdidas en gestión corriente**

Las que teniendo esta naturaleza, no figuran en cuentas anteriores. En particular, reflejará la regularización anual de utillaje y herramientas.

66. GASTOS FINANCIEROS

660. **Gastos financieros por actualización de provisiones**
661. **Intereses de obligaciones y bonos**
662. **Intereses de deudas**
663. **Pérdidas por valoración de instrumentos financieros por su valor razonable**
    6630. *Pérdidas de cartera de negociación*
    6631. *Pérdidas de designados por la empresa*
    6632. *Pérdidas de disponibles para la venta*
    6633. *Pérdidas de instrumentos de cobertura*
664. **Dividendos de acciones o participaciones consideradas como pasivos financieros**
665. **Intereses por descuento de efectos y operaciones de «factoring»**
666. **Pérdidas en participaciones y valores representativos de deuda**
667. **Pérdidas de créditos no comerciales**
668. **Diferencias negativas de cambio**
669. **Otros gastos financieros**

660. **Gastos financieros por actualización de provisiones**

Importe de la carga financiera correspondiente a los ajustes de valor de las provisiones en concepto de actualización financiera.

Se cargará por el reconocimiento del ajuste de carácter financiero, con abono a las correspondientes cuentas de provisiones, incluidas en los subgrupos 14 y 52.

661. **Intereses de obligaciones y bonos**

Importe de los intereses devengados durante el ejercicio correspondientes a la financiación ajena instrumentada en valores representativos de deuda, cualquiera que sea el plazo de vencimiento y el modo en que estén instrumentados tales intereses, incluidos con el debido desglose en cuentas de cuatro o más cifras, los intereses implícitos que correspondan a la periodificación de la diferencia entre el importe de reembolso y el precio de emisión de los valores, menos los costes asociados a la transacción.

Se cargará al devengo de los intereses por el íntegro de los mismos, con abono, generalmente, a cuentas de los subgrupos 17, 50 ó 51 y, en su caso, a la cuenta 475.

662. **Intereses de deudas**

Importe de los intereses de los préstamos recibidos y otras deudas pendientes de amortizar, cualquiera que sea el modo en que se instrumenten tales intereses, realizándose los desgloses en las cuentas de cuatro o más cifras que sean necesarias; en particular, para registrar el interés implícito asociado a la operación.

Se cargará al devengo de los intereses por el íntegro de los mismos, con abono, generalmente, a cuentas de los subgrupos 16, 17, 40, 51 ó 52 y, en su caso, a la cuenta 475.

663. Pérdidas por valoración de instrumentos financieros por su valor razonable

Pérdidas originadas por la valoración a valor razonable de determinados instrumentos financieros, incluidas las que se produzcan con ocasión de su reclasificación.

Con carácter general, el contenido y movimiento de las cuentas citadas de cuatro cifras es el siguiente:

6630. *Pérdidas de cartera de negociación*

Pérdidas originadas por la valoración a valor razonable de los instrumentos financieros clasificados en la categoría «Activos financieros mantenidos para negociar» o «Pasivos financieros mantenidos para negociar».

Se cargará por la disminución en el valor razonable de los activos financieros o el aumento en el valor de los pasivos financieros clasificados en esta categoría, con abono a la correspondiente cuenta del elemento patrimonial.

6631. *Pérdidas de designados por la empresa*

Pérdidas originadas por la valoración a valor razonable de los instrumentos financieros clasificados en la categoría «Otros activos financieros a valor razonable con cambios en la cuenta de pérdidas y ganancias» u «Otros pasivos financieros a valor razonable con cambios en la cuenta de pérdidas y ganancias».

Su movimiento es análogo al señalado para la cuenta 6630.

6632. *Pérdidas de disponibles para la venta*

Pérdidas originadas por la baja, enajenación o cancelación de los instrumentos financieros clasificados en la categoría de «Activos financieros disponibles para la venta».

Se cargará en el momento en que se produzca la baja, enajenación o cancelación del instrumento financiero, por el saldo negativo acumulado en el patrimonio neto con abono a la cuenta 902.

6633. *Pérdidas de instrumentos de cobertura*

Pérdidas originadas en instrumentos de cobertura, en las operaciones de cobertura de flujos de efectivo cuando la empresa no espere que la transacción prevista tenga lugar.

Se cargará por la transferencia a la cuenta de pérdidas y ganancias del importe negativo reconocido directamente en el patrimonio neto, con abono a la cuenta 912.

664. Dividendos de acciones o participaciones consideradas como pasivos financieros

Importe de los dividendos devengados durante el ejercicio correspondientes a la financiación ajena instrumentada en acciones o participaciones en el capital de la empresa que atendiendo a las características de la emisión deban contabilizarse como pasivo, cualquiera que sea el plazo de vencimiento.

Se cargará por el importe de los dividendos devengados, con abono, generalmente, a cuentas de los subgrupos 50 ó 51 y, en su caso, a la cuenta 475.

665. **Intereses por descuento de efectos y operaciones de «factoring»**

Intereses en las operaciones de descuento de letras y otros efectos, así como en operaciones de «factoring» en las que la empresa retiene sustancialmente los riesgos y beneficios de los derechos de cobro.

Se cargará por el importe de los intereses, con abono, generalmente, a la cuenta 5208 ó 5209.

666. **Pérdidas en participaciones y valores representativos de deuda**

Pérdidas producidas por la baja, enajenación, o cancelación de valores representativos de deuda e instrumentos de patrimonio, excluidas las que deban registrarse en las cuentas 663 y 673.

Se cargará por la pérdida producida, con abono a cuentas de los subgrupos 24, 25, 53 y 54.

667. **Pérdidas de créditos no comerciales**

Pérdidas producidas por insolvencias firmes de créditos no comerciales.

Se cargará por la pérdida producida con motivo de la insolvencia firme, con abono a cuentas de los subgrupos 24, 25, 53 y 54.

668. **Diferencias negativas de cambio**

Pérdidas producidas por modificaciones del tipo de cambio en partidas monetarias denominadas en moneda distinta de la funcional.

Se cargará:

- a_1) En cada cierre, por la pérdida de valoración de las partidas monetarias vivas a dicha fecha, con abono a las cuentas representativas de las mismas denominadas en moneda distinta de la funcional.
- a_2) En el momento de baja, enajenación o cancelación del elemento patrimonial asociado a una diferencia de conversión negativa, con abono a la cuenta 921.
- a_3) Por la transferencia a la cuenta de pérdidas y ganancias del importe negativo reconocido directamente en el patrimonio neto en las operaciones de cobertura en una inversión neta en un negocio en el extranjero, con abono a la cuenta 913.
- a_4) Cuando venzan o se cancelen anticipadamente las partidas monetarias, mediante entrega del efectivo en moneda distinta de la funcional, con abono, generalmente, a cuentas del subgrupo 57.

669. **Otros gastos financieros**

Gastos de naturaleza financiera no recogidos en otras cuentas de este subgrupo. También recogerá las primas de seguros que cubren riesgos de naturaleza financiera; entre otras, las que cubran el riesgo de insolvencia de créditos no comerciales y el riesgo de tipo de cambio en moneda extranjera.

Se cargará por el importe de los gastos devengados, con abono, generalmente, a cuentas del subgrupo 57 o a una cuenta representativa de deudas.

67. PÉRDIDAS PROCEDENTES DE ACTIVOS NO CORRIENTES Y GASTOS EXCEPCIONALES

670. **Pérdidas procedentes del inmovilizado intangible**
671. **Pérdidas procedentes del inmovilizado material**
672. **Pérdidas procedentes de las inversiones inmobiliarias**
673. **Pérdidas procedentes de participaciones a largo plazo en partes vinculadas**
6733. *Pérdidas procedentes de participaciones a largo plazo, empresas del grupo*
6734. *Pérdidas procedentes de participaciones a largo plazo, empresas asociadas*
6735. *Pérdidas procedentes de participaciones a largo plazo, otras partes vinculadas*
675. **Pérdidas por operaciones con obligaciones propias**
678. **Gastos excepcionales**

670/671/672. **Pérdidas procedentes del inmovilizado...**

Pérdidas producidas en la enajenación de inmovilizado intangible, material o las inversiones inmobiliarias o por su baja del activo, como consecuencia de pérdidas irreversibles de dichos activos.

Se cargarán por la pérdida producida en la enajenación o baja, con abono a las cuentas del grupo 2 que correspondan o a la cuenta 580.

673. **Pérdidas procedentes de participaciones a largo plazo en partes vinculadas**

Pérdidas producidas en la enajenación de participaciones a largo plazo en partes vinculadas o por su baja del activo.

6733/6734/6735

Las cuentas citadas de cuatro cifras se cargarán por la pérdida producida en la enajenación o baja, con abono a cuentas del subgrupo 24 o a la cuenta 581.

675. **Pérdidas por operaciones con obligaciones propias**

Pérdidas producidas con motivo de la amortización de obligaciones.

Se cargará, por la pérdida producida al amortizar los valores con abono, generalmente, a cuentas del subgrupo 57.

678. **Gastos excepcionales**

Pérdidas y gastos de carácter excepcional y cuantía significativa que atendiendo a su naturaleza no deban contabilizarse en otras cuentas del grupo 6 o del grupo 8.

A título indicativo se señalan los siguientes: los producidos por inundaciones, sanciones y multas, incendios, etc.

68. DOTACIONES PARA AMORTIZACIONES

680. **Amortización del inmovilizado intangible**
681. **Amortización del inmovilizado material**
682. **Amortización de las inversiones inmobiliarias**

680/681/682. **Amortización de...**

Expresión de la depreciación sistemática anual efectiva sufrida por el inmovilizado intangible y material, por su aplicación al proceso productivo, y por las inversiones inmobiliarias.

Se cargarán por la dotación del ejercicio, con abono a las cuentas 280, 281 y 282.

69. PÉRDIDAS POR DETERIORO Y OTRAS DOTACIONES

690. **Pérdidas por deterioro del inmovilizado intangible**
691. **Pérdidas por deterioro del inmovilizado material**
692. **Pérdidas por deterioro de las inversiones inmobiliarias**
693. **Pérdidas por deterioro de existencias**
694. **Pérdidas por deterioro de créditos por operaciones comerciales**
695. **Dotación a la provisión por operaciones comerciales**
    6954. *Dotación a la provisión por contratos onerosos*
    6959. *Dotación a la provisión para otras operaciones comerciales*
696. **Pérdidas por deterioro de participaciones y valores representativos de deuda a largo plazo**
697. **Pérdidas por deterioro de créditos a largo plazo**
698. **Pérdidas por deterioro de participaciones y valores representativos de deuda a corto plazo**
699. **Pérdidas por deterioro de créditos a corto plazo**

690/691/692. **Pérdidas por deterioro del inmovilizado...**

Corrección valorativa por deterioro de carácter reversible en el inmovilizado intangible y material y las inversiones inmobiliarias. Las correcciones valorativas por deterioro reconocidas en el fondo de comercio no serán objeto de reversión.

Se cargarán por el importe del deterioro estimado, con abono a la cuenta 204 o a las cuentas 290, 291 y 292, respectivamente o a la cuenta 599.

693. **Pérdidas por deterioro de existencias**

Corrección valorativa, realizada al cierre del ejercicio, por el deterioro de carácter reversible en las existencias.

Se cargará por el importe del deterioro estimado, con abono a cuentas del subgrupo 39 o a la cuenta 599.

694. **Pérdidas por deterioro de créditos por operaciones comerciales**

Corrección valorativa, realizada al cierre del ejercicio, por deterioro de carácter reversible en los saldos de clientes y deudores.

Se cargará por el importe del deterioro estimado, con abono a las cuentas 490, 493 ó 599.

Cuando se utilice la alternativa segunda prevista en la cuenta 490, la definición y el movimiento contable se adaptarán a lo establecido en dicha cuenta.

695. **Dotación a la provisión por operaciones comerciales**

Dotación realizada por la empresa para el reconocimiento de obligaciones presentes derivadas de su tráfico comercial, siempre y cuando no encuentren reflejo en otras cuentas el grupo 6; en particular, se contabilizarán en esta cuenta las pérdidas asociadas a contratos onerosos, y los compromisos asumidos como consecuencia de la entrega de bienes o la prestación de servicios.

Con carácter general, el contenido y movimiento de las cuentas citadas de cuatro cifras es el siguiente:

6954. *Dotación a la provisión por contratos onerosos*

Se cargará por la pérdida estimada, con abono a la cuenta 4994.

6959. *Dotación a la provisión para otras operaciones comerciales*

Dotación, realizada al cierre del ejercicio, para riesgos derivados de devoluciones de ventas, garantías de reparación, revisiones y otras operaciones comerciales.

Se cargará por el importe de la obligación estimada, con abono a la cuenta 4999.

696. **Pérdidas por deterioro de participaciones y valores representativos de deuda a largo plazo**

Corrección valorativa por deterioro del valor en inversiones de los subgrupos 24 y 25 o, en su caso, del subgrupo 58.

Se cargará por el importe del deterioro estimado, con abono a las cuentas 2405, 250, 293, 294, 297, 599 o a cuentas del grupo 9.

697. **Pérdidas por deterioro de créditos a largo plazo**

Corrección valorativa por deterioro del valor en créditos de los subgrupos 24 y 25 o, en su caso, del subgrupo 58.

Se cargará por el importe del deterioro estimado, con abono a las cuentas 295, 298 ó 599.

698. **Pérdidas por deterioro de participaciones y valores representativos de deuda a corto plazo**

Corrección valorativa por deterioro del valor en inversiones de los subgrupos 53 y 54 o, en su caso, del subgrupo 58.

Se cargará por el importe de la depreciación estimada, con abono a las cuentas 593, 594, 597, 599 o a cuentas del grupo 9.

699. **Pérdidas por deterioro de créditos a corto plazo**

Corrección valorativa por deterioro del valor en créditos de los subgrupos 53 y 54 o, en su caso, del subgrupo 58.

Se cargará por el importe del deterioro estimado, con abono a las cuentas 595, 598 ó 599.

GRUPO 7
VENTAS E INGRESOS

Enajenación de bienes y prestación de servicios que son objeto del tráfico de la empresa; comprende también otros ingresos, variación de existencias y beneficios del ejercicio.

En general, todas las cuentas del grupo 7 se cargan al cierre del ejercicio, con abono a la cuenta 129; por ello, al exponer el juego de las sucesivas del grupo, sólo se hará referencia al abono. En las excepciones se citarán los motivos de cargo y cuentas de contrapartida.

70. VENTAS DE MERCADERÍAS, DE PRODUCCIÓN PROPIA, DE SERVICIOS, ETC.

700. **Ventas de mercaderías**
701. **Ventas de productos terminados**
702. **Ventas de productos semiterminados**
703. **Ventas de subproductos y residuos**
704. **Ventas de envases y embalajes**
705. **Prestaciones de servicios**
706. **Descuentos sobre ventas por pronto pago**
708. **Devoluciones de ventas y operaciones similares**
709. **«Rappels» sobre ventas**

Las cuentas del subgrupo 70 se adaptarán por las empresas a las características de las operaciones que realizan, con la denominación específica que a éstas corresponda.

700/705. **Ventas de...**

Transacciones, con salida o entrega de los bienes o servicios objeto de tráfico de la empresa, mediante precio.

Estas cuentas se abonarán por el importe de las ventas con cargo a las cuentas del subgrupo 43 ó 57.

706. **Descuentos sobre ventas por pronto pago**

Descuentos y asimilados que conceda la empresa a sus clientes, por pronto pago, no incluidos en factura.

Su movimiento es el siguiente:

a) Se cargará por los descuentos y asimilados concedidos, con abono, generalmente, a cuentas del subgrupo 43.

b) Se abonará por el saldo al cierre de ejercicio, con cargo a la cuenta 129.

708. **Devoluciones de ventas y operaciones similares**

Remesas devueltas por clientes, normalmente por incumplimiento de las condiciones del pedido. En esta cuenta se contabilizarán también los descuentos y similares originados por la misma causa, que sean posteriores a la emisión de la factura.

Su movimiento es el siguiente:

a) Se cargará por el importe de las ventas de vueltas por clientes y, en su caso, por los descuentos y similares concedidos, con abono a las cuentas de los subgrupos 43 ó 57 que correspondan.

b) Se abonará por el saldo al cierre de ejercicio, con cargo a la cuenta 129.

709. **«Rappels» sobre ventas**

Descuentos y similares que se basan en haber alcanzado un determinado volumen de pedidos.

Su movimiento es el siguiente:

a) Se cargará por los «rappels» que correspondan o sean concedidos a los clientes, con abono a las cuentas de los subgrupos 43 ó 57 que correspondan.

b) Se abonará por el saldo al cierre de ejercicio, con cargo a la cuenta 129.

71. VARIACIÓN DE EXISTENCIAS

710. **Variación de existencias de productos en curso**
711. **Variación de existencias de productos semiterminados**
712. **Variación de existencias de productos terminados**
713. **Variación de existencias de subproductos, residuos y materiales recuperados**

710/713. **Variación de existencias de...**

Cuentas destinadas a registrar, al cierre del ejercicio, las variaciones entre las existencias finales y las iniciales correspondientes a los subgrupos 33, 34, 35 y 36 (productos en curso, productos semiterminados, productos terminados y subproductos, residuos y materiales recuperados).

Su movimiento es el siguiente:

Se cargarán por el importe de las existencias iniciales y se abonarán por el de las existencias finales, con abono y cargo, respectivamente, a cuentas de los subgrupos 33, 34, 35 y 36. El saldo que resulte de estas cuentas se cargará o abonará, según los casos, a la cuenta 129.

73. TRABAJOS REALIZADOS PARA LA EMPRESA

730. **Trabajos realizados para el inmovilizado intangible**
731. **Trabajos realizados para el inmovilizado material**

732. **Trabajos realizados en inversiones inmobiliarias**

733. **Trabajos realizados para el inmovilizado material en curso**

Contrapartida de los gastos realizados por la empresa para su inmovilizado, utilizando sus equipos y su personal, que se activan. También se contabilizarán en este subgrupo los realizados, mediante encargo, por otras empresas con finalidad de investigación y desarrollo.

730. **Trabajos realizados para el inmovilizado intangible**

Gastos de investigación y desarrollo y otros realizados para la creación de los bienes comprendidos en el subgrupo 20.

Se abonará por el importe de los gastos que sean objeto de inventario, con cargo a la cuenta 200, 201 ó 206.

731. **Trabajos realizados para el inmovilizado material**

Construcción o ampliación de los bienes y elementos comprendidos en el subgrupo 21.

Se abonará por el importe anual de los gastos, con cargo a cuentas del subgrupo 21.

732. **Trabajos realizados en inversiones inmobiliarias**

Ampliación de los inmuebles comprendidos en el subgrupo 22.

Se abonará por el importe anual de los gastos, con cargo en cuentas del subgrupo 22.

733. **Trabajos realizados para el inmovilizado material en curso**

Trabajos realizados durante el ejercicio y no terminados al cierre del mismo, incluidos los realizados en inmuebles.

Se abonará por el importe anual de los gastos, con cargo a cuentas del subgrupo 23.

74. SUBVENCIONES, DONACIONES Y LEGADOS

740. **Subvenciones, donaciones y legados a la explotación**

746. **Subvenciones, donaciones y legados de capital transferidos al resultado del ejercicio**

747. **Otras subvenciones, donaciones y legados transferidos al resultado del ejercicio**

Importes que deben ser imputados al resultado del ejercicio por subvenciones, donaciones y legados. La empresa abrirá las cuentas de tres cifras que resulten necesarias.

740. **Subvenciones, donaciones y legados a la explotación**

Las recibidas de las Administraciones Públicas, empresas o particulares al objeto, por lo general de asegurar una rentabilidad mínima o compensar «déficit» de explotación del ejercicio o de ejercicios previos.

Se abonará por el importe concedido, con cargo a cuentas de los subgrupos 44, 47 ó 57.

746. **Subvenciones, donaciones y legados de capital transferidos al resultado del ejercicio**

Importe traspasado al resultado del ejercicio de las subvenciones, donaciones y legados de capital.

Su movimiento queda explicado en la cuenta 840.

747. **Otras subvenciones, donaciones y legados transferidos al resultado del ejercicio**

Importe traspasado al resultado del ejercicio de otras subvenciones, donaciones y legados.

Su movimiento queda explicado en la cuenta 842.

75. OTROS INGRESOS DE GESTIÓN

751. **Resultados de operaciones en común**
   7510. *Pérdida transferida (gestor)*
   7511. *Beneficio atribuido (partícipe o asociado no gestor)*
752. **Ingresos por arrendamientos**
753. **Ingresos de propiedad industrial cedida en explotación**
754. **Ingresos por comisiones**
755. **Ingresos por servicios al personal**
759. **Ingresos por servicios diversos**

Ingresos derivados de la gestión no comprendidos en otros subgrupos.

751. **Resultados de operaciones en común**

7510. *Pérdida transferida*

Pérdida que corresponde a los partícipes no gestores en las operaciones reguladas por los artículos 239 a 243 del Código de Comercio y en otras operaciones en común de análogas características.

En la cuenta 7510 la empresa gestora contabilizará dicha pérdida, una vez cumplimentados los requisitos del citado artículo 243, o los que sean procedentes según la legislación aplicable para otras operaciones en común.

La cuenta 7510 se abonará por la pérdida que deba atribuirse a los partícipes no gestores, con cargo a la cuenta 419, 449 o a cuentas del subgrupo 57.

7511. *Beneficio atribuido*

Beneficio que corresponde a la empresa como partícipe no gestor de las operaciones acabadas de citar.

Se abonará por el importe del beneficio, con cargo a la cuenta 419, 449 o a cuentas del subgrupo 57.

752. **Ingresos por arrendamientos**

Los devengados por el alquiler o arrendamiento operativo de bienes muebles o inmuebles cedidos para el uso o la disposición por terceros.

Se abonará por el importe de los ingresos, con cargo a cuentas del subgrupo 44 ó 57.

753. **Ingresos de propiedad industrial cedida en explotación**

Cantidades fijas y variables que se perciben por la cesión en explotación, del derecho al uso, o la concesión del uso de las distintas manifestaciones de la propiedad industrial.

Su movimiento es análogo al señalado para la cuenta 752.

754. **Ingresos por comisiones**

Cantidades fijas o variables percibidas como contraprestación a servicios de mediación realizados de manera accidental. Si la mediación fuera el objeto principal de la actividad de la empresa, los ingresos por este concepto se registrarán en la cuenta 705.

Su movimiento es análogo al señalado para la cuenta 752.

755. **Ingresos por servicios al personal**

Ingresos por servicios varios, tales como economatos, comedores, transportes, viviendas, etc., facilitados por la empresa a su personal.

Se abonará por el importe de los ingresos, con cargo, generalmente, a cuentas del subgrupo 57 o a la cuenta 649.

759. **Ingresos por servicios diversos**

Los originados por la prestación eventual de ciertos servicios a otras empresas o particulares. Se citan, a modo de ejemplo, los de transporte, reparaciones, asesorías, informes, etc.

Su movimiento es análogo al señalado para la cuenta 752.

76. INGRESOS FINANCIEROS

- 760. **Ingresos de participaciones en instrumentos de patrimonio**
- 761. **Ingresos de valores representativos de deuda**
- 762. **Ingresos de créditos**
  - 7620. *Ingresos de créditos a largo plazo*
  - 7621. *Ingresos de créditos a corto plazo*
- 763. **Beneficios por valoración de instrumentos financieros por su valor razonable**
  - 7630. *Beneficios de cartera de negociación*
  - 7631. *Beneficios de designados por la empresa*
  - 7632. *Beneficios de disponibles para la venta*
  - 7633. *Beneficios de instrumentos de cobertura*
- 766. **Beneficios en participaciones y valores representativos de deuda**
- 767. **Ingresos de activos afectos y de derechos de reembolso relativos a retribuciones a largo plazo**
- 768. **Diferencias positivas de cambio**
- 769. **Otros ingresos financieros**

760. **Ingresos de participaciones en instrumentos de patrimonio**

Rentas a favor de la empresa, devengadas en el ejercicio, provenientes de participaciones en instrumentos de patrimonio.

Se abonará cuando nazca el derecho a percibir dividendos, por el íntegro de los mismos, con cargo a cuentas del subgrupo 53 ó 54 y, en su caso, a la cuenta 473.

761. **Ingresos de valores representativos de deuda**

Intereses de valores de renta fija a favor de la empresa, devengados en el ejercicio.

Se abonará:

a) Al devengo de los intereses, tanto implícitos como explícitos, por el íntegro de los mismos, con cargo a cuentas de los subgrupos 24, 25, 53 ó 54 y, en su caso, a la cuenta 473.

b) Por el reconocimiento en la cuenta de pérdidas y ganancias, a lo largo de su vida residual, del saldo positivo acumulado en el patrimonio neto de un activo financiero disponible para la venta que se haya reclasificado como inversión mantenida hasta el vencimiento en los términos establecidos en las normas de registro y valoración, con cargo a la cuenta 802.

762. **Ingresos de créditos**

Importe de los intereses de préstamos y otros créditos, devengados en el ejercicio.

Se abonará al devengo de los intereses, tanto implícitos como explícitos, por el íntegro de los mismos, con cargo a cuentas de los subgrupos 24, 25, 26, 43, 44, 53 ó 54 y, en su caso, a la cuenta 473.

763. **Beneficios por valoración de instrumentos financieros por su valor razonable**

Beneficios originados por la valoración a valor razonable de determinados instrumentos financieros, incluidos los que se produzcan con ocasión de su reclasificación.

Con carácter general, el contenido y movimiento de las cuentas citadas de cuatro cifras es el siguiente:

7630. *Beneficios de cartera de negociación*

Beneficios originados por la valoración a valor razonable de los instrumentos financieros clasificados en la categoría «Activos financieros mantenidos para negociar» o «Pasivos financieros mantenidos para negociar».

Se abonará por el aumento en el valor razonable de los activos financieros o la disminución en el valor de los pasivos financieros clasificados en esta categoría, con cargo a la correspondiente cuenta del elemento patrimonial.

7631. *Beneficios de designados por la empresa*

Beneficios originados por la valoración a valor razonable de los instrumentos financieros clasificados en la categoría «Otros activos financieros a valor razonable con cambios en la cuenta de pérdidas y ganancias» u «Otros pasivos financieros a valor razonable con cambios en la cuenta de pérdidas y ganancias».

Su movimiento es análogo al de la cuenta 7630.

7632. *Beneficios de disponibles para la venta*

Beneficios originados por la baja o enajenación de los instrumentos financieros clasificados en la categoría de «Activos financieros disponibles para la venta».

Se abonará en el momento en que se produzca la baja o enajenación del instrumento financiero, por el saldo positivo acumulado en el patrimonio neto con cargo a la cuenta 802.

7633. *Beneficios de instrumentos de cobertura*

Beneficios originados en instrumentos de cobertura, en las operaciones de cobertura de flujos de efectivo cuando la empresa no espere que la transacción prevista tenga lugar.

Se abonará por la transferencia a la cuenta de pérdidas y ganancias del importe positivo reconocido directamente en el patrimonio neto, con cargo a la cuenta 812.

766. **Beneficios en participaciones y valores representativos de deuda**

Beneficios producidos en la enajenación de valores representativos de deuda e instrumentos de patrimonio excluidos los que deban registrarse en las cuentas 763 y 773.

Se abonará por el beneficio producido en la enajenación, con cargo, generalmente, a cuentas del subgrupo 57.

767. **Ingresos de activos afectos y de derechos de reembolso relativos a retribuciones a largo plazo**

Importe del rendimiento esperado de los activos afectos a los compromisos con los que se liquidarán las obligaciones de la empresa por retribuciones a largo plazo de prestación definida o de los derechos de reembolso destinados a cancelar dichas obligaciones.

Se abonará por el rendimiento positivo esperado, con cargo a las cuentas 140 ó 257.

768. **Diferencias positivas de cambio**

Beneficios producidos por modificaciones del tipo de cambio en partidas monetarias denominadas en moneda distinta de la funcional.

Se abonará:

a_1) En cada cierre, por la ganancia de valoración de las partidas monetarias vivas a dicha fecha, con cargo a las cuentas representativas de las mismas denominadas en moneda distinta de la funcional.

a_2) En el momento de la baja, enajenación o cancelación del elemento patrimonial asociado a una diferencia de conversión positiva, con cargo a la cuenta 821.

a_3) Por la transferencia a la cuenta de pérdidas y ganancias del importe positivo reconocido directamente en el patrimonio neto en las operaciones de cobertura en una inversión neta en un negocio en el extranjero, con cargo a la cuenta 813.

a_4) Cuando venzan o se cancelen anticipadamente las partidas monetarias, mediante entrega del efectivo en moneda distinta de la funcional, con cargo, generalmente, a cuentas del subgrupo 57.

769. **Otros ingresos financieros**

Ingresos de naturaleza financiera no recogidos en otras cuentas de este subgrupo.

Se abonará por el importe de los ingresos devengados.

77. BENEFICIOS PROCEDENTES DE ACTIVOS NO CORRIENTES E INGRESOS EXCEPCIONALES

770. **Beneficios procedentes del inmovilizado intangible**

771. **Beneficios procedentes del inmovilizado material**
772. **Beneficios procedentes de las inversiones inmobiliarias**
773. **Beneficios procedentes de participaciones a largo plazo en partes vinculadas**
   7733. *Beneficios procedentes de participaciones a largo plazo, empresas del grupo*
   7734. *Beneficios procedentes de participaciones a largo plazo, empresas asociadas*
   7735. *Beneficios procedentes de participaciones a largo plazo, otras partes vinculadas*
774. **Diferencia negativa en combinaciones de negocios**
775. **Beneficios por operaciones con obligaciones propias**
778. **Ingresos excepcionales**

770/771/772. **Beneficios procedentes del inmovilizado...**

Beneficios producidos en la enajenación de inmovilizado intangible, material o las inversiones inmobiliarias.

Se abonarán por el beneficio obtenido en la enajenación con cargo, generalmente, a las cuentas del grupo 5 que correspondan.

773. **Beneficios procedentes de participaciones a largo plazo en partes vinculadas**

Beneficios producidos en la enajenación de participaciones a largo plazo en partes vinculadas.

7733/7734/7735

Las cuentas citadas de cuatro cifras se abonarán por el beneficio obtenido en la enajenación, con cargo, generalmente, a las cuentas del grupo 5 que correspondan.

774. **Diferencia negativa en combinaciones de negocios**

Es el exceso, en la fecha de adquisición, del valor razonable de los activos identificables adquiridos menos el de los pasivos asumidos, sobre el coste de la combinación de negocios.

Se abonará, por dicho importe con cargo a las correspondientes cuentas de los grupos 2, 3, 4 y 5.

775. **Beneficios por operaciones con obligaciones propias**

Beneficios producidos con motivo de la amortización de obligaciones.

Se abonará, por los beneficios producidos al amortizar los valores con cargo a cuentas del subgrupo 17.

778. **Ingresos excepcionales**

Beneficios e ingresos de carácter excepcional y cuantía significativa que atendiendo a su naturaleza no deban contabilizarse en otras cuentas del grupo 7 o del grupo 9.

Se incluirán, entre otros, los procedentes de aquellos créditos que en su día fueron amortizados por insolvencias firmes.

79. EXCESOS Y APLICACIONES DE PROVISIONES Y DE PÉRDIDAS POR DETERIORO

790. **Reversión del deterioro del inmovilizado intangible**
791. **Reversión del deterioro del inmovilizado material**
792. **Reversión del deterioro de las inversiones inmobiliarias**
793. **Reversión del deterioro de existencias**
794. **Reversión del deterioro de créditos por operaciones comerciales**
795. **Exceso de provisiones**
  7950. *Exceso de provisión por retribuciones al personal*
  7951. *Exceso de provisión para impuestos*
  7952. *Exceso de provisión para otras responsabilidades*
  7954. *Exceso de provisión por operaciones comerciales*
    79544. Exceso de provisión por contratos onerosos
    79549. Exceso de provisión para otras operaciones comerciales
  7955. *Exceso de provisión para actuaciones medioambientales*
  7956. *Exceso de provisión para reestructuraciones*
  7957. *Exceso de provisión por transacciones con pagos basados en instrumentos de patrimonio*
796. **Reversión del deterioro de participaciones y valores representativos de deuda a largo plazo**
797. **Reversión del deterioro de créditos a largo plazo**
798. **Reversión del deterioro de participaciones y valores representativos de deuda a corto plazo**
799. **Reversión del deterioro de créditos a corto plazo**

790/791/792. **Reversión del deterioro del inmovilizado...**

Corrección valorativa, por la recuperación de valor, del inmovilizado intangible y material y de las inversiones inmobiliarias, hasta el límite de las pérdidas contabilizadas con anterioridad.

Se abonarán por el importe de la corrección de valor, con cargo a las cuentas 290, 291, 292 o a la cuenta 599.

793. **Reversión del deterioro de existencias**

Importe de la corrección por deterioro existente al cierre del ejercicio anterior.

Se abonará, al cierre del ejercicio, por el deterioro contabilizado en el ejercicio precedente, con cargo a cuentas del subgrupo 39 o a la cuenta 599.

794. **Reversión del deterioro de créditos por operaciones comerciales**

Importe de la corrección por deterioro existente al cierre del ejercicio anterior.

Se abonará por el deterioro contabilizado en el ejercicio precedente, con cargo a las cuentas 490, 493 ó 599.

Cuando se utilice la alternativa segunda prevista en la cuenta 490, la definición y movimiento contable se adaptarán a lo establecido en dicha cuenta.

795. **Exceso de provisiones**

7950/7951/7952/7954/7955/7956/7957

Diferencia positiva entre el importe de la provisión existente y el que corresponda al cierre del ejercicio o en el momento de atender la correspondiente obligación.

Las cuentas citadas de cuatro cifras se abonarán, por el exceso de provisión con cargo a las correspondientes cuentas del subgrupo 14 o a las cuentas 499 ó 529.

796. **Reversión del deterioro de participaciones y valores representativos de deuda a largo plazo**

Corrección valorativa, por la recuperación de valor en inversiones financieras de los subgrupos 24 y 25 o, en su caso, del subgrupo 58, hasta el límite de las pérdidas contabilizadas con anterioridad.

Se abonará por el importe de la corrección de valor, con cargo a las cuentas 293, 294, 297 ó 599.

797. **Reversión del deterioro de créditos a largo plazo**

Corrección valorativa, por la recuperación de valor en créditos de los subgrupos 24 y 25 o, en su caso, del subgrupo 58.

Se abonará por el importe de la corrección de valor, con cargo a las cuentas 295, 298 ó 599.

798. **Reversión del deterioro de participaciones y valores representativos de deuda a corto plazo**

Corrección valorativa, por la recuperación de valor en inversiones financieras de los subgrupos 53 y 54 o, en su caso, del subgrupo 58, hasta el límite de las pérdidas contabilizadas con anterioridad.

Se abonará por el importe de la corrección de valor, con cargo a las cuentas 593, 594, 597 ó 599.

799. **Reversión del deterioro de créditos a corto plazo**

Corrección valorativa, por la recuperación de valor en créditos de los subgrupos 53 y 54 o, en su caso, del subgrupo 58.

Se abonará por el importe de la corrección de valor, con cargo a las cuentas 595, 598 ó 599.

GRUPO 8
GASTOS IMPUTADOS AL PATRIMONIO NETO

80. GASTOS FINANCIEROS POR VALORACIÓN DE ACTIVOS FINANCIEROS

800. **Pérdidas en activos financieros disponibles para la venta**
802. **Transferencia de beneficios en activos financieros disponibles para la venta**

800. **Pérdidas en activos financieros disponibles para la venta**

Su movimiento es el siguiente:

a) Se cargará por las variaciones negativas en el valor razonable de los activos financieros clasificados como disponibles para la venta, incluidas las que se produzcan en caso de reclasificación, con abono a las cuentas de los correspondientes elementos patrimoniales.

b) Se abonará, al cierre del ejercicio, con cargo a la cuenta 133.

802. **Transferencia de beneficios en activos financieros disponibles para la venta**

Su movimiento es el siguiente:

a) Se cargará:

a_1) En el momento en que se produzca la baja o enajenación del activo financiero disponible para la venta, incluidos los que hayan sido objeto de reclasificación, por el saldo positivo acumulado en el patrimonio neto con abono a la cuenta 7632.

a_2) En caso de reclasificación a una inversión mantenida hasta el vencimiento, por el saldo positivo acumulado en el patrimonio neto que se reconoce en la cuenta de pérdidas y ganancias, a lo largo de su vida residual, como un incremento de los ingresos financieros en los términos establecidos en la norma de registro y valoración, con abono a la cuenta 761.

b) Se abonará, al cierre del ejercicio, con cargo a la cuenta 133.

81. GASTOS EN OPERACIONES DE COBERTURA

810. **Pérdidas por coberturas de flujos de efectivo**
811. **Pérdidas por coberturas de inversiones netas en un negocio en el extranjero**
812. **Transferencia de beneficios por coberturas de flujos de efectivo**

813. **Transferencia de beneficios por coberturas de inversiones netas en un negocio en el extranjero**

810. **Pérdidas por coberturas de flujos de efectivo**

Su movimiento es el siguiente:

a) Se cargará, por el importe derivado de considerar el menor valor de los siguientes importes: el resultado negativo acumulado del instrumento de cobertura desde el inicio de la cobertura o el cambio acumulado en el valor razonable de los flujos de efectivo futuros esperados de la partida cubierta desde el inicio de la cobertura; con abono, generalmente, a las cuentas 176, 255 ó 559.

b) Se abonará, al cierre del ejercicio, con cargo a la cuenta 1340.

811. **Pérdidas por coberturas de inversiones netas en un negocio en el extranjero**

Su movimiento es el siguiente:

a) Se cargará por el importe de la cobertura que se determine eficaz, con abono, generalmente, a las cuentas 176, 255 ó 559.

b) Se abonará, al cierre del ejercicio, con cargo a la cuenta 1341.

812. **Transferencia de beneficios por coberturas de flujos de efectivo**

Su movimiento es el siguiente:

a) Se cargará:

a_1) Cuando la cobertura de una transacción prevista o la cobertura del riesgo de tipo de cambio de un compromiso en firme, diera lugar al reconocimiento posterior de un activo financiero o pasivo financiero, por el importe positivo reconocido directamente en el patrimonio neto, a medida que dicho activo o pasivo afecte al resultado del ejercicio, con abono a una cuenta que se imputará a la cuenta de pérdidas y ganancias en la misma partida en la que se incluya la pérdida que se genere en la partida cubierta.

a_2) Cuando la cobertura de una transacción prevista o la cobertura del riesgo de tipo de cambio de un compromiso en firme, diera lugar al reconocimiento de un activo o pasivo no financiero, por el importe positivo reconocido directamente en el patrimonio neto, con abono a la cuenta del correspondiente elemento patrimonial.

a_3) Cuando en la cobertura de una transacción prevista o la cobertura del riesgo de tipo de cambio de un compromiso en firme, se produzca la baja de un activo o pasivo no financiero cubierto, por el importe positivo reconocido directamente en el patrimonio neto, con abono a una cuenta que se imputará a la cuenta de pérdidas y ganancias en la misma partida en la que se incluye la pérdida que se genere en la partida cubierta.

a_4) Cuando en la cobertura de un activo o un pasivo reconocido, la partida cubierta afecte al resultado, con abono a una cuenta que se imputará a la cuenta de pérdidas y ganancias en la misma partida en la que se incluye la pérdida que se genere en la partida cubierta.

a_5) Por el importe de la ganancia directamente reconocida en el patrimonio neto, si la empresa no espera que la transacción prevista tenga lugar, con abono a la cuenta 7633.

b) Se abonará, al cierre del ejercicio, con cargo a la cuenta 1340.

813. **Transferencia de beneficios por coberturas de inversiones netas en un negocio en el extranjero**

Su movimiento es el siguiente:

a) Se cargará, en el momento de la venta o disposición por otra vía de la inversión neta en un negocio en el extranjero, por el importe del beneficio del instrumento de cobertura imputado directamente al patrimonio neto, con abono a la cuenta 768.

b) Se abonará, al cierre del ejercicio, con cargo a la cuenta 1341.

82. GASTOS POR DIFERENCIAS DE CONVERSIÓN

820. **Diferencias de conversión negativas**
821. **Transferencia de diferencias de conversión positivas**

820. **Diferencias de conversión negativas**

Su movimiento es el siguiente:

a) Se cargará, por el efecto neto deudor derivado de la diferencia de valor de los activos y pasivos valorados en moneda funcional distinta a la de presentación, como consecuencia de la conversión a la moneda de presentación, con cargo y/o abono a las respectivas cuentas que representan dichos activos y pasivos.

b) Se abonará, al cierre del ejercicio, con cargo a la cuenta 135.

821. **Transferencia de diferencias de conversión positivas**

Su movimiento es el siguiente:

a) Se cargará, en el momento de baja, enajenación o cancelación del elemento patrimonial asociado, con abono a la cuenta 768.

b) Se abonará, al cierre del ejercicio, con cargo a la cuenta 135.

83. IMPUESTO SOBRE BENEFICIOS

830. **Impuesto sobre beneficios**
8300. *Impuesto corriente*
8301. *Impuesto diferido*
833. **Ajustes negativos en la imposición sobre beneficios**
834. **Ingresos fiscales por diferencias permanentes**
835. **Ingresos fiscales por deducciones y bonificaciones**
836. **Transferencia de diferencias permanentes**

837. **Transferencia de deducciones y bonificaciones**
838. **Ajustes positivos en la imposición sobre beneficios**

830. **Impuesto sobre beneficios**

8300. *Impuesto corriente*

Su movimiento es el siguiente:

a) Se cargará:

a_1) Por la cuota a ingresar asociada a los ingresos imputados al patrimonio neto, con abono a la cuenta 4752.

a_2) Por las retenciones soportadas y los ingresos a cuenta del impuesto realizados, asociados a los ingresos imputados al patrimonio neto, hasta el importe de la cuota líquida del periodo, con abono a la cuenta 473.

b) Se abonará, por la cuota de ejercicios anteriores que recupera la empresa como consecuencia de las liquidaciones fiscales del impuesto o impuestos sobre el beneficio, con cargo, a la cuenta 4709.

c) Al cierre del ejercicio, se cargará o abonará, con abono o cargo a las correspondientes cuentas del subgrupo 13.

8301. *Impuesto diferido*

Su movimiento es el siguiente:

a) Se cargará:

a_1) Por el impuesto diferido asociado a los ingresos reconocidos directamente en el patrimonio neto, con abono a la cuenta 479.

a_2) En el momento en que se produzca la transferencia a resultados del importe negativo acumulado en el patrimonio neto, con abono a la cuenta 4740.

a_3) Por el importe del efecto impositivo derivado de la transferencia a resultados de gastos imputados directamente al patrimonio neto que hubieran ocasionado el correspondiente impuesto corriente en ejercicios previos, con abono a la cuenta 6301.

b) Se abonará:

b_1) Por el impuesto diferido asociado a los gastos reconocidos directamente en el patrimonio neto, con cargo a la cuenta 4740.

b_2) En el momento en que se produzca la transferencia a resultados del importe positivo acumulado en el patrimonio neto, con cargo a la cuenta 479.

b_3) Por el importe del efecto impositivo derivado de la transferencia a resultados de ingresos imputados directamente al patrimonio neto que hubieran ocasionado el correspondiente impuesto corriente en ejercicios previos, con cargo a la cuenta 6301.

c) Al cierre del ejercicio, se cargará o abonará, con abono o cargo a las correspondientes cuentas del subgrupo 13.

833. **Ajustes negativos en la imposición sobre beneficios**

Disminución, conocida en el ejercicio, de los activos por impuesto diferido o aumento, igualmente conocido en el ejercicio, de los pasivos por impuesto diferido, respecto de los activos y pasivos por impuesto diferido anteriormente generados, siempre y cuando dichos saldos se hayan originado como consecuencia de una transacción o suceso que se hubiese reconocido directamente en una partida del patrimonio neto.

Con carácter general, su movimiento es el siguiente:

a) Se cargará:

a_1) Por el menor importe del activo por diferencias temporarias deducibles, con abono a la cuenta 4740.

a_2) Por el mayor importe del pasivo por diferencias temporarias imponibles, con abono a la cuenta 479.

b) Al cierre del ejercicio, se abonará con cargo a las correspondientes cuentas del subgrupo 13.

834. **Ingresos fiscales por diferencias permanentes**

Su movimiento es el siguiente:

a) Se abonará, generalmente, con cargo a la cuenta 6301, por el importe del efecto impositivo de las diferencias permanentes a imputar en varios ejercicios.

b) Al cierre del ejercicio, se cargará con abono a la cuenta 137.

835. **Ingresos fiscales por deducciones y bonificaciones**

Su movimiento será análogo al previsto para la cuenta 834.

836. **Transferencia de diferencias permanentes**

Con carácter general, su movimiento es el siguiente:

a) Se cargará, generalmente, con abono a la cuenta 6301, por la parte correspondiente a imputar en el ejercicio, de forma correlacionada con la depreciación del activo que motive la diferencia permanente.

b) Al cierre del ejercicio, se abonará con cargo a la cuenta 137.

837. **Transferencia de deducciones y bonificaciones**

Su movimiento será análogo al previsto para la cuenta 836.

838. **Ajustes positivos en la imposición sobre beneficios**

Aumento, conocido en el ejercicio, de los activos por impuesto diferido o disminución, igualmente conocida en el ejercicio, de los pasivos por impuesto diferido, respecto de los activos y pasivos por impuesto diferido anteriormente generados, siempre que dichos saldos se hayan originado como consecuencia de una transacción o suceso que se hubiese reconocido directamente en una partida del patrimonio neto.

Con carácter general, su movimiento es el siguiente:

a) Se abonará:

a_1) Por el mayor importe del activo por diferencias temporarias deducibles, con cargo a la cuenta 4740.

a_2) Por el menor importe del pasivo por diferencias temporarias imponibles, con cargo a la cuenta 479.

b) Al cierre del cierre del ejercicio, se abonará con cargo a las correspondientes cuentas del subgrupo 13.

84. TRANSFERENCIAS DE SUBVENCIONES, DONACIONES Y LEGADOS

840. **Transferencia de subvenciones oficiales de capital**
841. **Transferencia de donaciones y legados de capital**
842. **Transferencia de otras subvenciones, donaciones y legados**

840/841. Transferencia de...

Su movimiento es el siguiente:

a) Se cargarán, en el momento de la imputación a la cuenta de pérdidas y ganancias de la subvención recibida, con abono a la cuenta 746.

b) Se abonarán, al cierre del ejercicio, con cargo a la cuenta 130 ó 131, según corresponda.

842. Transferencia de otras subvenciones, donaciones y legados

Su movimiento es el siguiente:

a) Se cargará, en el momento de la imputación a la cuenta de pérdidas y ganancias de la subvención recibida, con abono a la cuenta 747.

b) Se abonará, al cierre del ejercicio, con cargo a la cuenta 132.

85. GASTOS POR PÉRDIDAS ACTUARIALES Y AJUSTES EN LOS ACTIVOS POR RETRIBUCIONES A LARGO PLAZO DE PRESTACIÓN DEFINIDA

850. **Pérdidas actuariales**
851. **Ajustes negativos en activos por retribuciones a largo plazo de prestación definida**

850. Pérdidas actuariales

Su movimiento es el siguiente:

a) Se cargará, al cierre del ejercicio por la pérdida actuarial producida por el incremento en el valor actual de las retribuciones post-empleo comprometidas en sistemas de prestación definida o bien por la disminución en el valor razonable de los activos relacionados con éstos, con abono a las cuentas 140 ó 257.

b) Se abonará, al cierre del ejercicio, con cargo a la cuenta 115.

851. **Ajustes negativos en activos por retribuciones a largo plazo de prestación definida**

Su movimiento es el siguiente:

a) Se cargará, al cierre del ejercicio por el ajuste negativo que proceda realizar por la limitación establecida en las normas de registro y valoración en los activos por retribuciones post-empleo a largo plazo al personal de prestación definida, con abono a la cuenta 140 ó 257.

b) Se abonará, al cierre del ejercicio, con cargo a la cuenta 115.

86. GASTOS POR ACTIVOS NO CORRIENTES EN VENTA

860. **Pérdidas en activos no corrientes y grupos enajenables de elementos mantenidos para la venta**

862. **Transferencia de beneficios en activos no corrientes y grupos enajenables de elementos mantenidos para la venta**

860. **Pérdidas en activos no corrientes y grupos enajenables de elementos mantenidos para la venta**

Con carácter general, su movimiento es el siguiente:

a) Se cargará por las variaciones negativas en el valor razonable de los activos no corrientes mantenidos para la venta, y de activos y pasivos directamente asociados clasificados en un grupo enajenable de elementos mantenidos para la venta, que deban valorarse por el valor razonable con cambios en el patrimonio neto de acuerdo con lo dispuesto en las normas de registro y valoración, con abono a cuentas del subgrupo 58.

b) Se abonará, al cierre del ejercicio, con cargo a la cuenta 136.

862. **Transferencia de beneficios en activos no corrientes y grupos enajenables de elementos mantenidos para la venta**

Con carácter general, su movimiento es el siguiente:

a) Se cargará en el momento en que se produzca la baja o enajenación del activo no corriente mantenido para la venta, o del activo o pasivo directamente asociado clasificado en un grupo enajenable de elementos mantenidos para la venta, que deba valorarse por el valor razonable con cambios en el patrimonio neto de acuerdo con lo dispuesto en las normas de registro y valoración, con abono, generalmente a la cuenta 7632.

b) Se abonará, al cierre del ejercicio, con cargo a la cuenta 136.

89. GASTOS DE PARTICIPACIONES EN EMPRESAS DEL GRUPO O ASOCIADAS CON AJUSTES VALORATIVOS POSITIVOS PREVIOS

891. **Deterioro de participaciones en el patrimonio, empresas del grupo**

892. **Deterioro de participaciones en el patrimonio, empresas asociadas**

Las cuentas de este subgrupo recogerán las pérdidas por deterioro de participaciones en empresas del grupo, multigrupo o asociadas, que deban imputarse directamente en el patrimonio neto, cuando se hubieran realizado inversiones previas a la consideración de las participaciones como de empresas del grupo, multigrupo o asociadas, y las mismas hubieran originado ajustes valorativos por aumentos de valor imputados directamente en el patrimonio neto. Todo ello, de acuerdo con lo que al respecto disponen las correspondientes normas de registro y valoración.

891/892

Su movimiento es el siguiente:

a) Se cargarán en el momento en que se produzca el deterioro de valor del activo financiero, hasta el límite de los ajustes valorativos positivos previos, con abono a las cuentas 240 ó 530.

b) Se abonarán, al cierre del ejercicio, con cargo a la cuenta 133.

GRUPO 9
INGRESOS IMPUTADOS AL PATRIMONIO NETO

90. INGRESOS FINANCIEROS POR VALORACIÓN DE ACTIVOS FINANCIEROS

900. **Beneficios en activos financieros disponibles para la venta**

902. **Transferencia de pérdidas de activos financieros disponibles para la venta**

900. Beneficios en activos financieros disponibles para la venta

Su movimiento es el siguiente:

a) Se abonará por las variaciones positivas en el valor razonable de los activos financieros clasificados como disponibles para la venta, incluidas las que se produzcan en caso de reclasificación, con cargo a las cuentas de los correspondientes activos financieros.

b) Se cargará, al cierre del ejercicio, con abono a la cuenta 133.

902. Transferencia de pérdidas de activos financieros disponibles para la venta

Su movimiento es el siguiente:

a) Se abonará:

a_1) En el momento en que se produzca la baja o enajenación del activo financiero disponible para la venta, incluidos los que hayan sido objeto de reclasificación, por el saldo negativo acumulado en el patrimonio neto con cargo a la cuenta 6632.

a_2) En el momento en que se produzca el deterioro del instrumento financiero, por el saldo negativo acumulado en el patrimonio neto con cargo a las cuentas de los correspondientes instrumentos de deuda o a la cuenta 696 en el caso de inversiones en instrumentos de patrimonio.

a_3) En caso de reclasificación a una inversión mantenida hasta el vencimiento, por el saldo negativo acumulado en el patrimonio neto que se reconoce en la cuenta de pérdidas y ganancias a lo largo de su vida residual, con una minoración de los ingresos financieros en los términos establecidos en la norma de registro y valoración, con cargo a la cuenta 761.

b) Se cargará, al cierre del ejercicio, con abono a la cuenta 133.

91. INGRESOS EN OPERACIONES DE COBERTURA

910. **Beneficios por coberturas de flujos de efectivo**
911. **Beneficios por coberturas de una inversión neta en un negocio en el extranjero**
912. **Transferencia de pérdidas por coberturas de flujos de efectivo**
913. **Transferencia de pérdidas por coberturas de una inversión neta en un negocio en el extranjero**

910. **Beneficios por coberturas de flujos de efectivo**

Su movimiento es el siguiente:

a) Se abonará por el importe derivado de considerar el menor valor de los siguientes importes: el resultado positivo acumulado del instrumento de cobertura desde el inicio de la cobertura o el cambio acumulado en el valor razonable de los flujos de efectivo futuros esperados de la partida cubierta desde el inicio de la cobertura; con cargo, generalmente, a las cuentas 176, 255 ó 559.

b) Se cargará al cierre del ejercicio, con abono a la cuenta 1340.

911. **Beneficios por coberturas de una inversión neta en un negocio en el extranjero**

Su movimiento es el siguiente:

a) Se abonará por el resultado positivo en el importe de la cobertura que se determine eficaz, con cargo, generalmente, a las cuentas 176, 255 ó 559.

b) Se cargará, al cierre del ejercicio, con abono a la cuenta 1341.

912. **Transferencia de pérdidas por coberturas de flujos de efectivo**

Su movimiento es el siguiente:

a) Se abonará:

a_1) Cuando la cobertura de una transacción prevista o la cobertura del riesgo de tipo de cambio de un compromiso en firme, diera lugar al reconocimiento posterior de un activo o pasivo financiero, por el importe negativo reconocido directamente en el patrimonio neto, a medida que dicho activo o pasivo afecte al resultado del ejercicio, con cargo a una cuenta que se imputará a la cuenta de pérdidas y ganancias en la misma partida en la que se incluye la ganancia que se genere en la partida cubierta.

a_2) Cuando la cobertura de una transacción prevista o la cobertura del riesgo de tipo de cambio de un compromiso en firme, diera lugar al reconocimiento de un activo o pasivo no financiero, por el importe negativo reconocido directamente en el patrimonio neto, con cargo a la cuenta del correspondiente elemento patrimonial.

a_3) Cuando en la cobertura de una transacción prevista o la cobertura del riesgo de tipo de cambio de un compromiso en firme, se produzca la baja de un activo o pasivo no financiero cubierto, por el importe negativo reconocido directamente en el patrimonio neto, con cargo a una cuenta que se imputará a la cuenta de pérdidas y ganancias en la misma partida en la que se incluye la ganancia que se genere en la partida cubierta.

a_4) Cuando en la cobertura de un activo o un pasivo reconocido, la partida cubierta afecte al resultado, con cargo a una cuenta que se imputará a la cuenta de pérdidas y ganancias en la misma partida en la que se incluye la ganancia que se genere en la partida cubierta.

a_5) Por el importe de la pérdida directamente reconocida en el patrimonio neto que la empresa no espere recuperar, con cargo a la cuenta 6633.

b) Se cargará, al cierre del ejercicio, con abono a la cuenta 1340.

913. **Transferencia de pérdidas por coberturas de una inversión neta en un negocio en el extranjero**

Su movimiento es el siguiente:

a) Se abonará, en el momento de la venta o disposición por otra vía de la inversión neta en un negocio en el extranjero, por el importe de la pérdida del instrumento de cobertura imputada directamente al patrimonio neto, con cargo a la cuenta 668.

b) Se cargará, al cierre del ejercicio, con abono a la cuenta 1341.

92. INGRESOS POR DIFERENCIAS DE CONVERSIÓN

920. **Diferencias de conversión positivas**
921. **Transferencia de diferencias de conversión negativas**

920. **Diferencias de conversión positivas**

Su movimiento es el siguiente:

a) Se abonará, por el efecto neto acreedor derivado de la diferencia de valor de los activos y pasivos valorados en moneda funcional distinta a la de presentación, como consecuencia de la conversión a la moneda de presentación, con cargo y/o abono a las respectivas cuentas del balance que representan dichos activos y pasivos.

b) Se cargará, al cierre del ejercicio, con abono a la cuenta 135.

921. **Transferencia de diferencias de conversión negativas**

Su movimiento es el siguiente:

a) Se abonará, en el momento de baja, enajenación o cancelación del elemento patrimonial asociado, con cargo a la cuenta 668.

b) Se cargará, al cierre del ejercicio, con abono a la cuenta 135.

94. INGRESOS POR SUBVENCIONES, DONACIONES Y LEGADOS

940. **Ingresos de subvenciones oficiales de capital**
941. **Ingresos de donaciones y legados de capital**
942. **Ingresos de otras subvenciones, donaciones y legados**

940/941/942. **Ingresos de...**

Su movimiento es el siguiente:

a) Se abonarán:

a_1) Por la subvención, donación o legado concedidos a la empresa con cargo, generalmente, a cuentas del subgrupo 47 ó 57.

a_2) Por las deudas que se transforman en subvenciones donaciones o legados, con cargo a las cuentas 172 ó 522.

b) Se cargarán, al cierre del ejercicio, con abono a las cuentas 130, 131 ó 132, según corresponda.

95. INGRESOS POR GANANCIAS ACTUARIALES Y AJUSTES EN LOS ACTIVOS POR RETRIBUCIONES A LARGO PLAZO DE PRESTACIÓN DEFINIDA

950. **Ganancias actuariales**
951. **Ajustes positivos en activos por retribuciones a largo plazo de prestación definida**

950. **Ganancias actuariales**

Su movimiento es el siguiente:

a) Se abonará, al cierre del ejercicio por la ganancia actuarial producida por la disminución en el valor actual de las retribuciones post-empleo comprometidas en sistemas de prestación definida o bien por el aumento en el valor razonable de los activos relacionados con éstos, con cargo a las cuentas 140 ó 257.

b) Se cargará, al cierre del ejercicio, con abono a la cuenta 115.

951. **Ajustes positivos en activos por retribuciones a largo plazo de prestación definida**

Su movimiento es el siguiente:

a) Se abonará, al cierre del ejercicio por el ajuste positivo que proceda realizar de acuerdo con lo dispuesto en las normas de registro y valoración en los activos por retribuciones post-empleo a largo plazo al personal de prestación definida, con cargo a las cuentas 140 ó 257.

b) Se cargará, al cierre del ejercicio, con abono a la cuenta 115.

96. INGRESOS POR ACTIVOS NO CORRIENTES EN VENTA

960. **Beneficios en activos no corrientes y grupos enajenables de elementos mantenidos para la venta**
962. **Transferencia de pérdidas en activos no corrientes y grupos enajenables de elementos mantenidos para la venta**

960. **Beneficios en activos no corrientes y grupos enajenables de elementos mantenidos para la venta**

Con carácter general, su movimiento es el siguiente:

a) Se abonará por las variaciones positivas en el valor razonable de los activos no corrientes mantenidos para la venta, y de activos y pasivos directamente asociados clasificados en un grupo enajenable de elementos mantenidos para la venta, que deban valorarse por el valor razonable con cambios en el patrimonio neto de acuerdo con lo dispuesto en las normas de registro y valoración, con cargo a cuentas del subgrupo 58.

b) Se cargará, al cierre del ejercicio, con abono a la cuenta 136.

962. **Transferencia de pérdidas en activos no corrientes y grupos enajenables de elementos mantenidos para la venta**

Con carácter general, su movimiento es el siguiente:

a) Se abonará:

a_1) En el momento en que se produzca la baja o enajenación del activo no corriente mantenido para la venta, o del activo o pasivo directamente asociado clasificado en un grupo enajenable de elementos mantenidos para la venta, que deba valorarse por el valor razonable con cambios en el patrimonio neto de acuerdo con lo dispuesto en las normas de registro y valoración, con cargo, generalmente, a la cuenta 6632.

a_2) En el momento en que se produzca el deterioro del activo no corriente mantenido para la venta, o del activo directamente asociado clasificado en un grupo enajenable de elementos mantenidos para la venta, que deba valorarse por el valor razonable con cambios en el patrimonio neto de acuerdo con lo dispuesto en las normas de registro y valoración, por el saldo negativo acumulado en el patrimonio neto, con cargo a las cuentas de los correspondientes instrumentos de deuda o a la cuenta 698 en el caso de inversiones en instrumentos de patrimonio.

b) Se cargará, al cierre del ejercicio, con abono a la cuenta 136.

99. INGRESOS DE PARTICIPACIONES EN EMPRESAS DEL GRUPO O ASOCIADAS CON AJUSTES VALORATIVOS NEGATIVOS PREVIOS

991. **Recuperación de ajustes valorativos negativos previos, empresas del grupo**

992. **Recuperación de ajustes valorativos negativos previos, empresas asociadas**

993. **Transferencia por deterioro de ajustes valorativos negativos previos, empresas del grupo**

994. **Transferencia por deterioro de ajustes valorativos negativos previos, empresas asociadas**

Las cuentas de este subgrupo recogerán la recuperación de los ajustes valorativos por reducciones de valor imputados directamente en el patrimonio neto, cuando se hubieran realizado inversiones previas a la consideración de las participaciones en el patrimonio como de empresas del grupo, multigrupo y asociadas. También se recogerán las transferencias a la cuenta de pérdidas y ganancias de los citados ajustes valorativos en caso de deterioro. Todo ello, de acuerdo con lo que al respecto disponen las correspondientes normas de registro y valoración.

991/992. **Recuperación de ajustes valorativos negativos previos, empresas del grupo/empresas asociadas**

Su movimiento es el siguiente:

a) Se abonarán en el momento en que el importe recuperable sea superior al valor contable de las inversiones, hasta el límite de los ajustes valorativos negativos previos, con cargo a las cuentas 240 ó 530.

b) Se cargarán, al cierre del ejercicio, con abono a la cuenta 133.

993/994. **Transferencia por deterioro de ajustes valorativos negativos previos, empresas del grupo/empresas asociadas**

Su movimiento es el siguiente:

a) Se abonarán en el momento en que se produzca el deterioro del activo financiero, por los ajustes valorativos negativos previos, con cargo a las cuentas 696 ó 698.

b) Se cargarán, al cierre del ejercicio, con abono a la cuenta 133.

NOTAS

NOTAS

NOTAS

NOTAS

NOTAS

NOTAS